国家出版基金项目
NATIONAL PUBLICATION FOUNDATION

中国之治·坚持和完善社会主义基本经济制度丛书

促进收入分配公平合理

宋晓梧　主　编
常兴华　副主编

SPM 南方出版传媒　山西出版传媒集团
广东经济出版社　山西经济出版社
·广州·　·太原·

图书在版编目（CIP）数据

促进收入分配公平合理 / 宋晓梧主编. —广州：广东经济出版社，2021. 11
（中国之治·坚持和完善社会主义基本经济制度丛书）
ISBN 978-7-5454-8008-5

Ⅰ. ①促… Ⅱ. ①宋… Ⅲ. ①收入分配—经济体制改革—研究—中国 Ⅳ. ①F124.7

中国版本图书馆CIP数据核字（2021）第210201号

策　　划：王成刚
责任编辑：周伊凌　孙　媛
责任校对：李玉娴　黄思健　陈慧敏
责任技编：陆俊帆
封面设计：柏拉图

促进收入分配公平合理
CUJIN SHOURU FENPEI GONGPING HELI

出版人	李　鹏
出　版 发　行	广东经济出版社（广州市环市东路水荫路11号11～12楼）
经　销	全国新华书店
印　刷	佛山市迎高彩印有限公司 （佛山市顺德区陈村镇广隆工业区兴业七路9号）
开　本	787毫米×1092毫米　1/16
印　张	23
字　数	362千字
版　次	2021年11月第1版
印　次	2021年11月第1次
书　号	ISBN 978-7-5454-8008-5
定　价	68.00元

图书营销中心地址：广州市环市东路水荫路11号11楼
电话：（020）87393830　邮政编码：510075
如发现印装质量问题，影响阅读，请与本社联系
广东经济出版社常年法律顾问：胡志海律师

总　　序

坚持和完善社会主义基本经济制度

坚持和完善社会主义基本经济制度是习近平新时代中国特色社会主义思想的重要内容。党的十八大以来，以习近平同志为核心的党中央围绕新时代如何坚持和完善我国社会主义基本经济制度，在理论和实践的结合中进行了深入探索。基于新的实践和发展需要，党的十九届四中全会将公有制为主体、多种所有制经济共同发展，按劳分配为主体、多种分配方式并存，社会主义市场经济体制三项并列作为社会主义基本经济制度，这是对社会主义基本经济制度作出的一次重要理论创新。

党的十九届五中全会提出："全面深化改革，构建高水平社会主义市场经济体制。坚持和完善社会主义基本经济制度，充分发挥市场在资源配置中的决定性作用，更好发挥政府作用，推动有效市场和有为政府更好结合。"从我国发展的现实情况看，加快构建以国内大循环为主体、国内国际双循环相互促进的新发展格局，必须构建高水平社会主义市场经济体制，实行高水平对外开放，推动改革和开放相互促进。这是我国进入新发展阶段，在更高起点、更高层次、更高目标上全面深化改革开放的重大部署。

当前，在国际环境日趋复杂，不稳定性、不确定性明显增加的特定背景下，拥有14亿人口的大国，保持战略定力，办好自己的事，重在以构建新发展格局为基本要求，走出一条以高水平开放促进深层次市场化改革的新路子。

构建高水平社会主义市场经济体制，是我国新时代经济体制改革的目标取向，是推进高水平开放的制度保障。从现实情况看，构建高水平社会主义市场经济体制，既要充分发挥市场在资源配置中的决定性作用，充分激发国内市场活力，又要在适应国际经贸规则重构中建设高标准市场体系。

公开市场、公平竞争是高标准市场体系的重要特征，也是高水平开放的重要前提。构建高水平社会主义市场经济体制，首要任务是完善公平竞争制度。一是要重点强化竞争政策的基础性地位，对各类所有制企业一视同仁，实现各类所有制企业公平竞争；二是要实现经济政策由产业政策为主向竞争政策为基础转变，明确产业政策以不妨碍公平竞争为基本原则，制定适用产业扶持政策的负面清单，将产业政策严格限定在具有重大外溢效应的领域或关键核心技术领域；三是要实现市场监管的重点由一般市场行为监管向公平竞争审查转变，推动市场监管的主要对象由商品为主向服务为主过渡，并强化对经济政策的公平竞争审查。

构建高水平社会主义市场经济体制，需要全面实施市场准入负面清单制度取代传统行政审批制度，在激发市场主体活力的制度创新上实现新突破。一是要尽快形成全国统一的、内外资一致的负面清单，加快推动现有负面清单与正面清单的合并对接；二是要进一步提升负面清单的可操作性，建议参照国际经贸谈判负面清单模板，详细列明负面清单管理措施与相关描述，建立健全外资企业投诉机制；三是要明确国民待遇标准，进一步细化准入阶段的管理权力、要素供给、融资方式、进出口权、税收政策、法律保护、司法救济等一系列待遇标准，给予内外资企业明确预期。

新一轮科技革命和产业变革深入推进，以数字经济为重要特征的新经济发展，对以知识产权保护为重点的产权制度改革提出新的要求。我国进入经济转型升级的重要时期，面向经济主战场，以创新引领高水平市场经济发展，关键在于形成产权保护的制度基础。一是要突出强化知识产权保护，逐步推进知识产权标准与国际接轨；二是要实现不同所有制经济产权平等保护，尽快梳理和消除各种隐性壁垒，支持各种所有制经济依法平等使用生产要素、公平参与市场竞争、同等受到法律保护、共同履行社会责任；三是要依法保护企业家的财产权和创新收益，形成防范以公权侵犯私权行为的制度约束。

要素市场化配置是高水平社会主义市场经济体制的重要特征，也是我国实现高质量发展的重要保障。要更好利用国际国内两个市场、两种资源，实现要素市场化配置改革的重要突破。一是要加快推进土地要素市场化改革，形成城乡建设用地“同地同价同权利”的制度安排，形成公开公正公平的统一交易平台和交易规则；二是要深化户籍制度改革，增强劳动力的城乡、地域流动性，充分释放城乡一体化的巨大潜能；三是要推进利率市场化改革，加快推进市场利率与基准利率的“两轨并一轨”，尽快实现银行体系与实体信用环节的贷款利率由市场决定这一目标。

基于对坚持和完善社会主义基本经济制度的学习、理解和研究，中国（海南）改革发展研究院与广东经济出版社联合策划出版这套“中国之治·坚持和完善社会主义基本经济制度丛书”。丛书在学习理解习近平新时代中国特色社会主义思想的基础上，注重战略性、前瞻性、学术性和可读性。我们期望，这套丛书能够对关注中国社会主义基本经济制度的读者有所启示，对坚持和完善社会主义基本经济制度发挥积极作用。

这套丛书的作者大多是所在领域的知名专家学者。张卓元老师、宋晓梧老师、范恒山老师、薛澜老师等，他们在繁忙的工作之余参与了丛书的撰写。作为丛书编委会主任，我对为丛书出版付出艰辛努力的各位作者、顾问、编委表示感谢，对为丛书出版给予大力支持的广东经济出版社表示感谢！

这套丛书中每本著作代表的是作者本人的研究结论和学术观点，丛书不追求观点的一致性。欢迎读者批评指正！

迟福林

2021年5月1日

前　言

收入分配可谓是一个古老又永恒的论题。从古希腊思想家色诺芬开始，经过威廉·配第、亚当·斯密，到古典学派的李嘉图，新古典学派的克拉克、马歇尔和无产阶级经济学家马克思，他们都把收入分配问题作为经济学研究的核心问题。而收入分配又是一个现实的跨越经济学、社会学等多领域的研究论题。

党的十九大报告指出，中国特色社会主义进入新时代，我国社会主要矛盾已经转化为人民日益增长的美好生活需要和不平衡不充分的发展之间的矛盾。毫无疑问，解决好收入分配问题是新时代处理好社会主要矛盾的重要内容。2019年10月，党的十九届四中全会通过的《中共中央关于坚持和完善中国特色社会主义制度 推进国家治理体系和治理能力现代化若干重大问题的决定》提出，“坚持按劳分配为主体、多种分配方式并存”，并把其作为“坚持和完善社会主义基本经济制度”的重要内容进行了阐述。党的十九届五中全会审议通过的《中共中央关于制定国民经济和社会发展第十四个五年规划和二〇三五年远景目标的建议》（简称《建议》）将“人民生活更加美好，人的全面发展、全体人民共同富裕取得更为明显的实质性进展”作为到2035年基本实现的社会主义现代化远景目标之一。《建议》明确提出：“坚持按劳分配为主体、多种分配方式并存，提高劳动报酬在初次分配中的比重，完善工资制度，健全工资合理增长机制，着力提高低收入群体收入，扩大中等收入群体。完善按要素分配政策制度，健全各类生产要素由市场决定报酬的机制，探索通过土地、资本等要素使用权、收益权增加中低收入群体要素收入。多渠道增加城乡居民财产性收入。完善再分配机制，加大税收、社保、转移支付等调节力度和精准性，合理调节过高收入，取缔非法收入。发挥第三次分配作用，发展慈善事业，改善收入和财富分配格局。”

未来一段时期，是我国向社会主义现代化强国迈进的关键时期，通过深化改革，促进收入分配公平合理，是经济社会持续稳定发展和现代化实现的重要支撑和保障。本书将围绕这条主线，就收入分配公平合理展开系统分析和深入研究。

CONTENTS

目　录

INTRODUCTION

绪论

以深化收入分配改革促进国内经济循环

党的十九届五中全会明确提出，“加快构建以国内大循环为主体、国内国际双循环相互促进的新发展格局”，这完全符合当前百年未有之大变局中国际国内形势变动的客观要求。2008年全球金融危机之后，国际需求减少，国内需求占比相对提高，外贸依存度大幅回落，从2006年的峰值66%下降到2019年的40%以下。近年来，中美贸易摩擦加剧，为应对未来的世界经济大变局，我们必须把经济发展的立足点放在国内，形成以国内大循环为主体的格局。

在实现以国内大循环为主体方面，长期以来，在生产、分配、流通、消费四大环节中，分配问题十分突出。我们首先应当看到，随着国民生产总值的快速增长，我国国民收入水平得到了很大提高，世界上规模最大的社会保障体系也得以构建，从而为实现以国内大循环为主体的经济格局打下较为坚实的基础。同时也应看到，我国基尼系数多年居高不下，再分配对平抑贫富差距的作用也还远远不足。这是经济运行有效需求不足的重大成因，一定程度上影响了国内经济循环，同时也在社会层面造成阶层分裂，应当将深化收入分配改革作为进一步凝聚民心、畅通国内大循环的关键环节提到紧迫议事日程。

一、收入分配制度改革为实现国内大循环打下较好基础

改革开放以来，我国打破“大锅饭”“铁饭碗”，以先富带动后富的战略，极大地调动了企业和职工的生产经营积极性，促进了经济的高速发展，并带来了居民收入的长期快速增长。同时，我国社会保障制度实现转型，适应社会主义市场经济要求的体系框架基本建立，形成了以国家立法形式实施的社会保险、社会救助、社会福利、优抚安置等为基础，以城乡基本养老、基本医疗、最低生活保障制度为重点，以慈善事业、商业保险为补充的多层次社会保障体系。居民收入提高与经济增长大体保持同步，社会保障体系建设为居民解除后顾之忧，这是促进国内消费、实现国内大循环的基础性平台。

（一）居民收入提高与经济增长总体同步

改革开放以来，随着经济的高速增长，我国居民收入也得到了大幅度提高，40多年间，城乡居民实际收入年均增长速度分别达到7.4%和7.3%。2018年我国城乡居民人均可支配收入分别达到39251元和14617元。如表1和图1所示，2013—2019年，我国居民人均可支配收入持续增长，其增幅总体与国内生产总值（GDP）增幅同步。

表1　2013—2019年我国居民人均可支配收入及其增速

年份	人均可支配收入/元	名义增速/%	实际增速/%
2013	18310.8	10.9	8.1
2014	20167.1	10.1	8.0
2015	21966.2	8.9	7.4
2016	23821.0	8.4	6.3
2017	25973.8	9.0	7.3
2018	28228.0	8.7	6.5
2019	30733.0	8.9	5.8

数据来源：《中国住户调查年鉴2019》和《中华人民共和国2019年国民经济和社会发展统计公报》。

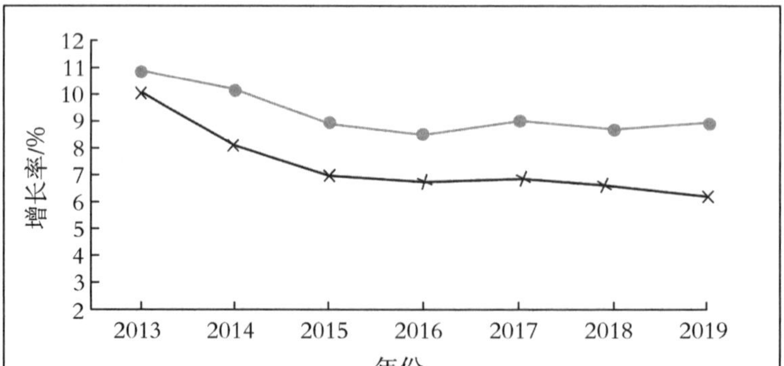

图1　2013—2019 年我国居民人均可支配收入名义增长率和人均GDP名义增长率

数据来源：《中国住户调查年鉴 2019》和《中华人民共和国2019年国民经济和社会发展统计公报》。

（二）社会保障体系逐步完善

社会保障制度是否健全，对居民的储蓄与消费倾向具有重大影响。如表2所示，2018年底，我国基本养老保险、基本医疗保险、失业保险、工伤保险、生育保险的参保人数分别达到94294万人、134459万人、19643万人、23874万人、20434万人，城乡居民最低生活保障（低保）享受人数为4526.1万人。表3为2014—2018年我国各项社会保险基金累计结存情况，由表可知，我国各项社会保险基金总体而言规模不断扩大，有效保证了各项社会保障待遇支付。在制度大幅转轨、经济高速增长、结构急剧调整的过程中，社会保障制度为维护我国社会稳定发挥了无可替代的作用。

表2　我国社会保障覆盖人数情况

单位：万人

项目		2014年	2015年	2016年	2017年	2018年
基本养老保险		84231	85833	88777	91548	94294
其中	城镇职工	34124	35361	37930	40293	41902
	城乡居民	50107	50472	50847	51255	52392
基本医疗保险		133347	133582	—	—	134459
失业保险		17043	17326	18089	18784	19643
工伤保险		20639	21432	21889	22724	23874
生育保险		17039	17771	18451	19300	20434
城市低保		1877	1701	1480	1261	1007
农村低保		5207.2	4903.6	4586.5	4045.2	3519.1
直接医疗救助		2395.3	2889.1	2696.1	3517.1	3824.6

注：数据来自中华人民共和国人力资源和社会保障部、中华人民共和国民政部等部门统计公报。基本医疗保险包括原由中华人民共和国人力资源和社会保障部管理的职工基本医疗保险、城镇居民基本医疗保险和原由中华人民共和国国家卫生和计划生育委员会管理的新型农村合作医疗。

表3　2014—2018年我国各项社会保险基金累计结存情况

单位：亿元

项目	2014年	2015年	2016年	2017年	2018年
基本养老保险	35645	39937	43965	50202	58152
基本医疗保险	—	—	—	—	23440
失业保险	4451	5083	5333	5552	5817
工伤保险	1129	1285	1411	1607	1785
生育保险	593	684	676	564	582

注：基本养老保险包括城镇职工基本养老保险和城乡居民基本养老保险，基本医疗保险包括职工基本医疗保险、城镇居民基本医疗保险和新型农村合作医疗。

二、深化收入分配制度改革促进国内经济循环的空间很大

在充分肯定收入分配制度改革为国内大循环提供较好基础的同时，我们也应看到，深化收入分配制度改革、合理缩小收入分配差距、稳定居民预期从而较大幅度提高消费水平的空间还很大。

我国的总体消费率从2010年的48.1%逐步提高到2017年的53.4%，与2000年的63.9%还有较大差距。其中，居民消费率从2010年的35.3%提高到2017年的38.8%，与2000年的47.2%也有很大差距。与国际比较，我国的居民消费率分别比美国、英国、德国、日本、韩国低28.4个百分点、27.0个百分点、13.3个百分点、14.7个百分点、9.0个百分点，差距更大。根据2018年的统计数据，美国人均收入是中国的8.4倍，但美国人均消费是中国的15.2倍。可见，提升我国消费尤其是居民消费水平，拉动经济增长，促进国内大循环的潜力还很大。欧美及日韩等工业化国家的经验说明，人均GDP超过1万美元后，投资增速将低于总体增速，拉动经济增长的着力点将转移到消费尤其是居民消费方面。

（一）一次分配差距过大

影响居民消费的因素很多。从宏观经济分析，基于消费的边际递减效应，收入差距过大是制约一个国家消费总需求的重要原因。如图2所示，我国收入分配差距长期居高不下，基尼系数在21世纪前10年曾逼近0.50，2010年后徘徊在0.46左右。

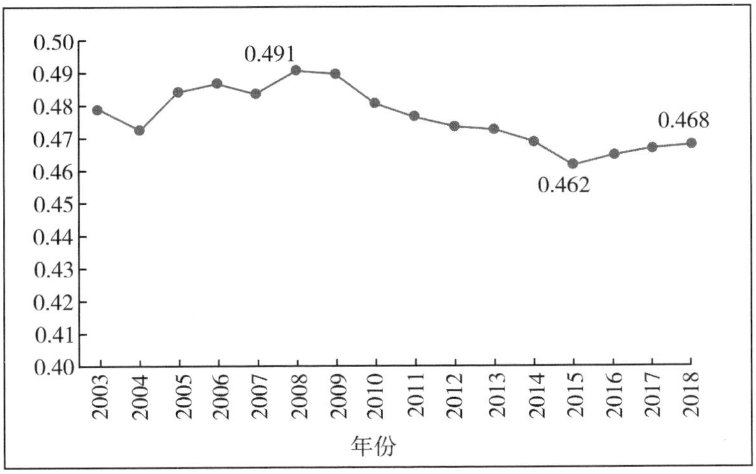

图2 2003—2018年我国居民收入基尼系数

数据来源：国家统计局官方公布数据。

2013年，一些人曾乐观地认为，随着人均GDP的增长，中国的库兹涅茨曲线拐点到了，但2015年后至今，我国的基尼系数又有微量提升，2015年是0.462，2018年是0.468，2019年是0.465，我国仍处于世界上收入分配差距最大的组别。我国以及欧美国家10多年收入分配格局的变动情况说明，20世纪50年代，库兹涅茨提出的收入分配倒U曲线假说已经失效。

从北京师范大学中国收入分配研究院的住户调查数据可看出月收入500元以下、1000元以下、2000元以下人群的分布比例和规模，相应收入人群占总人口的比例分别为7.5%、23.5%和50.7%，由此推算总体人数分别是1.1亿人、3.1亿人和7.1亿人。据《中国居民收入分配年度报告（2019）》提供的数据，城镇居民按收入五等份分组，2018年高收入组增长10.1%，中间偏下收入组只增长1.2%，低收入组增长4.8%。高低收入组的差距从2017年的5.62倍扩大到5.90倍，如扣除物价上涨因素，约40%的人群收入基本没有增长。基尼系数在高位徘徊并略有回升，说明近期收入分配差距有进一步恶化的倾向，这对国内大循环将产生负面影响，值得我们高度重视。

（二）农民工收入长期偏低

在低收入群体中，长期存在的农民工问题需要我们重点研究。一些人认为我国一次分配的市场化程度已经很高了，解决分配差距主要靠再分配。其实，我国的劳动力市场发育还不完善，一次分配仍存在许多问题，其中最大的问题是劳动力市场的城乡行政分割造成我国拥有庞大的农民工群体。

截至2019年，2.9亿农民工已经占了全国城镇就业总人口4.4亿的近66%。据中国宏观经济研究院的一项调查分析，如果农民工转换为城市居民身份，按照城市居民的消费模式进行消费，但其禀赋特征保持不变，其人均消费将大幅度增长27%，与城市居民消费水平基本相当。如果将农民工的收入水平、养老保险覆盖面和受教育水平等禀赋特征不断改善的因素一并考虑在内，农民工的消费潜力将更大[1]。

农民工工资在2010年前后曾有过较快的提高，主要得益于各地最低工资的调整。值得注意的是，农民工工资收入相对增速于2015年后开始下降（见图3）。2017年农民工年平均收入是城镇非私营单位职工年平均收入的56%，2019年下降为52.5%。

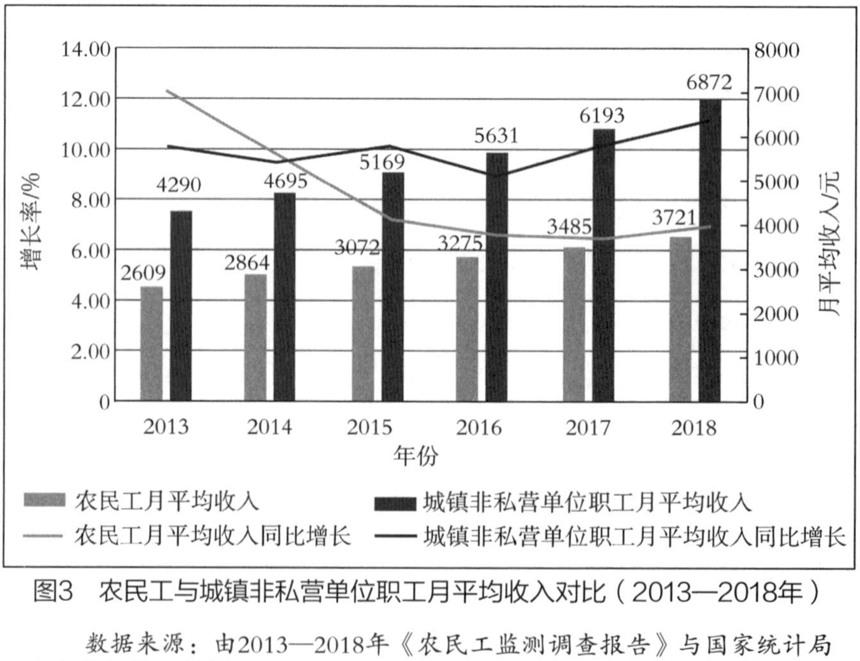

图3 农民工与城镇非私营单位职工月平均收入对比（2013—2018年）

数据来源：由2013—2018年《农民工监测调查报告》与国家统计局发布数据整理所得。

[1] 王美艳：《农民工消费潜力估计——以城市居民为参照系》，《宏观经济研究》2016年第2期。

加快农民工市民化进程，提高近3亿劳动者的收入水平，按一个农民工家庭平均3.5口人估算，可使近10亿人口在消费环节发挥更大作用，这是实现国内大循环亟待解决的重大问题，也是以人为本的新型城镇化题中应有之义。

（三）社会保障制度平抑贫富差距的作用亟待增强

以国家立法形式实施的社会保障制度调节一次分配差距，是所有发达市场经济国家的通行做法。我们要构建以国内大循环为主体、国内国际双循环相互促进的新发展格局，应当进一步加强社会保障制度的共济性，这对提高国内广大中低收入者的消费水平具有重要意义。

我国社会保障制度在平抑一次分配差距方面还远没有发挥应有的作用。据北京师范大学中国收入分配研究院2017年的一项研究，18个欧洲国家市场收入的基尼系数为0.443，在社会保障制度的作用下，这些国家的可支配收入基尼系数降为0.29。从基尼系数下降幅度来看，欧洲国家政府的社会保障制度使得其基尼系数的平均值下降了近40%，相比之下，中国仅下降了12.3%（见图4）。

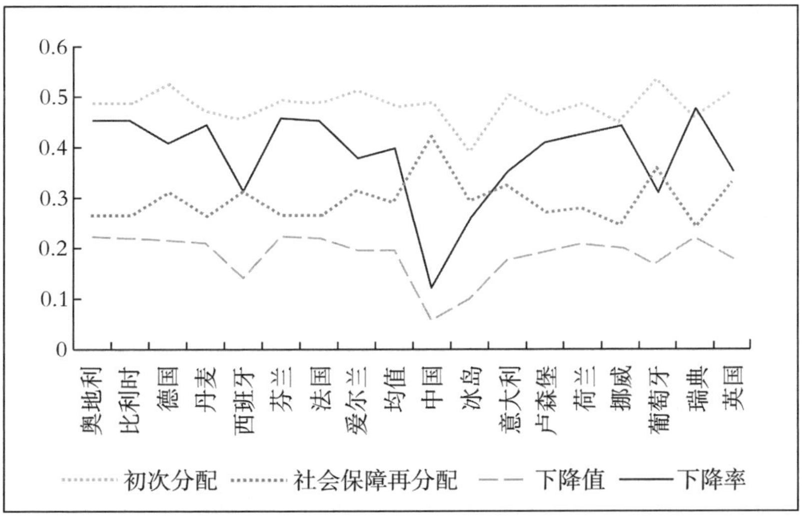

图4　社会保障制度对收入差距调节效应的国际比较（2013年）

数据来源：世界银行世界发展指标数据库、联合国大学世界收入不平等数据库、世界概况数据库、经济合作与发展组织（OECD）数据库。

社会养老保险是社会保障体系中的重大项目，但我国社会养老保险制度对一次分配尚未发挥应有的平抑作用。2018年，中国老年人总收入的基尼系数为0.46，高于除墨西哥之外的所有OECD国家，也大幅高于东欧的转轨国家[1]。如图5所示，中国的洛伦兹曲线弧度大于瑞典，社会收入越平均，曲线越接近收入分配绝对平等直线。

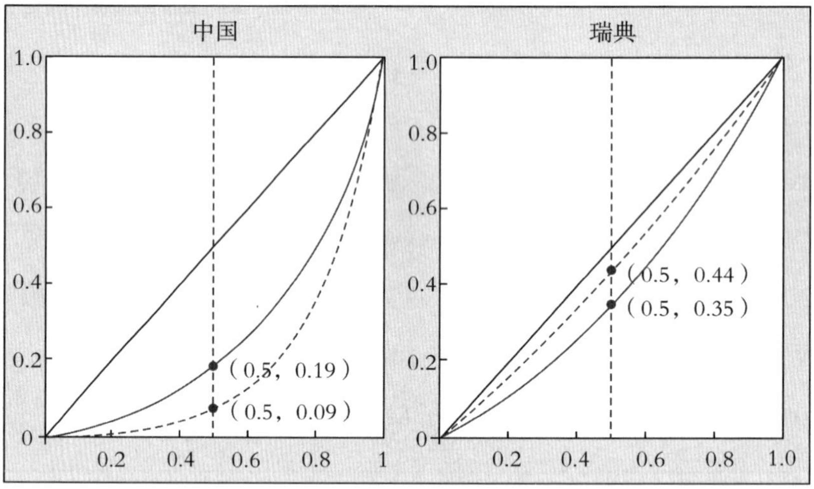

图5　中国与瑞典的社会养老金集中度（虚线）和老年人总收入洛伦兹曲线（实线）

数据来源：中国的曲线根据2018年中国家庭收入调查数据计算绘制。瑞典的曲线根据Nieuwenhuis、Nelson和Alm在2020年发表的论文中2003年瑞典的基尼系数与集中度数据模拟绘制。

在这种经济社会大背景下，中国的社会养老金体系调整的方向是逐步扭转城乡之间、群体之间逆向转移的趋势，其中，城镇职工基本养老保险也不应以提高个人账户占比的方式加大逆向转移幅度。

社保覆盖方面，也是农民工的覆盖率最低，这进一步制约了农民工及其家庭的消费意愿。2017年农民工参加社会保险的比例为：最高的工伤保险不到30%，参加

[1]　根据OECD国家2016年或最新年度的数据，世界主要国家的老年人总收入的基尼系数比较如下：美国和韩国最高，为0.41和0.42，日本为0.35；0.30以上不足0.35的国家有澳大利亚、意大利、英国、拉脱维亚等；不足0.30的国家有23个，如瑞典、德国、法国、奥地利、希腊、波兰、捷克、斯洛伐克等。

城镇职工基本养老保险和城镇居民基本医疗保险的均不到22%，参加失业保险的只有约17%（见图6）。

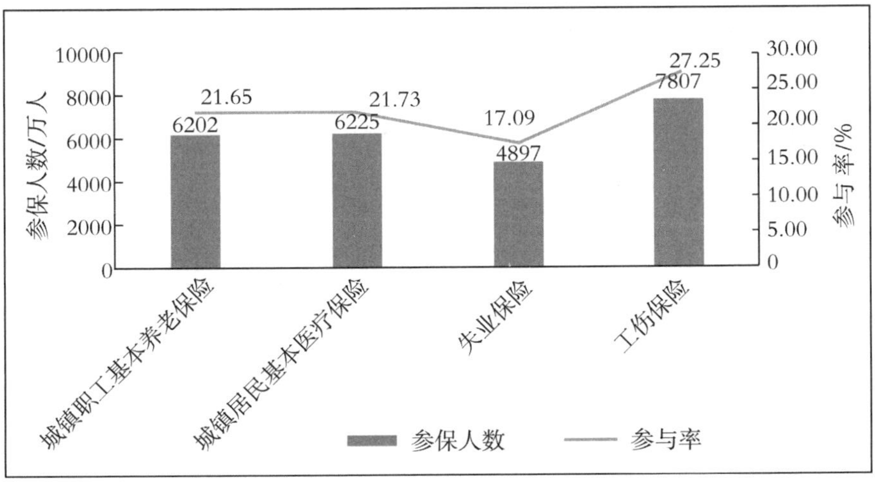

图6　农民工参加社会保险情况（2017年）

数据来源：根据《2017年度人力资源和社会保障事业发展统计公报》《2017年农民工监测调查报告》整理所得。

（四）税收制度在一定程度上扩大了贫富差距

近年来，通过“营改增”、个税起征点调整、为中小微企业降税让利等政策，税收制度对促进经济发展起到了积极作用。但总体分析，我国税收制度对平抑一次分配差距的作用还远远不够。2018年北京师范大学中国收入分配研究院完成了“中国税收制度的收入分配效应”课题，认为当前的税收制度对于收入分配的调节作用甚微。尽管近年来的税制结构显示，间接税比重持续下降，直接税比重不断上升，但到2015年，间接税比重仍占60%左右，直接税比重为40%左右，其余为财产税与其他税种。与发达国家相比，2012年直接税比重为：美国82.2%，日本81.3%，法国69.6%，英国66.7%，OECD国家平均为56.8%。2015年个人所得税比重为：美国40.8%，英国27.9%，法国18.9%，OECD国家平均为24%。我国个人所得税占比近年有所提升，但2019年还只有6.6%，不仅远低于发达国家，也低于新兴经济体和转型经济体，在所有国家中最低。我国个人所得税中，工资、劳务及个体工商户生产经营所得占比高达70.3%，利息、股息、红利及财产转让所得仅占27.2%。

此外，劳动报酬的最高边际税率是45%，而资本所得只有20%的税率，且我国的直接税种目前主要针对流量收入，调节存量财产差距的房地产税、遗产税等多年酝酿，迟迟未见出台。长期积累对居民的财富差距必将起放大作用。根据中国人民银行调查统计提供的数据，目前资产最高的20%的家庭的资产占全部家庭资产的63%，而最低的20%的家庭仅占2.6%。

对缩小贫富差距而言，增值税、消费税、营业税和其他间接税为累退性税收，个人所得税为累进性税收，企业所得税和财产税目前对缩小贫富差距的作用不明显。2013年，全国平均有效税率为20.57%，其中累退性税收占比为72.05%，累进性最高的个人所得税占比仅为1.2%，因而整体税制结构的累退性扩大了居民收入差距，使基尼系数最高可提高3.1个百分点[1]。最近几年税收制度平抑一次分配差距的作用也没有大的改进。

三、对深化收入分配制度改革的几点建议

党的十九届五中全会公报指出，“我国发展不平衡不充分问题仍然突出”，其中就包括“收入分配差距较大”“民生保障存在短板”等收入分配和社会保障问题。为此，党的十九届五中全会提出到2035年基本实现社会主义现代化远景目标，包括“中等收入群体显著扩大，基本公共服务实现均等化，城乡区域发展差距和居民生活水平差距显著缩小”，提出“十四五”时期要使“社会公平正义进一步彰显”。按照党的十九届五中全会精神，在深化收入分配制度改革促进国内大循环方面，提出以下几点建议。

（一）坚持按劳分配为主体、多种分配方式并存的基本经济制度

一是提高劳动报酬占比。我国在经济高速发展过程中，劳动所得占比曾出现一定程度的下降，2008年之后有所回升，但仍然偏低。“十四五”时期，必须坚持多

[1] 万海远、李实、孟凡强，等：《中国税收制度的收入分配效应》，社会科学文献出版社，2018。

劳多得原则，着重保护劳动所得，增加劳动者特别是一线劳动者的报酬，从而提高劳动报酬在初次分配中的比重，缩小分配差距。要进一步完善反映市场供求关系和企业生产经营效益的工资决定机制，包括劳动报酬增长机制和薪酬支付保障机制。在社会主义市场经济条件下，进一步完善劳动力需求方和劳动力供给方的工资集体协商制度，同时参照市场工资水平，合理调整机关事业单位职工的劳动报酬。

二是构建激发各类生产要素活力的分配体制，强化以增加知识价值为导向的收入分配激励机制。让资本、管理、技术以及数据等要素在生产经营中更加活跃，使企业家、职业经理人、科研技术人员和职业技能人员的各种创新潜能得以充分发挥，并进一步扩大中等收入群体。

三是在全面脱贫的基础上适当提高各地最低生活保障水平，并确保低收入家庭子女的义务教育和职业技能培训权益，畅通低收入群体的社会上升通道，最大限度避免低收入群体阶层固化。

（二）打破城乡行政分割，加快农民工市民化进程

一是畅通农民工在城镇落户的渠道。解决农民工问题，仅限于住房、欠薪或在社会保障个别项目上采取一些灵活措施是远远不够的。我国在从农业大国转向工业服务业强国的过程中，形成如此庞大的农民工群体，根本原因在于城乡户籍制度的行政性分割。解决农民工问题的关键是打破劳动力市场的行政性分割，促进劳动力在城乡之间的合理自由流动。2020年，《中共中央　国务院关于构建更加完善的要素市场化配置体制机制的意见》（简称《意见》）下发，对促进要素的自主有序流动，提高要素的配置效率，进一步推动创新发展、高质量发展具有重要指导意义。针对当前劳动力要素配置存在的主要问题，《意见》提出要深化户籍制度改革，畅通落户渠道。“探索推动在长三角、珠三角等城市群率先实现户籍准入年限同城化累计互认”“放开放宽除个别超大城市外的城市落户限制，试行以经常居住地登记户口制度”“建立城镇教育、就业创业、医疗卫生等基本公共服务与常住人口挂钩机制，推动公共资源按常住人口规模配置”。真正落实上述政策措施，将大大加快农民工市民化进程，对缩小收入分配差距、提升居民消费能力、促进国内大循环具有积极作用。

二是增加农民工、农民的财产性收入。土地要素的城乡二元分割至今仍严重制约着农民工和农民的总体收入。有资料显示，因为大量农民工常年外出，各地农村的农房空置率普遍在20%以上，沿海很多地方普遍在40%左右，典型案例最高达70%。农村宅基地流转不畅，导致农民财产性收入无法提高[1]。党的十八届三中全会文件提出，要“赋予农民更多财产权利”，党的十九届五中全会再次提出增加居民的财产性收入。提高农民工和农民的收入，需要进一步打破土地要素的城乡行政分割局面，将附着在宅基地和农村集体经营性建设用地上的巨大潜在财富转化为农民工和农民可以平等交易的财产权益。

三是优化个体从业者就业环境。绝大多数城镇个体就业者和多数个体工商户与农民工交集很大，且多是低收入者，工作与收入不稳定是他们的心头之患。北京大学数字金融研究中心与蚂蚁金服研究院的一项调研成果显示，我国个体经营户有9976.5万户，从业人员有2.3亿人，比官方的统计高出54.8%。受疫情影响，这一部分就业人员受到重挫。坚持就业优先的原则，应当尽量挖掘潜力，为个体从业人员就业创造条件，而不是以市容优先为原则，用各种办法一刀切地把他们作为“低端人口”从一线城市挤出。就业优先与整顿市容并非水火不容，处理得当，众多的个体工商户反而可以为大城市软红香土的市容增添美丽别致的风景线。

（三）以提高公平性为方向，深化社会保障制度改革

一是坚持基本公共服务均等化改革方向。社会保障属于基本公共服务范畴，逐步实现基本公共服务均等化是“十四五”规划及今后改革的方向。20世纪80年代末90年代初，针对平均主义盛行的社会背景，我国曾提出把一次分配的激励原则引入再分配，这在当时的历史条件下是可以理解的。经过40多年的改革开放，我国的社会经济生活已经发生了巨大变化，在创造高速经济发展奇迹的同时，逐步积累了许多问题，其中十分突出的问题就是收入分配差距过大。在这种情况下，“十四五”

[1] 参见中国（海南）改革发展研究院总第1346期简报。

时期及今后一个时期的社会保障制度改革，应强调并提高社会保障制度的公平性、共济性，以平抑一次分配的差距，实现共享发展。

二是加快实施职工基本养老保险全国统筹，平衡各地畸轻畸重的养老保险负担和待遇水平，促进全国人力资源的合理流动。划转国有资本补充职工基本养老保险基金的工作，也应在职工基本养老保险全国统筹的基础上开展。

三是视经济社会发展情况，逐步调整并缩小城乡之间以及不同人群之间的社会保障待遇差距。针对当前一些同志仍然片面强调在职工基本养老保险改革中突出激励机制，主张提高个人账户占比的观点，笔者需要强调指出，基本社会保障最重大的项目——职工基本养老保险——改革也应坚持基本公共服务均等化的方向，提高职工基本养老保险的公平性和共济性。目前一个突出问题是职工基本养老保险连续多年调整费率与提高发放标准，统筹账户占比下降，同时个人账户记账利率由2%～3%上调至6%以上，进一步造成了再分配效应的下降，若再提高个人账户占比，必然进一步扩大一次分配差距。

此外，与社会保障体系建设紧密相关的养老、医疗和教育等民生公共服务的投资应进一步加大，并与高新科技的应用结合起来（如老年康养的大数据分析、远程医疗诊断、互联网教育等），应被合理纳入新基建的大盘子。养老、医疗和教育这三方面的投入，短期内的经济效益不一定明显，但对解除民众的后顾之忧、提升消费预期的作用很大，对全民的健康、社会的稳定、人才的培养具有长远的影响，是现代化国家治理的基础性建设，功在千秋。

（四）提高直接税比重，发挥税收平抑贫富差距的作用

一是进一步完善个人所得税制度。扩大综合征收范围，实行家庭申报制度，并适当降低劳务所得最高边际税率，加大对短期资本利得、财产交易所得的调节力度。实行累进性税率制的个人所得税，对居民收入分配具有很强的正向调节作用，然而我国个人所得税起征点几经提高，虽然减轻了工薪阶层的税收负担，对促进消费起到一定作用，但同时应当看到，这一措施使目前个人所得税的覆盖面过窄、收入规模过小、占比过低，严重限制了收入分配正向调节作用的发挥。因此，

“十四五”时期不宜再提高个人所得税起征点。

二是稳妥开征房地产税。目前房价过高、居民房贷快速增长问题在很大程度上挤占了居民消费支出，城镇居民购房支出占其可支配收入的比重由2003年的7.3%上升为2019年的26.7%。“十四五”时期，为抑制商品房的投资行为，在总结一些城市探索房地产税经验的基础上，我国应利用互联网大数据科技，尽快摸清居民住房实际情况，稳妥启动开征房地产税。房地产税的主要征收对象不是广大中低收入普通劳动者，而是高收入多套住房家庭，针对这一对象可以设计较高的累进调节机制。

三是研究开征遗产税和赠与税。遗产税是世界各国调节财富差距的常用手段[1]。我国在1996年八届全国人大四次会议批准的《中华人民共和国国民经济和社会发展“九五”计划和2010年远景目标纲要》中就明确提出要逐步开征遗产税和赠与税。但至今遗产税仍没有出台，且争议很大。我国已经出现了数量庞大的拥有巨额资产的家庭[2]，这就具备了开征遗产税和赠与税的条件。那些反对遗产税的道理在实现共享社会的理念面前，都是站不住脚的。因此，建议在“十四五”期间研究开征遗产税和赠与税。

对加快构建以国内大循环为主体、国内国际双循环相互促进的新发展格局而言，深化收入分配制度改革极其重要，这不仅是经济结构调整的主要举措，还是维护社会稳定的重要环节，更是坚定政治信仰的群众基础。

---

[1] 各国开征遗产税的时间：荷兰1598年、英国1694年、法国1703年、美国1788年、意大利1862年、日本1905年、德国1906年。

[2] 根据瑞银集团和普华永道的一项统计分析报告，截至2017年，中国共有373名亿万富翁，他们大多来自科技行业、零售行业等行业，资产达1.12万亿美元。由于要保护个人隐私，瑞银集团没有公布中国亿万富翁的姓名、身份等信息。

CHAPTER 1

第一章

理论与制度

第一节

中国特色社会主义分配制度的理论创新

按劳分配是马克思主义设想的关于社会主义社会的单一分配原则。然而，中国的社会主义脱胎于半殖民地半封建社会，生产力发展从来没有达到马克思所设想的条件，因此，马克思的按劳分配理论也经历了中国化的过程。从1956年形成的计划经济体制下的单一按劳分配制度，到改革开放以来把马克思主义经济学基本原理同社会主义初级阶段的实际相结合，逐步打破平均主义分配的“大锅饭”，分配制度经历了“按劳分配为主体，其他分配方式为补充”“按劳分配为主体，多种分配方式并存。把按劳分配与按生产要素分配相结合”的不断探索，在党的十九届四中全会，我国确立了“坚持按劳分配为主体、多种分配方式并存”是社会主义基本经济制度的重要组成部分，第一次把分配制度上升到基本经济制度的高度。改革开放以来对分配制度进行理论探索并在实践中不断完善，最终确立了新时代中国特色社会主义分配制度。

一、改革开放以来中国特色社会主义分配制度理论发展

党的十一届三中全会以来，我党拨乱反正，党中央领导集体立足于中国社会主义初级阶段的基本国情，洞察经济社会发展的新变化和新需要，在继承马克思主义收入分配思想的基础上，实事求是，与时俱进，创新、发展和完善了我国的社会主义分配理论，建立起“按劳分配为主体，多种分配方式并存”的分配制度。这一过程伴随着经济理论界的锐意探索，大体经历了以下三个阶段：

（一）反对平均主义，贯彻落实按劳分配原则

改革之初，政界和学界对此前僵化的按劳分配原则进行了反思，为改革作理论准备。1978年3月，邓小平同志指出："按劳分配就是按劳动的数量和质量进行分配。根据这个原则，评定职工工资级别时，主要是看他的劳动好坏、技术高低、贡献大小。政治态度也要看，但要讲清楚，政治态度好主要应该表现在为社会主义劳动得好，作出的贡献大。处理分配问题如果主要不是看劳动，而是看政治，那就不是按劳分配，而是按政分配了。总之，只能是按劳，不能是按政，也不能是按资格。"同时，邓小平同志认为按劳分配总体而言是为了鼓励大家上进。1978年底，党的十一届三中全会公报明确指出："公社各级经济组织必须认真执行按劳分配的社会主义原则，按照劳动的数量和质量计算报酬，克服平均主义。"1986年9月，中国共产党第十二届中央委员会第六次全体会议通过的《中共中央关于社会主义精神文明建设指导方针的决议》指出："我国还处在社会主义的初级阶段，不但必须实行按劳分配，发展社会主义的商品经济和竞争，而且在相当长历史时期内，还要在公有制为主体的前提下发展多种经济成份，在共同富裕的目标下鼓励一部分人先富裕起来……就应当肯定由此而来的人们在分配方面的合理差别。"1984年10月，党的十二届三中全会通过了《中共中央关于经济体制改革的决定》（简称《决定》），该《决定》提出："按劳分配的社会主义原则将得到进一步的贯彻落实……鼓励一部分人先富起来的政策，是符合社会主义发展规律的，是整个社会走向富裕的必由之路。"纵观这一时期党的相关文献论述，党和国家领导人深刻认识到了按劳分配的重要性，而真正贯彻落实按劳分配，就必须打破平均主义，让一部分人、一部分地区先富裕起来。认识到社会主义初级阶段必须坚持以公有制为主体、多种经济成分共同发展，而多种经济成分共同发展，就必然要求多种分配形式。

针对先富带动后富可能产生的贫富差距问题，在1985年3月的全国科学技术工作会议上，邓小平即席发表讲话《一靠理想二靠纪律才能团结起来》，指出："社会主义的目的就是要全国人民共同富裕，不是两极分化。如果我们的政策导致两

极分化，我们就失败了；如果产生了什么新的资产阶级，那我们就真是走了邪路了。”[1]同时他认为，我国生产资料公有制的主体地位，决定了收入分配必然以按劳分配为主体，这就消除了产生两极分化的根源，从而能够避免两极分化，但有必要制定和执行正确的分配政策来进行调节。

（二）从以按劳分配为主体，其他分配方式为补充到以按劳分配为主体，多种分配方式并存

随着中国经济体制改革的不断深入和经济快速增长，公有制为主体、多种所有制经济共同发展的局面开始出现。尽管一个发展了的按劳分配原则已经可以解释改革中出现的部分新兴事物，如承认科技是一种劳动，从而认可知识作为一种劳动参与分配的权利，又如将个体经营者收入划定为劳动收入，从而使之符合按劳分配原则等，但非公有制企业所有者存在对其所有企业的收益权，居民收入增加使居民收入出现了剩余，从而存在私人投资的可能，由此带来的投资收益显然不完全符合劳动报酬的定义。此外，某些具有特别才能的人以技术参股方式获得收入，也有管理者通过承包制、年薪制等获得管理才能的收益。显然，非公有制经济的发展以及社会主义市场经济的确立都给继续坚持按劳分配原则提出了挑战，因雇佣劳动带来的收益如何匹配按劳分配原则成为一个巨大的理论问题。这一方面挑战着传统的社会主义按劳分配原则，另一方面也成为按劳分配原则中国化的契机。

从20世纪80年代中后期开始，随着多种所有制形式的出现，如何贯彻执行和解读按劳分配原则成为理论界争论的一个焦点问题。在初期的讨论中，因为存在明显的意识形态限制，当时一些主流观点将应归属于资本、技术和管理的要素收入解释为劳动收入，如通过讨论活劳动和物化劳动等重新定义劳动收入，进而提出活劳动和物化劳动共同创造价值的观点。另一些学者则将这些劳动以外的要素收入全部解释为按资分配，混淆了资本、技术和管理要素之间的关系。上述两种说法忽视了技术和管理等非劳动要素的作用。也有不少学者思想比较解放，对社会主义商品经济

[1] 邓小平：《邓小平文选》第三卷，人民出版社，1993。

条件下的分配制度进行了适应经济发展实际的探讨。除社会主义商品经济条件下按劳分配的特点、以按劳分配为主体的多种分配方式、按劳分配在企业的具体实现之外，一些学者就按生产要素分配进行了探讨分析，如有学者认为社会主义商品经济实践推动了按生产要素分配理论的形成。事实上，随着个体、私营、外资等多种经济成分的出现和发展，客观上已经出现了按生产要素分配的问题。而公有制经济的股份制改造，对股东的分配也必然要按生产要素分配。1989年，谷书堂、蔡继明论证了按生产要素分配的必要性，并最早提出了按劳分配与按生产要素分配结合的观点。他们认为："由于社会主义初级阶段还存在着多种所有制成分……还不能完全实行按劳分配。社会主义初级阶段的分配原则是贡献分配，也就是按各种生产要素在社会财富的创造中所作出的实际贡献进行分配。"[1]

这一时期，党的十三大提出了社会主义初级阶段理论，并在此基础上明确提出："社会主义初级阶段的分配方式不可能是单一的。我们必须坚持的原则是，以按劳分配为主体，其他分配方式为补充。"并进一步指出各种合法的除按劳分配外的劳动收入、资本性收入、经营性收入等也得到允许和保护，对以非法手段牟取暴利的，要依法严厉制裁。这些论述突破了我国原来单一的按劳分配制度。党的十四大则继续坚持了党的十三大的收入分配理论，党的十四大报告明确提出："在分配制度上，以按劳分配为主体，其他分配方式为补充。"党的十四届三中全会通过的《中共中央关于建立社会主义市场经济体制若干问题的决定》在我国收入分配理论方面作了进一步继承和发展。该决定指出："个人收入分配要坚持以按劳分配为主体、多种分配方式并存的制度……劳动者的个人劳动报酬要引入竞争机制，打破平均主义，实行多劳多得，合理拉开差距。坚持鼓励一部分地区一部分人通过诚实劳动和合法经营先富起来的政策，提倡先富带动和帮助后富，逐步实现共同富裕。"

我国分配理论在这一时期的发展具有以下几个显著特点：第一，突破了单一

[1] 谷书堂、蔡继明：《按贡献分配是社会主义初级阶段的分配原则》，《经济学家》1989年第2期。

的按劳分配形式。党的十四大明确提出“以按劳分配为主体，其他分配方式为补充”，这是与我国经济结构变化相适应的与时俱进的理论发展。党的十四届三中全会又提出“以按劳分配为主体、多种分配方式并存的制度”，提法上升到了制度层面。提法的变化表明我国公有制的主体地位决定这种新的分配制度必须保证按劳分配的主体地位不动摇，同时，这种新的分配制度也强调非按劳分配方式是社会主义分配制度的内在组成部分，而不是整个分配制度之外的附属物。当然，实行这样一种分配制度，是由我国生产力发展水平及所有制性质和结构决定的。马克思主义认为生产方式决定分配方式，“消费资料的任何一种分配，都不过是生产条件本身分配的结果”。就是说，一个社会采取什么样的分配方式，取决于生产力状况，取决于所有制性质和结构。我国是在生产力比较落后的基础上建立起社会主义制度的。我国的基本经济制度是公有制为主体、多种所有制经济共同发展，这决定了我国坚持以按劳分配为主体、多种分配方式并存的分配制度。第二，首次承认了非劳动收入的合法性，并使其得到允许和保护，这极大地调动了广大人民群众生产和投资的积极性。第三，提出了按生产要素分配理论。按生产要素分配理论是我国社会主义收入分配制度理论的最大创新成果，为我国社会主义市场经济分配制度的创新和改革提供了新的理论依据。

（三）坚持按劳分配为主体、多种分配方式并存，按劳分配和按生产要素分配相结合

党的十四届三中全会以后，我国确立了社会主义市场经济体制，收入分配理论需要进一步突破，以适应社会主义市场经济发展的需要。党的十五大报告指出：“坚持按劳分配为主体、多种分配方式并存的制度。”并首次提出“把按劳分配和按生产要素分配结合起来”“允许和鼓励资本、技术等生产要素参与收益分配”。这是我国在分配理论上的又一次更具有深远意义的突破，不仅体现出社会主义市场经济的本质，而且充分发挥了社会主义制度的优越性。当然，我们必须首先明确按生产要素分配不是资本主义特有的经济现象，而是市场经济运行的客观规律。实践已经和正在证明，坚持按劳分配与按生产要素分配相结合的分配原则，在分配关系上能更直接、更充分地体现我国现阶段所有制结构的多元化，体现公有制实现形式的多样化，有利于调动广大劳动者投入劳动的积极性，有利于调动各要素所有者继续投入要素的积极性，从而实现二者的有机结合，使社会再生产得以顺利进行[1]。按劳分配和按生产要素分配相结合对于保持中国经济的稳定快速增长起到了积极作用。

党的十六大报告提出："确立劳动、资本、技术和管理等生产要素按贡献参与分配的原则，完善按劳分配为主体、多种分配方式并存的分配制度。"将"按生产要素分配"的提法改为"确立劳动、资本、技术和管理等生产要素按贡献参与分配的原则"，这一收入分配原则是对马克思主义关于社会主义收入分配理论的创新，是适应社会主义市场经济体制的建立和完善，适应以公有制为主体、多种所有制经济共同发展的必然选择，它一方面将生产要素进行了明确细化，另一方面在劳动价值论的基础上肯定了生产要素参与分配的合法地位。按照马克思主义观点，劳动是创造价值的源泉。不论是体力劳动还是脑力劳动，不论是简单劳动还是复杂劳动，一切为我国现代化建设作出贡献的劳动，都是光荣的，都应该得到承认和尊重。同时，资本、技术和管理等生产要素，都参与了社会财富的创造，应当参与收益分配，根据它们在商品生产中贡献的大小取得相应的报酬。2005年10月，党的十六届五中全会通过了《中共中央关于制定国民经济和社会发展第十一个五年规划的建议》，指出："完善按劳分配为主体、多种分配方式并存的分配制度，坚持各种生产要素按贡献参与分配。"党的十七大报告指出："合理的收入分配制度是社会公平的重要体现。要坚持和完善按劳分配为主体、多种分配方式并存的分配制度，健全劳动、资本、技术、管理等生产要素按贡献参与分配的制度。"党的十七大对社会主义收入分配理论又有创新，提出"坚持和完善按劳分配为主体、多种分配方式

[1] 邓海潮、刘晶：《社会主义个人收入分配理论和制度的六大历史性突破》，《中国特色社会主义研究》1999年第4期。

并存的分配制度”“健全劳动、资本、技术、管理等生产要素按贡献参与分配的制度”。一方面，强调坚持按劳分配为主体；另一方面，肯定了市场经济下各种生产要素参与财富创造和财富分配的合理性，这有利于调动要素所有者的积极性、主动性、创造性，同时防止两极分化，最终实现共同富裕。党的十七大进一步提出，“合理的收入分配制度是社会公平的重要体现”，并且提出将国民收入分配领域从直接的物质收入领域扩展到公共服务领域，在对特殊人群的救助以及农村各种医疗、低保等方面，还提出了让“基本公共服务均等化”“使全体人民学有所教、劳有所得、病有所医、老有所养、住有所居”的新目标。这是对收入分配内涵以及共同富裕思想的创新。

党的十八大以来，收入分配理论创新和实践探索进入了新的发展阶段。党的十八大报告指出，“要坚持社会主义基本经济制度和分配制度”“千方百计增加居民收入。实现发展成果由人民共享，必须深化收入分配制度改革，努力实现居民收入增长和经济发展同步、劳动报酬增长和劳动生产率提高同步，提高居民收入在国民收入分配中的比重，提高劳动报酬在初次分配中的比重……完善劳动、资本、技术、管理等要素按贡献参与分配的初次分配机制，加快健全以税收、社会保障、转移支付为主要手段的再分配调节机制。深化企业和机关事业单位工资制度改革，推行企业工资集体协商制度，保护劳动所得。多渠道增加居民财产性收入”。党的十八大报告在坚持分配制度的同时，强调了要实现发展成果由人民共享，必须深化收入分配制度改革，完善生产要素按贡献参与分配的初次分配机制，健全再分配机制。2013年2月，《国务院批转发展改革委等部门关于深化收入分配制度改革若干意见的通知》指出：“收入分配制度是经济社会发展中一项带有根本性、基础性的制度安排，是社会主义市场经济体制的重要基石……当前，我国已经进入全面建成小康社会的决定性阶段，按照党的十八大提出的千方百计增加居民收入的战略部署，要继续深化收入分配制度改革，优化收入分配结构，调动各方面积极性，促进经济发展方式转变，维护社会公平正义与和谐稳定，实现发展成果由人民共享……我国仍处于并将长期处于社会主义初级阶段，当前收入分配领域出现的问题是发展中的矛盾、前进中的问题，必须通过促进发展、深化改革来逐步加以解决……深化收入分配制度改革，是一项十分艰巨复杂的系统工程，不可能一蹴而就，必须从我国基本国情和发展阶段出发，立足当前、着眼长远，克难攻坚、有序推进……深化收入分配制度改革，要坚持共同发展、共享成果。倡导勤劳致富、支持创业创新、保护合法经营，在不断创造社会财富、增强综合国力的同时，普遍提高人民富裕程度。”

经济理论界在这一时期对社会主义分配制度的探索主要集中在按劳分配和市场经济是否兼容、市场经济条件下按劳分配的特点、按生产要素分配、按劳分配和按要素分配的关系等问题上。

关于按劳分配和市场经济是否兼容。经济学界有两种相反的观点：主流观点认为按劳分配和市场经济可以兼容，而且只有在市场经济条件下才能真正实现按劳分配。张宇提出：“按劳分配在市场经济条件下是可能和现实的，应当把按劳分配的本质和按劳分配的实现形式区别开。从马克思非市场型的按劳分配发展成为市场型按劳分配不是对按劳分配本质的否定，而是在市场经济条件下更好地实现了按劳分配原则。”[1]相反的观点认为：“按劳分配与市场经济绝不能相容，非此即彼。”[2]

关于市场经济条件下按劳分配的特点。理论界基本上认同以下观点：按劳分配的主体是企业而不是社会；劳动者所得按劳分配收入量的多少，不再仅仅取决于劳动者个人提供劳动量的多少，还取决于劳动者所在的企业联合劳动所形成价值量的大小；按劳分配通过商品货币形式来进行；按劳分配在劳动者个人收入分配中应居于主体地位，而不是全部地位[3]。

---

[1] 张宇：《市场、平等与按劳分配——对按劳分配理论的再认识》，《中国特色社会主义研究》1999年第6期。

[2] 从松日：《按劳分配与按劳动力价值分配》，《经济·社会》1997年第2期。

[3] 黄玉抒：《市场经济下按劳分配问题的一点思考》，《南昌职业技术师范学院学报》1997年第2期。

关于按生产要素分配。学者之间就谷书堂、蔡继明在1989年提出的按生产要素分配进行了激烈争论，这是收入分配制度改革以来对按劳分配原则的又一次重要的理论争鸣，争论的焦点在于如何看待按生产要素分配的问题。争论主要建构在劳动价值论基础上，重点围绕劳动和生产要素谁创造价值以及谁应该参与价值分配等问题展开。对此，国内学术界有两种典型观点。一种观点是价值创造不决定价值分配。大多数学者比较认同这一观点。他们认为价值创造涉及的是生产领域，主要解决的是谁创造价值以及创造多少价值的问题，并且主要决定于生产力；而价值分配涉及的是分配领域，主要决定于生产关系，它只确定创造出的价值如何分配，而不管价值是由谁创造的。由此他们提出，按要素分配的理论依据不应该也没必要到劳动价值论中去寻找[1]。虽然基本观点相同，但学者们各自立论的依据和思路又有所不同，代表性观点包括：一是所有制决定论，即所有制形式决定分配。如逄锦聚认为，我国社会主义初级阶段实行的基本经济制度是实行按劳分配为主体、多种分配方式并存的分配制度的理论依据，即所有制是根本性决定因素[2]。吴树青认为，社会主义初级阶段的所有制结构以公有制为主体、多种所有制共同发展，决定了在分配方式上，只能是也必然是按劳分配为主体、多种分配方式并存[3]。二是要素产权论。如杨万铭认为，生产要素参与分配的前提是对生产要素拥有产权。按要素分配就是承认要素产权拥有者凭借要素产权取得相应收入的权利[4]。殷如宏认为，生产要素参与分配实质上是生产要素所有者以产权参与分配，用其所有获其所获[5]。三是要素所有权和要素贡献的结合，二者共同决定分配。如沈卫平认为，我国现行的按生产要素贡献分配的实质，是要素所有权和要素贡献的结合，其中，要素所有权

[1] 王敏：《对一种按生产要素分配的理论依据的评析与再思考——兼论“剥削”》，《重庆教育学院学报》2003年第2期。

[2] 逄锦聚：《关于价值论、劳动价值论与分配理论的一些思考》，《南开经济研究》2001年第5期。

[3] 吴树青：《深化分配制度改革的几个理论问题》，《思想理论教育导刊》2003年第9期。

[4] 杨万铭：《要素产权分配论:“倒U假说”的超越》，《社会科学研究》2004年第5期。

[5] 殷如宏：《试论按生产要素分配原则在不同社会中的表现》，《扬州教育学院学报》2004年第2期。

是生产与分配最终产品的经济基础，即决定个人收入分配的经济基础，要素贡献则是检验按要素分配合理性的衡量标准[1]。另一种观点与价值创造不决定价值分配的观点相对立。一些学者认为，价值创造是价值分配的直接依据，价值创造决定价值分配。但在对价值的理解上，存在三种不同的看法。一是要素贡献论，即按生产要素在财富创造中的实际贡献决定分配。如蔡继明认为，社会主义的分配原则就是在社会必要劳动所创造的价值基础上按各种生产要素在价值形成中所作出的贡献进行分配，简称按贡献分配[2]。谷书堂在其主编的《社会主义经济学通论：中国转型期经济问题研究》中也提出，社会主义的分配原则就是在社会必要劳动所创造的价值基础上，按各种生产要素在价值形成中所作的贡献进行分配[3]。二是要素价值论，即要素创造价值从而参与分配。如晏智杰认为，在需求既定条件下，财富和商品的源泉与其价值的源泉必然是一致的，它们都是由劳动、资本、技术、管理和自然资源等要素共同创造的，财富多元论在这种条件下也就是价值多元论[4]。三是劳动价值论，即劳动创造价值从而决定分配。如何雄浪等人认为，在社会主义经济中，按劳分配与按要素分配是本质与现象、内容与形式的关系，是按劳分配因市场关系而转化为或表现为按要素分配，而不是在同一层面上并列或主辅结合的关系。在社会主义条件下，按劳分配与按要素分配有着共同的理论基础——马克思劳动价值论。同时，他们认为各种生产要素共同创造价值从而参与分配的观点值得商榷，认为它根本否定了马克思的劳动价值理论[5]。

关于按劳分配和按要素分配的关系。理论界主要有三种观点。一是按要素分配

[1] 沈卫平：《我国现行收入分配制度的理论依据辨析》，《深圳大学学报（人文社会科学版）》2004年第5期。

[2] 蔡继明：《论非劳动生产要素参与分配的价值基础》，《经济研究》2001年第12期。

[3] 谷书堂主编《社会主义经济学通论：中国转型期经济问题研究》，高等教育出版社，2006。

[4] 陈淮、樊纲、刘福垣、晏智杰、蔡继明、赵人伟、高书生、李保民、程学斌、李燕斌、杨良初、赖德胜、曾湘泉：《专家学者纵论深化收入分配制度改革》，《劳动保障通讯》2003年第11期。

[5] 何雄浪、李国平：《论劳动价值论、按劳分配与按要素分配三者之间的逻辑关系》，《经济评论》2004年第2期。

包括按劳分配。如汪海波认为，中国改革实践已经开始证明并将继续充分证明，否定按劳分配也像否定计划经济一样，不仅不会否定社会主义的本质和优越性，还会进一步发挥其本质和优越性[1]。二是按劳分配和按要素分配不能相互替代。如赵伟认为，按劳分配不等于按劳动力要素分配，它并非按生产要素分配的一个子部分，前者是和生产资料的公有制相联系，后者是和生产资料的非公有制相联系[2]。三是按劳分配包含按要素分配。如刘解龙认为，生产要素的配置是劳动组合，生产要素创造价值实质上是配置生产要素的劳动创造价值，按要素分配实质上是按配置生产要素的劳动进行分配。这是按劳分配与按生产要素分配可以结合的价值理论基础，也是劳动价值论的一种新的解释力[3]。

二、新时代中国特色社会主义分配理论的发展和确立

习近平总书记在党的十九大报告中指出："中国特色社会主义进入新时代，我国社会主要矛盾已经转化为人民日益增长的美好生活需要和不平衡不充分的发展之间的矛盾。"[4]从新时代中国特色社会主义的国情来看，"美好生活"已不仅仅是满足人们的物质需求，而且是包含着对人的全面发展的向往。对于国家而言，应该为每一位社会成员在经济、政治、社会、文化、生态等方面的需求提供有效而公平的制度保障，为每个人实现自己的美好生活创造优良的条件。在中国特色社会主义新时代，贫富差距大小、分配秩序是否规范、分配规则是否公正，将日益成为人民评判美好生活标准的重要组成部分。尤其是，随着2020年决胜全面建成小康社会任务的逐步完成，我国人均收入由中等向中上等迈进。在新时代中国特色社会主义建设过程中，我国需要不断地改进和完善分配制度，以适应和促进生产力的发展，跨

[1] 汪海波：《论建立现代分配制度》，《国家行政学院学报》2004年第2期。

[2] 赵伟：《按生产要素分配与共同富裕》，《经济评论》2004年第6期。

[3] 刘解龙：《现代劳动价值论研究三大使命》，《财经理论与实践》2003年第1期。

[4] 习近平：《决胜全面建成小康社会　夺取新时代中国特色社会主义伟大胜利——在中国共产党第十九次全国代表大会上的报告》，2017年10月18日。

越“中等收入陷阱”，顺利实现我国现代化建设新征程的新任务。

（一）新时代中国特色社会主义分配理论的发展

分配问题和财产所有权问题是马克思主义经济学经典理论的两大核心内容。按照马克思主义政治经济学理论，分配应该属于社会再生产中与生产、交换和消费并列的一个重要环节，并不能被孤立地看待。分配对生产、交换和消费的不断延续和持续扩展起着至关重要的作用。作为基本经济制度的重要组成部分，分配制度既决定于生产力的发展水平，又受制于经济制度变化状况，其核心是产权制度即所有制所代表的生产关系的发展。一个良好的分配制度应具备两个特征：一是适应生产力发展的需要，极大地激发要素的活力，尤其是激发生产力中最活跃的因素——劳动的活力，从而促进经济的持续发展；二是让全体人民公平公正地分享经济发展的成果，从而促进社会的全面进步。这是马克思主义政治经济学的基本启示。就是说，处理分配关系，包括改革分配制度、调整分配格局，不能脱离一定历史阶段生产力的发展水平——既包括劳动分工程度、劳动生产率、经济增长速度，也包括产业结构、区域结构等经济结构。以习近平同志为核心的党中央坚持“以人民为中心的发展思想”这个新时代收入分配改革的主基调，从提高劳动者收入水平、共享发展成果、保障和改善民生、基本公共服务均等化、缩小收入分配差距、促进社会公平正义等视角，为收入分配改革赋予了新的时代内涵，提出了新的目标要求。

党的十八大报告提出，要“千方百计增加居民收入”，实现“两个同步”，即“居民收入增长和经济发展同步”“劳动报酬增长和劳动生产率提高同步”。党的十九大报告提出，“坚持在经济增长的同时实现居民收入同步增长、在劳动生产率提高的同时实现劳动报酬同步提高”，表述更加系统、更加精准，既要求人民及时充分分享劳动发展的成果，体现了新时代社会主义发展的目的，又将人民对美好生活需要的满足置于生产力平衡和充分发展的基础之上，体现了对历史唯物主义基本规律的遵守。这些认识都是基于自身实践的总结，也是对于他人经验教训的镜鉴。因此，分配观念必须有社会再生产的宏观视野，分配政策必须有发展阶段的历史定位，分配关系必须有生产力的效率基础。

在2016年5月中央财经领导小组第十三次会议上，习近平总书记强调：必须完善收入分配制度，坚持按劳分配为主体、多种分配方式并存的制度，把按劳分配和按生产要素分配结合起来，处理好政府、企业、居民三者之间的分配关系；必须强化人力资本，加大人力资本投入力度，着力把教育质量搞上去，建设现代职业教育体系；必须发挥好企业家作用，帮助企业解决困难、化解困惑，保障各种要素投入获得回报；必须加强产权保护，健全现代产权制度，加强对国有资产所有权、经营权、企业法人财产权保护，加强对非公有制经济产权保护，加强知识产权保护，增强人民群众财产安全感[1]。

习近平总书记在党的十九大报告中就我国分配制度改革进行了系统论述："坚持按劳分配原则，完善按要素分配的体制机制，促进收入分配更合理、更有序""保证全体人民在共建共享发展中有更多获得感，不断促进人的全面发展、全体人民共同富裕""促进收入分配更合理、更有序。鼓励勤劳守法致富，扩大中等收入群体，增加低收入者收入，调节过高收入，取缔非法收入""拓宽居民劳动收入和财产性收入渠道""坚持在经济增长的同时实现居民收入同步增长、在劳动生产率提高的同时实现劳动报酬同步提高""履行好政府再分配调节职能，加快推进基本公共服务均等化，缩小收入分配差距"[2]。党的十九大报告系统梳理了完善分配制度的内容，确立了今后一个时期我国改进和完善分配制度的基本原则，也标志着在新时代中国特色社会主义建设过程中，我们党对现代市场经济条件下分配问题的认识新高度。这对于如何从马克思主义基本原理出发，结合中国发展实践，深化分配问题研究，丰富和完善新时代中国特色社会主义理论内容，进一步服务于实践发展，有着十分重要的意义。

---

[1] 习近平：《坚定不移推进供给侧结构性改革　在发展中不断扩大中等收入群体》，《人民日报》2016年5月17日第1版。

[2] 习近平：《决胜全面建成小康社会　夺取新时代中国特色社会主义伟大胜利——在中国共产党第十九次全国代表大会上的报告》，2017年10月18日。

上述阐述既是对分配制度改革的具体部署，也是对传统分配概念的细化和拓展，包括通过提高要素激励、完善所有制结构、优化产业结构来实现分配格局的调整、分配状况的改善、分配关系的调节等内容。随着经济发展和分配制度改革的不断探索，适应新时代中国特色社会主义的分配理论不断发展和完善。

（二）新时代中国特色社会主义分配理论的确立

党的十九届四中全会确立了公有制为主体、多种所有制经济共同发展，按劳分配为主体、多种分配方式并存，社会主义市场经济体制等社会主义基本经济制度。这是对社会主义基本经济制度作出的新概括，是对社会主义基本经济制度内涵的重要发展和深化，标志着我国社会主义基本经济制度更加成熟、更加定型。这意味着党把分配制度作为基本经济制度的组成部分确定了下来。按劳分配为主体、多种分配方式并存的收入分配制度，既坚持科学社会主义的基本原则，又适应市场经济基本要求，激发了人民群众创造财富的热情，是党和人民的伟大创造。这是首次把收入分配制度列入社会主义基本经济制度的范畴，是中国特色社会主义制度的重大理论创新。以此为基础，党的十九届四中全会通过的《中共中央关于坚持和完善中国特色社会主义制度　推进国家治理体系和治理能力现代化若干重大问题的决定》，细化了收入分配领域的政策行动方案，主要有以下五点[1]：

第一，坚持多劳多得，着重保护劳动所得，增加劳动者特别是一线劳动者的劳动报酬，提高劳动报酬在初次分配中的比重。我国国民收入中劳动报酬份额在过去近20年间一直处于下降趋势，最近几年虽略有回升，但仍低于21世纪初期水平。因此，我国迫切需要从根源上提高劳动者尤其是一线劳动者的劳动报酬。另外，随着居民财富积累的持续增长和资本性收入占比的逐渐提高，社会上出现越来越多不劳而获的食利现象，与此相伴随的是居民劳动参与率持续下降，因此，党的十九届四中全会提出要鼓励勤劳致富，保护合法收入，增加劳动者特别是一线劳动者的劳动报酬。

[1] 万海远、孟凡强：《收入分配制度的重大理论创新》，《中国经济时报》2019年11月25日第5版。

第二，健全以税收等为主要手段的再分配调节机制，强化税收调节，完善直接税制度并逐步提高其比重。根据对我国收入分配与再分配政策效果的评估结果，我国税收政策对收入分配差距的调节作用相对有限，并且少数间接税收项目还有可能扩大了收入分配差距。尤其是，针对性较强的个人所得税等直接税目前比重还比较低，因此在扭转总体收入分配差距方面的作用还不够强，并且当前我国的直接税种类还比较单一，所以党的十九届四中全会专门提出要“完善直接税制度并逐步提高其比重”。

第三，合理调节城乡、区域、不同群体间的分配关系。当前我国收入分配差距的主要来源就是城乡区域差距，因此，党的十九届四中全会的决定是抓到了问题和关键。以不同标准来衡量，目前我国城乡差距最大甚至能达到总体差距的一半左右，因此，瞄准关键的城乡差距的迫切性是显而易见的，尤其在新型城镇化背景下，如何保障农民工群体的利益、加大对农村居民的转移支付力度、实现城乡一体化发展等，我们还有很多工作要做。

第四，重视发挥第三次分配作用，发展慈善等社会公益事业。随着过去几十年经济的快速增长，目前我国居民已经积累了相当程度的财富，有相当一批先富起来的社会群体，民间财富的规模已完全可以成为收入分配的第三支柱。因此，党的十九届四中全会专门提出要“重视发挥第三次分配作用”，完善相关政策，激励引导居民财富合理流向社会公益事业，以更好地解决贫困和缩小收入分配差距。

第五，强调市场机制在收入分配中的重要作用。党的十九届四中全会的决定，不仅侧重提到三次分配，讲到了再分配，尤其需要注意的是，还特别突出了以劳动报酬为代表的初次分配的重要性。要解决当前我国的收入分配问题，需要从这几个方面同时发力，尤其要解决初次分配领域所存在的关键问题。初次分配领域中生产要素市场的改革与初次分配制度的改革是相辅相成的，甚至在很大程度上前者的进展决定了后者的进展，前者的成功决定了后者的成功。因此，政府需要推进市场化改革进程，进一步完善市场体系，让市场机制在资源配置中起到决定性作用。

党的十九届四中全会提出“健全劳动、资本、土地、知识、技术、管理、数据等生产要素由市场评价贡献、按贡献决定报酬的机制”，为生产要素市场的改革指明了方向。

党的十九届四中全会对收入分配理论的发展，在党的十九届五中全会得到进一步阐述，明确了实现路径。党的十九届五中全会提出，到2035年，“人均国内生产总值达到中等发达国家水平，中等收入群体显著扩大，基本公共服务实现均等化，城乡区域发展差距和居民生活水平差距显著缩小……人民生活更加美好，人的全面发展、全体人民共同富裕取得更为明显的实质性进展”。“十四五”时期把“民生福祉达到新水平。实现更加充分更高质量就业，居民收入增长和经济增长基本同步，分配结构明显改善，基本公共服务均等化水平明显提高，全民受教育程度不断提升，多层次社会保障体系更加健全，卫生健康体系更加完善，脱贫攻坚成果巩固拓展，乡村振兴战略全面推进”作为经济社会发展主要目标之一。为实现以上收入分配领域的发展目标，在“十四五”时期我国将扎实推动共同富裕，坚持按劳分配为主体、多种分配方式并存，提高劳动报酬在初次分配中的比重；健全工资合理增长机制，完善按要素分配政策制度，增加中低收入群体的要素收入；完善再分配机制，加大和提高税收、社保、转移支付等的调节力度和精准性；发挥第三次分配的作用，发展慈善事业。

三、以分配制度理论探索为基础，形成中国特色社会主义分配理论体系

（一）对效率与公平关系及其理论实践的深化

邓小平同志明确提出了实现效率与公平高层次统一的基本思路，即坚持“效率优先、兼顾公平”的原则，坚持以按劳分配为主体的分配制度，贯彻让一部分人先富起来逐步实现共同富裕的大政策，解决社会分配不公，防止两极分化。1987年10月，党的十三大报告指出，社会主义的分配政策，“既要有利于善于经营的企业和诚实劳动的个人先富起来，合理拉开收入差距，又要防止贫富悬殊，坚持共同富裕

的方向，在促进效率提高的前提下体现社会公平”。1993年11月，党的十四届三中全会通过的《中共中央关于建立社会主义市场经济体制若干问题的决定》，提出了社会主义市场经济体制下的分配体制框架，首次明确提出了“效率优先、兼顾公平”原则。党的十五大报告指出，“把按劳分配和按生产要素分配结合起来，坚持效率优先、兼顾公平，有利于优化资源配置，促进经济发展，保持社会稳定”。党的十六大报告提出，“坚持效率优先、兼顾公平，既要提倡奉献精神，又要落实分配政策，既要反对平均主义，又要防止收入悬殊”。党的十六大报告在坚持“效率优先、兼顾公平”的同时，提出了初次分配注重效率，再分配注重公平，反映了把发展作为党执政兴国的第一要务的同时，面对过大的收入差距，更加注重公平的政策方向。党的十七大报告提出构建“和谐社会”，并指出“合理的收入分配制度是社会公平的重要体现”。党的十七大报告还首次明确提出了“初次分配和再分配都要处理好效率和公平的关系，再分配更加注重公平”，这不但意味着更加偏重效率的“效率优先、兼顾公平”分配政策向更加注重公平的分配政策转变，而且也反映出仅仅依靠再分配政策的调节难以抑制过大的收入差距，应该在效率中求公平，在公平中促发展。

党的十八大确立了到2020年实现“全面建成小康社会”的宏伟目标，解决收入分配不公、共享发展和共同富裕就自然成为收入分配政策的新的指导原则。党的十八大报告指出：“共同富裕是中国特色社会主义的根本原则。要坚持社会主义基本经济制度和分配制度，调整国民收入分配格局，加大再分配调节力度，着力解决收入分配差距较大问题，使发展成果更多更公平惠及全体人民，朝着共同富裕方向稳步前进。”重申和再次强调了一直以来的社会公平追求。报告进一步明确了效率和公平的关系，“初次分配和再分配都要兼顾效率和公平，再分配更加注重公平”，进一步凸显了公平在收入分配中的重要性。2013年2月，《国务院批转发展改革委等部门关于深化收入分配制度改革若干意见的通知》指出：“坚持注重效率、维护公平。初次分配和再分配都要兼顾效率和公平，初次分配要注重效率，创造机会公平的竞争环境，维护劳动收入的主体地位；再分配要更加注重公平，提高公共资源配置效率，缩小收入差距。坚持市场调节、政府调控。充分发挥市场机制在要素配置和价格形成中的基础性作用，更好地发挥政府对收入分配的调控作用，规范收入分配秩序，增加低收入者收入，调节过高收入。”

从学理逻辑和政策实践看，收入分配制度改革的核心始终是效率和公平的关系问题。随着我国经济飞速发展，收入分配矛盾逐渐凸显。宏观层面，主要表现为劳动者报酬、社会保障、民生和公共服务水平、公平正义的社会环境在整体上与经济和社会财富增长不相匹配。中观和微观层面，主要表现为城乡之间、区域之间、行业部门之间以及居民个体之间的收入差距较为明显。收入分配的公平诉求高涨，如何正确处理新时代收入分配的效率与公平的关系对于经济社会健康发展和实现人民对美好生活的向往至关重要。

自党的十八大报告提出“初次分配和再分配都要兼顾效率和公平，再分配更加注重公平”的改革思路，党的十八届三中全会也将促进社会公平正义作为改革关键点，习近平总书记在《切实把思想统一到党的十八届三中全会精神上来》中指出，“蛋糕”不断做大了，同时还要把“蛋糕”分好，以促进社会公平正义[1]。不仅如此，习近平总书记还将共享发展上升为国家发展理念，并指出“共享发展注重的是解决社会公平正义问题”[2]。2015年10月通过的《中共中央关于制定国民经济和社会发展第十三个五年规划的建议》指出，共享是中国特色社会主义的本质要求，必须使全体人民在共建共享发展中有更多获得感，增强发展动力，增进人民团结，朝着共同富裕的方向稳步前进。共享发展回答了发展目标是什么、发展成果怎样共享的问题，而解决好收入分配问题，是践行共享发展理念的重要内容之一[3]。

---

[1] 习近平：《切实把思想统一到党的十八届三中全会精神上来》，《人民日报》2014年1月1日第2版。

[2] 习近平：《在党的十八届五中全会第二次全体会议上的讲话（节选）》，《求是》2016年第1期。

[3] 胡莹、郑礼肖：《十八大以来我国收入分配制度改革的新经验与新成就》，《马克思主义研究》2018年第2期。

党的十九大报告展示了党的十八大以来党和政府在民生建设和社会发展领域取得的巨大成就。同时，中国特色社会主义进入了新时代，社会主要矛盾发生了变化。党的十九大报告坚持“以人民为中心的发展思想”这个新时代收入分配主基调，习近平总书记深刻指出，“为什么人的问题，是检验一个政党、一个政权性质的试金石。带领人民创造美好生活，是我们党始终不渝的奋斗目标。必须始终把人民利益摆在至高无上的地位，让改革发展成果更多更公平惠及全体人民，朝着实现全体人民共同富裕不断迈进”[1]。理论上，使无产者摆脱无产状态，应当是无产阶级政党的历史使命。共产党人的初心和使命，就是为中国人民谋幸福，为中华民族谋复兴。全面建成小康社会，意味着中产阶层占人口大多数的社会结构初步形成。中产阶层从来都是社会稳定发展的“压舱石”，与此同时，一个以中产阶层为主体的社会，人们对规则的公正、对治理的品质的需求必然成为“美好生活”的内容。因此，分配问题将会变得日益重要。

党的十九大报告再次明确“坚持在经济增长的同时实现居民收入同步增长、在劳动生产率提高的同时实现劳动报酬同步提高”，从提高劳动者收入水平、共享发展成果、保障和改善民生、基本公共服务均等化、缩小收入分配差距、促进社会公平正义等视角，将效率和公平原则贯穿于收入分配各环节，实现初次分配效率原则的公平性与再分配公平原则的效率性的辩证统一，为收入分配改革赋予了新的时代内涵。所谓初次分配效率原则的公平性，就是要在初次分配强调效率原则的同时，更加注重市场竞争的机会公平与过程公平，从而提升分配的整体效率。中国特色社会主义市场经济更应该凸显制度的优越性，使劳动者和要素所有者在初次分配领域获得公平的竞争机会与公平的竞争环境。所谓再分配公平原则的效率性，就是要在再分配强调公平原则的同时，更加注重政府调节的科学性和有效性，从而提升分配的整体公平性。基于公正平等竞争前提的初次分配效率将是更有助于激发各要素所

[1] 习近平：《决胜全面建成小康社会　夺取新时代中国特色社会主义伟大胜利——在中国共产党第十九次全国代表大会上的报告》，2017年10月18日。

有者活力的高效率；基于科学效率前提的再分配公平将是财力约束条件下更有利于民生福祉、社会和谐的真公平。党的十九大报告对效率与公平的关系作了创新性调整，没有把效率与公平的关系作为分配制度内的关系，因为效率的高低包括劳动效率、生产效率，是生产领域的，分配领域讲的是公平不公平、合理不合理，不存在分配效率高低的问题。生产重效率，分配重公平。报告强调促进“收入分配更合理、更有序。鼓励勤劳守法致富”。党的十九届四中全会聚焦于坚持和完善中国特色社会主义制度，推进国家治理体系和治理能力现代化。毫无疑问，公平合理的收入分配制度是党的领导下国家制度体系的重要组成部分。2020年10月召开的党的十九届五中全会提出的“十四五”规划建议，把实现更加充分更高质量就业、居民收入增长和经济增长基本同步、分配结构明显改善、基本公共服务均等化水平明显提高作为“十四五”时期的发展目标。同时，建议从提高人民收入水平视角，对收入分配问题进行充分论述。

（二）长期扶贫实践探索形成了中国特色社会主义精准扶贫理论

长期以来，贫困治理一直是中国特色社会主义建设的基础性工作，也是小康社会建设的关键环节。自1986年中国政府设立了专门性的扶贫工作机构，有针对性地开展农村扶贫工作以来，中国政府的扶贫工作大致经历了大规模开发式扶贫（1986—1993年）、八七攻坚扶贫（1994—2000年）、整村推进式扶贫（2001—2010年），以及2011年开始的集中连片扶贫等几个阶段[1]。20世纪90年代，邓小平将反贫困上升到社会主义本质的高度，认为社会主义的本质就是解放生产力、发展生产力，消除两极分化，最终达到共同富裕[2]。以习近平同志为核心的党中央进一步发展与深化了中国特色的反贫困思想。2013年11月，习近平总书记在十八洞村考察扶贫工作时，首次提出“精准扶贫”这一概念，之后多次论述精准扶贫相关理论，结合我国扶贫实践，立足新时代，创造性地阐释了一系列反贫困重要思想，形

[1] 唐任伍：《习近平精准扶贫思想阐释》，《贵州民族报》2015年12月9日第A3版。

[2] 邓小平：《邓小平文选》第三卷，人民出版社，1993。

成了系统、完整和科学的精准扶贫理论体系。精准扶贫理论是对马克思主义反贫困理论的继承和创新，是中国特色社会主义反贫困理论的新发展，是马克思主义中国化的又一重大理论发展成果[1]。

改革开放以来，以邓小平为核心的党中央结合中国实际走出了一条有中国特色的社会主义道路，使6亿多的贫困人口摆脱了贫困，从而有力地证明了社会主义制度的优越性，这也是消除贫困的制度保障。邓小平曾指出，社会主义的本质是要实现共同富裕。在当代，习近平总书记认为社会主义的本质要求是消除贫困、改善民生、实现共同富裕[2]。党的十八大以来，以习近平同志为核心的党中央高度重视我国扶贫工作，把扶贫开发提升到了新的战略高度。

精准扶贫是习近平新时代扶贫思想的核心战略，也是我国扶贫工作思路的重要转变。2015年习近平总书记正式提出“六个精准”的基本要求，为精准扶贫作出了科学阐释，标志着精准扶贫战略的形成；同年，习近平总书记提出精准扶贫的“五个一批”，为不同贫困地区和不同类型贫困人口的脱贫致富指明了具体路径。在党的十九大报告中，习近平提出：“坚决打赢脱贫攻坚战。让贫困人口和贫困地区同全国一道进入全面小康社会是我们党的庄严承诺。要动员全党全国全社会力量，坚持精准扶贫、精准脱贫。”[3]

新时代，随着我国贫困治理思路从“大水漫灌”到“精准扶贫”、从“群体救济”到“因人施策”转变，实现贫困人口全面自由发展逐渐成为习近平总书记反贫困重要思想的重大战略。习近平新时代扶贫思想以“能力扶贫”和“机会扶贫”为核心主题，是马克思主义中国化的重要成果，极大地丰富了当代反贫困理论。“能力扶贫”和“机会扶贫”不仅是推动高质量脱贫的具体扶贫形式，同时也作为指导

[1] 胡联、王娜、汪三贵：《精准扶贫的理论创新——基于马克思主义政治经济学视角》，《财贸研究》2017年第7期。

[2] 习近平：《在全国脱贫攻坚总结表彰大会上的讲话》，《人民日报》2021年2月26日第2版。

[3] 习近平：《决胜全面建成小康社会　夺取新时代中国特色社会主义伟大胜利——在中国共产党第十九次全国代表大会上的报告》，2017年10月18日。

新时代脱贫攻坚的科学理念之一，反映在习近平新时代扶贫思想的各个方面，对我国实现全面建成小康社会目标具有重要指导意义，也为世界反贫困理论和实践提供了中国智慧[1]。

[1] 朱方明、李敬：《习近平新时代反贫困思想的核心主题——“能力扶贫”和“机会扶贫”》，《上海经济研究》2019年第3期。

CHAPTER 2

第二章

历程与综述

第一节

收入分配制度改革历程与中国特色方式

一、收入分配制度改革历程

中国特色的收入分配制度改革，大体走了五个发展阶段。最早从按劳分配大讨论开始，之后按劳动分配、按技术熟练程度分配等逐渐成为现实，由此因劳动数量和劳动质量差别而导致的收入差距被广泛接受，因劳动收入积累而出现的私人资本也逐渐进入党中央的正式文件中，承认非公有制经济、接受私营资本、鼓励私人财富积累、保护私有产权等开始被提及，由此中国特色的收入分配制度改革开启。

之后，与私人资本逐渐放开和计划经济逐渐转变相伴随的是接受市场经济，并强调对于市场经济来说，市场初次分配只讲效率，而政府再分配则侧重结果公平。虽然关于效率与公平关系优先之争一直伴随收入分配制度改革的过程，但是在70年的改革实践中，却从来没有忘记鼓励市场化收入的快速增长。总体看，收入分配改革70年来，随着市场经济概念和市场化收入深入人心，我国实现了由“唯平等论”依次向“平等与效率并重”和“效率优先、兼顾平等”的转变，由此才促进了我国社会生产力和国民经济持续、稳定、高速的增长，人民的生活水平才有了普遍的大幅度提高。

在放开私营资本、提倡市场化收入使得国民收入水平快速提高的同时，我国市场化收入分配差距也快速拉开，这引起了社会对收入分配差距过大的担忧。因此，要求政府通过再分配手段来缩小初次分配差距的呼声日渐强烈，人们认为，即使市场经济体只讲效率，但是政府再分配也要强调公平。于是，从21世纪初起，我国现代意义上几乎所有的社会政策或民生政策开始了再分配方式的艰难探索过程。从20世纪90年代中期起，职工养老保险、职工医疗保险、失业保险、居民社会养老保险、居民医疗保险以及居民最低生活保障制度等相继通过试点并上升为国家法律法规，现代意义上的社会保障体系逐步构筑、完善。

然而，在政府再分配政策体系日益健全的背景下，我国实际的收入分配差距却仍然在继续扩大。究其原因，大家发现收入分配差距扩大的成因，主要还是初次收入分配差距过大，而再分配政策由于体量太小还无法扭转初次分配的结果。正是意识到这一点，大家发现通过制定政策来直接调节市场化初次分配可能会更加有效，因此，近年来的政策日益侧重如何规范市场经济环境下的初次分配，如采取完善工资集体协商制度、提高市场最低工资标准、明晰市场资源产权、禁止侵占公共资源进行私人交换，以及反腐败等一系列收入分配秩序规范政策。

（一）没收私有财产

1949年中华人民共和国成立之初，就确认了社会主义道路探索过程，明确把实现社会主义、共产主义作为自己的奋斗目标，将在民主革命中要实现的目标同将来进行社会主义革命要实现的长远目标结合起来[1]。从最早的完全模仿马克思主义经典出发，到学习“十月革命”后所确立的完全共产，并由此探索具有中国特色的人民民主，完全建立公有制社会，没收私人资本。特别是在中华人民共和国成立初期，为恢复国民经济，争取国家财政经济状况基本好转，我国同时也适时进行了没收官僚资本、建立国营经济和开展农业生产互助合作等一些带有社会主义革命性质的工作，推动新民主主义向社会主义转变。

在这个过程中，国家将社会主义改造与实现国家工业化并举，采取一系列从低级到高级的改造形式，引导资本主义工商业向社会主义逐步过渡，在社会主义历史上第一次实现了马克思和恩格斯提出的对资产阶级实行和平赎买的设想。在农业合作化运动中，我国遵循自愿互利、典型示范和国家帮助的原则，循序渐进地帮助农民走上社会主义道路。

经过民主改革和社会主义改造，国内形势和主要矛盾发生了重大变化。党的八

---

[1] 杨河：《1956：探索中国特色社会主义道路的开篇之年》，《红旗文稿》2016年第6期。

大指出，由于社会主义改造已经取得全面的决定性的胜利，我国工人阶级同资产阶级之间的矛盾已经不再是国内的主要矛盾，几千年来的阶级剥削制度的历史已经基本上结束，社会主义制度已经建立。我们国内的主要矛盾，是人民对于建立先进的工业国的要求同落后的农业国的现实之间的矛盾，是人民对于经济文化迅速发展的需要同当前经济文化不能满足人民需要的状况之间的矛盾。党和人民当前的主要任务，就是要集中力量来解决这个矛盾，使我们的国家由落后的农业国变为先进的工业国。把党的工作重心转移到领导社会主义经济建设上来。自此，收入分配制度开始逐渐允许私人资本的存在，并在零星层面上出现私营个体的就业形态，个人私营收入和财产也从无到有，实现了零的突破。

（二）放开私营资本

最早从1977年至1978年的所有制改革出发，兴起了对按劳分配问题的热烈讨论，使按劳分配的名誉得以恢复。在思想解放浪潮的鼓励下，长期以来占据统治地位的“左”倾理论被打倒，社会主义个人消费品只能“按劳”而不能按政治、按资格来分配的原则被确立，由此，个人通过辛勤劳动积累财富变得合法。在“百家争鸣”的方针下，人们被禁锢的思想进一步得到解放，诸如按劳分配、物质利益原则、计件工资、奖金等一个个被突破。后来，不仅要按劳动数量分配甚至要按劳动质量分配，除了要按劳动分配还要按技术熟练程度分配等，包括报酬上应当有必要的差别、把劳动报酬同个人和集体的劳动成果直接联系起来等，也逐渐进入党中央的正式文件中。1978年9月，中共中央发出的《关于做好改革工资制度调查研究工作的通知》强调，工资制度必须要进行一次大的改革。在改革中，一定要坚持执行不劳动者不得食，各尽所能、按劳分配的原则，甚至最后还提出“否定劳动报酬差别、否定按劳分配，就是否定社会主义”的口号。可以说，该通知的发布启动了个人劳动收入的增长，也极大地激发了个体通过劳动来积累私人财富的积极性，标志着我国现代意义上的分配制度改革正式启动，标志着我国以个体持有为基础的收入分配制度改革正式出发。

在鼓励个体积累私人财富的背景下，我国的收入分配改革最早是从放开农业自我经营开始的。家庭联产承包责任制允许劳有余力的农民“交够国家的、留足集体的、剩下的都是自己的”，而且允许农民把剩余的农产品通过自销方式流通到城镇市场中，并通过交易获得额外的私人收益，由此农民个体经营性收入在增加的同时，由市场转化而来的私营资本或财产性收入也日渐增加。特别是在劳动力迁移制度放松后，允许农民带粮入城，允许城镇居民收入提留并从事商业活动，不再简单地把市场交易活动归类为投机倒把行为，极大地激发了居民私营资本积累的积极性，居民财产性收入也从无到有、由少到多，私营资本的活力也被显著释放。而在进入21世纪以后，放开私营资本、鼓励私人财产、激发经营活动积极性的政策，更是成为我国经济发展的重要战略。在当前“创造条件让群众拥有更多财产性收入”的政策导向下，财产在我国居民生活中的地位日益重要，居民财产性收入也显著提高。

回顾我国收入分配制度改革70年的发展历史，过去我们将个体经济、私营经济作为有益补充，后来“在法律规定范围内”承认它们是社会主义市场经济的重要组成部分。党的十五大把非公有制经济作为我国社会主义市场经济的重要组成部分，但没有与公有制经济放在一起。党的十八届三中全会通过的《中共中央关于全面深化改革若干重大问题的决定》明确把公有制经济和非公有制经济放在一起，十分鲜明地提出两者都是社会主义市场经济的重要组成部分，在保护产权、使用生产要素、参与市场竞争等方面都强调平等、公平、公开、公正等，比如提出“两个不可侵犯”，即公有制经济财产权不可侵犯、非公有制经济财产权同样不可侵犯[1]。

（三）提倡市场化收入

早在1993年11月14日，党的十四届三中全会就通过了《中共中央关于建立社会主义市场经济体制若干问题的决定》，此后在总结和吸收前三次（1952年、1956年和1985年）工资体制改革经验的基础上，1994年我国相应地对机关、事业单位工资

[1] 杨伟民：《如何使市场在资源配置中起决定性作用》，《宏观经济管理》2014年第1期。

制度进行市场化改革，如事业单位工资分为固定部分和活的部分，鼓励有条件的事业单位实行企业管理或企业工资制度，自主经营、自负盈亏。而对于企业，1994年颁布的《中华人民共和国劳动法》规定，“用人单位根据本单位的生产经营特点和经济效益，依法自主确定本单位的工资分配方式和工资水平”，由此个体间的工资差异迅速放大，在少数工资偏高的部门或行业（如金融行业和电力行业），年均工资增长率在40%以上。总的来看，在20世纪90年代提倡市场化收入的口号下，该次工资制度改革的根本方向，就是要根据市场经济体制的要求，进一步贯彻按劳分配原则，提倡市场化收入，进而调动工作人员的积极性，加快建立社会主义市场经济体制。

2001年，中国加入世界贸易组织（WTO）以后，各种以先进技术、前沿管理、丰裕资本著称的外国生产要素也加入市场经济分配当中，由此也带动了城镇职工以辛勤劳动和农村居民以剩余农业经营产品参与市场交换和分配的过程，极大地激发了人们干事创业和财富积累的积极性。2002年，党的十六大报告明确提出“确立劳动、资本、技术和管理等生产要素按贡献参与分配的原则，完善按劳分配为主体、多种分配方式并存的分配制度”。这是我国分配方式的又一次重大发展和突破，它解决了生产要素能不能参与收入分配的问题，明确提出要把按劳分配和按生产要素分配结合起来。因此，只要按生产要素贡献分配，坚持社会主义与保护私有财产、发展非公有制经济就可以并行不悖，这就为保护私有财产和发展私营经济提供了保障。

2012年，党的十八大进一步提出要“完善劳动、资本、技术、管理等要素按贡献参与分配的初次分配机制”“多渠道增加居民财产性收入”。企业作为市场的主体，要遵循市场经济规律，发挥企业家精神，加强产权保护；按照产业发展规律和市场需求，自主选择技术路线和发展方向，发挥市场配置资源的决定性作用。总的来看，无论是个体还是企业，都要尊重市场规律，拥抱市场竞争。70年的收入分配制度改革经验表明，主动融入市场、提倡市场化收入，就必须在收入分配上进行分权放权，让用人单位拥有充分的工资和收入自主权。只有用人单位才能够充分掌握其员工的个人劳动生产率和劳动贡献方面的信息，才能知道如何实现工资收入与劳动贡献的合理匹配，给它们自主权，它们才有动力建立高效而又合理的薪酬制度。因此，未来继续推进市场化改革，必须发挥市场在资源配置中的决定性作用，从而能够更好地促进经济规模的扩大和经济结构、产业结构和产品结构的优化，带动改进技术，改善经营管理，提高生产效率，这一过程也能创造更多的就业岗位，让创业者、经营者、劳动者拥有不断增长的收入水平。

（四）政府兜底保障

虽然市场化收入推动了居民收入的快速增长，但是也带来了收入差距的快速扩大；虽然市场化改革提高了经济效率，但是也带来了各种社会矛盾和不公平问题；虽然提倡市场化改革，但是也不能忽略政府保障所起到的关键作用。强调市场在资源配置中起决定性作用，并非刻意忽视市场失灵的情形。政府与市场的关系，应有必要的平衡与补充。习近平总书记在《关于〈中共中央关于全面深化改革若干重大问题的决定〉的说明》中指出：“发展社会主义市场经济，既要发挥市场作用，也要发挥政府作用，但市场作用和政府作用的职能是不同的……政府的职责和作用主要是保持宏观经济稳定，加强和优化公共服务，保障公平竞争，加强市场监管，维护市场秩序，推动可持续发展，促进共同富裕，弥补市场失灵。”[1]

在收入分配领域，我国既经历了新中国成立初期实现完全平等或完全公有的时期，经历了计划经济时期政府大包大揽、全盘统筹工资决定与分配的时期，也经历了改革开放后市场化收入猛增、收入差距快速扩大的时期，目前，我们认识到政府在再分配中所起到的重大作用。在市场经济中，对于被市场所淘汰的失败者，必须要有一个最低的生活保障；对于因各种外生市场风险和意外事件而导致的贫困，政府还必须要有一个兜底保障。因此，从21世纪起，我国几乎所有的社会政策或民生

[1] 习近平：《关于〈中共中央关于全面深化改革若干重大问题的决定〉的说明》，《人民日报》2013年11月16日第1版。

政策都开始了试点实施，现代意义上的政府兜底保障政策得以健全。

在市场分配条件下，收入来源多样、收入差距较大是客观存在的，对此，我国新修正的个人所得税制度就发挥了积极作用，税收制度通过抑制投机收入和非劳动收入，鼓励创新收入和劳动收入，在调节过高收入、提高过低收入方面起到重要作用，成为调节收入分配差距的主要工具。另外，社会保障提供了市场运行的最后一张安全网，如：托底性的救助和福利制度不断建立健全，城乡最低生活保障制度分别于1997年和2007年建立。2014年，国务院发布《社会救助暂行办法》，以法规形式规范了社会救助制度，目前各项救助制度已基本实现应保尽保。与此同时，覆盖老人、儿童、残疾人等特殊群体的福利制度也逐步建立、健全。近年来，在经济增长带动居民收入增加的市场化条件下，我国更加重视通过政府调控方式来增加特定群体、特定居民的收入份额。对于我国过去收入差距不断扩大的状况，我们越来越重视政府调控的作用，尤其是倾向性地增加政府调控和再分配力量。

（五）规范分配秩序

纵观中国过去70年的收入分配制度改革历史，我们发现仅调节收入差距与分配还远远不够，不足以从根本上解决我国收入差距日益扩大的问题。随着政府再分配政策体系日益健全，我国实际的收入分配差距却仍然在继续扩大。究其原因，主要包括两个方面：一是虽然再分配政策在总体上确实缩小了初次分配差距，但是个别再分配政策不仅没有缩小分配差距，甚至还起到扩大分配差距的作用，这与收入来源信息不透明、政策指向不明、分配秩序混乱有很大关系。二是再分配政策的规模与初次分配的巨大体量仍然无法对称，指望靠再分配政策来完全扭转初次分配的结果是不现实的。

在这样的背景下，市场秩序不规范，以不正当手段谋取经济利益的现象广泛存在，投机收入和非法收入广泛存在；生产要素市场发展滞后，资本性收入缺乏；市场规则不统一，部门保护主义和地方保护主义大量存在，地区收入差距始终存在；市场竞争不充分，阻碍优胜劣汰，造成少数人畸高的不合理收入；等等。正是意识到这一点，大家发现通过制定政策来直接调节市场化初次分配可能会更加有效，因此，近年来的政策日益侧重如何规范市场经济环境下的初次分配，如采取完善工资集体协商制度、明晰市场资源产权、禁止侵占公共资源进行私人交换，以及反腐败等一系列的收入分配秩序规范政策。

近年来，中国政府逐渐把政策调控核心转移到规范分配秩序上来，因此把分配秩序提高到与收入增长、收入差距、收入分配同等重要的位置。针对收入分配领域仍存在的一些亟待解决的突出问题，如城乡区域发展差距和居民收入分配差距依然较大，收入分配秩序不规范，隐性收入、非法收入问题突出等情况，国务院在2013年批转了《关于深化收入分配制度改革的若干意见》，侧重从规范收入分配秩序出发，把资源定价中的价格准则、初次分配的市场规则和再分配政策中的调控法则单独列出，并把分配秩序提高到与增长、差距、分配同等重要的位置上来。

二、中国特色的收入分配制度改革方式

（一）摸着石头过河

伴随着经济增长和社会发展，收入分配制度改革也相应走过了70年历程。回顾这70年，中国式收入分配改革几乎是摸着石头过河的。在中华人民共和国成立初期，既没有系统的改革方案设计，也没有成熟的收入分配理论，更没有前期系统论证收入分配工程的路线图和时间表，然而，我国轰轰烈烈的收入分配改革就在实践中拉开了序幕，边干边学，遇到问题解决问题，一步一步走过了收入分配改革的70年。

最早在20世纪50年代社会主义建设初期，中华人民共和国成立后我们完全照搬苏联计划经济，完全按照马克思主义经典原著的方式来建设社会主义，在经济上则几乎全盘引进人民公社、“大锅饭”制度和完全平等的理想社会主义分配模式；在20世纪50—70年代，社会成员几乎享有完全一样的经济权利和分配结果，因此以基尼系数衡量的收入分配差距基本都较小，甚至在差距最明显的60年代，我国的基尼

系数都在0.3以下，实现了人人完全平等的分配结果。当然，这种以结果公平为中心的分配方式极大地扭曲了工人的劳动激励，降低了劳动者的生产效率。即当收入分配完全以结果公平为中心时，则出现“干多干少一个样，干好干坏一个样”的现象，“搭便车”普遍存在。

为调动人民群众进行社会主义现代化建设的积极性，1977—1978年，中国经济学界连续举行了四次按劳分配讨论会。此次思想解放运动改变了长期以来占据统治地位的“左”倾理论，按劳分配、允许适度差距的做法也逐渐成为现实，同时为党的工作重心转移到经济建设上来奠定了基础。1978年5月7日，《国务院关于实行奖励和计件工资制度的通知》对企业工资制度进行调整，以便通过奖励制度的建立和计件工资制的试行，打破分配上的平均主义，这也是“文化大革命”以来针对企业职工分配问题第一个体现按劳分配原则的中央文件。为进一步打破当时盛行的平均主义“大锅饭”制度，打破旧经济体制的禁锢，调动劳动者的生产积极性，解放和发展生产力，邓小平提出“一部分地区、一部分人可以先富起来，带动和帮助其他地区、其他的人，逐步达到共同富裕”。这一政策不仅符合我国各地生产力发展严重不平衡的现状，也适用于在社会主义初级阶段的中国。在商品经济尚不发达、客观条件千差万别、人们的能力和贡献有大有小的情况下，这一政策迅速地调动了劳动者的工作积极性，也明显地增加了社会财富，提高了人民的生活水平。因而，它很快就被实践证明是一项正确的、符合我国基本国情的政策。

在这一政策的带动下，整个20世纪80年代和90年代我国收入分配差距开始不断扩大，少数利用制度漏洞、投机倒把的分子成了先富群体，由此也逐渐引起了社会对收入分配的不满，那个年代还流传着“研究导弹的反倒不如卖鸡蛋的”的观点，少数人甚至怀疑“先富带后富”是否能够实现。针对这种情况，邓小平在1992年的南方谈话中，进一步阐述了由“先富”带动“后富”的途径，即“社会主义制度应该而且能够避免两极分化，解决的办法之一，就是先富起来的地区多交点利税，支持贫困地区的发展”。

当然，正是20世纪80年代后期开始的收入分配改革，启动了我国收入差距不断扩大的过程。这种收入差距的扩大虽然加大了市场主体的经济激励，但同时也带来了越来越多的社会问题。因此，我国进入21世纪之后制定了一系列的收入分配调节政策，如初次分配领域的最低工资制度（2004年）、工资集体协商制度（2000年）和劳动合同法（2008年），再分配领域的最低生活保障制度（城镇1997年、农村2007年）、新修改的个人所得税制度（1994年）及加大中央再分配力度的财政分税制（1994年）、全面取消农业税（2006年）等。除了直接干预劳动力市场的初次分配政策，近些年不断完善的税收、财政转移支付和社会保障政策体系也逐渐成为我国再分配制度中的重要支柱。从这个角度来说，我国70年收入分配制度改革的过程，实际上就是在摸着石头过河，直面解决现实中所出现的各种问题，最后提高经济增长速度和实现社会收入分配公平的过程。

（二）从农村到城市

在20世纪50年代中华人民共和国成立初期，为了实现迅速赶英超美的发展战略，在保障国家安全和重工业优先发展的战略下，我国实行了农村补贴城镇、农业收益补贴工业的政策。无论产量多少，农民能够从中获得的只有基本生活口粮，农民的生活水平总体很低，由此农民不得不进一步增加劳动时间、提高劳动强度以获得必要的生活水准，这也从侧面激励了农业劳动力，激活了农村劳动力市场，加强了农民获得的收入与其劳动生产率之间的关系，从而大幅提高了农民的劳动生产率，同时也使得城市和重要工业实现了快速赶超。

然而，农村补贴城镇、农业收益补贴工业的政策使得农民利益受损，在一些地方农民甚至连基本的温饱都难以保证，因此要求改变分配模式、激励农户生产的政策呼声日渐高涨，以“交够国家的，留足集体的，剩下都是自己的”为代表的家庭联产承包责任制也呼之欲出。以包产到户、分田到户为典型特征的家庭联产承包责任制于20世纪80年代初期正式在广大农村得以推行，这是我国农村土地制度的一项重大转折，它使农民获得了充分的剩余索取权并得到足够的额外收益，因此极大地激发了农民的积极性，显著提高了农业劳动生产率。但在我国农村人多地少的背景下，劳动生产率的提高使得农业劳动力出现了过剩，新产生的大量农业剩余劳动力也逐渐成为隐形失业群体。

随着户籍制度和迁移政策的逐渐放松，大量农业剩余劳动力在拉力和引力的双重作用下，得以涌入城市并成为新的城市产业工人。城镇劳动力市场上出现了长期在城市工作但无法拥有本地户籍、无法享有本地公共服务的群体，他们甚至还拥有了一个特定的称谓——农民工。虽然农民工仍然受到较多的就业和收入歧视，但是相比在农村，农民工的工资水平有了很大提高，农村居民的收入由于农民工汇款等也得到明显提高，因此城乡收入差距在2007年之后逐渐回落。最重要的是，到目前为止，中国拥有将近2.8亿从农村迁出的农业户籍人口，他们聚集在城镇劳动力市场，这对城镇地区的发展产生了重大影响。由于农民工接受的教育较少，拥有较低的技能水平，劳动生产率和劳动附加值也都相对较低，因此我国城市产业总体上不得不走低工资水平和高要素投入的发展道路。在劳动要素巨量投入、知识附加值相对较低的情况下，劳动力供求决定了我国产业工人的工资水平整体仍然偏低，决定了劳动要素相对资本要素弱势地位愈加凸显，也决定了“资强劳弱”的现象越发严重。

从收入分配的角度看，虽然最早的农村制度改革使得农村居民收入快速增长，城乡报酬差距逐渐缩小，但是它也间接导致我国城镇劳动力市场上城市普通工人与高技能工人工资差距的快速扩大，使得资本要素在整体收入分配中的份额持续扩大，而劳动报酬及普通劳动者的相对收入占比则持续下降。虽然从2007年起我国也出台了不少政策来提高居民收入在国民收入分配中的比重，提高劳动报酬在初次分配中的比重，但是，在农业剩余劳动力供给过多的大背景下，这些政策并没有实现居民收入增长和经济发展同步、劳动报酬增长和劳动生产率提高同步；或者说，在城乡二元分割且城乡居民仍没有完全一体化的背景下，“两个同步”很难有效实现。

（三）从局部到全国

受农村家庭联产承包责任制的启发，1981年，在城镇国有企业中也开始了所有制改革的试点工作。改革初期，首都钢铁公司（简称“首钢公司”）在全国大中型企业中率先实行了承包制，成为国有企业改革的领头羊。1979年3月，首钢公司向北京市委、市政府和冶金工业部上报《关于在首钢进行扩大企业权限试点的请示报告》，申请把首钢公司作为经济体制改革的试点，提出要扩大企业的计划权、物资权、财务权、直接外贸权和劳动工资管理权。自此，首钢公司被列入第一批国家经济体制改革试点企业，1981—1995年一包15年不变。它改变了国家与企业分成的办法，实行定额包干的承包制，在承包期内，包死基数，确保上交，超包全留，歉收自补。总的来看，首钢公司的承包试点极大地调动了工人的积极性，劳动生产率大幅度提升。由于有了与权、责、利相结合的内部承包机制，企业对国家承包指标的实现有了可靠的保证和坚实的基础，国家和企业的经济效益都持续增长，首钢公司1979—1988年的利润平均增长20%。在承包前提下，剩余产品通过自销进入市场，承包后的职工收入和福利待遇也大大超过北京市一般工业企业的平均水准。首钢公司改革试点工作的成功，激发了企业的生机和活力，探索出了一条建设有中国特色社会主义国有企业的新路子，为搞活国有大中型企业提供了宝贵的经验，在北京市乃至全国都产生了巨大的影响力，之后这种承包模式在全国范围内迅速推广。

中国于1992年开始在个别城市（深圳市）试点最低工资标准，1993年试点扩大至广州市、珠海市等。由于最低工资制度针对的是低工资劳动者，主要目的是保障低工资劳动者的基本生活水平，缓解其生活贫困状况，因此在深圳市、广州市、珠海市这些发展相对较快的城市来试点最低工资标准，最容易为政府、企业和劳动者所接受，也受到了一致的好评。在前期试点的基础上，1993年我国总结了试点经验并颁布了《企业最低工资规定》，并于1994年把最低工资标准应用在全国所有的城市，由此在全国范围内确立了最低工资制度的法律地位。但这一政策经过几年的执行后，一些问题也逐渐浮现出来。如由于劳资双方力量的差异，一些企业会通过各种方式规避法律和劳动部门的监管，而且制度也没有详细规定违反最低工资制度后的处罚措施，因此该制度实施后仍然有大量工人的工资水平低于政府规定的最低工资标准。在意识到这些问题后，政府于2004年重新修订并在全国范围内实施了新的《最低工资规定》，其中明确规定用人单位依法应支付的最低劳动报酬，也强调应不低于最低工资标准的工资不包括加班工资、特定工作环境下的补贴等，而且明确要求最低工资标准每两年必须至少调整一次等。

在市场经济国家，企业工资由市场决定，国家不干预企业的工资分配，即由劳动力市场形成的劳动力价格决定企业各类劳动者的工资水平，由劳资双方的工资集体谈判确定工资增长幅度，国家用立法的形式对劳资双方的集体谈判加以规范和管理。然而，由于农民工涌入城镇劳动力市场，员工工资收入严重偏低，不少企业没有兑现或者变相不兑现最低工资，用工单位通过搞变通，如增加劳动时间、提高劳动强度、减少津贴福利等，使得资本侵蚀劳动、企业凌驾于劳动者之上的现象比较普遍，因此我国政府于2000年开始试点工资集体协商制度，出台了《工资集体协商试行办法》，经过3年在北京、郑州和武汉的试点后，迅速把这一政策推广到全国。总结来看，工资集体协商制度能够维护一线职工的权益，使工资增长与企业效益提高相适应，确保每个职工分享企业发展的成果。另外，在我国收入分配差距快速扩大的背景下，在市场上直接干预初次分配也成为调节收入分配的有效工具，这对于完善收入分配调节工具、解决收入差距过分扩大问题具有显著的、重要的意义。

为促进中低收入者增收，2016年，《国务院关于激发重点群体活力带动城乡居民增收的实施意见》颁发，瞄准了七类重点群体，包括技能人才、新型职业农民、科研人员、小微创业者、企业经营管理人员、基层干部队伍、有劳动能力的困难群体等。其中明确要求："选择部分省（区、市）开展城乡居民增收综合配套政策试点。选择部分地区和科研单位开展专项激励计划和收入监测试点。"为推动实施城乡居民增收试点工作，各地积极开展调查研究，结合本地实际，探索创新政策举措：河北省、贵州省、山东省开展了城乡居民增收综合配套政策试点，上海市黄浦区、重庆市渝北区等17个地区和单位开展了专项激励计划和收入监测试点[1]。试点工作实施以来，各试点地区和单位大胆探索，率先试验，结合当地实际情况和已有工作基础灵活施策，努力形成激发重点群体活力的新体制、新机制。目前，在试点地区和单位前期探索和实践的基础上，中央总结梳理了试点地区落实中央决策部署、推动重点群体增收的好做法、好经验，如用土地质押等手段引导新型职业农民、利用金融杠杆激励农民工返乡创业等，由此发挥试点的试验田作用，并不断完善促进城乡居民增收的长效机制。

专栏分析1：收入分配政策调整与演进

随着我国收入分配状况的变化，在收入分配理论创新指导和收入分配制度变化的规定下，21世纪以来，中国主要从初次分配和再分配两个环节调整了收入分配政策，改善了收入分配格局，调节了收入分配差距。

（一）逐步完善初次分配政策

通过完善企业、机关、事业单位工资决定和增长机制，推动各种生产要素在市场上通过公平竞争、价格机制取得合理收入，逐步形成了合理有序的收入分配格局，促进了居民收入增长和经济发展同步、劳动报酬增长和劳动生产率提高同步。

1.深化劳动工资制度改革

为了落实按劳分配制度，不断深化国有企业、集体企业和机关事业单位工资制度改革。

一是促进中低收入职工工资合理增长。党的十七大报告提出，逐步提高最低工资标准，建立企业职工工资正常增长机制和支付保障机制。2013年，国务院批转的《关于深化收入分配制度改革的若干意见》，要求“建立反映劳动力市场供求关系和企业经济效益的工资决定及正常增长机制”，包括：完善工资指导线制

[1] 专项激励计划和收入监测试点对象包括上海市黄浦区、上海市嘉定区、上海市金山区、重庆市渝北区、福建省永安市、四川省眉山市彭山区、山东省青岛市平度市、贵州省黔东南州凯里市、四川省绵阳市、中国科学院近代物理研究所、江苏省徐州市睢宁县、贵州省贵阳市清镇市、陕西省安康市平利县、山东省泰安市新泰市、河北省廊坊市固安县、江西省抚州市临川区、江苏省宿迁市。

度；根据经济发展、物价变动等因素，适时调整最低工资标准；研究发布部分行业最低工资标准。随着相关政策的落实，能够反映劳动力市场供求关系和企业经济效益的工资决定及正常增长机制逐步形成，2015年，绝大多数地区的最低工资标准超过当地城镇从业人员平均工资的40%，工资指导线为引导企业合理安排工资增长、缩小行业工资差距发挥了积极作用[1]。

二是加强国有企业高管薪酬管理。针对行业收入差距和部分企业高管与普通员工薪酬差距增大的问题，《关于深化收入分配制度改革的若干意见》指出："对部分过高收入行业的国有及国有控股企业，严格实行企业工资总额和工资水平双重调控政策，逐步缩小行业工资收入差距。建立与企业领导人分类管理相适应、选任方式相匹配的企业高管人员差异化薪酬分配制度，综合考虑当期业绩和持续发展，建立健全根据经营管理绩效、风险和责任确定薪酬的制度，对行政任命的国有企业高管人员薪酬水平实行限高，推广薪酬延期支付和追索扣回制度。缩小国有企业内部分配差距，高管人员薪酬增幅应低于企业职工平均工资增幅。"2014年，中共中央政治局审议通过的《中央管理企业负责人薪酬制度改革方案》提出："形成中央管理企业负责人与企业职工之间的合理工资收入分配关系，合理调节不同行业企业负责人之间的薪酬差距。"自2015年1月正式实施以来，部分国有企业高管不合理的偏高、过高的收入得到遏制，国有企业薪酬水平适当、结构合理、管理规范、监督有效的格局已经初步形成。

三是完善机关事业单位工资制度。《关于深化收入分配制度改革的若干意见》提出："建立公务员和企业相当人员工资水平调查比较制度，完善科学合理的职务与职级并行制度，适当提高基层公务员工资水平；调整优化工资结构，降低津贴补贴所占比例，提高基本工资占比；提高艰苦边远地区津贴标准，抓紧研究地区附加津贴实施方案。结合分类推进事业单位改革，建立健全符合事业单位特点、体现岗位绩效和分级分类管理的工资分配制度。"

四是健全国有资本收益分享机制与公共资源占用及其收益分配机制。《关于深化收入分配制度改革的若干意见》提出："全面建立覆盖全部国有企业、分级管理的国有资本经营预算和收益分享制度，合理分配和使用国有资本收益，扩大

[1] 刘学民：《以共享发展理念为统领　推进工资分配制度改革不断深化》，《中国劳动保障报》2016年3月23日第3版。

国有资本收益上交范围。适当提高中央企业国有资本收益上交比例”“建立健全公共资源出让收益全民共享机制，出让收益主要用于公共服务支出”。2014年，财政部《关于进一步提高中央企业国有资本收益收取比例的通知》决定从2014年起，国有独资企业应交利润收取比例在现有基础上提高5个百分点，即：第一类企业为25%；第二类企业为20%；第三类企业为15%；第四类企业为10%；第五类企业免交当年应交利润。此前上交比例为5%～15%不等。收益主要用于社会保障领域，为发展成果全民共享提供了大量资金。

五是制定农民合理分享土地增值收益政策。《关于深化收入分配制度改革的若干意见》提出："搞好农村土地确权、登记、颁证工作，依法保障农民的土地财产权。按照依法自愿有偿原则，允许农民以多种形式流转土地承包经营权，确保农民分享流转收益。完善农村宅基地制度，保障农户宅基地用益物权。改革征地制度，依法保障农民合法权益，提高农民在土地增值收益中的分配比例。"

2.完善按生产要素分配体制机制

为了落实按生产要素分配制度，在发展要素市场的同时，我国出台了一系列收入分配政策。

一是在非公有制企业内部，健全按劳动要素分配机制。随着《关于深化收入分配制度改革的若干意见》提出的“积极稳妥推行工资集体协商和行业性、区域性工资集体协商”政策的实施，近年来，非公有制企业劳动者收入按照工资指导线逐步增长。

二是建立按资本要素分配机制。针对资本市场不规范、不健全的问题，《关于深化收入分配制度改革的若干意见》提出："加快发展多层次资本市场，落实上市公司分红制度，强化监管措施，保护投资者特别是中小投资者合法权益。推进利率市场化改革，适度扩大存贷款利率浮动范围，保护存款人权益。严格规范银行收费行为。丰富债券基金、货币基金等基金产品。支持有条件的企业实施员工持股计划。拓宽居民租金、股息、红利等增收渠道。"这些政策的实施，从多渠道增加了居民财产性收入。

三是健全按技术要素分配机制。《关于深化收入分配制度改革的若干意见》提出："建立健全以实际贡献为评价标准的科技创新人才薪酬制度，鼓励企事业单位对紧缺急需的高层次、高技能人才实行协议工资、项目工资等。加强知识产权保护，完善有利于科技成果转移转化的分配政策，探索建立科技成果入股、岗位分红权激励等多种分配办法，保障技术成果在分配中的应得份额。完善高层次、高技能人才特殊津贴制度。”

四是在非公有制企业和混合所有制企业内部，完善按管理要素分配机制。《关于深化收入分配制度改革的若干意见》提出：“对非国有金融企业和上市公司高管薪酬，通过完善公司治理结构，增强董事会、薪酬委员会和股东大会在抑制畸高薪酬方面的作用。”这有利于缩小不同行业之间、高管与普通职工之间的收入差距。《中央管理企业负责人薪酬制度改革方案》确立了对中央管理企业负责人和中央企业市场化选聘的职业经理人的分类分级管理原则，要求“建立与中央企业负责人选任方式相匹配、与企业功能性质相适应的差异化薪酬分配办法，严格规范中央管理企业负责人薪酬分配，中央企业市场化选聘的职业经理人实行市场化薪酬分配机制”。这样的双轨制薪酬制度允许市场化选聘的职业经理人按照市场化薪酬分配机制参与分配，有利于调动他们改善经营管理的积极性。

五是实行以增加知识价值为导向的分配政策。2015年，《中共中央关于制定国民经济和社会发展第十三个五年规划的建议》提出“实行以增加知识价值为导向的分配政策”，这一文件明确肯定了知识价值，是对按照知识要素分配的探索。

（二）加快完善再分配政策

1.加大税收调节力度

一是加强个人所得税调节。针对居民名义工资性收入提高导致越来越多人由低税率等级进入更高税率等级的状况，2000年以来我国三次提高个人所得税起征点：2006年将工资、薪金所得税起征点从每月800元调整为1600元，2008年调整至2000元，2011年调整至3500元。2011年，我国将个体工商户的生产、经营所得和对企事业单位的承包经营、承租经营所得税起征点从5000元提高到15000元。个人所得税调整减轻了中低收入者和小型微型企业的税负，同时调节了过高收入。《关于深化收入分配制度改革的若干意见》提出：“加快建立综合与分类相结合的个人所得税制度。完善高收入者个人所得税的征收、管理和处罚措施，将各项收入全部纳入征收范围，建立健全个人收入双向申报制度和全国统一的纳税人识别号制度，依法做到应收尽收。”自2018年下半年以来，一系列新的个人所得税政策出台。2018年8月，第十三届全国人民代表大会常务委员会第五次会议通过关于修改《中华人民共和国个人所得税法》的决定，对个人所得税税率表进行了修订。此后，相关部门发布了一系列新的个人所得税相关政策规定。

二是改革完善房地产税、资源税、消费税，研究适时开征遗产税问题。《关于深化收入分配制度改革的若干意见》提出：“完善房产保有、交易等环节税收制度，逐步扩大个人住房房产税改革试点范围，细化住房交易差别化税收政策，加强存量房交易税收征管。扩大资源税征收范围，提高资源税税负水平。合理调整部分消费税的税目和税率，将部分高档娱乐消费和高档奢侈消费品纳入征收范围。研究在适当时期开征遗产税问题。”

2.完善转移支付政策

为了实现共同富裕，加大了对贫困地区和贫困群众的转移支付力度。党的十七大报告提出“逐步提高扶贫标准”，《关于深化收入分配制度改革的若干意见》提出：“大幅增加财政专项扶贫资金，新增部分主要用于支持集中连片特殊困难地区扶贫攻坚，加大以工代赈力度，努力实现贫困地区农民人均收入增长幅度高于全国平均水平。”党的十八大以来，我国不断加大反贫困力度。2015年，《中共中央 国务院关于打赢脱贫攻坚战的决定》要求到2020年“使建档立卡贫困人口中有5000万人左右通过产业扶持、转移就业、易地搬迁、教育支持、医疗救助等措施实现脱贫，其余完全或部分丧失劳动能力的贫困人口实行社保政策兜底脱贫”“实现贫困地区农民人均可支配收入增长幅度高于全国平均水平”。2016年，《中华人民共和国国民经济和社会发展第十三个五年规划纲要》再次提出：“贯彻精准扶贫、精准脱贫基本方略，创新扶贫工作机制和模式，采取超常规措施，加大扶贫攻坚力度，坚决打赢脱贫攻坚战。”党的十九大报告明确提出：“坚持大扶贫格局，注重扶贫同扶志、扶智相结合，深入实施东西部扶贫协作，重点攻克深度贫困地区脱贫任务，确保到二〇二〇年我国现行标准下农村贫困人口实现脱贫，贫困县全部摘帽，解决区域性整体贫困，做到脱真贫、真脱贫。”党的十九届四中全会通过的《中共中央关于坚持和完善中国特色社会主义制度 推进国家治理体系和治理能力现代化若干重大问题的决定》指出：“坚决打赢脱贫攻坚战，巩固脱贫攻坚成果，建立解决相对贫困的长效机制。”

专栏分析2：社会保障制度改革演进

（一）社会保障制度改革的成就

1.适应社会主义市场经济的社会保障体系框架基本建立

现阶段，适应社会主义市场经济的社会保障体系框架已基本建立，基本形成了以国家立法形式实施的社会保险、社会救助、社会福利、优抚安置等为基础，以城乡基本养老、基本医疗、最低生活保障制度为重点，以慈善事业、商业保险为补充的多层次社会保障体系。不同层次的项目，在整个保障体系中分工明确，发挥不同作用。以城乡居民最低生活保障制度为核心的城乡社会救助体系基本形成，该体系可被视为社会保障体系框架中的第一支柱，发挥兜底保障作用。社会救助制度体系包括最低生活保障、特困人员供养、受灾人员救助、医疗救助、教育救助、住房救助、就业救助、临时救助八项制度。社会保险体系发挥保基本的作用，可被视为社会保障体系框架中的第二支柱，也是主要支柱。社会保险体系主要包括养老保险、医疗保险、失业保险、工伤保险和生育保险五大险种，其中医疗保险延伸出了大病保险和长期护理保险。商业保险等发挥补充作用，在多层次社会保障体系框架中属于第三层次，满足部分人群更高的保障需求，国家通过各种政策来支持和鼓励其发展，主要包括职业年金、企业年金、商业健康保险等。

在不同的保障项目中，多层次体系也初步建成。以养老保障和医疗保障为例：在养老保障体系中，最低生活保障、特困人员供养等制度发挥着保底作用，城镇职工基本养老保险制度、机关事业单位工作人员养老保险制度、城乡居民基本养老保险制度发挥着基本保障作用，职业年金、企业年金发挥着补充保障的作用；在医疗保障体系中，包括直接医疗救助和资助参保参合的医疗救助制度发挥保底作用，城镇职工基本医疗保险制度、城镇居民基本医疗保险制度和新型农村合作医疗制度发挥基本保障作用，为进一步发挥保障职能，城镇居民基本医疗保险制度和新型农村合作医疗制度中延伸出大病保险制度，商业健康保险制度等发挥补充保障作用。

2.社会保障法律法规体系逐步完善

改革开放以来，与社会主义市场经济相适应的社会保障法律法规逐步建立，我国形成了以《中华人民共和国宪法》为根本大法，以《中华人民共和国劳动法》《中华人民共和国社会保险法》《中华人民共和国慈善法》《中华人民共和国军人保险法》等为主干，以相关法律法规为配套，以相关部门规章为补充的社会保障法律法规体系，以立法形式总结和巩固了社会保障制度改革经验，为未来实际工作奠定了坚实基础。

《中华人民共和国宪法》明确规定国家建立健全同经济发展水平相适应的社会保障制度，并在第四十四条和第四十五条对社会保障制度作出总体规定：国家依照法律规定实行企业事业组织的职工和国家机关工作人员的退休制度。退休人员的生活受到国家和社会的保障。中华人民共和国公民在年老、疾病或者丧失劳动能力的情况下，有从国家和社会获得物质帮助的权利。国家发展为公民享受这些权利所需要的社会保险、社会救济和医疗卫生事业。

《中华人民共和国劳动法》的作用是保护劳动者的合法权益，调整劳动关系，建立和维护适应社会主义市场经济的劳动制度，在社会保障制度方面，主要对与劳动者有关的社会保险和福利进行了法律规定。《中华人民共和国社会保险法》是中华人民共和国成立以来我国第一部社会保险制度的综合性法律，是党和政府履行“让人人享有社会保障”承诺的法律保证。它的内容涉及养老、医疗、工伤、失业、生育等多项社会保障制度，其中基本养老保险制度和基本医疗保险制度覆盖了我国城乡全体居民。

在行政法规方面，《全国社会保障基金条例》《社会保险费征缴暂行条例》《失业保险条例》《工伤保险条例》《社会救助暂行办法》《城市居民最低生活保障条例》《农村五保供养工作条例》《自然灾害救助条例》等法规对社会保障制度相关方面作了更加详细的规定。为落实相关社会保障法律法规，有关部门相继出台了一系列部门规章，对具体的社会保障业务进行规范、指导。

3.管理经办服务体系不断完善

构建覆盖14亿人口的社会保障网络，必须建设一支合格的社会保障经办服务队伍。20世纪80年代由“企业自保”向社会统筹转变的初期，各地养老、医疗管理经办机构还要“说破嘴皮子、跑破鞋底子、撕破脸皮子”到企业收缴社会统筹费用，经过40多年的发展，我国从中央到地方已经建立了一支经得起考验的社会保障经办管理队伍。在社会保险方面，截至2017年底，全国县级以上的社会保险经办机构有7986个，实有工作人员21.5万人。我国不断加大对基层劳动就业和社会保障服务平台的建设，着力提升基层公共服务基础设施和服务能力，有效改善了基层劳动就业和社会保障服务条件，提高了基层公共服务能力和办事效率。

随着科技的迅速发展，我国社会保障经办管理的信息化建设步伐加快。2004年“金保一期”工程启动，截至2011年底，覆盖全国的人力资源和社会保障信息网络架构初具规模。社会保障“一卡通”建设排在信息化工作的首位，截至2015年底，全国30个省区市和新疆生产建设兵团已发行全国统一的社会保障卡。在社会保障管理经办方面，我国建立健全社会保险基金预算管理制度，规范基金收支，明确政府投入责任。2010年我国试行社会保险基金预算管理，2013年首次正式编制了全国社会保险基金预算，接受全国人民代表大会监督。

（二）跌宕起伏的历程

我国社会保障制度建设取得举世瞩目的成就，经历了艰难曲折又波澜壮阔的探索过程。与经济社会发展的历史阶段相适应，我国社会保障制度建设可分为计划经济与社会主义市场经济两个大的阶段。其中后一个阶段又大致可以分为四个阶段：初步探索阶段（1978—1992年）、框架构建阶段（1993—2002年）、全面建设阶段（2003—2012年）、全面深化改革阶段（2013年至今）。这里主要论述改革开放以来的情况。

1.社会保障制度的初步探索阶段

1984年，党的十二届三中全会通过了《中共中央关于经济体制改革的决定》，以国有企业改革为中心的经济体制改革拉开序幕。把国有企业推向市场，使之成为自主经营、自负盈亏的商品经济主体，长期以来实行的“企业自保”模式就搞不下去了。当时许多地方相继出现一些老企业甚至整个行业都发不出养老金、报销不了医疗费的情况，酿成众多群体性事件。这一阶段社会保障制度改革主要集中在与国有企业改革紧密相关的养老、失业、医疗领域。

探索企业养老保险社会统筹。1984年国务院批准了《关于在城镇集体经济组织中建立退休制度统筹退休基金的报告》，首先在广东、四川、江苏、辽宁等省一些县市开始进行退休费用社会统筹试点，随后在全国逐步推开。1991年国务院发布《关于企业职工养老保险制度改革的决定》，该决定提出：逐步建立基本养老保险与企业补充养老保险和职工个人储蓄性养老保险相结合的制度；退休费用由国家、企业、个人三方共同负担；退休费用实行社会统筹；基本养老保险基金按照以支定收、略有结余、留有部分积累的原则统一筹集。

探索医疗保险制度改革。20世纪80年代初，一些企业和地方自发地对传统的劳保医疗制度和公费医疗制度进行改革，如医疗费用定额包干或仅对超支部分按一定比例报销，以及实行医疗费用支付与个人利益挂钩的办法等。1984年《卫生部、财政部关于进一步加强公费医疗管理的通知》下发，提出积极慎重地改革公费医疗制度。当时一些地方政府的主要做法是通过社会统筹这种方式对费用进行筹集、管理。1988年，经国务院批准，由卫生部牵头，8个部门参与的医疗制度改革方案研究小组成立并对医疗改革试点进行指导。1989年国务院还批转了国家体改委提出的《关于1989年经济体制改革要点》，该文件提出在丹东、四平、黄石、株洲进行医疗保险制度改革试点。

探索建立失业保险制度。20世纪80年代中期，国有企业改革迫切要求改变制约企业发展的固定工制度，国务院决定对国有企业新招工人实行劳动合同制度，并允许企业辞退违纪职工。同时，一些企业因经营不善、缺乏竞争活力，不可避免地走向破产或濒临破产。为适应国有企业经营机制的转换和劳动制度的重大改革，保障职工失业后的基本生活，1986年7月国务院颁布了《国营企业职工待业保险暂行规定》。此后，国家有关部门相继发布了近10个失业保险相关规定，对失业保险制度建设进行了有益探索。

回顾这一阶段的社会保障制度改革，主要成绩是在与企业改革紧密相关的一些项目上突破了计划经济的束缚，如企业养老保险和职工医疗保险实行社会统筹，实际上承认了社会主义初级阶段存在失业，探索建立失业保险制度等，在为国有企业改革排忧解难的同时，揭开了社会保障制度改革的序幕。

这一阶段存在的主要问题是社会保障制度改革的理论准备严重不足。在20世纪80年代的重大理论研讨（如莫干山会议、巴山轮会议）和政策建议（如“改革建议八大家”）中，很难找到有关社会保障制度改革的指导思想、大政方针。社会保障制度改革处于被动应付企业改革的状态，有的项目还走了较大的弯路，如1984年曾决定全民所有制企业职工养老保险由劳动部管理，城镇集体所有制企业职工养老保险由中国人民保险公司管理，事实证明这种以所有制为标准区分社会保障管理体制的思路是错误的。后来为解决这一问题，又花了近10年的时间。

2.社会保障制度的框架构建阶段

1993年，党的十四届三中全会通过的《中共中央关于建立社会主义市场经济体制若干问题的决定》将社会保障制度作为构筑我国社会主义市场经济的五大子体系之一，提出建立包括社会保险、社会救济、社会福利、优抚安置和社会互助、个人储蓄积累保障在内的多层次社会保障体系，社会保障制度改革进入体系框架构建阶段。这一阶段改革的重点是养老保险、医疗保险、失业保险和城镇居民最低生活保障等。

建立统账结合的企业职工养老保险制度。1995年，《国务院关于深化企业职工养老保险制度改革的通知》下发，提出“社会统筹与个人账户相结合”模式的养老保险制度改革，并拟定了两个具体实施办法供各地选择实施。在贯彻实施过程中，出现了各种缴费比例不同（3%～17%）的个人账户，阻碍了劳动力的合理流动。为此，国务院决定统一企业职工基本养老保险制度。1997年，《国务院关于建立统一的企业职工基本养老保险制度的决定》颁布，统一了企业和个人缴纳基本养老保险费的比例、企业职工的个人账户规模、基本养老金的计发办法，提出了“老人老办法、新人新办法、中间人逐渐过渡”的过渡方案。2000年，《国务院关于印发完善城镇社会保障体系试点方案的通知》决定首先在辽宁省试点，将个人账户规模由本人缴费工资的11%调整为8%，全部由职工缴费。由于历史等因素而产生的个人账户基金缺口，由中央财政和地方财政按75：25的比例给予补助。

建立统账结合的职工基本医疗保险制度。1994年，《国家体改委、财政部、劳动部、卫生部关于职工医疗制度改革的试点意见》经国务院批准，我国在江苏省镇江市、江西省九江市进行职工医疗保障制度改革试点（“两江试点”）。1996年扩大试点，并进一步探索统账结合的具体方式和运行机制。通过总结各地试点经验，1998年，《国务院关于建立城镇职工基本医疗保险制度的决定》颁布，明确了医疗保险制度改革的目标任务、基本原则和政策框架，要求1999年在全国范围内建立覆盖全体城镇职工的统账结合的职工基本医疗保险制度。同时，各地职工医疗保险改革的实践证明，医疗保险支出在很大程度上受制于医疗服务机构和医生的行为，而长期实行的“以药养医”的财务机制既不符合公立医疗机构的行为需求，也与统账结合的职工基本医疗保险制度相悖。为此，2000年，国务院办公厅转发了国务院体改办等8个部门《关于城镇医药卫生体制改革的指导意见》，决定同步推进医疗保险体制与医疗卫生体制、药品生产流通体制的改革。

在构建城镇职工养老保险制度框架的过程中，农村因病致贫、因病返贫问题突显出来，为此，1999年，国务院组织有关部门对农村卫生状况进行深入调研。2002年，《中共中央　国务院关于进一步加强农村卫生工作的决定》颁布，提出建立新型农村合作医疗制度，并开始在一些省市进行试点。

建立工伤和生育保险制度。改革开放后，企业仍然沿用《中华人民共和国劳动保险条例》中规定的企业职工工伤待遇，但随着经济体制改革和劳动用工制度改革，原有的工伤保障制度明显无法适应新形势的需要。在总结各地试点经验的基础上，1996年，劳动部发布了《企业职工工伤保险试行办法》，首次把工伤预防、工伤康复和工伤补偿三项工伤保险的任务结合起来，变“企业自保”为社会保险，扩大覆盖范围，规范待遇项目和待遇标准，并实行行业差别费率和企业浮动费率。

改革开放后，生育保险同样面临“企业自保”的诸多弊端，20世纪80年代末90年代初，各地分别进行了试点探索。在试点基础上，1994年，劳动部发布《企业职工生育保险试行办法》，对生育保险的基本原则、实施范围、待遇标准、基金管理、监督机制等作出明确规定，使生育保险的内容、标准、形式等有了初步规范。

建立城市最低生活保障制度。20世纪90年代，一些国有企业严重亏损，下岗职工数量大量增加，面对新的贫困群体，传统的社会救济制度难以发挥作用。为此，一些地方政府探索改革传统社会救济制度。1993年，上海市出台《关于本市城镇居民最低生活保障线的通知》。其后，青岛、厦门、大连、广州、无锡、海口等开始试点。1997年，《国务院关于在全国建立城市居民最低生活保障制度的通知》下发，要求“1997年底以前，已建立这项制度的城市要逐步完善，尚未建立这项制度的要抓紧做好准备工作；1998年底以前，地级以上城市要建立起这项制度；1999年底以前，县级市和县政府所在地的镇要建立起这项制度”。1999年，国务院发布《城市居民最低生活保障条例》，标志着城市居民最低生活保障制度走向规范化、法制化。全国城市低保对象从2000年的403万人，迅速增长到2002年的2065万人，增长了412%。此后，城镇享受低保的人数长期保持在2000万人左右。

完善失业保险制度。1993年，国务院颁布《国有企业职工待业保险规定》，与1986年的《国营企业职工待业保险暂行规定》相比，把覆盖范围扩大到被撤销、解散企业的职工及停产整顿企业被精减的职工两类。1999年，国务院发布了《失业保险条例》，首次在法规上明确将“待业保险”正名为“失业保险”，将“待业救济金”正式改为“失业保险金”，进一步将保险对象扩大到城镇所有企业事业单位及其职工。该条例在体现失业保险的性质、完善失业保险制度、强化失业保险的保障功能、建立三方筹资机制、保障职工合法权益、促进再就业功能等方面有很大的进步。

回顾这一阶段的社会保障制度改革，构建制度框架是突出成果。在建立适应社会主义市场经济要求的社会保障体系框架方面，理论研究取得明显进展。实际工作中，建立社会保障制度曾连续几年被列为国务院重点工作的第一位、第二位，城镇职工养老保险、医疗保险、失业保险制度和城镇居民最低生活保障制度的建立，生育保险、工伤保险制度的进一步完善，标志着我国城镇社会保障体系的制度框架基本形成。

同时应看到，这一阶段虽然理论上明确了社会保障制度是社会主义市场经济一个独立的子体系，实际工作方面则仍延续以国有企业改革为中心环节的改革路径，把社会保障制度作为国有企业改革的配套措施。这在打国有企业改革攻坚战的历史条件下是正确的，但在社会保障领域长期坚持国有企业改革中心论则难免产生以下弊端：一是政府以及其他各方面的注意力主要集中在国有企业职工身上，对城镇其他人员顾及不够，造成城市中不同人群的基本保障待遇不平等。其中机关事业单位与企业基本养老保险改革不同步造成的职工基本养老保险“双轨制”是一个突出问题。二是国有企业绝大多数设在城镇，农村的社会保障制度建设长时期难以进入视野。这两个重大弊端，使社会保障最基本的原则——公平性——未得到显现，也造成社会保障的覆盖面狭窄。例如，2002年全国享有基本养老保险的人口不到1.5亿人，享有基本医疗保险的人口只有0.9亿人左右。

3.社会保障制度的全面建设阶段

党的十六届三中全会之后，中央明确提出了坚持以人为本，树立全面、协调、可持续的科学发展观。“国有企业改革为中心环节”的提法逐步淡出，政府职能转变日渐成为改革的主线。在这一大背景下，社会保障体系建设突破了长期以来作为国有企业改革配套措施的局限，我国进入以政府基本公共服务均等化为主线的全面建设阶段，社会保障制度的覆盖面扩展到城乡居民。

建立覆盖城乡的养老保险制度。一是完善企业职工基本养老保险制度。2005年，《国务院关于完善企业职工基本养老保险制度的决定》下发，统一城镇个体工商户和灵活就业人员参保缴费政策，以非公有制企业、城镇个体工商户和灵活就业人员参保为重点，扩大基本养老保险覆盖范围。二是建立覆盖城乡居民的社会养老保险制度。从2003年开始，各地在总结“老农保”经验的基础上，开始探索新型农村养老保险制度。2006年，中央“一号文件”要求探索建立与农村经济发展水平相适应、与其他保障措施相配套的农村社会养老保险制度。2007年10月，党的十七大报告更是明确将“覆盖城乡居民的社会保障体系基本建立，人人享有基本生活保障”作为2020年实现全面建成小康社会的奋斗目标之一。2009年，《国务院关于开展新型农村社会养老保险试点的指导意见》发布，决定从2009年开始在10%的县（市、区、旗）开展新型农村社会养老保险试点。城镇居民养老保险制度也随后开展试点。2011年，《国务院关于开展城镇居民社会养老保险试点的指导意见》下发，决定在全国逐步推行城镇居民社会养老保险。这标志着在制度设计层面，我国实现了全体国民人人“老有所养”的全覆盖。

建立覆盖城乡的医疗保险制度。一是扩大城镇职工基本医疗保险制度覆盖面。原劳动和社会保障部办公厅于2003年出台了《关于城镇灵活就业人员参加基本医疗保险的指导意见》，并于2004年出台了《关于推进混合所有制企业和非公有制经济组织从业人员参加医疗保险的意见》，将灵活就业人员、混合所有制企业和非公有制经济组织从业人员以及农村进城务工人员纳入医疗保险范围。2006年，原劳动和社会保障部办公厅发布了《关于开展农民工参加医疗保险专项扩面行动的通知》，把职工医疗保险制度的覆盖面扩大到农民工。二是建立覆盖城乡居民的社会医疗保险制度。2003年，国务院办公厅转发了原卫生部、财政部和原农业部的《关于建立新型农村合作医疗制度的意见》。新型农村合作医疗制度一般采取以县（市）为单位进行统筹，实行个人缴费、集体扶持和政府资助相结合的筹资机制。2006年，原卫生部等7部委局联合下发《关于加快推进新型农村合作医疗试点工作的通知》，要求各地认真总结试点经验，扩大新型农村合作医疗试点，2010年实现新型农村合作医疗制度基本覆盖农村居民的目标。2007年，《国务院关于开展城镇居民基本医疗保险试点的指导意见》发布，填补了我国基本医疗保险制度覆盖面的最后一块空白。这标志着在制度层面，我国实现了全体国民人人“病有所医”的全覆盖。

建立覆盖农村的最低生活保障制度（简称“农村低保制度”）。20世纪90年代以来，一些地方在定期定量救助制度的基础上，开始探索建立农村低保制度。进入21世纪以后，农村低保制度逐步向中西部地区延伸。截至2006年底，全国共有25个省（自治区、直辖市）的2133个县（市、区）实行了农村低保制度。鉴于农村低保制度已在较大范围内实行，没有实行低保制度的地方也有多年的定期定量救助经验，2007年，《国务院关于在全国建立农村最低生活保障制度的通知》颁布，决定在全国范围内建立农村低保制度。这标志着覆盖城乡的最低生活保障制度得以建立。

回顾这一阶段的改革，以社会保险、社会救助、社会福利为基础，以基本养老、基本医疗、最低生活保障制度为重点，以商业保险为补充，建立覆盖城乡居民的社会保障体系取得了重大进展。其间，社会保障法制建设也取得了突破性进展。2010年，全国人民代表大会常务委员会通过了《中华人民共和国社会保险法》，将公民的社会保险权利和义务以法律形式固定下来，保障了全体人民享有社会保险的合法权益，是社会保障法制建设的一个里程碑。

同时我们也应看到，由于在不同时期按不同群体分类建立各项社会保障制度，不同群体之间的法定社会保障水平不够平衡，管理方式不够衔接。如城镇企业职工与机关事业单位职工的基本养老保障水平差距较大，又如为城乡居民建立了养老保险制度和医疗保险制度，但在制度设计上仍然采用城乡分立的做法，尤其是城乡居民医疗保险制度由不同部门管理，与城乡统筹发展的要求还有一定的距离。

4.社会保障制度的全面深化改革阶段

党的十八大对全面深化改革进行了战略部署，党的十八届三中全会对全面深化改革的若干重大问题进行了专门研究，并出台了重要决定，我国进入全面深化改革新阶段。在社会保障水平已经迈上一个大台阶的基础上，中央提出要统筹推进城乡社会保障体系建设，建立更加公平、可持续的社会保障制度。

深化养老保险制度改革。一是统一城乡居民基本养老保险制度。2014年，《国务院关于建立统一的城乡居民基本养老保险制度的意见》下发，将现行新型农村社会养老保险制度和城镇居民社会养老保险制度合并实施，在全国范围内建立统一的城乡居民基本养老保险制度。这对统筹城乡社会保障制度发展、推进基本公共服务均等化具有重要的意义。二是统一机关事业单位和企业职工基本养老保险制度。机关事业单位职工一直沿用传统的养老保险制度，与企业职工基本养老保险制度的差距越来越大，引发诸多社会矛盾。经过多年的调研，2015年，《国务院关于机关事业单位工作人员养老保险制度改革的决定》发布，破除职工养老保障“双轨制”。这有利于促进机关事业单位深化改革，有利于体现制度公平和规则公平。三是做好城乡养老保险关系转移接续。在制度分立、全国统筹未实现的情况下，为适应参保人员流动性需要，2014年，人力资源社会保障部、财政部《关于印发〈城乡养老保险制度衔接暂行办法〉的通知》指出，做好城乡养老保险制度衔接工作，有利于促进劳动力的合理流动，保障广大城乡参保人员的权益，对于健全和完善城乡统筹的社会保障体系具有积极作用。

深化医疗保险制度改革。一是统一城乡居民医疗保险制度。2015年，中央全面深化改革领导小组第十九次会议指出，“要按照统一制度、整合政策、均衡水平、完善机制、提升服务的总体思路，从统一覆盖范围、统一筹资政策、统一保障待遇、统一医保目录、统一定点管理、统一基金管理等方面进行整合”，从而建立起城乡统一的居民基本医疗保险制度。二是医疗保险与生育保险合并实施。“十三五”规划纲要明确提出，“将生育保险和基本医疗保险合并实施”。世界上绝大多数国家并未将生育保险列为独立险种，而是将生育保险与医疗保险合并管理，因为生育保险与医疗保险之间有着十分紧密的联系。三是建立大病保险制度。2012年，国家发展改革委等六部委发布《关于开展城乡居民大病保险工作的指导意见》，明确针对城镇居民医保、新农合参保（合）人大病负担重的情况，引入市场机制，建立大病保险制度，减轻城乡居民的大病负担，大病医保报销比例不低于50%。2015年，《国务院办公厅关于全面实施城乡居民大病保险的意见》发布。四是开展长期护理保险制度试点。2016年，《人力资源社会保障部办公厅关于开展长期护理保险制度试点的指导意见》发布，决定在河北省承德市、吉林省长春市等15个城市开展长期护理保险制度试点，并明确试点阶段原则上主要覆盖职工基本医疗保险参保人群，资金筹集可通过调整职工医保统账结构、划转职工医保统筹基金结余、调剂职工医保费率等途径，逐步探索建立互助共济、责任共担的长期护理保险多渠道筹资机制。

深化城乡最低生活保障和社会救助制度改革。一是完善最低生活保障制度。2012年，《国务院关于进一步加强和改进最低生活保障工作的意见》发布，适应新形势，对城乡享受低保人员的对象认定、标准制定、规范管理、能力建设等提出了明确要求。二是完善社会救助制度。2014年，国务院发布《社会救助暂行办法》，将最低生活保障、特困人员供养、受灾人员救助、医疗救助、教育救助、住房救助、就业救助、临时救助和社会力量参与作为社会救助的基本内容，构建分工负责、相互衔接、协调实施、政府救助和社会力量参与相结合的具有中国特色的社会救助制度体系。为落实《社会救助暂行办法》相关规定，国务院及有关部门连续发布了《国务院关于全面建立临时救助制度的通知》《国务院办公厅转发民政部等部门关于进一步完善医疗救助制度全面开展重特大疾病医疗救助工作意见的通知》《国务院关于进一步健全特困人员救助供养制度的意见》等文件，完善了社会保障体系的“兜底线”。

发展多层次社会保障体系。党的十八届三中全会通过的《中共中央关于全面深化改革若干重大问题的决定》提出，要制定实施免税、延期征税等优惠政策，加快发展企业年金、职业年金、商业保险，构建多层次社会保障体系。2013年，人力资源社会保障部等部门相继下发《关于扩大企业年金基金投资范围的通知》和《关于企业年金养老金产品有关问题的通知》，通过放开投资范围和投资比例，鼓励发展企业年金。其后，有关部门连续发布了多个促进企业年金、职业年金和商业健康保险发展的文件，为建立多层次社会保障体系提供政策支持。

回顾这一阶段的社会保障制度改革，公平与可持续是深化社会保障制度改革的目标方向，“整合”“统筹”“统一”“合并”等成为社会保障制度改革的关键词，我国向城乡基本公共服务均等化迈出了坚实的步伐。这一阶段，适应经济从高速度发展转向高质量发展的要求，社会保障为减轻企业负担作出了贡献，如降低企业的社会保险缴费率、加强失业保险支持就业的措施等。同时也应看到，全面深化改革正处在进行时，在人口老龄化、经济下行、贸易纠纷等背景下，我国社会保障制度的公平性和可持续性都面临挑战，需要进一步深化改革。

（三）任重道远的征途

回顾70年来我国社会保障体系建设的进程，应当充分肯定它取得了历史性、里程碑式的成绩。展望这一体系未来的发展，又应当看到它还面临着严峻的挑战，如何适应社会经济环境的变动，进一步完善我国社会保障体系，依然任重道远。

1.社会保障制度面临的挑战

人口老龄化对社会保障的压力日益增大。截至2018年末，中国60岁以上的老年人口高达2.49亿，占总人口的17.8%。65岁以上人口占总人口的11.9%。15岁及以下人口只有不到2.49亿，低于老年人口。这对养老、医疗以及相关社会保障的收支平衡构成极大的压力。如图7所示，我国职工养老保险抚养比已经从2011年的3.16降到2015年的2.88。有的省份该情况更为严重，比如黑龙江2018年是1.26。这对社会保障基金造成极大的压力。

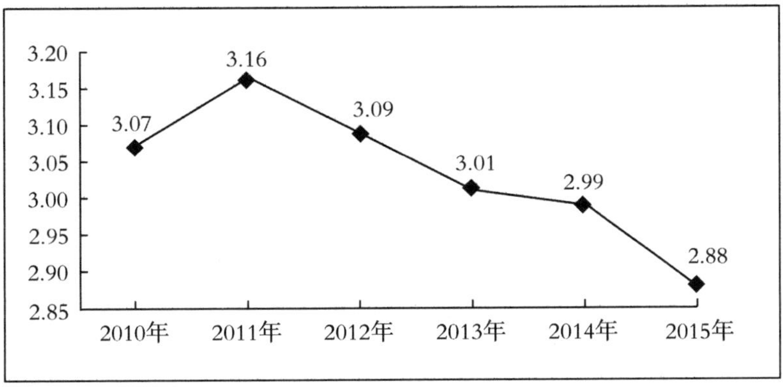

图7 2010—2015年我国职工养老保险抚养比

数据来源：根据人社部相关统计资料整理。

社会保障的公平性有待提高。社会保障水平在不同群体之间、地区之间、城乡之间还存在不合理的差距。相关统计资料显示，在22个欧洲国家中，经过社会保障和福利制度的调节，收入差距的基尼系数平均降幅在30%左右。相比之下，中国社会保障和福利制度的调节力度有限，使初次分配的基尼系数仅仅下降了8%。在初次分配差距过大的背景下，我国社会保障的共济性明显不足。

多层次社会保障体系亟待健全。40多年来我国基本社会保险发展相对较快，补充社会保险、商业保险发展滞后。例如，如图8所示，2017年末，全国企业年金基金累计结存约1.3万亿元，但只有8.04万户企业建立了企业年金，参加职工人数仅为2331万人。

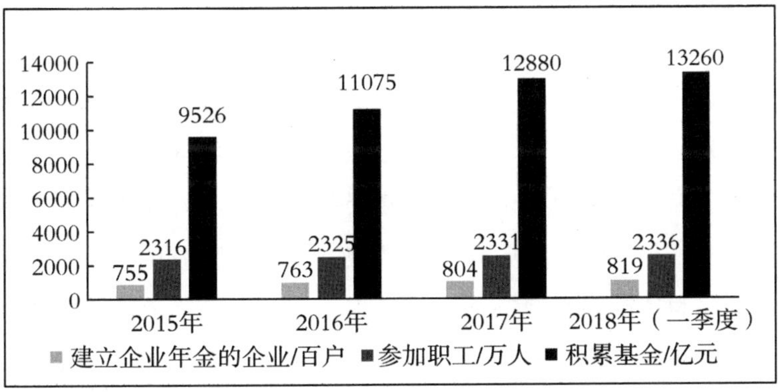

图8 2015—2018年全国企业年金基本情况

数据来源：根据中国人寿保险公司提供的资料整理。

经济转型对社会保障的新挑战。经过30多年的经济高速增长，我国经济发展进入新阶段，由高速度发展转向高质量发展。为适应这一经济转型过程中企业尤其是中小企业发展的需要，借鉴发达国家的经验，我国连续几年降低企业的社会保险缴费率，并加大失业保险金支持职工转业培训及扩大就业的力度。如何在发挥社会保障平抑经济波动的功能的同时确保中长期收支平衡，是社会保障体系建设面临的新问题。同时，新经济尤其是互联网经济创造的非正规灵活就业岗位也对社会保障体系建设提出了新课题。

2.“十四五”时期完善社会保障制度的重点项目

面对上述压力和挑战，我国社会保障制度改革和体系建设必须遵循再分配应缩小一次分配差距的原则，在“更加公平”上下功夫，按照党的十九大报告“兜底线、织密网、建机制的要求”，“全面建成覆盖全民、城乡统筹、权责清晰、保障适度、可持续的多层次社会保障体系”，在中华人民共和国成立100周年时，为实现中华民族伟大复兴作出应有的贡献。在即将到来的“十四五”时期，笔者建议在以下几方面取得突破。

尽快实现职工基本养老保险全国统筹。党的十九大报告提出了“养老保险全国统筹”的目标。2018年，《国务院关于建立企业职工基本养老保险基金中央调剂制度的通知》发布，要求抓紧制定养老保险全国统筹的时间表、路线图，这是职工基本养老保险全国统筹迈出的第一步。职工基本养老保险全国统筹，要打破多年来形成的既得利益格局，困难不少。但这对于全国建立统一的劳动力市场，为不同地区企业提供公平、平等的竞争环境，同时发挥社保大数法则作用，举全国之力抵御老龄化风险具有重大意义。建议在“十四五”时期全面实现职工基本养老保险全国统筹，相关事权适当集中到中央，统一缴费率、统一缴费基数、统一经办服务机构、统一划拨国有资本补充养老基金，并明确地方政府的责任。

延迟退休年龄。延迟退休年龄是世界各国应对老龄化的重要措施。1951年，《中华人民共和国劳动保险条例》颁布时，我国人均预期寿命不到40岁；而2018年，我国人均预期寿命达到77岁。为适应我国人均预期寿命提高的需要，在“十四五”时期我国应启动延迟退休年龄政策。借鉴国际经验，延迟退休年龄可分步推进，并对苦、脏、累、险等工种分别确定合理的退休年龄。同时，应大力进行全民应对老龄化社会的宣传教育，做好舆论引导工作。

调整职工基本社会保险项目中的个人账户。20世纪80年代末90年代初研究建立统账结合的职工基本养老保险和基本医疗保险时，出发点是把初次分配的激励机制引入再分配，并为职工养老、医疗储备基金。现在我国初次分配差距过大，而个人账户制度减弱了养老和医疗这两个最重要的社会保障项目的共济性，应当适时进行调整。此外，实践证明个人账户基金积累对需要即时支付的医疗保险没有多大作用，而职工基本养老保险个人账户空账由于种种问题始终难以做实，实际蜕变为现收现付基金。有鉴于此，在“十四五”时期建议把职工基本医疗保险中的个人账户分离出去，用于大病保险或长期护理，把职工基本养老保险中的个人账户比例调整为3%～5%，实行名义账户。

完善多层次的养老保险体系。国务院和有关部门近年来出台了多个促进企业年金、个人储蓄性商业养老保险的财税、金融政策，但仍未改变国家法定养老保险“唱独角戏”的局面。在“十四五”时期，除了尽快落实与促进企业年金、个人储蓄性养老保险相关的政策之外，建议结合职工基本养老保险中个人账户的调整，把3%～5%的个人账户转划到企业年金，与现行的职业年金衔接，立法强制实施。这将有利于进一步消除职工基本养老保险“双轨制”遗留的问题。

加强医养结合的康养体系建设。老年康养体系建设应当纳入多层次养老保障体系之中。我国养老服务供给不足，致使许多领取了退休金的人员聘请不到家庭服务员，购买不到社区和机构的养老服务。2017年，《国务院关于印发“十三五”国家老龄事业发展和养老体系建设规划的通知》提出：“居家为基础、社区为依托、机构为补充、医养相结合的养老服务体系更加健全。”在此基础上，“十四五”时期我国应进一步加大政府投入，同时引导社会力量加大投入，大力建设老年康养服务体系，以适应我国即将步入中度老龄化阶段的需要。

加强儿童福利体系建设。儿童是我们的未来，在老龄化社会中我国应高度重视儿童福利体系建设，过去我们对此重视不够。针对家庭保障功能弱化、生育政策调整以及人口流动性加大等特点，应加快建立与我国经济发展水平相适应的儿童福利体系。应以满足儿童保护需求为重点，加强国家保护、家庭保护、社会保护等儿童保护型福利制度安排。扩大儿童保障范围，分类设立儿童津贴标准，完善大病救助，为重病儿童提供补助；加大政府投入力度，引导社会慈善资金投入，完善儿童福利行政管理体系。当前儿童福利体系建设关注的重点是农村的留守儿童、随农民工进城儿童、城镇低收入家庭儿童。农村留守儿童数量，保守的数据是900多万，随农民工进城的儿童也有上千万。儿童成长是关系我国未来人力资源供给的长远、重大问题。

对于经济减速和结构调整带来的失业压力、新经济对社会保障体系建设的影响、城乡统筹发展与社会保障体系建设以及建立全国统一的社会保险公共服务平台等重大问题，都应在“十四五”时期设专项开展深入研究，为我国社会保障体系的中长期建设做好理论或政策储备。

第二节

收入分配改革的成就及主要经验

一、收入分配改革的成就

（一）城乡居民收入持续增长，人民生活水平显著提高

中华人民共和国成立初期，我国城乡居民收入很低，1949年城乡居民人均收入仅分别为95元和44元（以下都是以1949年为100来调整的实际收入），绝大部分居民都入不敷出；到1977年，城乡居民的人均实际收入分别提高到259元和88元。在1949—1977年的约30年间，城乡居民实际收入年均增长率分别为3.6%和2.5%，同期人均GDP增长3.3%。改革开放以来，随着经济增长和改革开放的不断深入，收入分配领域改革不断推进，直接带来了城乡居民收入持续强劲的增长，1978—2019年的40多年间，城乡居民收入的年均增长率分别达到7.4%和7.3%，人均GDP增速为8.5%，远超过1949—1977年城乡居民收入的年均增长率和人均GDP增速。

随着城乡居民收入的增长，人民的生活水平得到了显著提高。从最近几年数据看，2019年，全国居民人均可支配收入达到30733元，比2015年实际增长28.6%，2016—2019年，全国居民人均可支配收入年均增长6.5%，快于同期人均GDP增速。同时，城乡居民生活质量得到明显提升。2019年全国居民恩格尔系数为28.2%，比2015年下降2.4个百分点；居民消费不断增长，2019年全国居民人均服务性消费支出9886元，占居民人均消费支出的比重达到45.9%。居民平均预期寿命由2015年的76.34岁提高到2019年的77.30岁。在“十三五”期间，我国已建成世界上规模最大的社会保障体系，到2019年末，我国参加基本医疗保险、基本养老保险、失业保险、工伤保险、生育保险的人数分别比2015年末增加了68826万人、10921万人、3217万人、4046万人、3646万人，基本医疗保险覆盖超过13亿人，基本养老保险覆盖近10亿人。

（二）构筑按劳分配与按生产要素分配的微观基础，不断完善分配机制

改革开放以来，通过多次收入分配改革，以个体或家庭为基础的分配体系基本建立，企业和居民的经济行为都按照市场法则来运行。改革过程中，我国采用市场化的定价模式、市场化的调控方式，并使之与我国社会中劳动力丰富的基本背景相一致，从而提高劳动力要素在生产过程中的回报，增加就业机会以提高劳动报酬在初次分配中的比重，提高居民收入在国民收入中的比重。在企业内部，以市场为定价基础的工资分配制度，让职工看得明白、算得清楚、拿得服气，从而能最充分、最直接地调动他们的工作积极性。改革开放以来，劳动者收入水平普遍大幅度提高，充分调动了劳动者的积极性、主动性、创造性。由于坚持市场机制导向、劳资平等协商、企业自主分配、政府指导调节，真正落实按劳分配的原则，特别是在权责分明、产权明晰和收入保护的制度安排下，职工通过辛勤劳动积累财富的积极性被极大释放，适应市场、激励有效的工资决定和增长机制得以完全建立起来，整体上收入分配制度的微观基础得以基本形成。

（三）建立收入再分配政策体系，提高民生保障水平

随着收入分配改革的不断进行，我国不断健全收入再分配政策体系，逐步建立起转移支付、税收、社会保障和基本公共服务均等化等协同发展的政策调节体系。总体来看，收入再分配制度框架基本建立，并在调节收入差距方面发挥了积极作用：一是财政转移支付力度不断加大，社会福利、社会救助和抚恤等转移支付支出总规模不断扩大，享受转移支付的对象不断增加。二是我国税收制度改革稳步推进，税收再分配功能不断增强。以“营改增”为代表的一系列税收制度改革稳步推进以及减税政策的实施，使企业税负有效降低。综合与分类相结合的个人所得税制度正在加快推进中。三是我国用20年左右的时间，使社会保障制度从无到有、从少到多，逐步实现了制度的全覆盖。到2019年末，我国基本养老保险覆盖近10亿人，覆盖面约为71%。全民医保体系确立并不断完善，基本医疗保险覆盖超过13亿人，参保率约为93%。最低生活保障基本实现应保尽保。四是基本公共服务体系初步构

建。各类基本公共服务设施不断完善，国家基本公共服务项目和标准得到全面落实，九年义务教育巩固率为94.8%，公共就业创业服务和职业培训不断强化。可以说，仅用20年左右的时间，我国就把现代意义上的收入再分配政策体系逐渐建立并完善，这已经是国际上惊人的政策成就，我国的收入再分配政策体系在保障和改善民生、完善收入分配体系中发挥着非常重要的作用。

（四）收入来源拓展，分配调节体系不断完善

随着与社会主义市场经济相适应的按劳分配为主体、多种分配方式并存的分配制度基本确立，各类企业多种多样的薪酬分配制度，机关事业单位工资分配制度，多种形式的经营性收入、资产性收入分配制度，农村家庭联产承包责任制等也已建立；以税收、社会保障、转移支付为主要手段的再分配调节框架初步形成，个人所得税减免、五险一金、企业年金、职业年金、补充医疗保险、城乡居民最低生活保障等社会保险和福利制度均已建立。另外，收入分配改革也拓展了居民的增收渠道和途径，包括工资性收入、经营性收入、资产性收入、转移性收入等多种渠道和途径，各类生产要素按贡献参与分配的格局大体形成[1]。进一步看，因居民收入不断增长而带来的各种消费需求不断上升，居民消费结构持续升级，居民消费能力和消费意愿的提高也直接促进国内需求，从而反过来进一步刺激经济的持续增长。1949—2019年，我国城乡居民实际收入年均增长率分别达到5.6%和5.2%，人均GDP增速为6.4%，不难看出居民实际收入与人均GDP都保持了较高增长的态势。总体上看，居民收入增长与经济发展、劳动报酬增长与劳动生产率提高“两个同步”逐步实现，组织和个人收益与所作贡献基本匹配，与经济增长、劳动生产率提高以及组织和个人实际贡献相联系的收入调节机制完全建立。

（五）经济转轨中收入差距扩大，社会转型中经济发展保持稳定

收入分配改革的过程，几乎都伴随着收入差距的全方位扩大，无论是城镇内部、农村内部还是全国总体，收入差距都在持续扩大并保持高位，但我国经济社会

[1] 苏海南：《推动收入分配改革持续深入》，《中国改革报》2018年4月9日第11版。

发展仍然保持相对稳定的状态，这很大程度上得益于以下几方面：首先是中国特色的人口流动制度。在中国特色的城乡分割体系中，“候鸟式”就业的农民工几乎起到了“蓄水池”的作用，也保证了他们一定的收入水平。其次是经济强劲增长带来的收入水平的绝对稳定提高（见图9）。从中低收入群体纵向比较来看，在经济强劲增长的带动下，居民收入水平仍在持续稳定提高。最后是虽然收入差距在持续扩大，但是居民最起码的机会公平仍然有相当程度的保障，如接受更高程度的教育已越来越成为很多低收入者改变命运的途径，高等教育扩招、教育回报率上升等都使得低收入阶层有机会翻身加入高收入阶层。

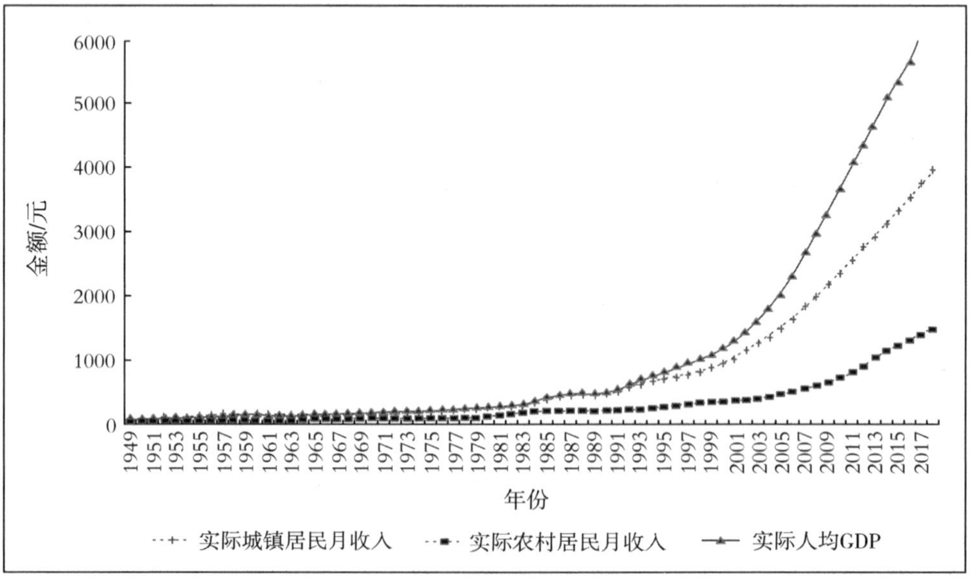

图9　70年城乡居民实际月收入增长趋势（1949年为100）

数据来源：1949—1956年城乡居民收入数据来自消费数据，1957—1977年数据来自《新中国六十年统计资料汇编》，1978—2018年数据来自《中国统计年鉴》。

（六）收入分配领域的基本矛盾发生根本改变，与社会主要矛盾的变化同步

经过几十年的改革发展，我国收入分配领域的基本矛盾也发生了根本性的改变，主要包括以下方面：一是我国居民收入水平从生存型过渡到发展型，从平均主义模式带来劳动生产率低下并引致普遍意义上的贫困，过渡到收入分配改革激发

劳动者的积极性并带来居民收入水平的持续提高。二是我国收入分配领域的主要矛盾从经济增长转向社会稳定问题，从居民收入的普遍增长转变为随着居民收入增长收入差距也在不断扩大。收入差距本身不仅和经济效率相关，而且过度的平均主义和过大的收入差距会影响到经济效率，更重要的是，过大的收入差距还会影响到整个社会的稳定。总体来看，在当前我国社会主要矛盾已经转化为人民日益增长的美好生活需要和不平衡不充分的发展之间的矛盾的背景下，既要坚持发展，做大“蛋糕”，又要解决好发展不均衡的问题，让收入分配改革从保证经济增长走向共享发展成果和逐步实现共同富裕的正确道路。

（七）减贫事业取得历史性成就，绝对贫困基本消除

减贫是公平合理分配的主要内容。伴随着经济社会的快速发展和扶贫开发工作的深入推进，中国的减贫事业取得了举世瞩目的成就。在人均年收入2300元（2010年不变价）的现行标准下，中国的农村贫困人口从1978年的7.7亿下降为2017年底的3046万，再到2020年底全部脱贫，我国累计减贫7.7亿人；贫困发生率从1978年的97.5%下降为2017年底的3.1%，再到2019年底的0.6%，最后在2020年底全国832个贫困县全部摘帽，农村人口在40多年间全部摆脱绝对贫困，生活状况得到大幅度改善[1]。

从减贫速度看，中国明显快于全球。世界银行发布的数据显示，按照每人每天1.9美元的国际贫困标准，从1981年底到2015年底，我国的贫困发生率累计下降了87.6个百分点，年均下降2.6个百分点，同期全球的贫困发生率累计下降了32.2个百分点，年均下降0.9个百分点[2]。特别是2013年实施精准扶贫以来，我国每年减少贫困人口1300多万，截至2019年底累计减少9300多万。贫困群众收入水平大幅提高，2015—2019年贫困地区农民人均可支配收入由7653元增加到11567元，

[1] 汪三贵：《中国40年大规模减贫：推动力量与制度基础》，《中国人民大学学报》2018年第32卷第6期。

[2] 黄承伟：《脱贫攻坚伟大成就彰显我国制度优势》，《红旗文稿》2020年第8期。

2016—2019年贫困地区农民人均可支配收入年均增长8.5%，比同期全国农民人均可支配收入增速高1.9个百分点。贫困地区生产生活条件明显改善，具备条件的建制村全部通硬化路，村村都有卫生室和村医，10.8万所义务教育薄弱学校的办学条件得到改善，农网供电可靠率达到99%，深度贫困地区、贫困村通宽带的比例达到98%。到2019年底，我国已累计支持733万户建档立卡贫困户实施农村危房改造。贫困地区经济社会发展明显加快，地方特色产业不断壮大，退耕还林还草建设显著加强，贫困地区的经济活力和发展后劲明显增强，基本公共服务日益完善，生态环境明显改善[1]。

二、收入分配改革的主要经验

（一）改革开放为收入分配制度调整提供内在动力

1949—1978年的30年间，因为处于实现人人平等、户户在人民公社或公共食堂集中生产消费的年代，个体之间的经济收益差距几乎没有，个体的生产消费积极性几乎完全被禁锢，生产生活也受到了极大的约束。但改革开放以来人人谈改革、处处真改革的大环境，让全体人民在发展中不断思考收入分配制度的大调整，各种收入分配政策措施也在各个地方不断迸发出来。过去几十年来，社会各界对收入分配改革的呼声和期待一直都很高，在收入分配重点领域和关键环节加快推进牵一发而动全身的重大改革的时间窗口一直开放。因此，收入分配领域改革的一小步，都会增强广大干部群众对推进改革的信心，各阶层支持和参与收入分配改革的积极性也空前高涨。放开垄断性国有企业带来行业差距的扩大、激发劳动者积极性带来收入差距的持续扩大、低收入群体接受收入水平的微弱增长、配套政策不健全带来收入分配秩序的失衡等，都是收入分配改革过程中的代价，但是，在提倡改革开放、拒绝安于现状、宽容改革失误的大背景之下，我国收入分配改革仍然在有条不紊地持续进行，中间也没有带来经济发展的大问题，更没有对社会稳定带来明显的负面冲击。

[1] 宁吉喆：《决胜全面建成小康社会取得决定性成就》，《人民日报》2020年12月7日第9版。

（二）经济增长为收入分配改革提供宽松环境

收入分配改革的过程一定会伴随着部分人受益、部分人受损，如果没有强劲的宏观经济增长环境，没有经济和社会发展对受损群体设置最低保护线，收入分配改革就不可能继续下去。在收入差距持续扩大的背景下，我国社会依然保持相当稳定的态势，这很大程度上来自经济的持续稳定增长。与其他收入群体相比，低收入居民的相对收入份额虽然在持续下降，但是，其绝对收入值却随着经济的发展而持续增长。可以说，国民经济的持续强劲增长，让部分低收入居民仍然可以接受不断扩大的收入差距，使社会长期保持和谐稳定，我国收入分配领域的改革也才得以稳步前进。

（三）党的集中统一领导为收入分配改革保驾护航

在收入分配改革早期，我国还处于资本积累初始阶段，只有把有限的资源集中起来，倾斜到一定的方向上，才能发挥最大的效力。在国家资源的分配上，这一点体现为把国家资源集中倾斜到城镇重要的行业和领域，运用国家力量支持商业资本的发展；在个人财富的分配上，则体现为“让一部分人先富起来”。而要实现这种资源短期内的动员、集聚和分配，只有中国特色的社会主义国家，也只有中国共产党的集中统一领导才能完成。在初期的资本积累完成之后，即资源的集中式分配的边际效益已显著降低之后，我国就开始注重分散地、多层次地、全面地分配资源，挖掘资源在其他方向、其他层次的利用效率。比如，由于早期的资源集中式发展，区域经济发展不平衡，现在则把资源集中到落后地区使其也发展起来，而这种“先富带动后富”的方式也只有在中国共产党的集中统一领导下才能完成。更重要的是，在收入分配改革过程中出现的各种问题也被控制在一定范围内，民主后的集中、一定程度的舆论引导等，都为收入分配改革创造了良好环境，并为各领域的收入分配改革保驾护航。

（四）问题导向为收入分配改革提供路线指引

在收入分配改革过程中，一条最为成功的经验就是，所有的改革都是问题导向式、渐进性、试点型改革。如1994年的最低工资政策，就是1992年在深圳进行试点、1993年在广州和珠海进行试点，并最后于1994年推广到全国的；如2016年发布的《国务院关于激发重点群体活力　带动城乡居民增收的实施意见》，也是选取了河北、内蒙古、江苏、贵州等地及青岛市、上海市黄浦区进行试点，并在2017年进行了全国层面的推广。而且在试点过程中，改革的总体方案与路线图的设计都充分考虑了不同区域的差异性，发挥了地方和基层组织的能动性和创造性，给地方先行先试留出空间，先试点后推广，并允许犯错，积累经验。比如在改革开放初期，我国提出分配领域坚持“效率优先、兼顾公平”的指导思想，这对于打破当时的平均主义和“大锅饭”的分配体制是有积极意义的。如果当时不在分配领域强调效率原则，就不可能改变人们的传统分配观念，也就不可能打破传统的收入分配体制。然而，随着经济体制的进一步转型，对公平原则的过度忽视会带来另一个层面的问题，即收入差距过大和收入分配不公平的问题。为了解决分配中的不公平问题，我们又开始强调“初次分配讲效率，再分配注重公平”，主要是想通过再分配来纠正初次分配中的不公平问题。总的来看，收入分配改革是在不断试错、纠错过程中，最终实现改革的目标。

（五）在改革实践中推进收入分配制度的创新发展

实践是理论创新的源泉。中华人民共和国成立以来，我国在社会主义现代化建设的实践探索中不断创新、发展、完善马克思主义经济学的收入分配理论，形成了具有中国特色的社会主义收入分配理论体系。在从计划经济体制向社会主义市场经济体制转型的过程中，我国始终坚持“生产方式决定分配方式”这一马克思主义政治经济学基本原理，积极探索社会主义市场经济条件下按劳分配的实现形式和有效途径，改革和完善包括收入分配关系在内的生产关系，形成了按劳分配为主体、多种分配方式并存的社会主义基本分配制度。在创新收入分配体制机制的过程中，我国始终坚持收入分配制度设计既要充分体现社会主义市场经济公平竞争与效率导向的基本原则，又要充分体现公平正义这一社会主义的内在要求，从而突破了传统西方主流经济学关于“效率与公平不可兼得”的二分法。我国始终坚持正确处理收入分配领域中政府与市场的关系，创造性地将按劳分配和按生产要素分配有机结合起来，坚持按劳分配原则，完善按要素分配体制机制，履行好政府再分配调节职能，加快推进基本公共服务均等化，缩小收入分配差距，促进收入分配合理、社会公平正义、全体人民共同富裕。在改革过程中，应及时对我国收入分配制度改革创新实践进行经验总结，提炼出能够体现时代特征、具备学理支撑的收入分配理论体系和逻辑框架，不断推动中国特色收入分配理论创新发展[1]。

（六）紧密结合经济体制改革逐步推进收入分配改革

中国收入分配制度改革的历程充分印证了生产力决定生产关系、生产资料所有制决定收入分配体制的社会发展规律。在改革开放初期，收入分配体制改革是在坚持公有制的前提条件下进行的。党的十二大提出了计划经济为主，市场调节为辅；党的十二届三中全会指出商品经济的充分发展是社会经济发展不可逾越的阶段，社会主义计划经济是在公有制基础上的有计划的商品经济；党的十三大提出了在坚持公有制为主体的前提条件下，大力发展有计划的商品经济；党的十四大提出建立和完善社会主义市场经济体制，所有制以公有制为主体，个体经济、私营经济、外资经济为补充，多种经济成分长期共同发展；党的十五大最终确立了以社会主义公有制为主体、多种所有制经济共同发展的基本经济制度。同时，中国收入分配制度改革也随之经历了打破平均主义—在坚持按劳分配为主体的前提下实行多种分配方式—按劳分配与按生产要素分配相结合的演进过程[2]。

（七）收入分配制度改革始终坚持按劳分配为主体

从改革的过程来看，中国收入分配制度改革始终围绕按劳分配这一主线展开，

[1] 权衡：《不断完善中国特色收入分配理论》，《人民日报》2019年6月24日第9版。

[2] 张亮：《改革开放40年中国收入分配制度改革回顾及展望》，《中国发展观察》2019年第1期。

只是按劳分配的实现形式随着实践的发展不断完善。始终坚持社会主义收入分配制度的本质特征，保证了中国收入分配制度的社会主义基本原则和发展方向。实行“各尽所能、按劳分配”是社会主义分配制度的具体形式。邓小平同志也反复强调要“坚持按劳分配原则。这在社会主义建设中始终是一个很大的问题……”[1]，并且明确提出“一定要坚持按劳分配的社会主义原则”。从改革的实践来看，中国收入分配制度在演变的过程中始终坚持按劳分配的原则，并在此基础上不断加以完善，而按劳分配实际上就是按劳动者对生产的贡献进行的分配。“把按劳分配和按生产要素分配结合起来”的原则，实质上也是对中国按劳分配政策的进一步完善[2]。

[1] 邓小平：《邓小平文选》第二卷，人民出版社，1994。

[2] 张亮：《改革开放40年中国收入分配制度改革回顾及展望》，《中国发展观察》2019年第1期。

第三节

收入分配研究综述

一、收入分配领域存在的问题

纵观近年的研究，关于我国收入分配中存在的问题学界有着一些共识，可概括为：劳动报酬在初次分配中所占比重和居民收入在国民收入分配中所占比重都偏低；分配关系不合理，城乡之间、行业之间、地区之间以及群体之间收入差距大；分配行为不规范，分配秩序比较混乱。有关文献对劳动报酬在初次分配中占比偏低的问题进行了深入分析。首先，我国劳动者报酬占比连续下降。很多学者对此进行了统计和测算，虽然测算结果之间存在差异，但劳动者报酬占比下降已是一个不争的事实。其次，与世界重要经济体相比，初次分配中我国劳动者报酬在GDP中的占比明显偏低，而企业盈余占比则明显高于其他国家。有些学者认为，我国的劳动者报酬比重不仅低于发达国家，而且也低于一般发展中国家。最后，西方资本主义国家的劳动报酬份额在二战后普遍经历了一个上升过程，并且100多年来，他们的劳动者报酬份额一直在提高，相比之下，我国的劳动收入份额却下降到历史最低水平。过低的劳动收入份额将导致我国收入差距拉大、经济外贸依存度过高、内需不足等。此外，针对学界普遍认为我国劳动者报酬占比连年下降并低于世界其他国家的观点，有学者提出，要客观分析我国的劳动报酬占比：由于统计口径的变化，我国的劳动者报酬占比存在被低估的现象；其实劳动者报酬占比下降幅度并没有数据显示的那么大，过分夸大与其他国家的差距不利于收入分配制度改革。

二、国民收入分配格局的总体变化和相关分析

国民收入分配格局的总体变化。有学者对我国国民收入分配格局的总体变化进

行了测算分析，认为20世纪90年代以来，我国国民收入分配格局发生了巨大变化。测算结果显示：在国民收入初次分配格局中，企业所得增长较快，政府所得增长次之，居民所得增长较慢；在国民收入再分配格局中，由于各种制度外收入和土地出让收入的快速增加使政府所得份额上升明显，企业在再分配格局中居于弱势地位，居民所得继续呈下降趋势。各主体内部分配结构的变化特点是：政府部门内中央政府和地方政府的收支结构不平衡，地方政府的非预算收入激增；企业部门内垄断行业的利润增加大于竞争性行业，利润向少数行业集中；居民劳动报酬份额不断下降且会在较长时间内延续，居民部门内收入差距持续扩大[1]。“当前宏观收入分配格局研究”课题组等认为，政府、企业和居民收入分配，是收入分配关系中十分重要的方面，由于具有宏观和全局的特性，也可将其称为宏观收入分配。搞清这三者收入分配的现状、问题及成因，是制定各项收入分配政策的前提和基础。课题组根据第三次全国经济普查修订后的实物资金流量表，分析了1992—2012年我国宏观收入分配格局的变化及成因，并对2013—2014年我国宏观收入分配格局进行了估算[2]。

税收政策调整与收入分配格局的变化。“营改增”是我国税收制度改革的重要举措，学者们针对“营改增”对收入分配格局的影响也进行了研究，孙正等人利用1995—2013年省际面板数据，采用双重差分模型估计方法分析了“营改增”改革对政府、企业、居民三者在国民收入分配格局中所占比重的影响，结论显示：我国“营改增”改革不存在显著的政策预期效果，“营改增”改革前一年国民收入分配格局并未因为“营改增”改革试点而发生显著变化。基于广义矩估计（GMM）方法修正潜在内生性问题的计量结果表明，“营改增”降低了政府在国民收入中的所得份额，提高了企业、居民在国民收入中的所得份额。通过对比增值税和营业税变量的系数，也证明了“营改增”改革与国民收入分配格局的变化具有内在的逻辑关

[1] 常兴华、李伟：《我国国民收入分配格局的测算结果与调整对策》，《宏观经济研究》2009年第9期。

[2] “当前宏观收入分配格局研究”课题组：《当前我国宏观收入分配格局研究》，《调研世界》2015年第11期。

系，“营改增”改革试点改变了国民收入分配向政府部门倾斜、政府所得对企业和居民所得持续挤压的局面。研究也同时表明，“营改增”改革对国民收入分配格局的净影响相对较小，这主要是由于影响国民收入分配格局的因素复杂多样，现阶段单纯依靠流转税改革达到优改变化国民收入分配格局的目的不现实[1]。

除双重差分模型估计方法以外，孙正等人还利用PVAR模型（面板向量自回归模型）考察了“营改增”对我国收入分配格局的影响，实证结果显示：第一，营业税变量对国民收入分配中政府部门所得份额都有一个长期稳定的正向影响，增值税变量对国民收入分配中政府部门所得份额都有一个负向影响，这说明流转税改革降低了政府部门在国民收入分配中的所得份额；第二，营业税变量对企业部门、居民部门收入占比都有一个长期稳定的负向影响，增值税变量对企业部门、居民部门收入占比都有一个长期稳定的正向影响，这说明流转税改革提高了国民收入分配中企业部门、居民部门收入占比[2]。

财政政策与收入分配格局的变化。聂少林等人运用财政调节收入分配基本理论，分析了新时期财政的调节分配职能，并从劳动者报酬占生产总值的比重、城乡居民收入增长与经济增长的比较、辽宁城乡居民收入与沿海发达省份的比较及辽宁城乡居民之间、行业之间、地区之间收入差距不断扩大等角度分析了辽宁收入分配领域差距的现状，结论显示：收入分配领域差距扩大的财政政策原因主要有税收体系不完善、财政管理体制不规范、财政支出缺位越位等问题，为发挥财政的调节收入分配职能作用，应当通过进一步完善税收体系、健全财政管理体制、增加劳动者报酬、加大教育投入和增加农民收入等政策措施来改善[3]。

习亚哲等人进一步指出，我国财政政策再调节功能弱化，未能在收入分配结构

[1] 孙正、李学军：《基于“营改增”视角的流转税改革优化了国民收入分配格局吗？》，《上海经济研究》2015年第2期。

[2] 孙正、张志超:《流转税改革是否优化了国民收入分配格局？——基于“营改增”视角的PVAR模型分析》，《数量经济技术经济研究》2015年第7期。

[3] 聂少林、史虹：《关于调整收入分配格局的财政政策思考》，《社会科学辑刊》2013年第2期。

优化中发挥应有作用，主要体现在四个方面：第一，现行税收政策存在局限性，以流转税为主体的税制结构制约了税收对收入分配的调节功能，个人所得税设计上的缺陷导致其对收入分配的调节功能难以得到充分发挥，消费税制度设计不合理。第二，现行社会保障制度严重碎片化。例如，社会救助体系不健全，对低收入群体的保障面窄；最低生活保障线偏低，城乡居民享受低保待遇的差距巨大；参加社会保险的人数所占比重不高，城乡差距大；财政用于社会保障与国民福利的支出长期偏低，与发达国家相距甚远；各种公共服务与福利事业一直以来重城市轻乡村、重城市劳动者轻乡村劳动者与农民工等。第三，政府转移支付过多过滥，不同转移支付方式之间在计算时存在重叠，一个地区可能同时享有多种补贴；税收返还和中央对地方的无条件补助对于缩小收入差距的作用不大，甚至起了反向作用；过渡时期的转移支付相对于其他转移支付甚至全部财政支出规模都过于单薄，对调节收入差距的作用不够明显。第四，财政补贴制度不完善。由于我国经济体制的不完善，在企业经营中很难区分政策性亏损和经营性亏损，因此有些企业以政策性亏损为幌子掩盖客观上由经营造成的亏损而取得国家补贴[1]。

万海远等人在村庄层面探讨了财政资金的收入分配效应，并揭示了财政资金对村庄收入差距的影响机制，从而补充了财政资金从中央到地方再到村庄和农户的分配过程。从实践来看，财政资金在从乡镇到村庄再到农户的纵向分配中，偏向于被富裕村庄和高收入农户获得，由此扩大了村庄间和村庄内部的收入差距。实证结论还进一步表明，由于地方政府亲生产类支出的偏好，因此基本建设类支出比例过高，而该类支出对高收入农户的收入弹性更大，财政资金对高收入农户更加有利。综合来看，偏向性的资金分配方式和亲生产类的资金使用去向，使得中国农村财政具有显著的村庄收入差距扩大效应[2]。

特定群体收入分配研究。阮敬等人运用反映不同收入群体异质性的混合分布测

[1] 习亚哲、郭洪海：《完善财税政策　优化收入分配格局》，《金融世界》2015年第7期。

[2] 万海远、田志磊、徐琰超：《中国农村财政与村庄收入分配》，《管理世界》2015年第11期。

度方法估计收入分布，对收入分布拟合效果的评判方法进行了探讨，在利用假设检验思想从收入变动角度给出一种收入群体界定标准的基础上，从规模上刻画了我国收入分配格局，并运用夏普利分解规则对影响格局形成的宏观因素进行了解构。对中国健康与营养调查（CHNS）1989—2011年的住户调查数据分析的结果表明：近年来城乡居民收入分布逐渐呈多峰特征且城镇更为明显；城镇和农村居民不同收入群体间的相互作用相当，低收入群体内部收入的增长可有效促进自身规模的缩小，中收入群体内部收入的增长虽同样有助于低收入群体规模的缩小，但对自身规模变动影响不大，高收入群体内部收入的增长则将有助于自身规模的扩大，而各群体内收入分配差距的扩大多会阻碍橄榄型格局的形成[1]。

陈技伟等人以中国家庭收入调查（CHIP）数据为基础，利用基尼系数分析了中国农村收入不平等的总体状况及劳动力转移在其中的作用，得出了三点主要结论：一是在家庭收入提高的同时，农村总体收入不平等虽然仍比较大，尤其是东部，但无论是在三大区域内还是在全国都表现出明显的下降趋势；二是劳动力转移对农村收入不平等的作用主要体现在相同转移特征家庭的组内不平等上，就时间变化来说，劳动力转移所带来的外出务工工资的不平等改善对总体收入不平等的减少起到非常积极的作用；三是在三大区域内，外出务工工资差异是东部总体不平等的主要源泉，但在中、西部其作用已明显弱化[2]。

特定行业的收入分配格局研究。程惠芳等人利用32个中国工业部门行业的动态面板数据，运用系统广义矩估计方法进行研究发现：不论是低端型还是高端型产品内分工模式，均会显著提高行业熟练劳动力的工资份额，加剧熟练劳动力与非熟练劳动力之间的工资差距；不同产品内分工模式影响收入分配格局的机制存在差异，低端型国际产品内分工通过进口中间品技术溢出间接影响收入分配格局，而高端型

[1] 阮敬、纪宏、刘楚萍：《分布视角下的异质性群体收入分配格局研究》，《数理统计与管理》2015年第1期。

[2] 陈技伟、江金启：《劳动力转移与农村内部收入分配格局的变动》，《南方农村》2014年第10期。

国际产品内分工则通过要素替代直接影响收入分配格局；国际产品内分工对高技术部门收入分配格局的影响要大于低技术部门。程惠芳等人的研究结论也同时证明，中国工业部门产品内分工程度的变动趋势预示了低技术部门竞争优势逐渐丧失而高技术部门竞争优势尚未确立的现实[1]。

曾国安等人分析了我国中部地区虚拟经济与实体经济收入分配格局的变化及其对经济发展的影响。该研究指出，尽管20世纪90年代以来中部地区虚拟经济行业职工的收入水平一直高于实体经济行业，绝对收入差距持续扩大，但与全国和东部地区相比较，中部地区虚拟经济行业和实体经济行业收入分配差距不仅不大，而且几乎没有什么变化。中部地区虚拟经济行业和实体经济行业收入分配差距的状态和变化对中部地区经济发展的影响具有双重性：一方面，有助推经济资源脱实向虚和资本与人才外流的影响；另一方面，也有利于实体经济发展和承接东部地区产业转移的作用，中部地区要根据本地区经济发展阶段选择合理的经济发展战略[2]。

收入分配格局的国际比较研究。谢攀等比较了我国与美国、日本、英国等发达国家在发展相似阶段收入分配方面的特征差异，结论显示：美国、日本、英国初次分配呈现“大社会，小政府”的特征，再分配多向居民部门倾斜；而中国初次分配格局向政府部门倾斜，再分配格局受“建设型财政”导向驱使，加剧了这一倾斜，削弱了民生保障。中国支出结构失衡的根源在于，政府职能在经济转型进程中未能适应社会再生产结构变化而及时进行调整，以致职能缺位与职能越位。结论还显示，当前中国居民部门最终分配收入比重远低于美国、日本两国相近发展阶段居民收入比重，中国政府部门最终分配收入比重远高于美国相近阶段发展初期政府收入比重，与美国20世纪60年代中后期的政府收入比重相当，与日本相比，不仅1994年

[1] 程惠芳、丁小义、翁杰：《国际产品内分工模式对中国工业部门收入分配格局的影响研究》，《中国工业经济》2014年第7期。

[2] 曾国安、曹文文：《中国中部地区虚拟经济与实体经济行业收入分配格局的变化及影响》，《黑龙江社会科学》2014年第5期。

已超过日本相近阶段政府收入占比，而且与其差距还呈扩大的趋势[1]。

任太增等人进行了中国与其他金砖国家之间国民收入分配格局的比较，分析了中国与发展水平相近的大国之间国民收入分配格局的异同，并通过与发达国家国民收入分配格局演进过程的比较发现了金砖国家国民收入分配格局的共同特征。结论显示：金砖国家国民收入初次分配格局正处于进一步的演变中，稳定的国民收入初次分配格局尚未形成。在国民收入初次分配格局的演进过程中，中国、南非“利润侵蚀工资”的趋势十分明显，俄罗斯则表现为居民收入、政府收入对企业利润的侵蚀，印度居民份额之低、企业份额之高超乎想象。居民份额偏低、随着人均GDP的增加居民份额没有出现明显的“U”型趋势是金砖国家国民收入初次分配格局的基本特征。发展中大国“U”型拐点迟迟没有出现，说明拐点是否出现不完全是经济发展过程中的自然结果，可能与国家选择的经济发展方式、政府的国民收入分配导向等存在密切关系[2]。

三、关于居民收入差距

在对中国居民收入差距变化的研究中，相关学者大都把定点调查、典型案例剖析和实证检验等技术手段结合在一起，点线面兼顾进行分析。从内容上看已有的关于居民收入分配差距问题的研究，主要从两个层面展开：一个层面是从全国范围探讨居民收入差距状况、成因、矛盾和对策，对全国居民收入分配结构进行公平性判断，这里既有规范研究也有实证研究；另一个层面则是从一省或一市范围探讨居民收入差距变化特点、存在问题以及应对措施，对本省或本市的居民收入分配结构进行公平性判断，研究方法多以实证为主，辅之以省域间的比较研究。相关研究非常多，在此不一一叙述。

[1] 谢攀、李文溥、龚敏：《经济发展与国民收入分配格局变化：国际比较》，《财贸研究》2014年第3期。

[2] 任太增、喻璐：《金砖国家国民收入初次分配格局的演变趋势与基本特征》，《经济问题探索》2014年第3期。

关于城乡居民收入差距。众多研究表明，在中国不同居民群体间的收入差距中，城乡居民之间的收入差距一直是最大的。学术界对20世纪70年代末以来中国城乡居民之间的收入差距的演变趋势从不同角度进行了分析，得出了城乡居民之间的收入差距呈现出长期扩大的趋势的基本结论。经济结构的二元性、政府推行的城市偏向的制度和政策、城市偏向的经济发展战略和政治权力的不平衡，以及经济体制改革造成的机会不平等是城乡居民之间收入差距扩大的原因。从目前看，已经进行的这些研究为城乡居民收入差距变化和原因的研究提供了基础，但研究的系统性和全面性还不够。

一些学者认为，我国城乡居民收入差距问题，是多方面的原因造成的，既有农业、农民特性方面的因素，也受二元经济的历史遗留问题影响，更不可避免地受到国家相关政策的制约。大多数学者都认同城乡居民收入差距的存在，但对各种原因的主次、差距的大小、严重程度存在一定的分歧，国际上通常用0.4的基尼系数作为警戒线，在我国由于城乡经济分割，这一标准是否适用还值得研究。此外，我国居民收入统计是以户籍统计为主，农民工收入的统计方法是否合理，是否夸大了城乡居民收入差距，都值得进行更深入的研究。

四、近年来收入分配问题研究的主要聚焦点

近年来，随着我国社会托底政策的逐步实施，居民收入分配格局发生了积极的变化。在宏观上，居民收入增长速度不断加快，国民收入分配向居民部门不断倾斜；在微观上，城乡之间、区域之间、行业之间、居民之间的收入差距开始缩小，基尼系数下降。这种变化与政府在农业生产、社会保障、扶贫攻坚、扩大就业、收入调控等方面的一系列重大举措密切相关[1]。

尽管如此，面对经济下行压力，我国在社会领域仍然不断出现各种新问题，社会矛盾有进一步加剧的风险。在此背景下，近年来我国很多学者都将关于收入分配

[1] 朱高林、邢立维：《新常态下我国居民收入分配格局的新变化》，《上海经济研究》2016年第11期。

的研究进一步聚焦于收入再分配及社会公平方面。张原等人以陕西省作为样本，从收入差距、经济增长、资源配置效率、社会公平与稳定四个方面构建收入分配差距适度性的评价指标体系，研究结果表明我国的收入分配差距随着经济的增长而逐渐扩大并呈上升趋势，虽然整体上收入分配差距处于可接受的范围，但在资源配置效率、社会公平与稳定等方面却呈现出了较大的偏差值和变化幅度，因此政府对影响社会公平与稳定的相关因素应高度重视[1]。李实指出，财富分配的公平性与社会治理高度相关。不公平的社会，即使有很好的治理办法，也很难达到预期的治理效果。目前，我国收入差距的估计结果存在一定程度的低估，高收入人群的样本严重不足；城乡之间收入差距在缩小，而城市内部和农村内部收入差距还在扩大。要完善我国收入分配政策体系，应从收入初次分配和再分配两个层面入手；减少间接税，增加直接税，增收财产税、房产税，包括遗产税；财政支出进一步向民生倾斜，适当增加社会福利，特别是儿童补贴；加大反腐的力度[2]。

资本与劳动收益一直是收入分配领域被长期关注的重要问题，何辉等人利用我国城镇居民调查数据，通过测算征收房产税前后的基尼系数，实证考察房产税的收入再分配效应。实证结果表明：房产税降低了城镇居民的基尼系数，缩小了城镇居民的收入差距，具有收入再分配的正效应；随着高收入户房产收入的增加，房产收入占可支配收入比重不断提升，房产税的收入再分配效应呈不断增强趋势[3]。而我国劳动收入份额存在着下降趋势，冯谚晨分别用资金流量表方法和收入法计算了劳动收入份额，并且比较了两者之间的差异。结论显示：劳资分配失衡，利润侵蚀劳动者报酬是导致劳动收入份额下降的主要原因，劳动收入份额下降不仅导致我国消费低迷，往往还伴随着收入差距过大的问题，在投入阶段资本增速较快，对劳动发生了挤占与替代；在劳动生产率方面，劳动生产率增长速度长期超过平均劳动者报

[1] 张原、薛青梅、胡冰：《我国收入分配差距的适度性研究——以陕西省为例》，《北京交通大学学报（社会科学版）》2017年第2期。

[2] 李实：《完善收入分配政策体系 实现社会公平》，《社会治理》2016年第6期。

[3] 何辉、樊丽卓：《房产税的收入再分配效应研究》，《税务研究》2016年第12期。

酬增长速度；在产出方面，计算了劳动收入分配公平系数，结果表明企业部门存在利润侵蚀劳动者报酬的现象[1]。

近年来很多研究逐渐认识到缩小收入分配差距、实现公平正义对居民主观幸福感具有重要的作用。其中陈池波等人利用中国综合社会调查（CGSS）数据和Ordered Probit（有序概率单位）模型进行实证研究，发现了三点主要结论：第一，收入不平等与再分配偏好对主观幸福感有显著的负面影响；第二，再分配偏好对中低收入阶层、基础教育和农村居民的负面影响大于高收入阶层、高等教育和城市居民；第三，由于收入不平等与再分配偏好显著正相关，再分配偏好加强了收入不平等的“幸福负效应”[2]。冯贺霞等人同样利用CGSS数据进行的实证研究还得出了如下启示：经济发展和相关的政府政策的实施都是为了提升国民的幸福水平，经济的快速增长以降低国民幸福水平为代价显然违背了发展的初衷。就发展的终极目的而言，经济增长绝不是发展的唯一路径，缩小不同群体之间的收入差距、为居民提供均等化的基本公共服务，同样能增强人们的福祉[3]。

常兴华、李伟对收入分配格局中非规范收入的变化和影响进行了深入研究，其主要结论是：即使基于中国最权威的统计数据对我国的国民收入分配格局进行测算分析，仍难以全面准确反映我国宏观收入分配的真实状况。因为在三大分配主体中，都分别存在着难以在统计数据中反映，但绝对是收入分配因素的部分。一是隐性经济始终存在。在每一轮新的经济普查结束后，统计部门都会根据普查结果对以往年份的数据进行再调整，也就是说，资金流量表中的数据更多体现的是可以监测的显性经济。例如，在工业增加值统计中主要以规模以上企业为主，而大量的中

[1] 冯谚晨:《我国劳动收入份额的变动趋势——基于劳资分配失衡的分析》，《经济问题探索》2017年第4期。

[2] 陈池波、李成豪：《收入不平等、再分配偏好与居民主观幸福感研究》，《财政研究》2016年第12期。

[3] 冯贺霞、韦轲：《经济增长、收入分配与再分配对居民主观幸福感影响的实证研究》，《统计与决策》2016年第22期。

小企业并不被纳入统计范围内，但规模以上的口径每过5年左右都会有所调整，因此即使在规范的合法正常收入范围内，仍然会存在大量的隐性经济。二是三大部门的收入数据并不全面。受各种因素影响，社会各界高度关注的土地出让收入和所谓“第二财政”问题，企业避税、逃税问题，住户部门的灰色收入和个税逃避问题等，在资金流量表中并没有完全体现出来。三是企业部门和住户部门存在大量的税收流失，而这些流失的税收无疑对政府部门收入有重要影响。有理由相信，将三大部门中这些显性和隐性的收入进行估算后，现有资金流量表中的初次分配格局将发生变化，如果进一步弥补税收逃避监管漏洞，强化征收效能，国民收入再分配格局也会发生一定程度的变化。研究发现，隐性经济、土地出让金等收入是影响当前我国初次分配格局的重要的代表性因素，逃避的企业所得税和个人所得税是影响国民收入再分配格局的重要因素。通过测算得出的结论是：非规范收入对初次分配格局具有明显影响，降低了政府部门的收入比重，但提高了企业部门和住户部门的收入比重。以2015年数据为例，不考虑非规范收入，政府、企业和住户三大部门的收入比重分别为15.31%、23.95%和60.73%；考虑非规范收入后，三大部门的收入比重分别为13.89%、24.36%和61.76%。从某种程度上说，相对于政府部门的非规范收入，企业和住户部门的非规范收入规模要更大。从初次分配的收入规模看，综合考虑政府收入的土地出让收入、企业和住户部门的隐性经济收入之后，非规范收入规模在1992年为3856亿元，大约占资金流量表中当年国民总收入27082亿元的14.2%，而到2015年这一占比已经达到23.4%，也就是说，有大约1/4的隐性经济收入游离在正常的国民收入监测体系之外。对考虑非规范收入后的再分配格局进行测算后发现：三大分配主体的收入比重虽也有所变化，但相对小于初次分配格局的变化。也就是说，非规范收入更多地影响到初次分配格局。

CHAPTER 3

第三章

判断与标准

第一节

收入分配公平合理的判断标准

一、经济标准和社会标准的视角

如何生产和如何分配是一国（或者地区）经济的核心环节。马克思认为，生产和分配是有机联系的统一体，生产决定分配，而分配对生产具有反作用，与生产相适应的分配制度可以促进生产，相反，与生产不相适应的分配制度则会阻碍生产的发展[1]。

分配是一定生产方式的反映，这决定了分配在本质上具有经济属性。而分配的合理与否又反映了一定的社会的价值判断和价值取向，这使得分配本身又具有强烈的社会性。因此，合理的收入分配应当是经济合理和社会合理的有机统一。由此，我们提出合理的收入分配判断的经济标准和社会标准，并寻求二者的统一。

（一）合理的收入分配的经济标准

从经济角度来说，在我国现阶段，合理的收入分配应当具有如下特征：首先，合理的收入分配应当是分配制度的充分体现，应当能达成分配的既定目标。其次，合理的收入分配应当能够对经济的发展起到积极作用。合理的收入分配能够起到合理配置经济资源的效果；反之，不合理的收入分配则会对经济发展起到阻碍作用，也会造成居民收入差距在总量和结构上的不合理。

收入差距的大小，直接反映了收入分配状况对经济发展的作用。从这个角度看，可以说居民收入差距反映着收入分配的状态，或者说它是收入分配合理与否的体现。

由此，我们可以以判断居民收入差距是否合理为研究起点，通过对比实际居民

[1] 教育部社会科学研究与思想政治工作司组编：《马克思主义政治经济学原理》，高等教育出版社，2003。

收入差距与合理收入差距，来形成判断居民收入分配机制是否合理的经济标准。

目前考察居民内部收入分配差异程度最常用的指标是基尼系数。基尼系数最大为1，最小为0。前者表示居民之间的收入分配绝对不平均，即100%的收入被一个单位的人全部占有；而后者则表示居民之间的收入分配绝对平均，即人与人之间的收入完全平等，没有任何差异。但这两种情况只是在理论上的绝对化形式，在实际生活中一般不会出现。因此，基尼系数的实际数值只能在0～1之间。

但由于基尼系数仅仅对收入水平中等的群体的收入变化敏感，而对于收入水平高的群体和收入水平低的群体的收入变化有低估的缺陷，所以在研究居民收入差距的结构性差异时，需要借助泰尔熵标准（Theil's entropy measure）或者泰尔指数（Theil index）作为衡量个人之间或者地区之间收入差距（或者称“不平等度”）的指标[1]。

假设U是某一特定事件A将要发生的概率，$P(A)=U$。这个事件发生的信息量为$E(U)$，肯定是U的减函数，用公式表达为：$E(U)=\log(1/U)$。当有n个可能的事件1，2，…，n时，相应的概率假设分别为U_1，U_2，…，U_n，$U_i \geqslant 0$，并且$\sum U_i=1$。

熵或期望信息量可被看作每一事件的信息量与其相应概率乘积的总和：

$$E(U)=\sum U_i h(U_i)=\sum U_i \log(1/U_i)$$

显然，n个事件的概率U_i越趋近于$(1/n)$，熵也就越大。在物理学中，熵是衡量无序的标准。如果U_i被解释为属于第i单位的收入份额，$E(U)$就是一种反映收入分配差距不平等的尺度。收入越平均，$E(U)$就越大。如果绝对平均，也就是当每个U_i都等于$(1/n)$时，$E(U)$就达到其最大值$\log n$。泰尔将$\log n-E(U)$定义为不平等指数，也就是泰尔熵标准：

$$T=\log n-E(U)=\sum U_i \times \log nU_i$$

用Z_j代表收入观察值，μ代表平均收入，N代表样本体积，f_j代表人口比例，广

[1] 泰尔熵标准因泰尔（Theil）利用信息理论中的熵概念来计算收入不平等而得名。

义熵指数的表达式为：$GE=\frac{1}{a(1-a)}\sum_j f_j[1-(\frac{Z_j}{\mu})^a]$。该式中，$a$为一常数，代表厌恶不平等的程度。$a$值越小代表厌恶程度越高。取$a$=0，我们可以得到平均对数离差，又称泰尔第二指数$T_0$，也称泰尔L指数，$T_0=\sum_j f_j\ln\frac{\mu}{Z_j}$；取$a$=1，我们得到所谓泰尔指数，又叫泰尔第一指数，也称泰尔T指数，$T_0=\sum_j f_j\frac{Z_j}{\mu}\ln\frac{Z_j}{\mu}$。

尽管基尼系数给出了反映居民之间贫富差异程度的数量界线，泰尔指数能够给出群体间的居民之间贫富差异结构的度量，但简单地将该数值同国际经验值进行对比，从而推断收入分配结果的合理性，反过来推断收入分配制度是否合理的做法，缺乏一定的合理性，略显粗糙，况且经验值也并不一定十分可靠。因此，我们需要结合经济运行的实际状况，对居民收入分配制度的合理性进行研究。

从经济发展和经济效率的角度而言，收入分配对经济系统的影响可以分为两个方面：对生产能力的影响和对需求方面的影响。根据新剑桥学派的主要代表人琼·罗宾逊的观点，因为受到边际消费倾向递减规律的作用，富人的边际消费倾向较低，而穷人的边际消费倾向较高，所以在收入一定的情况下，收入差距的扩大会导致社会总的消费需求缩小。假定社会总的消费为C，储蓄或投资为S，国民收入为Y。假定富人和穷人的边际消费倾向分别为c_r和c_p，对应的储蓄倾向为s_r和s_p；边际消费倾向和储蓄倾向的和为1，即$c_r+s_r=1$，$c_p+s_p=1$，$c_r<c_p$；对应的收入水平为Y_r和Y_p，$Y_r+Y_p=Y$。则有消费$C=c_rY_r+c_pY_p$，对应的储蓄或投资$I=S=(1-c_r)Y_r+(1-c_p)Y_p=s_pY_p+s_rY_r$。当居民收入差距扩大时，有$C=c_r(Y_r+\Delta Y)+c_p(Y_p-\Delta Y)=c_rY_r+c_pY_p+(c_r-c_p)\Delta Y$，由于$c_r<c_p$，所以此时消费量会减少，对应的储蓄或投资$I=S=s_pY_p+s_rY_r+(s_r-s_p)\Delta Y=s_pY_p+s_rY_r+(c_p-c_r)\Delta Y$。这就意味着，一方面，居民收入差距的扩大可以将有限的资源集中起来，加速资本形成，促进资本积累。这有利于生产者购买新的机器，开发新的产品，从而促进经济效率的提升。而另一方面，伴随着居民收入差距的拉大，在边际消费倾向递减规律的作用下，全社会的消费规模将会缩小。经济的发展既依赖于生产规模也依赖于需求规模，因而在判断收入分配机制和差距是否合理时，应当考虑所处的经济背景。

中华人民共和国成立初期，我国经济百废待兴，基础比较薄弱，经济总量规模较小，资本积累不足成为经济发展的主要制约因素。为了加速资本积累，集中资源建立社会主义工业体系，我国实行了单一的计划经济制度。这种计划中分配给居民的份额只占全社会生产总值较少的一部分。通过1952年和1956年两次工资改革，我国基本上建立了按劳分配的工资制度，同时推行了计件工资和奖惩制度。但是，随着计划经济体制的逐步建成，并且长期受平均主义的影响，工资制度的弊端逐渐暴露出来。这种单一的按劳分配制度，在实际上变形为平均主义[1]。同时，这种单一的定级制的收入分配机制，也极大地挫伤了劳动者的积极性，造成了经济上的低效率。“干与不干一个样、干多干少一个样”的“大锅饭”分配形式严重阻碍了经济的发展。这种依靠中央政府决策的政策性主观性较强的收入分配机制显然不能适应经济发展的需要，因而这种分配机制不能称为合理的收入分配机制。

改革开放以来，我国建立了以按劳分配为主体、多种分配方式并存的分配制度，形成多元化的分配格局，即允许劳动、资本与土地等生产要素共同拥有对生产成果的索取权与分配权。倡导效率优先、兼顾公平的分配原则，先富带后富，着重强调提高经济效率。在生产过程中，居民提供劳动、资本与土地等生产要素，根据市场价格、供求关系来度量各要素的贡献大小，以此作为居民收入分配的标准。这样就形成了通过观察要素价格来判断经济效率的高低，并将有限的资源配置到效率高的部门当中的收入分配机制。

我们知道，社会的生产活动是在劳动要素所有者和资本等要素所有者相互协作的方式下完成的。因此，当一个生产周期完成后，劳动所有者通过付出劳动获得了劳动性收入（工资、奖金等），并将很大比例的收入用于消费；而资本所有者则获得资本性收入，除将小部分收入用于生活消费外，大部分收入被用作下一生产周期的资本。于是，资本所有者的资本规模会扩大，而劳动者的劳动性收入提高的速度

[1] 20世纪50年代“大跃进”时期及“文化大革命”期间对计件工资和奖惩制度进行批判，按劳分配原则遭到破坏。

则略为缓慢。于是，居民间的收入差距就会进一步扩大，而在新的一轮生产周期中，资本所有者的资本规模又会扩大。

在这样的收入分配机制作用下，我国的经济规模迅速扩大，而这种以价格和供求关系为手段的收入分配机制，既能够达到适度拉开居民间收入差距的效果，又能够促进资本形成（资本增加的速度显然要快于国民经济收入增加的速度），进而促进经济增长。

但是，随着资本的积累，这种以价格和供求关系为手段的收入分配机制的弊端也逐渐显现出来。如前所述，资本积累还具有另一个影响，即导致相对于生产能力而言需求规模的缩小。当需求规模缩小时，人们就会发现市场中的产品越来越不容易卖出去，于是事实上就加剧了生产者之间的竞争。为了在竞争中取得优势，生产者就努力地更新机器设备，降低产品的边际成本。这样的结果必然是整个社会的平均利润率下降，资本的边际报酬递减[1]，资本的有机构成提高。按照政治经济学的理论，资本的有机构成被视为生产者竞争的观测指标。

我国是社会主义国家，实行以公有制为主体、多种所有制并存的生产所有制。这样的所有制结构也就决定了我国的分配制度必然是复杂的，是既存在按要素分配，也存在按劳分配的分配制度。在这种以按劳分配为主体、多种分配方式并存的分配制度下，不能说职工工资总额就是可变资本的价值，而国民收入与职工工资总额就是资本的价值。这是因为对于公有制企业和股份制企业中的公有制部分获得的资本性收入，用于“资本积累”的那部分实质上可以看作全体居民将收入用于“共同储蓄”的部分，是人们为了能在未来享受更高福利而作出的公共选择；而用于非“资本积累”的公共事业（如修路、市政交通等）那部分，实质上是全民的“消费”。

[1] 当然，造成资本边际报酬递减的原因不仅仅来自需求方面，如果人们在生产过程中存在着不可增加的要素，也会造成资本边际报酬的递减。按照我国目前的情形来看，虽说能源、矿产等一些自然资源的存量相对紧张，但对当前经济发展的约束作用有限。更重要的是，这种自然约束发挥作用的周期较长，速度也比较平缓。因而，当经济出现资本边际效率突然间高速下滑时，我们可以断定这不是来自生产方面，而是来自需求方面。

判断收入分配在经济意义上是否合理，要看它是否能促进国民经济社会生产能力与需求水平之间的平衡，如果这种收入分配制度能够促进二者在平衡中增长，那么这种收入分配就是合理的收入分配；反之，我们则可以说这种收入分配存在着不合理的地方。

从改革开放以来的历史经验看，以按劳分配为主体、多种分配方式为补充，以及按生产要素贡献进行分配的收入分配机制，极大地促进了国民经济的发展。而从我国目前经济运行的情况来看，内需不足已成为经济发展的重要障碍，或者说，全社会的生产能力已经大幅超过了居民的消费水平，而居民收入差距加大又会起到扩大生产能力、缩小有效需求的作用，因而我们认为，当前合理的收入分配应当能够扩大劳动性收入占劳动成果总额的比例。从这个意义上来说，扩大需求的手段有两类：一是扩大工资性收入在收入分配中的比例；二是对于国有企业和股份制企业的国有部分中的资本性收入，可以加大其对公共事业的支出。从原则上来说，二者都可以起到扩大需求规模的作用，但是，由于竞争的存在，增加公共事业的支出可能会使得国有企业或国有参股企业的竞争力下降。从某种程度上说，现阶段合理的收入分配发挥作用的重点之一，是进一步促使工资性收入在收入分配中的比例扩大。

（二）合理的收入分配的社会标准

合理的收入分配不仅仅是一个经济问题，还是一个社会问题，体现着人们对公平的诉求。合理的收入分配也应当是公平的收入分配。

分配的公平一直是人们关注的问题。早在古希腊，柏拉图就曾指出，如果一个政体要避免社会瓦解，就不能允许在公民共同体的任何部分出现绝对的贫困和富庶，因为这两者都会引发祸乱。全体国民的平等是国家的根本所在。

居民收入差距是收入分配机制作用的结果，因而收入分配机制是否能反映社会对于公平的诉求[1]，能否使全社会的满意度提高非常重要。能否适度地反映出居民

[1] 值得注意的是，平等或公平并不等同于均等。比如说，一些人由于工作更加努力，因而比别人更加富有，这样的收入分配可能被认为是公平的。但是，如果富裕群体是因为父母的财产或关系而富裕的话，同样的收入分配也可能被认为是不公平的。

对于公平的诉求，是判断收入分配机制合理与否的社会标准。

人们对于公平的诉求程度往往和其收入水平有关。根据世界银行的调查，收入水平较高的群体往往对于公平的诉求较高，而收入水平越低就越关心收入总量，对公平的诉求和关注度就越低。依照人们对于公平诉求程度的不同，我们可以将整个社会的国民划分为四类：公平决定型、公平偏好型、收入总量偏好型、收入总量决定型。

下面我们用简单的模型进行描述。假定社会中存在四类群体，每个群体间存在两个典型个体A和B。无差异曲线的位置代表对应群体的福利总水平，无差异曲线上的各点代表群体的总福利水平相同，社会成员A、社会成员B之间的预算线代表着群体总体收入水平。由于社会成员是被平等对待的，因而整个社会的福利水平就是社会各个成员福利的总和。依照人们对于公平的诉求程度，将这四类无差异曲线的形状刻画如图10。

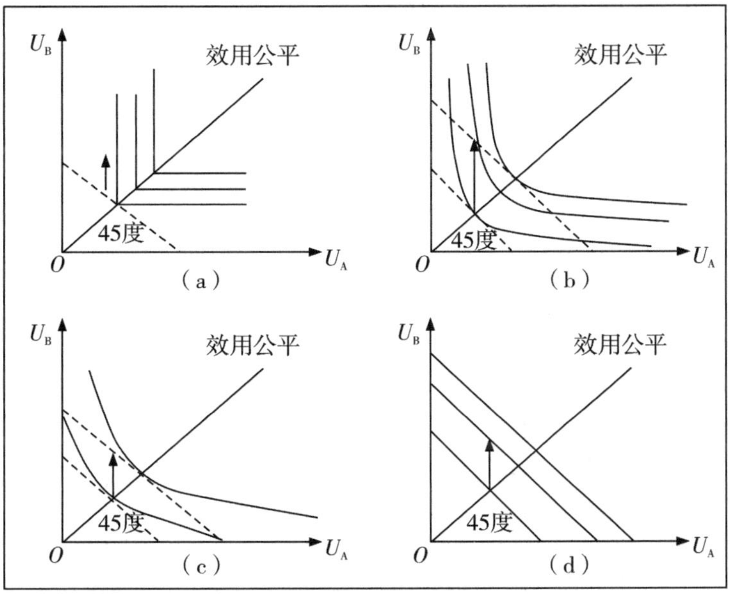

图10　典型的居民收入分配的社会公平偏好

进一步分析当社会出现帕累托改进[1]时其对各类群体福利水平的影响。我们考虑当收入水平是以A不变，B提高的形式提高时：

在图（a）的情形中，这不会与更高的无差异曲线相交，即整个社会的福利水平也不会得到提高；在图（b）的情形中，虽然会与更高的无差异曲线相交，但是相对于总收入提高的幅度，福利水平提高的幅度非常小；在图（c）的情形中，会与更高的无差异曲线相交，和图（b）相比较，同样幅度的总收入提高会引起更高的福利水平的提高；在图（d）的情形中，由于无差异曲线同预算线均是线性的，此时总收入的提高会引起同样幅度福利水平的提高。

由于整个社会的福利水平是这四个群体总福利水平与人口比重的加权和，因而整个社会呈现出的无差异曲线的形状和收入水平的人口分布有关，整个社会对于公平的诉求程度取决于各个群体占社会人口的比重。从动态来说，整个社会的无差异曲线形状是随着人们收入水平的变化而变化的。总的趋势是，随着收入水平的提高，社会福利的无差异曲线的曲率变得越来越大，即整个社会对于公平的诉求越来越高。如图11所示。

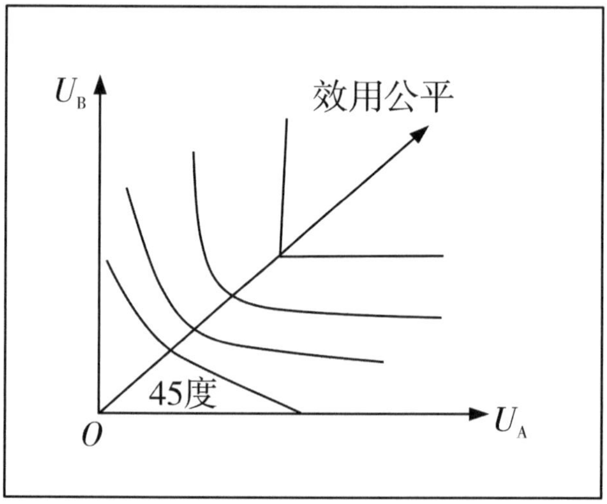

图11　随着收入水平的提高社会福利的无差异曲线变异路径

[1]　假定固有的一群人和可分配的资源，从一种分配状态到另一种分配状态的变化，在没有使任何人境况变坏的前提下，使得至少一个人的境况变得更好，这就是帕累托改进或帕累托最优化。

进一步分析得出，居民不但关心自身获得居民收入总量的大小，而且还关心居民收入分配是否合理。由于居民各群体对于公平诉求的程度不同，表现出的社会福利无差异曲线也不同，曲线越是弯曲，对于公平的诉求越高。而居民收入总量越高，则社会福利的预算线位置就越高。在一定条件下经济社会可以通过牺牲收入总量来达到社会总福利的最大化；而在另外一些条件下，则可以通过牺牲公平来实现社会总福利的最大化。合理的收入分配，就是能够有效地反映居民对于公平的诉求程度，为社会进行福利最大化决策的收入分配。

（三）收入分配经济标准与社会标准的辩证统一

从静态来看，依照收入分配的社会标准，如果居民间的收入差距偏离了效用公平线，就会引起社会总福利水平的下降；而依照收入分配的经济标准，适度的居民收入差距会促进资本形成，有利于迅速扩大生产规模。看上去二者似乎是矛盾的。看似矛盾的双方，一方的发展就要以另一方为代价。某种程度上，这也是效率与公平问题成为人与人之间永恒话题的原因。

但是，如果我们以动态、发展的眼光来看，二者又是一个统一体。无论是以经济标准还是社会标准来看，目的都是实现社会主义社会的发展，都是让人民生活得更美好、更和谐。相对于居民的有效需求而言，在生产力较落后的经济环境中，反映经济配置效率、适度拉大居民收入差距的分配机制，不但可以达到经济规模迅速扩大的目标，而且，收入的提高使得社会总福利水平的轨道迅速上移，不但可以弥补由于收入分配差距偏离公平造成的福利损失，而且还为下一步牺牲少量收入总量而达到社会总福利的最大化创造了条件。

经济社会的发展就是在这样矛盾对立双方的共同作用下进行的。经济快速发展的时期，集中稀缺资源，扩大生产能力实现资本积累。在需求不足、经济发展速度下降的时期，我们又可以调整收入分配结构，这样不但促进了社会福利水平的提高，而且由于收入差距的缩小，有效需求得到提高，为下一阶段的经济发展提供了基础。

从总的趋势来看，经济以“相对公平—相对不公平—相对公平—相对不公平……”的波动性方式运行，居民福利不断增加（无差异曲线向右移动）；经济持续增长（预算线向右移动，尽管有快有慢），人们对于公平的诉求也越来越高（无差异曲线越来越陡峭）。

总之，经济标准与社会标准是收入分配的两个侧面，尽管它们的观察角度不同，但是二者的实现都必须依赖于经济发展。因而，判断收入分配合理与否，必须要考虑我国所处的经济环境和社会环境。在现阶段，由于有效需求相对于生产能力来说略显不足，从经济标准来说，应当缩小居民收入差距以扩大内需；而从社会标准来说，现在的“状态”偏离已经较大，适度地缩小收入差距有利于社会总福利水平的提高。在目前收入分配差距相对较大的情形下，收入分配调节机制作用的重点应当是缩小居民间的收入差距。

延伸分析：缩小居民间的收入差距的方式是多种多样的，从调节的方式来看大体有两类：我们既可以从较富裕的居民那里拿到较多的收入去补贴那些不太富裕的居民，也可以将征收上来的收入直接用于公共物品的投资。从效果来看，两者各有优势和劣势。

根据合理收入分配机制的经济标准，如果我们利用收入分配机制进行财富转移，即将从富人那里得到的收入直接用于补贴不太富裕的人，则有：$C=c_r(Y_r-\Delta Y)+c_p(Y_p+\Delta Y)=c_rY_r+c_pY_p+(c_p-c_r)\Delta Y$。若我们将这部分收入直接用于公共物品的消费，则有$C=c_rY_r+c_pY_p+(1-c_r)\Delta Y$；由于$c_p-c_r<1-c_r$，因而将这部分收入用于公共物品的消费，对于消费的提升作用更明显。

但是，根据合理收入分配机制的社会标准，将这部分财富用于公共物品的支出，可能会造成个体福利的损失，从而造成社会经济福利的损失。如图12所示。

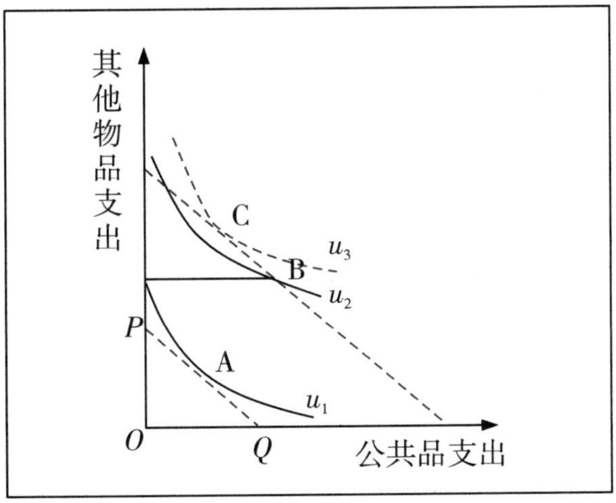

图12　公共物品支出与财富转移对社会经济福利的影响

在政府未进行公共物品的支出前，个体所面对的预算线以PQ表示，只要这部分财富用于公共物品的支出后，预算线就会向外扩展。由于享受了公共物品的服务，简单地提高了社会成员的满意度，福利水平由u_1上的A提高到了u_2上的B。而如果仅是进行财富的转移，社会成员可以通过改变公共物品支出和非公共物品支出的比例来达到福利最大化的目的，此时福利水平会由u_1上的A提高到u_3上的C。

因此，从经济标准来说，公共物品的支出能够更有效地促进消费，但同时也会带来一定的福利损失。而财富转移虽只能部分地促进消费，但不会引起福利的损失。所以，在选择以哪种方式进行收入分配调节时，应视具体情况而定。

二、收入分配流程中效率与公平的视角

从某种程度上说，收入公平指生产要素之间分配的公平性。合理分配指生产要素之间的分配有效率，能够激发各生产要素的潜力和活力，是提高全要素生产率的关键环节之一。因此，我们可以从初次分配和再分配两个阶段，围绕处理好效率和公平关系的问题，探讨收入分配公平合理的标准。

（一）初次分配中效率和公平状态的衡量

1. 生产要素之间初次分配中效率和公平的判断标准

尽管无法通过计算的方式判断生产要素之间分配的公平性，但是，生产要素之间的初次分配是否公平却可以通过各主体的行为选择表现出来。具体来说，归纳为如下几种方式：

一是进行制度规范等形式上的判断。所谓形式上的判断，是指各种有关生产要素收入初次分配的成文法规和制度是否公平。对于分配权利、分配机会、分配规则等是否公平，成文法规和制度能够提供判断的依据。如果成文法规和制度不公正、不平等，那就可以认定分配权利、分配机会、分配规则等是不公平的；相反，就可以认定分配权利、分配机会、分配规则等是公平的。尽管分配权利、分配机会、分配规则等所包括的内容很多，但依据成文法规和制度是能够对公平的总体状态和结构进行客观判断的。

二是通过生产要素进入和退出市场的行为选择来判断初次分配的公平性。在生产要素能够自由选择进入和退出市场的条件下，可以把生产要素进入和退出市场作为分配公平性的判断依据。如果所有种类的生产要素都不断地进入市场，在不考虑再分配的条件下，则可以认为生产要素收入的初次分配具有公平性。如果只是一部分生产要素选择进入市场，而另一些生产要素选择退出市场，则可以认为生产要素收入的初次分配是不公平的。

三是通过生产要素所有者公开的意见表达来判断初次分配的公平性。在生产要素进入和退出市场的行为受到限制或者由于某种因素而被扭曲的条件下，生产要素所有者的意见表达可以作为分配公平性的重要判断依据。如果所有种类的生产要素所有者对收入分配满意度高，都支持现行的分配制度和政策，就可以判断分配是公平的或者是相对公平的；如果只是部分种类的生产要素所有者对收入分配满意，而另一部分种类的生产要素所有者对收入分配不满意，或者所有种类的生产要素所有者都对收入分配不满意，都反对现行的分配制度和政策，就可以判定初次分配是不公平的。

四是通过生产要素所有者运用生产要素的积极性的高低来判断初次分配的公平性。在生产要素所有者不能或者因为种种问题不愿进入和退出市场，不能或者不愿进行公开的意见表达的情况下，生产要素收入初次分配公平与否，可以通过生产要素所有者运用生产要素的积极性的状态反映出来。如果所有种类的生产要素所有者都积极运用其所拥有的生产要素，让生产要素得到充分的利用，则意味着分配是公平的；如果只是部分种类的生产要素所有者具有运用生产要素的积极性，而另一部分种类的生产要素所有者缺乏运用生产要素的积极性，或者所有种类的生产要素所有者运用生产要素的积极性都很低，从而导致要素利用率和利用效率低下，则意味着初次分配是不公平的。

上述几种方法相互补充，从不同的角度和侧面反映生产要素收入初次分配是否公平。就效率而言，一方面要求所有种类的生产要素均应具有高的生产效率和配置效率，另一方面要求所有种类的生产要素的利用都必须实现短期效率和长期效率、微观效率和宏观效率的协调，如果生产要素收入的初次分配导致生产要素的不合理闲置或者过度利用，则意味着初次分配有损于效率。因此，从效率的角度来看，生产要素收入的初次分配所应达到的状态是使全部生产要素都能得到合理而充分的利用。

2. 不同种类生产要素初次分配中效率和公平的考察重点

任何种类的生产要素在其收入初次分配中，无论是分配权利、分配机会、分配条件、分配规则还是分配过程和分配结果等，都应当以高公平性作为追求的目标，但是，公平与否却会影响到经济主体的行为，从而最终会对效率产生影响。因此，无论是劳动力，还是土地、资本、技术、管理以及其他生产要素，在其收入的初次分配中都要考虑其对效率的影响。

就土地、矿物等自然生产要素（自然资源）而言，对效率的考量，不仅要考虑这些生产要素的利用效率、配置效率的高低，还要考虑这些生产要素利用的科学性、合理性和可持续性。土地、矿物等自然生产要素是自然界本身就存在的生产要素，因此，此类要素收入初次分配中分配权利和分配结果的公平是分配公平要关注的核心问题。分配权利公平要关注的核心问题是哪些人有参与分配的权利，分配份额多大；分配结果公平要关注的核心问题是哪些人参与了要素收入的初次分配，他们获得了多大的分配份额。土地、矿物等是自然界赐予人类的生产要素，它们进入生产过程，带来了新的产品，借由它们带来的收入应该由人们分享。

就资本这一生产要素而言，对效率的考量，一是资本的利用效率和配置效率的高低，高效率意味着利用效率和配置效率高；二是资本的数量增长和质量提升的状况，高效率意味着资本积累不断增长，生产率低的资本不断被淘汰，资本质量不断提升。就资本收入初次分配的公平而言，分配权利、分配规则、分配结果的公平都是重要的。从分配权利来看，虽然由于资本的所有制属性不同，不同性质的资本最终获取收入的主体会不同，但只要参与产品生产的资本是合法的，均应享有参加收入分配的权利。从分配规则来看，在资本种类相同的情况下，按资本贡献大小来分配资本收入是公平的。从分配结果来看，资本所得若与其贡献相称，就符合公平原则。

就技术、管理这些种类的生产要素而言，对效率的考量，一方面是它们选择和利用的状况，高效率意味着技术要素、管理要素得到优化选择和充分利用；一方面是它们的创新状况，高效率意味着技术、管理持续和快速的创新，技术水平、管理水平持续和快速的提升。就它们参与初次分配的公平而言，分配权利、分配规则和分配结果的公平与否是应关注的重点。从分配权利来看，技术要素、管理要素均有参与分配的权利，分配规则应该是按贡献分配，分配结果则必须体现分配权利和分配规则。

就劳动力要素来说，主要关注的是劳动力的利用率和劳动效率，高效率意味着高水平的劳动力的利用率和劳动效率。劳动收入初次分配是否公平对劳动力的利用率和劳动效率有着重要影响。对劳动收入初次分配来说，分配条件、分配规则、分配结果的公平都很重要。分配条件不公平，形式上的分配公平会是实质上的分配不公平。公平的分配规则应是按劳分配，但如果分配条件不公平，按分配规则执行的分配结果会是不公平的分配结果，如此肯定会损害效率。因此，必须努力创造公平的分配条件，最终获得公平的分配结果。

（二）再分配中效率和公平状态的衡量

1. 国民收入再分配的公平

国民收入再分配的多个方面都与居民收入密切相关，包括参与国民收入再分配的权利、参与国民收入再分配的条件、获得国民收入再分配的机会、国民收入再分配的规则、国民收入再分配的过程和国民收入再分配的结果等。国民收入再分配结果的公平与国民收入再分配权利、国民收入再分配条件、国民收入再分配机会、国民收入再分配规则、国民收入再分配过程的公平可能一致，也可能不一致，更重要的是，国民收入再分配结果的公平与国民收入再分配权利、国民收入再分配条件、国民收入再分配机会、国民收入再分配规则、国民收入再分配过程的公平各自涉及的是国民收入再分配的不同内容，因此，将国民收入再分配结果的公平等同于国民收入再分配的公平是不合适的。国民收入再分配的公平应该包括国民收入再分配的权利公平、条件公平、机会公平、规则公平、过程公平和结果公平等在内的系统公平的概念，仅有分配结果的公平并不能说再分配就是公平的，仅有分配权利的公平，或者仅有分配条件、分配机会、分配规则、分配过程的公平，也不能说再分配就是公平的。既然国民收入再分配的公平是一个系统公平的概念，那也就意味着不能以国民收入再分配结果公平与否作为判断国民收入再分配公平与否的唯一标准，而应该从国民收入再分配的权利公平、条件公平、机会公平、规则公平、过程公平和结果公平等方面来进行衡量。

在国民收入再分配的权利公平、条件公平、机会公平、规则公平、过程公平和结果公平等方面，各自所反映的是国民收入再分配公平的不同内容，体现的是不同的权利关系，社会既要追求再分配的权利公平、条件公平、机会公平、规则公平、过程公平，也要追求适度的结果公平。

2. 国民收入再分配公平状态的衡量

观察要素供给者的要素供给行为，是衡量国民收入再分配的公平性和公平程度的可行方法，既可以避免人们为了最大限度地增加自身的局部利益而故意扭曲对国民收入再分配公平状态的公开意见表达，又可以在一定程度上纠正人们对国民收入再分配公平状态公开意见表达的自我利益取向。

国民收入再分配如果真正符合公平的内在标准，就应该能够促进要素供给、增加要素供给，因此，通过观察要素供给者的要素供给行为就可以判断国民收入再分配的公平性和公平程度。劳动力要素供给者的劳动积极性越高、资本要素供给者的投资积极性越高，就表明国民收入再分配越公平；反之，则表明国民收入再分配越不公平。当然，要素供给者的要素供给行为并非只是对国民收入再分配的公平性和公平程度的反应，但国民收入再分配决定了要素供给者最终的利益分配格局，因此要素供给者的要素供给行为在很大程度上应是对国民收入再分配的公平性和公平程度的反应。

3. 再分配中效率和公平关系的处理

国民收入再分配以公平为目标，可以通过矫正初次分配的不公平和创造初次分配公平的条件，以及促进社会稳定和政治稳定来促进效率的提高。反过来，效率的提高也是提高再分配公平性的重要条件。也就是说，提高再分配的公平性并非要以牺牲效率为代价，而提高效率也并非要以牺牲公平为代价。

由此，形成如下两点具体判断：第一，基于极端状态的可能出现，再分配必须防止将注重公平视为单纯追求再分配结果的高度平等，或者追求再分配的极度的系统公平，防止将注重效率视为可以无视公平。第二，基于国民收入再分配效率与公平间的可以实现的相互促进、相互制约的关系，再分配既须注重公平，也须注重效率。

三、收入分配状态的判断指标

（一）居民收入增长与经济增长的关系

对居民收入宏观分析方法和指标的研究，首先关注的是居民收入增长和经济增长的关系。这是基于对我国宏观经济运行实际情况的认识。在具体的分析判断中，尤其近年来，对居民收入增长与经济增长关系的宏观分析，主要采用的是总量增长比较和水平增长比较的方法。党的十九大报告明确强调“坚持在经济增长的同时实现居民收入同步增长、在劳动生产率提高的同时实现劳动报酬同步提高”，因此，“两个同步”“两个提高”作为一种判断标准和方法，得到了普遍的采用。

在相关研究中，主要对以下几类指标进行分析。第一，宏观经济指标。主要包括：总量指标，如国内生产总值（GDP）、国民生产总值（GNP）；水平指标，如人均GDP、人均GNP、社会平均劳动生产率；结构指标，如第一、第二、第三产业产值的比重。第二，居民收入分配总量指标。主要包括：劳动者报酬、住户部门收入分配额（初次分配额和最终分配额）和工资总额。第三，居民收入水平指标。主要包括：城镇居民人均可支配收入、农村居民人均纯收入、平均工资、社会平均最低工资标准、社会平均最低生活保障线、社会平均贫困线等。

除了独立指标，还会采用两个独立指标建立的比例类指标进行分析，如采用城镇居民人均可支配收入增长率、农村居民人均纯收入增长率，或银行统计的工资性现金支出额、职工工资总额、职工平均工资增长率与同期国内生产总值增长率进行比较后，根据收入指标高于或低于国内生产总值增长的幅度，作出收入增长是否“过快”的判断结论。但实际上，这是一种以生产增长为最高限度判断居民收入增长合理性的、单一关系对比的分析方法。

（二）居民收入在宏观收入分配中的占比

在宏观收入核算中，参与收入分配的主体分为企业、政府和居民三个部门，三者的收入分配格局是国民经济的重大比例关系之一。资金流量核算结果显示，2015—2016年，居民部门收入在初次分配和再分配环节的占比均有所上升，2017—

2018年，居民部门收入在初次分配和再分配环节的占比出现回落，根据现有资料估算，2019年居民部门收入在宏观收入中的比例或将小幅提高。

国民经济核算中收入分配包括初次分配和再分配两个层次。其中，初次分配收入是指生产活动所创造的价值在参与生产活动的生产要素所有者及政府之间进行分配，生产要素主要包括劳动力、资本、自然资源等。政府部门、企业部门和居民部门的初次分配收入之和等于国民总收入（GNI）。2015年，居民部门初次分配收入为41.5万亿元，占国民总收入的比重达到60.5%，较2014年上升1.1个百分点。2018年，居民部门初次分配收入占国民总收入的比重进一步提升至61.2%，比最高值66.9%（1996年）仍低了5.7个百分点。

2019年，城乡居民收入均有较快增长，按住户调查数据推算的城乡居民劳动者报酬增速明显高于GNI名义增长率。劳动者报酬是居民部门初次分配收入的主体，二者具有很强的相关性。可以推断，2019年居民部门初次分配收入增速也会高于GNI名义增长率，它在国民总收入中的比重将会进一步提高。

收入再分配是在初次分配的基础上，通过经常转移对收入进行再次分配。再分配的结果是形成各个机构部门的可支配收入。通常情况下，再分配环节居民的经常转移净额规模不大，一般只占居民人均可支配收入的1%左右。因此，经常转移只是对居民收入的小幅调整，居民部门在初次分配和再分配环节的占比十分接近。2019年，政府惠及民生的转移支付力度不断加大，城乡居民收入增长较快，居民人均可支配收入的占比有望提高。

（三）劳动者报酬占国民总收入的比重

劳动者报酬指在核算期内劳动者从事生产活动应获得的全部报酬。具体包括两大类：一是劳动者在单位就业获得的劳动报酬，包括工资、奖金、津贴和补贴等，以及单位为员工缴纳的社会保险费、住房公积金和其他各种形式的福利、报酬等；二是个体经济活动中自雇者的劳动报酬，需要基于个体经济收入按一定比例在劳动者报酬和营业盈余之间进行划分。2015年，劳动者报酬达到35.7万亿元，占国民总收入的比重为52.0%，比2014年上升1.1个百分点。2018年，劳动者报酬占国民总收入的比重微降至51.8%，但与2017年相比，还增长了0.2个百分点。根据现有资料推算，2019年劳动者报酬占国民总收入的比重仍会有小幅提高[1]。

（四）收入分配差距指标

收入分配差距指标有基尼系数、恩格尔系数及《中国统计年鉴》发布的住户消费支出相关指标，主要包括“城镇居民按收入五等份分组的消费性支出”“城镇居民按东、中、西部及东北地区分组的消费性支出”“农村居民按收入五等份分组的家庭基本情况——人均消费情况”“农村居民按东、中、西、东北地区分组的家庭基本情况——人均消费情况”等。

基尼系数是意大利经济学家基尼于1912年根据洛伦兹曲线提出的。基尼系数是用来衡量居民收入差距的常用指标。基尼系数在0～1之间，系数越大，说明居民收入差距越大。近年来，我国的基尼系数总体上呈现下降趋势，从2008年的0.491下降到2016年的0.465，但是2017年以来，基尼系数仍然超过0.4。城乡、区域、不同群体之间的居民收入差距依然较大。

恩格尔系数是应用较为广泛的测量贫富程度的指标。该指标基于“食品消费支出是家庭消费总支出中不可或缺的组成部分”这一理念，具体是指家庭用于食品消费的支出占家庭消费总支出的比重。恩格尔系数的取值范围在0～1之间。系数越大表明家庭越贫困，而系数越小说明家庭越富有。恩格尔系数作为经常性统计指标在国家统计年鉴上定期发布。该指标按城镇居民家庭恩格尔系数和农村居民家庭恩格尔系数分别统计；我国还统计“按收入五等份分组的农村居民家庭恩格尔系数”和“分地区分组农村居民家庭恩格尔系数”。

此外，国家统计局每年定期公布当年按收入五等份分组及按东、中、西部及东北地区分组的城镇（农村）消费性支出指标数据。一是城镇（农村）居民按收入五等份分组的消费性支出指标数据将城镇（农村）居民按照调查（纯）收入总额从低

[1] 张车伟、赵文：《国民收入分配形势分析及建议》，《经济学动态》2020年第6期。

到高排序，平均分为低收入组、中间偏下收入组、中间收入组、中间偏上收入组及高收入组五个等级，分别从食品、衣着、居住、生活用品及服务、医疗保健、交通通信、教育文化娱乐和其他用品及服务等八个方面进行数据测算。该指标反映了城镇（农村）居民因不同收入等级而产生的消费水平差异。二是城镇（农村）居民按东、中、西部及东北地区分组的消费性支出指标数据将全国划分为东部、中部、西部及东北部四大区域，分别从食品、衣着、居住、生活用品及服务、医疗保健、交通通信、教育文化娱乐和其他用品及服务等八个方面进行数据测算。该指标是从消费支出角度，反映了居民因所在地区不同而产生的收入分配差异。

CHAPTER 4

第四章

现状与实证

第一节

城乡居民收入增长及结构变化

一、全国居民收入增长及结构变化

（一）全国居民收入增长状况

2019年，全国居民人均可支配收入30733.0元，比2018年增长8.9%，扣除价格因素，实际增长5.8%。2013—2019年，全国居民人均可支配收入稳定增长，由18310.8元增长至30733.0元，名义增长67.8%，但整体来看每年增速呈下降趋势，如表4所示，2019年较2013年名义增速和实际增速分别下降2.0个百分点和2.3个百分点。显然，这和我国经济新常态下经济从高速增长转为中高速增长直接相关。

表4 2013—2019年全国居民人均可支配收入及其增速

年份	人均可支配收入/元	名义增速/%	实际增速/%
2013	18310.8	10.9	8.1
2014	20167.1	10.1	8.0
2015	21966.2	8.9	7.4
2016	23821.0	8.4	6.3
2017	25973.8	9.0	7.3
2018	28228.0	8.7	6.5
2019	30733.0	8.9	5.8

数据来源：《中国住户调查年鉴2019》和《中华人民共和国2019年国民经济和社会发展统计公报》。

（二）全国居民收入中各项收入增长情况

依据可得的最新统计数据，就最近几年来居民收入各组成部分增长情况进行分析，详细数据如表5所示。

表5 2013—2018年全国居民人均可支配收入来源及其增速

年份	可支配收入		工资性收入		经营净收入		财产净收入		转移净收入	
	金额/元	增速/%	金额/元	增速/%	金额/元	增速/%	金额/元	增速/%	金额/元	增速/%
2013	18310.8	—	10410.8	—	3434.7	—	1423.3	—	3042.1	—
2014	20167.1	10.1	11420.6	9.7	3732.0	8.7	1587.8	11.6	3426.8	12.6
2015	21966.2	8.9	12459.0	9.1	3955.6	6.0	1739.6	9.6	3811.9	11.2
2016	23821.0	8.4	13455.2	8.0	4217.7	6.6	1889.0	8.6	4259.1	11.7
2017	25973.8	9.0	14620.3	8.7	4501.8	6.7	2107.4	11.6	4744.3	11.4
2018	28228.0	8.7	15829.0	8.3	4852.4	7.8	2378.5	12.9	5168.1	8.9

数据来源：《中国统计年鉴2019》。

工资性收入。2018年全国居民人均工资性收入为15829.0元，较2013年增长52.0%，较2017年增长8.3%；增速较2014年下降1.4个百分点，较2017年下降0.4个百分点；占人均可支配收入的比重为56.1%，较2013年下降0.8个百分点，较2017年下降0.2个百分点。

经营净收入。2018年全国居民人均经营净收入为4852.4元，较2013年增长41.3%，较2017年增长7.8%；增速较2014年下降0.9个百分点，较2017年上升1.1个百分点；占人均可支配收入的比重为17.2%，较2013年下降1.6个百分点，较2017年下降0.1个百分点。

财产净收入。2018年全国居民人均财产净收入为2378.5元，较2013年增长67.1%，较2017年增长12.9%；增速较2014年和2017年均上升1.3个百分点；占人均可支配收入的比重为8.4%，较2013年上升0.6个百分点，较2017年上升0.3个百分点。

转移净收入。2018年全国居民人均转移净收入为5168.1元，较2013年增长69.9%，较2017年增长8.9%；增速较2014年下降3.7个百分点，较2017年下降2.5个百分点；占人均可支配收入的比重为18.31%，较2013年上升1.7个百分点，较2017年上升0.04个百分点。

2013年以来，全国居民人均可支配收入中各项收入均呈增长趋势，2018年人均可支配收入中各项收入——工资性收入、经营净收入、财产净收入和转移净收入相较2013年均呈增长态势，增幅最大的是转移净收入，较2013年增长69.9%。各项收入增速相较2014年除财产净收入上升1.3个百分点外，其余均有所下降，如表5所示。从收入来源看，工资性收入是全国居民人均可支配收入最主要的来源，财产净收入在全国居民人均可支配收入中占比最低。全国居民人均可支配收入来源变化表现为：工资性收入和经营净收入占比均有所下降，财产净收入和转移净收入均有所提高，如表6所示。

表6　2013—2018年全国居民人均可支配收入来源占比

年份	可支配收入		工资性收入		经营净收入		财产净收入		转移净收入	
	金额/元	比重/%	金额/元	比重/%	金额/元	比重/%	金额/元	比重/%	金额/元	比重/%
2013	18310.8	100	10410.8	56.9	3434.7	18.8	1423.3	7.8	3042.1	16.61
2014	20167.1	100	11420.6	56.6	3732.0	18.5	1587.8	7.9	3426.8	16.99
2015	21966.2	100	12459.0	56.7	3955.6	18.0	1739.6	7.9	3811.9	17.35
2016	23821.0	100	13455.2	56.5	4217.7	17.7	1889.0	7.9	4259.1	17.88
2017	25973.8	100	14620.3	56.3	4501.8	17.3	2107.4	8.1	4744.3	18.27
2018	28228.0	100	15829.0	56.1	4852.4	17.2	2378.5	8.4	5168.1	18.31

数据来源：《中国统计年鉴2019》。

（三）全国居民可支配收入增长与GDP增长

将2013年以来居民可支配收入与GDP的名义增长率进行比较可以看到，如图13所示，2013—2019年居民可支配收入名义增长率和GDP名义增长率基本保持同步增长态势，2013—2016年居民可支配收入名义增长率略高于GDP名义增长率，2017—2019年GDP名义增长率略高于居民可支配收入名义增长率。总体来看，我国居民收入与经济基本保持了同步增长的态势。

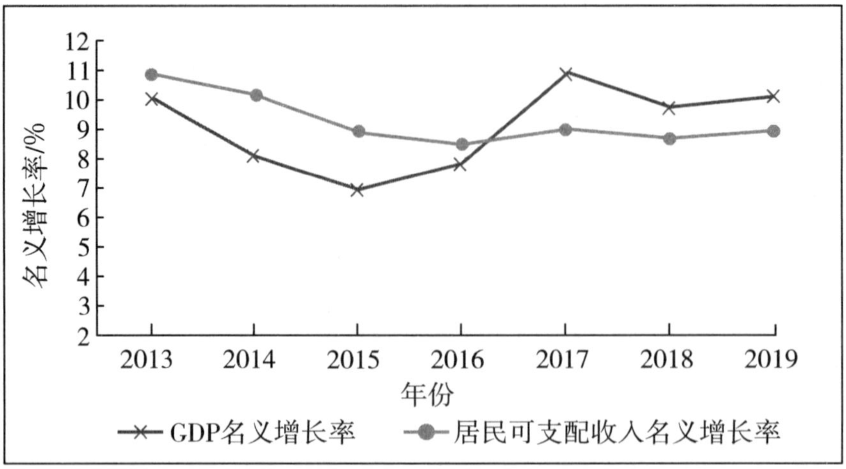

图13 2013—2019年我国GDP名义增长率、居民可支配收入名义增长率比较[1]

数据来源：《中国统计年鉴2019》和《中华人民共和国2019年国民经济和社会发展统计公报》。

（四）劳动者报酬占国民总收入的比重有所提高

劳动者报酬是指劳动者从事生产活动应该获得的全部报酬，包括两大类：一是劳动者在单位就业获得的劳动报酬，如工资、奖金、津贴和补贴等，以及单位为员工缴纳的社会保险费、住房公积金和其他各种形式的福利、报酬等；二是个体经济活动中自雇者的劳动报酬，需要基于个体经济收入按一定比例在劳动者报酬和营业盈余之间进行划分。

如图14所示，2013—2016年劳动者报酬占国民收入的比重连续上升，由2013年的50.25%上升至2016年的52.05%，提高了1.8个百分点，2017—2018年有所回落，2018年较2016年回落0.3个百分点，较2013年上升1.5个百分点。劳动者报酬是居民收入的主要来源，占居民可支配收入的比重超过80%，因此，劳动者报酬的提高有利于提高居民收入比重，改善收入分配格局。

[1] 《中华人民共和国2019年国民经济和社会发展公报》GDP增长速度是按照不变价格计算的实际经济增长率，本图数据是按照当年价格计算的名义增长率。

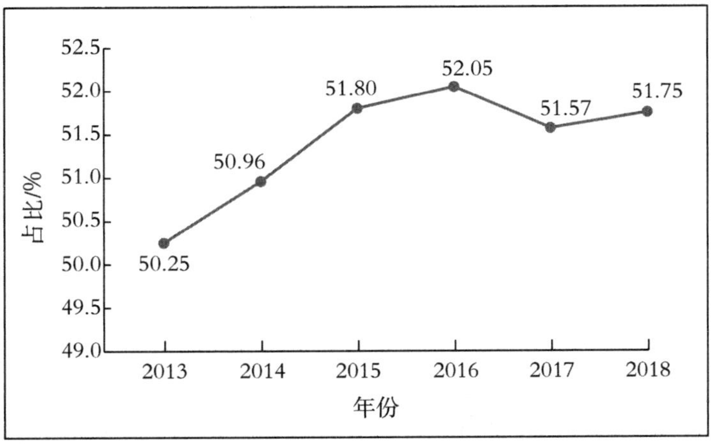

图14　2013—2018年劳动者报酬占国民总收入的比重

数据来源：张车伟、赵文：《国民收入分配形势分析及建议》宽口径核算。

（五）全员劳动生产率与劳动报酬

全员劳动生产率用名义GDP值与就业人数的比值表示，劳动报酬用城镇非私营单位就业人员平均工资表示。如图15所示，2013—2019年我国全员劳动生产率保持稳步提升，分别达到了77031元/人、83306元/人、88941元/人、96181元/人、107166元/人、118485元/人和127901元/人；城镇非私营单位就业人员平均工资在2013—2019年也实现了较大幅度的增长，分别为51483元、56360元、62029元、67569元、74318元、82413元和90501元。可以看出，在劳动生产率稳步提高的同时，城镇非私营单位就业人员劳动报酬也实现了较大程度的增长，劳动生产率与劳动报酬实现了同步提升。

图15　2013—2019年我国全员劳动生产率与城镇非私营单位就业人员平均工资

数据来源：《中国统计年鉴2020》和《中华人民共和国2019年国民经济和社会发展统计公报》。

二、城镇居民收入增长及结构变化

（一）城镇居民收入增长状况

如表7所示，2018年，全国城镇居民人均可支配收入为39250.8元，比上年名义增长7.8%，扣除价格因素，实际增长5.6%，分别比上年回落0.5个百分点和0.9个百分点。2013—2018年，全国城镇居民人均可支配收入稳定增长，由26467.0元增长至39250.8元，名义增长48.3%，实际增长35.0%，但是整体看来每年增速呈下降趋势，2018年较2013年名义增速和实际增速分别下降1.9个百分点和1.4个百分点。

表7　2013—2018年城镇居民人均可支配收入及其增速

年份	城镇居民人均可支配收入/元	名义增速/%	实际增速/%
2013	26467.0	9.7	7.0
2014	28843.9	9.0	6.8
2015	31194.8	8.2	6.6
2016	33616.2	7.8	5.6

（续表）

年份	城镇居民人均可支配收入/元	名义增速/%	实际增速/%
2017	36396.2	8.3	6.5
2018	39250.8	7.8	5.6

数据来源：《中国住户调查年鉴2019》。

（二）城镇居民各项收入增长情况

如表8、表9所示，城镇居民各项收入中，2018年，人均工资性收入为23792.2元，较2013年增长43.2%，占人均可支配收入的比重为60.6%，较2013年下降2.2个百分点；人均经营净收入4442.6元，较2013年增长49.3%，占人均可支配收入的比重为11.3%，较2013年提高0.1个百分点；人均财产净收入4027.7元，较2013年增长57.9%，占人均可支配收入的比重为10.3%，较2013年提高0.7个百分点；人均转移净收入6988.3元，较2013年增长61.7%，占人均可支配收入的比重为17.8%，较2013年提高1.5个百分点。

表8　2013—2018年城镇居民人均可支配收入来源及其增速

年份	可支配收入		工资性收入		经营净收入		财产净收入		转移净收入	
	金额/元	增速/%	金额/元	增速/%	金额/元	增速/%	金额/元	增速/%	金额/元	增速/%
2013	26467.0	—	16617.4	—	2975.3	—	2551.5	—	4322.8	—
2014	28843.9	9.0	17936.8	7.9	3279.0	10.2	2812.1	10.2	4815.9	11.4
2015	31194.8	8.2	19337.1	7.8	3476.1	6.0	3041.9	8.2	5339.7	10.9
2016	33616.2	7.8	20665.0	6.9	3770.1	8.5	3271.3	7.5	5909.8	10.7
2017	36396.2	8.3	22200.9	7.4	4064.7	7.8	3606.9	10.3	6523.6	10.4
2018	39250.8	7.8	23792.2	7.2	4442.6	9.3	4027.7	11.7	6988.3	7.1

数据来源：《中国统计年鉴2019》。

表9　2013—2018年城镇居民人均可支配收入来源占比

年份	可支配收入		工资性收入		经营净收入		财产净收入		转移净收入	
	金额/元	比重/%	金额/元	比重/%	金额/元	比重/%	金额/元	比重/%	金额/元	比重/%
2013	26467.0	100	16617.4	62.8	2975.3	11.2	2551.5	9.6	4322.8	16.3
2014	28843.9	100	17936.8	62.2	3279.0	11.4	2812.1	9.7	4815.9	16.7
2015	31194.8	100	19337.1	62.0	3476.1	11.1	3041.9	9.8	5339.7	17.1
2016	33616.2	100	20665.0	61.5	3770.1	11.2	3271.3	9.7	5909.8	17.6
2017	36396.2	100	22200.9	61.0	4064.7	11.2	3606.9	9.9	6523.6	17.9
2018	39250.8	100	23792.2	60.6	4442.6	11.3	4027.7	10.3	6988.3	17.8

数据来源：《中国统计年鉴2019》。

（三）各项收入来源对城镇居民增收的贡献

如表10所示，城镇居民人均可支配收入中，2013—2018年人均工资性收入增加7174.8元，拉动城镇居民人均可支配收入增长27.1个百分点，是城镇居民收入增长的主要拉动力量，增收贡献率为56.1%；人均经营净收入增加1467.3元，拉动城镇居民人均可支配收入增长5.5个百分点，增收贡献率为11.5%；人均财产净收入增加1476.2元，拉动城镇居民人均可支配收入增长5.6个百分点，增收贡献率为11.6%；人均转移净收入增加2665.5元，拉动城镇居民人均可支配收入增长10.1个百分点，增收贡献率为20.9%。

表10　2013—2018年城镇居民人均可支配收入中各项收入来源增长及贡献率

年份	可支配收入		工资性收入		经营净收入		财产净收入		转移净收入	
	水平/元	增长/元	增长/元	贡献率/%	增长/元	贡献率/%	增长/元	贡献率/%	增长/元	贡献率/%
2013	26467.0	—	—	—	—	—	—	—	—	—
2014	28843.9	2376.8	1319.4	55.5	303.6	12.8	260.6	11.0	493.2	20.8
2015	31194.8	2350.9	1400.3	59.6	197.1	8.4	229.8	9.8	523.8	22.3
2016	33616.2	2421.4	1327.9	54.8	294.0	12.1	229.4	9.5	570.1	23.5
2017	36396.2	2780.0	1535.9	55.3	294.6	10.6	335.5	12.1	613.8	22.1
2018	39250.8	2854.6	1591.3	55.7	377.9	13.2	420.9	14.7	464.6	16.3

数据来源：《中国统计年鉴2019》。

三、农村居民收入增长及结构变化

（一）农村居民收入增长状况

如表11所示，2013—2018年，全国农村居民人均可支配收入呈增长趋势，由9429.6元增长至14617.0元，名义增长55.0%，实际增长42.6%，但整体来看每年增速呈下降趋势，2018年农村居民人均可支配收入的名义增速和实际增速分别比2013年下降3.6个百分点和2.7个百分点。

表11　2013—2018年农村居民人均可支配收入及其增速

年份	农村居民人均可支配收入/元	名义增速/%	实际增速/%
2013	9429.6	12.4	9.3
2014	10488.9	11.2	9.2
2015	11421.7	8.9	7.5
2016	12363.4	8.2	6.2
2017	13432.4	8.6	7.3
2018	14617.0	8.8	6.6

数据来源：《中国住户调查年鉴2019》。

（二）农村居民各项收入增长情况

如表12、表13所示，农村居民各项收入中，2018年，人均工资性收入为5996.1元，较2013年增长64.2%，占人均可支配收入的比重为41.0%，较2013年上升2.3个百分点；人均经营净收入为5358.4元，较2013年增长36.2%，占人均可支配收入的比重为36.7%，较2013年降低5个百分点；人均财产净收入为342.1元，较2013年增长75.7%，占人均可支配收入的比重为2.3%，较2013年上升0.2个百分点；人均转移净收入为2920.5元，较2013年增长77.3%，占人均可支配收入的比重为20.0%，较2013年上升2.5个百分点。

表12　2013—2018年农村居民人均可支配收入来源及其增速

年份	可支配收入		工资性收入		经营净收入		财产净收入		转移净收入	
	金额/元	增速/%	金额/元	增速/%	金额/元	增速/%	金额/元	增速/%	金额/元	增速/%
2013	9429.6	—	3652.5	—	3934.9	—	194.7	—	1647.5	—
2014	10488.9	11.2	4152.2	13.7	4237.4	7.7	222.1	14.1	1877.2	13.9

（续表）

年份	可支配收入		工资性收入		经营净收入		财产净收入		转移净收入	
	金额/元	增速/%	金额/元	增速/%	金额/元	增速/%	金额/元	增速/%	金额/元	增速/%
2015	11421.7	8.9	4600.3	10.8	4503.6	6.3	251.5	13.3	2066.3	10.1
2016	12363.4	8.2	5021.8	9.2	4741.3	5.3	272.1	8.2	2328.2	12.7
2017	13432.4	8.6	5498.4	9.5	5027.8	6.0	303.0	11.4	2603.2	11.8
2018	14617.0	8.8	5996.1	9.1	5358.4	6.6	342.1	12.9	2920.5	12.2

数据来源：《中国统计年鉴2019》。

表13　2013—2018年农村居民人均可支配收入来源占比

年份	可支配收入		工资性收入		经营净收入		财产净收入		转移净收入	
	金额/元	比重/%	金额/元	比重/%	金额/元	比重/%	金额/元	比重/%	金额/元	比重/%
2013	9429.6	100	3652.5	38.7	3934.9	41.7	194.7	2.1	1647.5	17.5
2014	10488.9	100	4152.2	39.6	4237.4	40.4	222.1	2.1	1877.2	17.9
2015	11421.7	100	4600.3	40.3	4503.6	39.4	251.5	2.2	2066.3	18.1
2016	12363.4	100	5021.8	40.6	4741.3	38.3	272.1	2.2	2328.2	18.8
2017	13432.4	100	5498.4	40.9	5027.8	37.4	303.0	2.3	2603.2	19.4
2018	14617.0	100	5996.1	41.0	5358.4	36.7	342.1	2.3	2920.5	20.0

数据来源：《中国统计年鉴2019》。

（三）各项收入来源对农村居民增收的贡献

如表14所示，农村居民人均可支配收入中，2013—2018年人均工资性收入增加2343.6元，拉动农村居民人均可支配收入增长24.9个百分点，是农村居民收入增长的主要拉动力量，增收贡献率为45.2%；人均经营净收入增加1423.5元，拉动农村居民人均可支配收入增长15.1个百分点，增收贡献率为27.4%；人均财产净收入增加147.4元，拉动农村居民人均可支配收入增长1.6个百分点，增收贡献率为2.8%；人均转移净收入增加1272元，拉动农村居民人均可支配收入增长13.5个百分点，增收贡献率为24.5%。

表14　2013—2018年农村居民人均可支配收入中各项收入来源增长及贡献率

年份	可支配收入		工资性收入		经营净收入		财产净收入		转移净收入	
	金额/元	增长/元	增长/元	贡献率/%	增长/元	贡献率/%	增长/元	贡献率/%	增长/元	贡献率/%
2013	9429.6	—	—	—	—	—	—	—	—	—
2014	10488.9	1059.3	499.7	47.2	302.5	28.6	27.4	2.6	229.7	21.7
2015	11421.7	932.8	448.1	48.0	266.2	28.5	29.5	3.2	189.1	20.3
2016	12363.4	941.7	421.5	44.8	237.7	25.2	20.5	2.2	261.9	27.8
2017	13432.4	1069.0	476.6	44.6	286.5	26.8	30.9	2.9	275.0	25.7
2018	14617.0	1184.6	497.7	42.0	330.6	27.9	39.1	3.3	317.2	26.8

数据来源：《中国统计年鉴2019》。

第二节

收入差距发展变化及相关分析

一、全国居民收入差距发展变化及特点

（一）以高低收入分组反映——全国居民高低收入相对收入差距有所缩小

如表15所示，从全国居民人均可支配收入五等份分组数据看，2019年低收入组收入水平增速为14.6%，较2014年上升了6.8个百分点；中间偏下收入组收入增速为9.9%，较2014年下降2.9个百分点；中间收入组收入增速为8.0%，较2014年下降4.3个百分点；中间偏上收入组收入增速为7.6%，较2014年下降3.0个百分点；高收入组收入增速为8.2%，较2014年上升0.8个百分点。2019年高收入组、低收入组全国居民人均可支配收入之比为10.35，较2013年下降0.43，全国居民高收入组、低收入组相对收入差距有所缩小。

表15　2013—2019年不同收入组全国居民人均可支配收入差距变化

年份	低收入组		中间偏下收入组		中间收入组		中间偏上收入组		高收入组		高收入组/低收入组
	收入/元	增速/%	收入/元	增速/%	收入/元	增速/%	收入/元	增速/%	收入/元	增速/%	
2013	4402.4	—	9653.7	—	15698.0	—	24361.2	—	47456.6	—	10.78
2014	4747.3	7.8	10887.4	12.8	17631.0	12.3	26937.4	10.6	50968.0	7.4	10.74
2015	5221.2	10.0	11894.0	9.2	19320.1	9.6	29437.6	9.3	54543.5	7.0	10.45
2016	5528.7	5.9	12898.9	8.4	20924.4	8.3	31990.4	8.7	59259.5	8.6	10.72
2017	5958.4	7.8	13842.8	7.3	22495.3	7.5	34546.8	8.0	64934.0	9.6	10.90
2018	6440.5	8.1	14360.5	3.7	23188.9	3.1	36471.4	5.6	70639.5	8.8	10.97
2019	7380.4	14.6	15777.0	9.9	25034.7	8.0	39230.5	7.6	76400.7	8.2	10.35

数据来源：《中国统计年鉴2020》。

（二）全国居民收入差距指数[1]和基尼系数

2013—2018年全国居民收入差距指数和基尼系数显示，我国居民收入差距先下降后上升，如图16所示。2013—2018年全国居民收入差距指数分别为1.171、1.148、1.139、1.141、1.159和1.160，2013—2015年连续下降，两年下降了0.032，2016—2018年逆转上升，两年上升了0.019，2019年略有回落。2013—2018年基尼系数分别为0.473 、0.469 、0.462 、0.465、0.467和 0.468，2013—2015年呈下降趋势，下降了0.011，2016—2018年又开始微弱上升，上升了0.003。

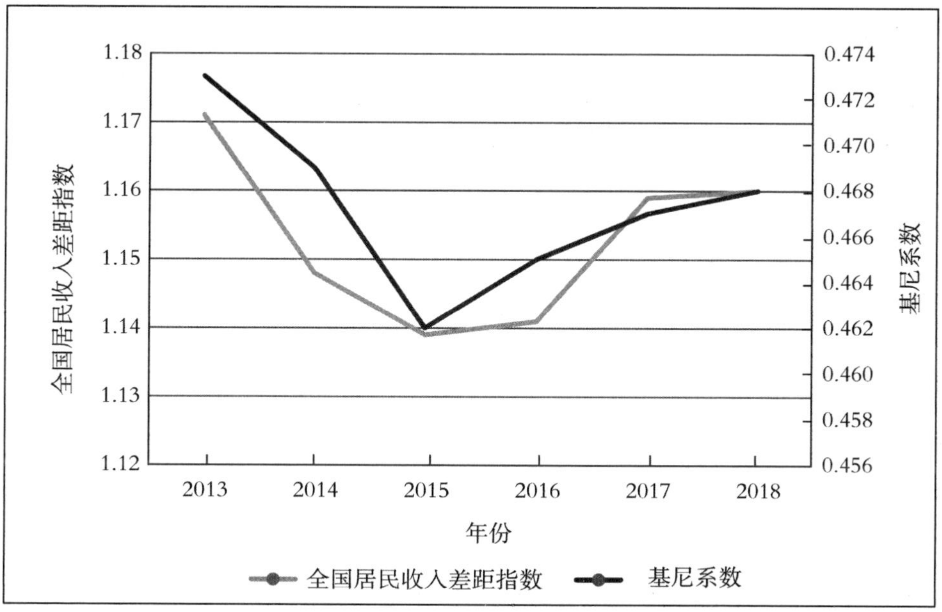

图16　2013—2018年全国居民收入差距指数和基尼系数

数据来源：国家统计局和《中国住户调查年鉴2019》。

二、城镇居民收入差距状况

（一）城镇居民高收入组、低收入组间收入差距有所扩大

从城镇居民人均可支配收入五等份分组数据看（见表16），2013—2018年城镇居民除高收入组收入增速总体上升外，其余收入组收入增速总体下降。2018年

[1]　居民收入差距指数由居民可支配收入平均数除以中位数计算得出。

低收入组收入增速为4.8%，较2014年下降8.6个百分点；中间偏下收入组收入增速为1.3%，较2014年下降10.2个百分点；中间收入组收入增速为4.2%，较2014年下降6.1个百分点；中间偏上收入组收入增速为8.9%，较2014年增速下降0.4个百分点，但是自2015年开始该组收入水平总体是提高的，较2015年上升0.6个百分点；高收入组收入增速为10.1%，较2014年上升3.4个百分点。2018年高收入组、低收入组城镇居民人均可支配收入之比为5.90，较2013年上升了0.06，较2015年上升了0.58，相对差距有所扩大。从不同收入组收入的平均增速看，低收入组、中间偏下收入组和中间收入组收入增速低于中间偏上收入组和高收入租收入增速。

表16　2013—2018年不同收入组城镇居民人均可支配收入差距变化

年份	低收入组		中间偏下收入组		中间收入组		中间偏上收入组		高收入组		高收入组/低收入组
	收入/元	增速/%	收入/元	增速/%	收入/元	增速/%	收入/元	增速/%	收入/元	增速/%	
2013	9896	—	17628	—	24173	—	32614	—	57762	—	5.84
2014	11219	13.4	19651	11.5	26651	10.3	35631	9.3	61615	6.7	5.49
2015	12231	9.0	21446	9.1	29105	9.2	38572	8.3	65082	5.6	5.32
2016	13004	6.3	23055	7.5	31522	8.3	41806	8.4	70348	8.1	5.41
2017	13723	5.5	24550	6.5	33781	7.2	45163	8.0	77097	9.6	5.62
2018	14387	4.8	24857	1.3	35196	4.2	49174	8.9	84907	10.1	5.90
2013—2018	—	7.8	—	7.2	—	7.8	—	8.6	—	8.0	—

数据来源：《中国统计年鉴2019》。

（二）城镇居民收入差距先缩小后增大

如图17所示，2013—2018年，城镇居民收入差距先缩小后增大。城镇居民收入差距指数从2013年的1.094下降到2016年的1.065，2018年又提高到1.078。与之对应的是高收入组、低收入组城镇居民人均可支配收入之比，从2013年的5.84下降到2015年的5.32，2018年又提高到5.90。城镇居民收入差距指数和高收入组、低收入组城镇居民人均可支配收入之比均显示，2013—2018年，城镇居民收入差距先缩小后增大，其中缩小区间大致为2013—2015年，增大区间大致为2016—2018年。

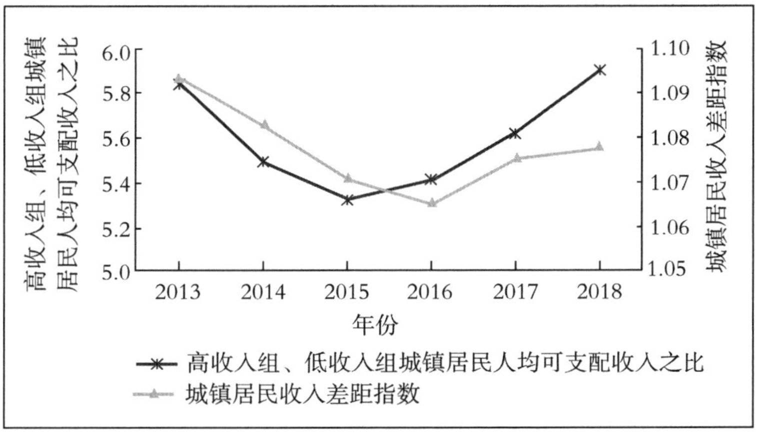

图17　城镇居民收入差距变化

数据来源：国家统计局

三、农村居民收入差距状况

（一）农村居民高收入组、低收入组相对收入差距有所缩小

如表17所示，从农村居民人均可支配收入五等份分组数据看，2013—2018年农村居民除低收入组收入增速整体上升外，其余收入组收入增速总体有所回落。2018年低收入组收入增速为11.0%，较2014年上升14.8个百分点，低收入组收入变动幅度很大，2014年增速为负，2015年增速为11.5%，2016年增速再次急转为负，2017—2018年增速持续提高；2018年中间偏下收入组增速为1.9%，较2014年下降8.8个百分点；2018年中间收入组收入增速为4.6%，较2014年下降8个百分点；2018年中间偏上收入组收入增速为6.5%，较2014年下降7.3个百分点；2018年高收入组收入增速为8.8%，较2014年下降3.5个百分点。2018年高收入组、低收入组农村居民人均可支配收入之比为9.29，较2013年提高了1.88，但是较2017年下降了0.19，高收入组、低收入组相对收入差距有所缩小。尽管2017—2018年低收入组收入增速有了快速提高，但从不同收入组收入平均增速看，低收入组、中间偏下收入组和中间收入组增速低于中间偏上收入组和高收入组。

表17　2013—2018年不同收入组农村居民人均可支配收入差距变化

年份	低收入组		中间偏下收入组		中间收入组		中间偏上收入组		高收入组		高收入组/低收入组
	收入/元	增速/%	收入/元	增速/%	收入/元	增速/%	收入/元	增速/%	收入/元	增速/%	
2013	2877.9	—	5965.6	—	8438.3	—	11816.0	—	21323.7	—	7.41
2014	2768.1	−3.8	6604.4	10.7	9503.9	12.6	13449.2	13.8	23947.4	12.3	8.65
2015	3085.6	11.5	7220.9	9.3	10310.6	8.5	14537.3	8.1	26013.9	8.6	8.43
2016	3006.5	−2.6	7827.7	8.4	11159.1	8.2	15727.4	8.2	28448.0	9.4	9.46
2017	3301.9	9.8	8348.6	6.7	11978.0	7.3	16943.6	7.7	31299.3	10.0	9.48
2018	3666.2	11.0	8508.5	1.9	12530.2	4.6	18051.5	6.5	34042.6	8.8	9.29
2013—2018	—	5.2	—	7.4	—	8.2	—	8.9	—	9.9	—

数据来源：《中国统计年鉴2019》。

（二）农村居民收入差距指数先下降后波动上升

如图18所示，农村居民收入差距指数从2013年的1.193陡然下降至2014年的1.104，2014—2018年总体呈波动上升趋势，2015年该指数为1.110，较2014年上升0.006，2016年该指数为1.109，较2015年回落0.001，2017年该指数为1.122，较

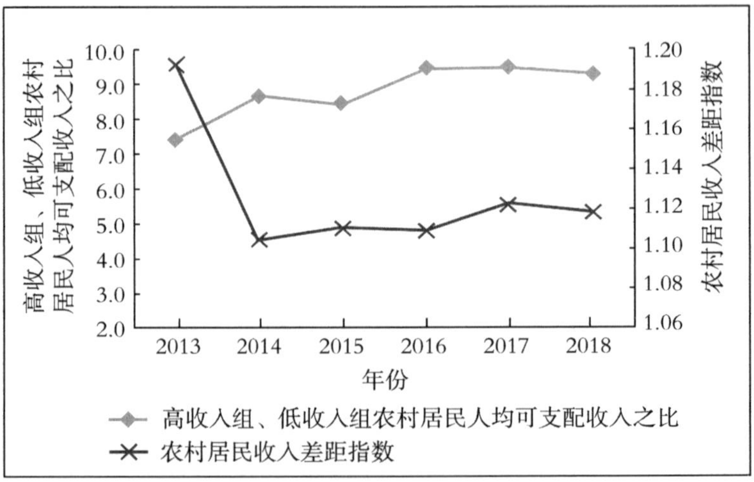

图18　2013—2018年农村居民收入差距变化

数据来源：国家统计局。

2016年上升0.013，2018年该指数为1.119，较2017年回落0.003，呈波动式上升。

四、城乡居民收入差距状况

（一）农村居民收入差距大于城镇居民收入差距

如表18所示，从2013—2018年城乡居民高收入组、低收入组人均可支配收入之比和城乡居民收入差距指数可以看出，农村居民收入差距大于城镇居民收入差距。城镇居民高收入组、低收入组人均可支配收入之比波动范围在5.321～5.902之间，最大波动幅度为0.581，而农村居民高收入组、低收入组人均可支配收入之比波动范围在7.409～9.479之间，最大波动幅度为2.070。2013—2018年城镇居民高收入组、低收入组人均可支配收入之比的平均值为5.597，农村居民高收入组、低收入组人均可支配收入之比的平均值为8.786。2013—2018年城镇居民收入差距指数平均数为1.078，而农村居民收入差距指数平均数为1.126。

表18　2013—2018年城乡居民高收入组、低收入组人均可支配收入之比与收入差距指数

年份	居民高收入组、低收入组人均可支配收入之比		居民收入差距指数	
	城镇	农村	城镇	农村
2013	5.837	7.409	1.094	1.193
2014	5.492	8.651	1.083	1.104
2015	5.321	8.431	1.071	1.110
2016	5.410	9.462	1.065	1.109
2017	5.618	9.479	1.076	1.122
2018	5.902	9.286	1.078	1.119

数据来源：国家统计局。

（二）城乡居民收入差距有所缩小

如图19所示，从2013—2019年城乡居民人均可支配收入之比和城乡居民人均可支配收入中位数之比走势可以看出，城乡居民收入差距有所缩小。城乡居民人均可支配收入之比由2013年的2.807下降到2019年的2.644，降低了0.163，下降5.8%；城

乡居民人均可支配收入中位数之比由2013年的3.061下降到2019年的2.727，降低了0.334，下降10.9%。

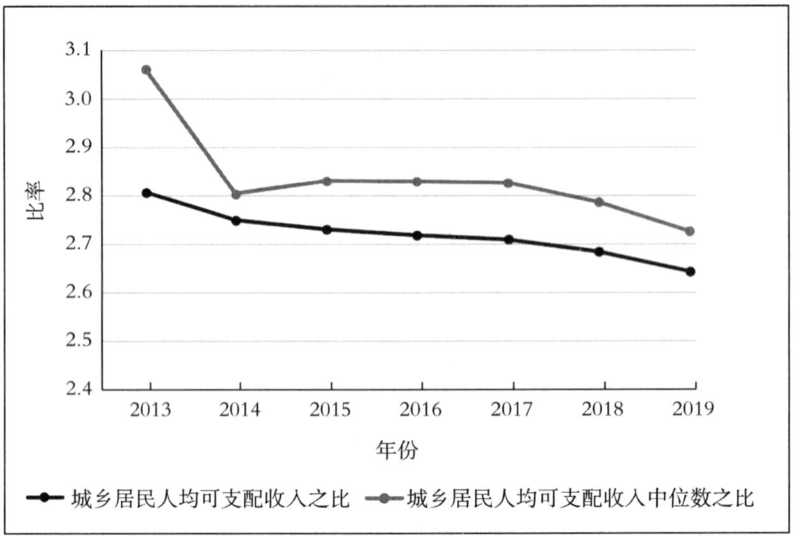

图19　2013—2019年城乡居民人均可支配收入之比和城乡居民人均可支配收入中位数之比

数据来源：国家统计局。

（三）城乡居民收入差距的另一个视角——务农与务工的收入差距

从上述城乡居民人均可支配收入之比和城乡居民人均可支配收入中位数之比看，城乡居民收入的相对差距在缩小，但绝对差距在扩大。城乡居民人均可支配收入之比由2013年的2.807下降到2019年的2.644，但人均可支配收入的绝对差距却由2013年的17037元/年，扩大到2019年的26338元/年；并且相对差距缩小主要是因为进城务工收入的快速增长，而不是务农收入的增长。如表19所示，2016—2018年稻谷、小麦和玉米三大主粮的净利润为负值，分别为-80.30元/亩（1亩≈666.7平方米）、-12.50元/亩和-85.60元/亩，即使将成本中“家庭用工折价”去掉，每亩收益也只有328.30元、381.40元和298.10元。而相比之下，农民工平均工资分别为3275元/月、3485元/月、3721元/月，农民工一个家庭种一年地的收入，还不如一个人在外打工一个月的工资收入。

表19　2013—2018年稻谷、小麦、玉米三大主粮净利润与农民工月平均工资

年份	净利润/（元·亩$^{-1}$）	家庭用工折价/（元·年$^{-1}$）	去掉家庭用工折价后的利润/（元·亩$^{-1}$）	农民工月平均工资/（元·月$^{-1}$）
2013	72.94	397.32	470.26	2609
2014	124.78	414.18	538.96	2864
2015	19.55	415.74	435.29	3072
2016	−80.30	408.60	328.30	3275
2017	−12.50	393.90	381.40	3485
2018	−85.60	383.70	298.10	3721

数据来源：《中国农村统计年鉴2019》。

总的来看，党的十八大以来，在共享发展理念的价值引领下，我国宏观收入分配格局进一步改善，全国居民收入实现较快增长，其中农村居民人均可支配收入增速快于城镇居民，城乡居民收入差距有所缩小。在实现“两个同步”和“两个提高”的目标方面取得了显著成效：劳动生产率稳步提高的同时，城镇单位就业人员的劳动报酬也实现了较快增长，劳动生产率提高与劳动报酬增长实现了同步；伴随着居民收入在国民收入分配中的比重增加，我国居民人均可支配收入也保持了较快增长，劳动报酬在初次分配中的比重有所提高。

但我国的收入差距依然比较明显。根据基尼系数判断，我国居民总体收入差距依然比较大，2018年，我国基尼系数为0.468，虽然比2013年有所下降，但下降幅度很小，仍然处于偏高区间；根据城乡居民高收入组、低收入组人均可支配收入之比和城乡居民收入差距指数判断，农村居民收入差距大于城镇居民；根据不同收入组收入平均增速判断，城镇和农村的低收入组收入增长较慢，高收入组、低收入组间收入差距略有扩大；根据城乡居民人均可支配收入绝对值判断，城乡居民收入绝对差距在扩大；而根据三大主粮平均利润率与农民工月平均工资对比判断，务农和务工收入差距明显。

为反映更长历史时期收入差距的变化，我们利用国家统计局基础数据，就全国、城镇及农村的基尼系数进行了测算分析。基尼系数的基本趋势与国家统计局公

布的数据的基本趋势是一致的，如表20所示。

表20　1978—2019年中国整体和城乡基尼系数

年份	全国基尼系数	农村基尼系数	城镇基尼系数	年份	全国基尼系数	农村基尼系数	城镇基尼系数	年份	全国基尼系数	农村基尼系数	城镇基尼系数
1978	0.326	0.212	0.160	1992	0.394	0.313	0.211	2006	0.487	0.374	0.326
1979	0.333	0.225	0.160	1993	0.425	0.329	0.218	2007	0.484	0.374	0.323
1980	0.339	0.241	0.160	1994	0.425	0.321	0.213	2008	0.491	0.378	0.329
1981	0.324	0.254	0.161	1995	0.420	0.342	0.218	2009	0.490	0.385	0.325
1982	0.303	0.261	0.158	1996	0.398	0.323	0.208	2010	0.481	0.379	0.322
1983	0.301	0.271	0.155	1997	0.396	0.329	0.219	2011	0.477	0.383	0.321
1984	0.309	0.283	0.163	1998	0.403	0.337	0.226	2012	0.474	0.382	0.318
1985	0.332	0.307	0.164	1999	0.416	0.336	0.233	2013	0.473	0.376	0.316
1986	0.335	0.294	0.166	2000	0.432	0.354	0.245	2014	0.469	0.390	0.313
1987	0.346	0.305	0.174	2001	0.443	0.360	0.256	2015	0.462	0.386	0.308
1988	0.349	0.303	0.179	2002	0.473	0.365	0.307	2016	0.465	0.395	0.308
1989	0.367	0.310	0.176	2003	0.479	0.368	0.315	2017	0.467	0.373	0.313
1990	0.359	0.310	0.167	2004	0.473	0.369	0.323	2018	0.468	0.375	0.324
1991	0.378	0.307	0.204	2005	0.485	0.375	0.329	2019	0.465	0.370	0.324

注：2005年前的农村基尼系数来自《中国农村住户调查年鉴2006》，2005年之后的农村基尼系数根据该年鉴相关数据测算、城镇基尼系数根据城镇住户调查资料和相关年鉴中的数据测算，2003年前的农村基尼系数摘自历年《中国农村住户调查年鉴》，2003年前的城镇基尼系数摘自历年《中国价格及城镇居民家庭收支调查统计年鉴》，2003年全国基尼系数为本文运用修正城乡加权法在城乡各基尼系数基础上所得的测算结果。

专栏分析3：农民工群体收入分配状况

（一）农民工规模及流向

1.农民工总量继续增加，增速回落明显

2019年，我国农民工总量达到29077万人，比上年增加241万人，增长0.8%，农民工总量比2013年增加2183万人，增长8.1%。2013—2019年农民工增量依次为633万人、501万人、352万人、424万人、481万人、184万人和241万人，总体呈下降趋势，总量增速也明显下降，从2013年的2.4%下降到2019年的0.8%，下降1.6个百分点，增速明显回落。如图20所示。

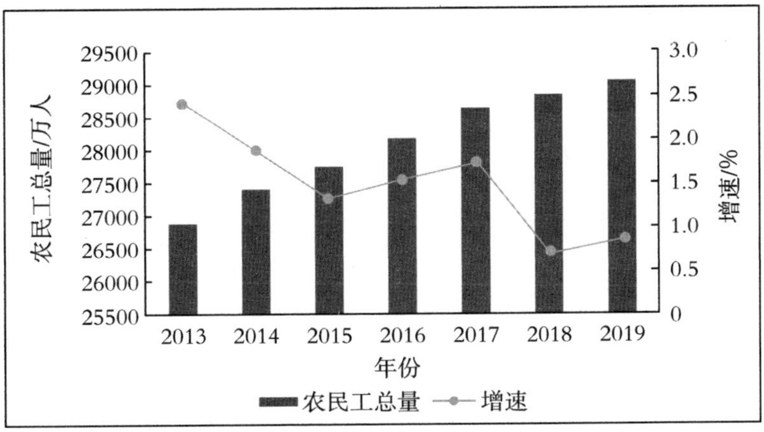

图20　2013—2019年农民工总量及其增速

数据来源：2013—2019年农民工监测调查报告。

2.本地农民工增长较快，占比提高

如表21所示，2013—2018年，外出农民工增速总体呈逐年回落趋势，2019年增速有所回升。外出农民工占农民工总量的比重也由2013年的61.76%下降至2019年的59.93%，外出农民工增速下降主要是因为跨省农民工增速下降为-2.98%，如表22所示。2013—2018年，本地农民工比重呈逐年上升趋势，2019年增速有所回落，但本地农民工增速明显快于外出农民工增速，本地农民工占农民工总量的比重也由2013年的38.24%上升至2019年的40.07%。

表21　2013—2019年农民工总量及结构变化

年份	农民工总量/万人	外出农民工			本地农民工		
		人数/万人	增速/%	比重/%	人数/万人	增速/%	比重/%
2013	26894	16610	1.68	61.76	10284	3.62	38.24
2014	27395	16821	1.27	61.40	10574	2.82	38.60
2015	27747	16884	0.37	60.85	10863	2.73	39.15
2016	28171	16934	0.30	60.11	11237	3.44	39.89
2017	28652	17185	1.48	59.98	11467	2.05	40.02
2018	28836	17266	0.47	59.88	11570	0.90	40.12
2019	29077	17425	0.92	59.93	11652	0.71	40.07

数据来源：2013—2019年农民工监测调查报告。

表22 农民工数量及构成

农民工分布	2013年农民工数量/万人	2019年农民工数量/万人	增量/万人	增速/%
农民工总量	26894	29077	2183	8.12
1.外出农民工	16610	17425	815	4.91
（1）跨省	7739	7508	−231	−2.98
（2）省内	8871	9917	1046	11.79
2.本地农民工	10284	11652	1368	13.30

数据来源：2013—2019年农民工监测调查报告。

（二）农民工就业状况

1.东部地区吸纳就业的农民工减少，中西部地区吸纳就业的农民工继续增加

如表23所示，从农民工输出地看，2019年东部地区输出农民工10416万人，比2015年增加116万人，增长1.13%，占农民工总量的35.8%；中部地区输出农民工9619万人，比2015年增加445万人，增长4.85%，占农民工总量的33.1%；西部地区输出农民工8051万人，比2015年增加673万人，增长9.12%，占农民工总量的

表23 农民工地区分布

输出地	2015年农民工数量/万人	2019年农民工数量/万人	增量/万人	增速/%
东部地区	10300	10416	116	1.13
中部地区	9174	9619	445	4.85
西部地区	7378	8051	673	9.12
东北地区	895	991	96	10.73
输入地	2015年农民工数量/万人	2019年农民工数量/万人	增量/万人	增速/%
东部地区	16008	15700	−308	−1.92
中部地区	5599	6223	624	11.14
西部地区	5209	6173	964	18.51
东北地区	859	895	36	4.19
在其他地区	72	86	14	19.44

数据来源：2015—2019年农民工监测调查报告。

27.7%；东北地区输出农民工991万人，比2015年增加96万人，增长10.73%，占农民工总量的3.4%。东部地区输出农民工增速最低，但占农民工总量的比重最大，东北地区输出农民工增速最高但占农民工总量的比重最小。从农民工输入地可以看出，从总量上看，农民工主要流向东部地区，占农民工总量的54%，但东部地区吸纳农民工的数量在下降，相较2015年减少了308万人。而中西部地区吸纳农民工的数量在上升，其中中部地区较2015年输入的农民工增加624万人，增速为11.14%，西部地区较2015年输入的农民工增加964万人，增速为18.51%。

2.第三产业就业比重继续提高

由表24可知，2019年从事第三产业的农民工比重为51.0%，比2013年提高了8.4个百分点，其中从事批发和零售业的农民工比重为12%，比2013年提高了0.7个百分点，从事交通运输、仓储和邮政业的农民工比重为6.9%，比2013年提高了0.6个百分点，从事住宿和餐饮业的农民工比重为6.9%，比2013年提高了1.0个百分点，从事居民服务、修理和其他服务业的农民工比重为12.3%，比2013年提高了1.7个百分点。2019年从事第二产业的农民工比重为48.6%，比2013年下降8.2个百分点，其中从事制造业的农民工比重为27.4%，比2013年下降了4个百分点，从事建筑业的农民工比重为18.7%，比2013年下降了3.5个百分点。

表24　农民工就业行业分布及变化

农民工就业行业	2013年农民工就业人数占比/%	2019年农民工就业人数占比/%	增减变化/%
第一产业	0.6	0.4	−0.2
第二产业	56.8	48.6	−8.2
其中：制造业	31.4	27.4	−4.0
建筑业	22.2	18.7	−3.5
第三产业	42.6	51.0	8.4
其中：批发和零售业	11.3	12.0	0.7
交通运输、仓储和邮政业	6.3	6.9	0.6
住宿和餐饮业	5.9	6.9	1.0
居民服务、修理和其他服务业	10.6	12.3	1.7

数据来源：2013—2019年农民工监测调查报告。

（三）农民工收入状况——月收入平稳增长

如表25所示，2019年我国农民工月平均工资为3962元，比2013年增加1353元，增长51.9%。如图21所示，2013—2019年，农民工月平均工资增速总体呈下降趋势，从2013年的13.93%下降到2019年的6.48%，下降了7.45个百分点。

表25　2013—2019年农民工月平均工资及其增速

年份	月平均工资/元	增速/%
2013	2609	13.93
2014	2864	9.77
2015	3072	7.26
2016	3275	6.61
2017	3485	6.41
2018	3721	6.77
2019	3962	6.48

数据来源：2013—2019年农民工监测调查报告。

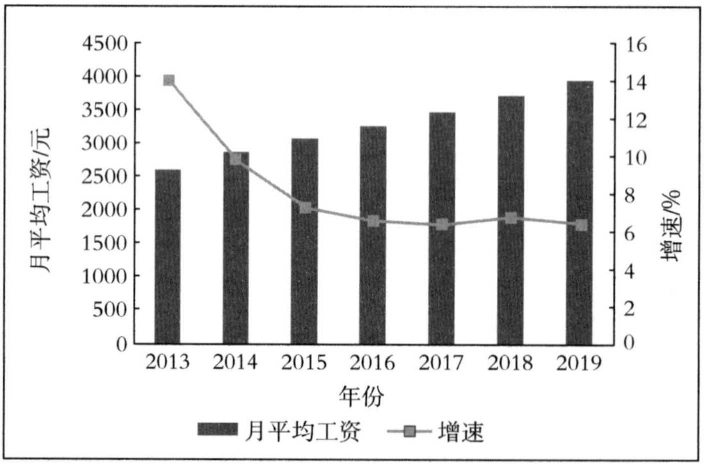

图21　2013—2019年农民工月平均工资及其增速

数据来源：2013—2019年农民工监测调查报告。

农民工集中就业的六大行业月平均收入均稳定增长，如表26所示。其中，2019年从事制造业的农民工月平均收入3958元，比2013年增加1421元，增长

56.01%；从事建筑业的农民工月平均收入为4567元，比2013年增加1602元，增长54.03%；从事批发和零售业的农民工月平均收入为3472元，比2013年增加1040元，增长42.76%；从事交通运输、仓储和邮政业的农民工月平均收入为4667元，比2013年增加1534元，增长48.96%；从事住宿和餐饮业的农民工月平均收入为3289元，比2013年增加923元，增长39.01%；从事居民服务、修理和其他服务业的农民工月平均收入为3337元，比2013年增加1040元，增长45.28%。

表26　分行业农民工月平均收入及其增速

分行业工资	2013年农民工月平均收入/元	2019年农民工月平均收入/元	增速/%
合计	2609	3962	51.86
制造业	2537	3958	56.01
建筑业	2965	4567	54.03
批发和零售业	2432	3472	42.76
交通运输、仓储和邮政业	3133	4667	48.96
住宿和餐饮业	2366	3289	39.01
居民服务、修理和其他服务业	2297	3337	45.28

数据来源：《2013年全国农民工监测调查报告》《2019年农民工监测调查报告》。

五、行业收入差距的变化

从发展历史看，1978年行业实际平均工资较高的前三个行业分别是：电力、煤气及水的生产和供应业，建筑业，地质勘查业、水利管理业。1978年行业实际平均工资较低的三个行业分别为：房地产业，教育、文化艺术和广播电影电视业，社会服务业。一方面，工资高的行业更多的是垄断行业；另一方面，教育回报效应没有显现，教育行业的劳动力受教育水平相对更高，但工资水平反而很低（见图22）。

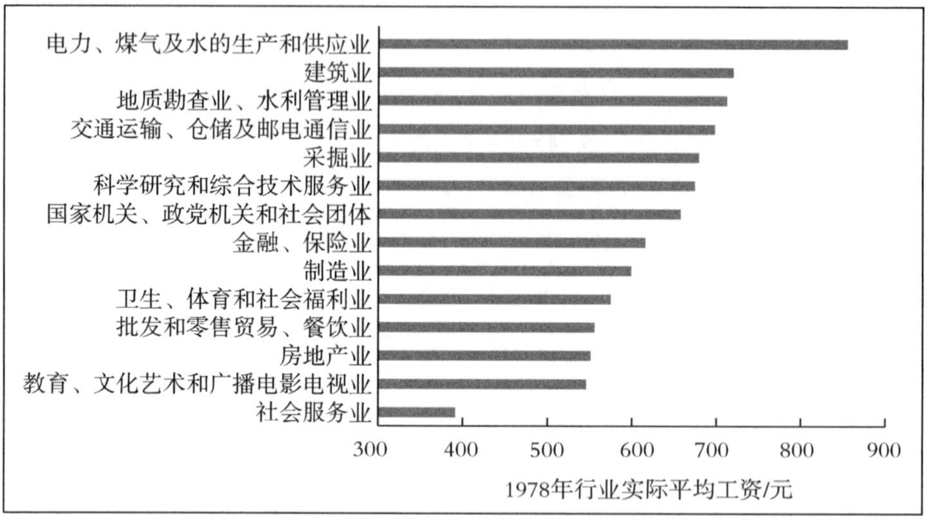

图22　1978年行业实际平均工资排序

数据来源：《中国劳动统计年鉴2003》。

用行业实际平均工资价格指数将2002年行业实际平均工资调整为以1978年为基期的实际值（见图23），我们会发现：实际平均工资较高的前三个行业分别是金融、保险业，科学研究和综合技术服务业，电力、煤气及水的生产和供应业；实际平均工资较低的三个行业分别是制造业，建筑业，批发和零售贸易、餐饮业。一方面，市场的作用开始显现，技能水平更高的劳动力所在行业实际平均工资相对更高；另一方面，制造业和建筑业是农民工外出务工的第一选择，因为他们受教育水平、技能水平偏低，所以这些行业实际平均工资低。并且这一时期产业间工资差距也开始扩大，1978年行业实际平均工资最高的行业是电力、煤气及水的生产和供应业，行业实际平均工资最低的行业是社会服务业，二者平均工资之比为2.16。2002年行业实际平均工资最高的行业是金融、保险业，行业实际平均工资最低的行业是批发和零售贸易、餐饮业，二者行业实际平均工资之比为2.4。行业实际平均工资增长最快的是社会服务业，增长32.17倍，年平均增长率为15.71%。

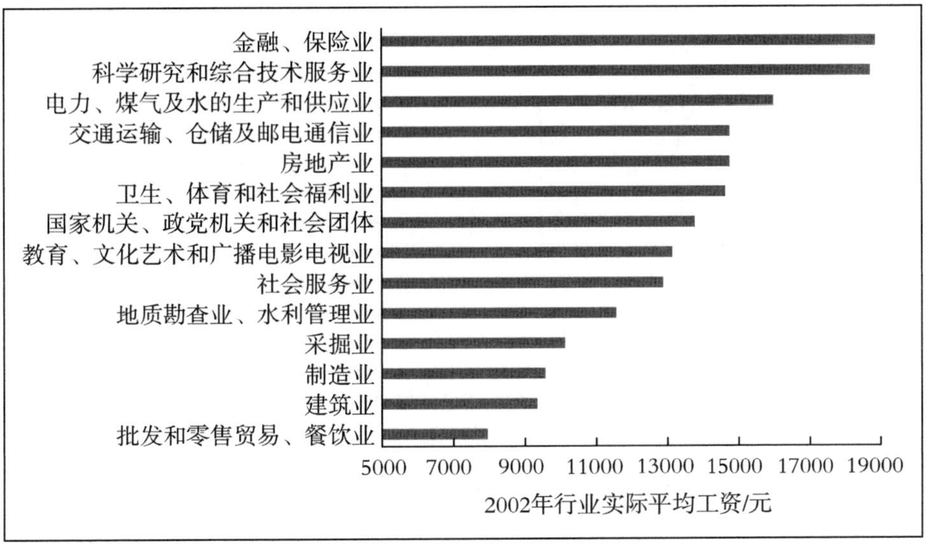

图23 2002年行业实际平均工资排序

数据来源：《中国劳动统计年鉴2003》。

用行业实际平均工资价格指数将2018年行业平均工资调整为以2002年为基期的实际值（见图24），我们会发现：行业实际平均工资较高的前三个行业分别是信息传输、软件和信息技术服务业，金融业，科学研究和技术服务业；行业实际平均工资较低的三个行业分别是水利、环境和公共设施管理业，居民服务、修理和其他服务业，住宿和餐饮业。

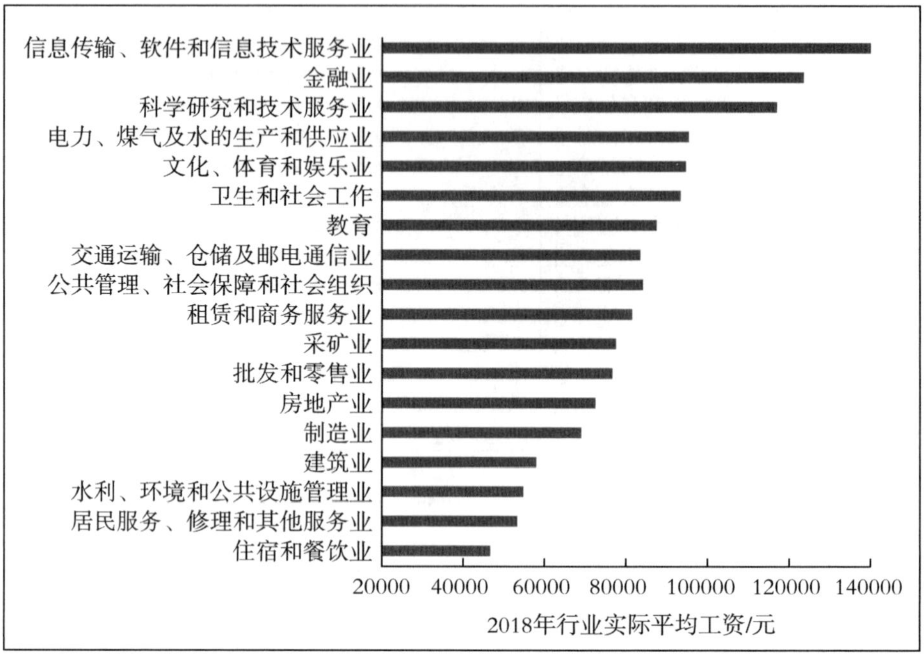

图24　2018年行业实际平均工资排序

数据来源：《中国劳动统计年鉴2019》。

如表27所示，1978—2002年行业实际平均工资增长最快的是社会服务业；2003—2011年行业实际平均工资增长最快的是金融业，其年均增长率为18.56%，高于1978—2002年金融、保险业的年均增长率15.44%；2012—2018年行业实际平均工资增长最快的是教育行业，其年均增长率为11.63%。平均来看，行业实际平均工资增长最快的阶段是2003—2011年，2012—2018年行业实际平均工资的年均增幅低于前两个阶段。

表27　1978—2018年行业实际平均工资变动情况

1978—2002年				
行业	1978年行业实际平均工资/元	2002年行业实际平均工资/元	增长率/%	年均增长率/%
金融、保险业	610	19154.04	3040	15.44
科学研究和综合技术服务业	669	18963.69	2735	14.95
电力、煤气及水的生产和供应业	850	16220.54	1808	13.07

（续表）

1978—2002年				
行业	1978年行业实际平均工资/元	2002年行业实际平均工资/元	增长率/%	年均增长率/%
交通运输、仓储及邮电通信业	694	14987.60	2060	13.66
房地产业	548	14978.67	2633	14.78
卫生、体育和社会福利业	573	14779.33	2479	14.50
国家机关、政党机关和社会团体	655	13945.83	2029	13.59
教育、文化艺术和广播电影电视业	545	13254.10	2332	14.22
社会服务业	392	13003.69	3217	15.71
地质勘查业、水利管理业	708	11685.63	1551	12.39
采掘业	676	10257.87	1417	12.00
制造业	597	9651.65	1517	12.29
建筑业	714	9456.37	1224	11.37
批发和零售贸易、餐饮业	551	8027.33	1357	11.81
2003—2011年				
行业	2003年行业实际平均工资/元	2011年行业实际平均工资/元	增长率/%	年均增长率/%
金融业	20780	81109	290	18.56
信息传输、计算机服务和软件业	30897	70918	130	10.94
科学研究、技术服务和地质勘查业	20442	64252	214	15.39
电力、煤气及水的生产和供应业	18574	52723	184	13.93
采矿业	13627	52230	283	18.29
文化、体育和娱乐业	17098	47878	180	13.74
交通运输、仓储及邮电通信业	15753	47078	199	14.67
租赁和商务服务业	17020	46976	176	13.53
卫生、社会保障和社会福利业	16185	46206	185	14.01
教 育	14189	43194	204	14.93
房地产业	17085	42837	151	12.18
公共管理、社会保障和社会组织	15355	42062	174	13.42
批发和零售业	10894	40654	273	17.89
制造业	12671	36665	189	14.20
居民服务、修理和其他服务业	12665	33169	162	12.79

（续表）

2003—2011年				
行业	2003年行业实际平均工资/元	2011年行业实际平均工资/元	增长率/%	年均增长率/%
建筑业	11328	32103	183	13.91
水利、环境和公共设施管理业	11774	28868	145	11.86
住宿和餐饮业	11198	27486	145	11.88
2012—2018年				
行业	2012年行业实际平均工资/元	2018年行业实际平均工资/元	增长率/%	年均增长率/%
信息传输、软件和信息技术服务业	80510	147678	83	10.64
金融业	89743	129837	45	6.35
科学研究和技术服务业	69254	123343	78	10.10
电力、煤气及水的生产和供应业	58202	100162	72	9.47
文化、体育和娱乐业	53558	98621	84	10.71
卫生和社会工作	52564	98118	87	10.96
教育	47734	92383	94	11.63
交通运输、仓储及邮电通信业	53391	88508	66	8.79
公共管理、社会保障和社会组织	46074	87932	91	11.37
租赁和商务服务业	53162	85147	60	8.17
采矿业	56946	81429	43	6.14
批发和零售业	46340	80551	74	9.65
房地产业	46764	75281	61	8.26
制造业	41650	72088	73	9.57
建筑业	36483	60501	66	8.80
水利、环境和公共设施管理业	32343	56670	75	9.80
居民服务、修理和其他服务业	35135	55343	58	7.87
住宿和餐饮业	31267	48260	54	7.50

数据来源：历年《中国劳动统计年鉴》。

六、不同受教育水平劳动力工资结构的差异

20世纪下半叶以来，随着以计算机的大规模使用和信息通信技术、自动化和人

工智能为特点的技术进步，欧美发达国家的劳动力市场出现了以劳动力技能需求分化为特点的变动趋势。从就业结构来看，以大学毕业生为代表的高技能劳动力的相对需求和就业比重显著上升，以高中毕业生为代表的低技能劳动力的相对需求和就业比重明显下降。从工资结构来看，高技能劳动力与低技能劳动力的相对工资即技能溢价显著上涨，造成工资结构极化加剧，收入不平等加深。

20世纪90年代以来，发达国家的劳动力技能需求进一步分化，就业结构和工资结构形成“极化”趋势。与就业升级类似，高技能劳动力的就业比重和收入比重仍在显著上升，不同的则是除高技能劳动力之外的其他劳动力就业和收入状况出现分化。与中等技能劳动力相比，低技能劳动力的就业比重和收入比重下降趋缓甚至有所上升。具体来看，就业结构方面，若按技能水平对职业进行分类，不同技能水平职业的就业比重增长呈现非单调的“U”型趋势，即两端上升和中间塌陷趋势。高技能劳动力就业比重增长的同时，低技能劳动力就业比重也出现上升，中等技能劳动力就业比重下降。实际工资方面，不同技能水平职业的实际工资增长同样呈现“U”型趋势。相对工资方面，高技能劳动力与中等技能劳动力的相对工资持续上涨，而低技能劳动力与中等技能劳动力的相对工资则停止下降甚至有所上升。从技能偏向性技术进步的角度理解认为，技术进步对不同技能劳动力的需求不同。以自动化、人工智能为特点的技术进步可以替代中等技能劳动力完成重复性、流水性的常规型工作任务；与管理类、分析型高技能劳动力形成互补关系，通过增加该种劳动力需求来完成复杂性和抽象性的工作任务；而技术进步对像清洁、护理等低技能劳动力的影响相对较小。

在全球技术进步和贸易开放的背景下，发展中国家的就业技能结构也在发生变化。由于在自主创新、劳动力知识储备和技能水平等方面存在局限，发展中国家的技术进步通常采用技术引进和自主创新相结合的方式。因此，在引进和吸收国外先进技术的情况下，发展中国家的技术进步也呈现出一定程度的技能偏向性。并且，发展中国家基于低技能劳动力的比较优势承接发达国家劳动密集型的生产环节以及专注于全球价值链的低端环节，这对其就业技能结构的演变有着重要影响。近年来，基于我国劳动力市场出现的高技能劳动力就业需求增加、技能溢价上涨等客观事实，通过理论和实证对我国劳动者内部工资结构问题进行研究，具有重要的现实意义。

我们基于中国综合社会调查（CGSS）微观数据对该问题作一个概括性的阐述，关于数据清洗有以下几点说明：提取关键变量，如工资收入、最高教育程度、职业、城乡、省份、性别、权重；对最高受教育程度进行调整分类，分为“小学及以下”“初中”“高中及同等”“大学及以上”；定义研究样本为总收入不缺失且不超过100万元；对工资收入进行分类，分为“<4000”“4000～8000”“>8000～12000”“>12000～16000”“>16000”；对缺失值没有进行插补（待补）；选取的时间节点为2005年、2010年、2015年。本部分用劳动力受教育水平表示劳动力技能水平。如表28所示。

表28 不同受教育水平（技能水平）的收入水平

单位：元

受教育水平	测度值	2005年	2010年	2015年
小学及以下	均值	3990.29	9496.95	17043.37
	中位数	2500.00	5600.00	10000.00
初中	均值	7524.33	17498.78	29962.39
	中位数	5000.00	10000.00	24000.00
高中及同等	均值	11851.29	24528.24	39593.70
	中位数	9000.00	18000.00	30000.00
大学及以上	均值	20887.88	47164.63	74345.84
	中位数	15000.00	30000.00	50000.00
合计	均值	8107.28	19193.53	33224.35
	中位数	5000.00	10000.00	21600.00

数据来源：中国综合社会调查。

具体分析和结论如下。随着受教育水平（技能水平）的提高，相应收入水平也在提高，但是不同受教育水平（技能水平）对应的收入水平的提高是有差异的。大学及以上与高中及同等（高技能/中等技能）的收入水平比分别为1.76、1.92、1.88，总体呈上升趋势；小学及以下与高中及同等（低技能/中等技能）的收入水平比分别为0.34、0.39、0.43，小学及以下与初中（低技能/中等技能）的收入水平比分别为0.53、0.54、0.57。有极化端倪，主要是上尾极化。

由表29、表30可知，随着受教育水平（技能水平）的提高，收入水平也相应提高，城乡之间有明显的异质性。在农村教育对增加收入的作用要大于在城市教育对增加收入的作用，尤其从小学及以下受教育水平对应的收入到初中受教育水平对应的收入，增长幅度随时间没有降低，反而有所提高。在城市受教育水平由小学及以下提高到初中所引起的收入增长幅度在2005年、2010年、2015年分别为49.22%、46.25%、37.21%，对应的农村数据分别为75.01%、87.60%、95.64%。即：相较于城市，教育对提高农村地区低受教育水平（技能水平）劳动力的收入水平可以发挥更重要的作用。

表29　城乡不同受教育水平（技能水平）的收入水平（均值）

单位：元

受教育水平	2005年		2010年		2015年	
	城市	农村	城市	农村	城市	农村
小学及以下	6424.51	3057.49	14209.99	7228.08	24557.32	11978.11
初中	9586.68	5350.85	20781.43	13560.00	33693.96	23433.77
高中及同等	12980.73	7777.83	27128.71	15364.26	41188.36	31959.89
大学及以上	21242.13	13613.98	48155.42	28125.28	75907.69	44715.50
合计	11781.78	4276.59	26892.29	9945.53	43111.57	16970.55

数据来源：中国综合社会调查。

表30 城乡不同受教育水平（技能水平）的收入水平（中位数）

单位：元

受教育水平	2005年		2010年		2015年	
	城市	农村	城市	农村	城市	农村
小学及以下	5000	2000	10000	4500	20000	6000
初中	7000	3000	13200	8000	28800	15000
高中及同等	10000	5000	20000	10000	32400	20000
大学及以上	16000	11000	30000	20000	50000	36000
合计	8400	2500	17000	5500	30000	10000

数据来源：中国综合社会调查。

由表31可知，西部和中部地区收入增长相对较慢，东北和东部地区收入增长相对较快。从不同受教育水平看，东北和东部地区小学及以下学历的收入增长较快；中部和东北地区初中学历的收入增长较快；西部和中部地区高中及同等学力的收入增长较快；东北和东部地区大学及以上学历的收入增长较快。可见，中部、西部地区不同受教育水平对应的收入增长表现为“升级”，即受教育水平相对较高的就业人员收入水平增长相对较快。东北和东部地区则有“极化”趋势，受教育水平最高和最低的就业人员收入水平增长最快。另外，从不同受教育水平对收入增长的作用程度看，以表中2015年的数据为例，西部和中部地区小学及以下学历提升至初中学历对收入增长的促进作用最大，分别实现收入增长85.42%和91.76%，东北和东部地区高中及同等学力提升至大学及以上学历对收入增长的促进作用最大，分别实现收入增长59.19%和96.31%。可见从促进收入增长来看，对中部、西部地区来说，义务教育至关重要，对东北和东部地区来说，高等教育相对更重要。

表31　不同地区受教育水平（技能水平）的收入水平

单位：元

受教育水平	2005年			
	西部	中部	东北	东部
小学及以下	3425.60	3209.51	3826.23	5261.80
初中	6160.79	6231.73	6213.12	9847.46
高中及同等	9453.68	9167.73	8780.31	15503.29
大学及以上	14993.60	19947.19	13855.81	26237.87
平均收入	6224.25	6569.11	6308.67	11144.95
受教育水平	2010年			
	西部	中部	东北	东部
小学及以下	8114.56	7695.46	10081.92	14199.25
初中	15196.50	12816.24	17731.76	23312.84
高中及同等	21674.91	17883.50	17052.32	31487.49
大学及以上	35943.44	25617.33	27292.69	61154.46
平均收入	13843.21	12146.30	16260.29	30762.27
受教育水平	2015年			
	西部	中部	东北	东部
小学及以下	12185.69	12795.22	22798.47	25345.94
初中	22594.37	24535.49	28494.53	37876.49
高中及同等	35343.99	32406.92	29027.41	46510.42
大学及以上	46834.19	52514.98	46209.00	91303.71
平均收入	19961.83	22537.70	29037.90	49441.27

数据来源：中国综合社会调查。

七、城镇非私营单位与私营单位就业人员收入比较

（一）城镇非私营单位与私营单位就业人员工资

如表32所示，2013—2018年城镇非私营单位与私营单位就业人员平均工资的绝对差距，即平均工资之差呈扩大趋势，从2013年的18777元扩大到2018年的32838元，增幅达74.88%。城镇非私营单位与私营单位就业人员平均工资的相对差距，即平均工资之比，总体表现为扩大趋势，从2013年的1.574扩大至2018年的1.662。从就

业人员的平均工资增速看，非私营单位就业人员的平均工资增速总体呈上升趋势，2018年增速为10.89%，2014年增速为9.47%，上升1.42个百分点；而私营单位就业人员的平均工资增速总体呈下降趋势，2018年增速为8.33%，2014年增速为11.26%，下降2.93个百分点。

表32　城镇非私营单位与私营单位就业人员平均工资

年份	非私营单位就业人员		私营单位就业人员		非私营单位与私营单位对比	
	平均工资/元	平均工资增速/%	平均工资/元	平均工资增速/%	平均工资之差/元	平均工资之比
2013	51483	—	32706	—	18777	1.574
2014	56360	9.47	36390	11.26	19970	1.549
2015	62029	10.06	39589	8.79	22440	1.567
2016	67569	8.93	42833	8.19	24736	1.577
2017	74318	9.99	45761	6.84	28557	1.624
2018	82413	10.89	49575	8.33	32838	1.662

数据来源：《中国统计年鉴2019》。

（二）分行业城镇非私营单位与私营单位就业人员工资

从相对差距均值看，如表33所示，城镇非私营单位与私营单位就业人员平均工资差距最大的行业是金融业，平均差距为2.430，即2013—2018年该行业城镇非私营单位就业人员平均工资是私营单位就业人员平均工资的2.43倍；其次是电力、热力、燃气及水生产和供应业，平均差距为2.228，即2013—2018年该行业城镇非私营单位就业人员平均工资是私营单位就业人员平均工资的2.228倍。平均工资差距最小的是农林牧渔业，平均差距是1.059，即2013—2018年该行业城镇非私营单位就业人员平均工资是私营单位就业人员平均工资的1.059倍；其次是建筑业，平均差距为1.182，即2013—2018年该行业城镇非私营单位就业人员平均工资是私营单位就业人员平均工资的1.182倍。

从相对差距变动看，2013—2018年城镇非私营单位与私营单位就业人员平均工资相对差距下降的行业分别是：农林牧渔业，电力、热力、燃气及水生产和供应业，建筑业，住宿和餐饮业，信息传输、软件和信息技术服务业，金融业，租赁和商务服务业，居民服务、修理和其他服务业。其中下降幅度最大的是金融业，相对差距下降22.88%，是最近几年金融领域市场化改革成效的体现。2013—2018年城镇非私营单位与私营单位就业人员平均工资相对差距上升幅度最大的行业是教育行业，2013年教育行业城镇非私营单位与私营单位就业人员平均工资相对差距为1.648，2018年扩大到1.998，扩大了21.24%。

表33 分行业城镇非私营单位与私营单位就业人员平均工资相对差距

行业	2013年	2014年	2015年	2016年	2017年	2018年	相对差距均值	相对差距变动/%
农林牧渔业	1.048	1.056	1.107	1.074	1.065	1.003	1.059	−4.29
采矿业	1.818	1.722	1.555	1.529	1.685	1.847	1.693	1.60
制造业	1.449	1.441	1.420	1.412	1.433	1.463	1.436	0.97
电力、热力、燃气及水生产和供应业	2.267	2.210	2.278	2.172	2.177	2.264	2.228	−0.13
建筑业	1.206	1.179	1.172	1.162	1.184	1.189	1.182	−1.41
批发和零售业	1.644	1.647	1.647	1.643	1.681	1.783	1.674	8.45
交通运输、仓储和邮政业	1.750	1.631	1.700	1.725	1.750	1.751	1.718	0.06
住宿和餐饮业	1.245	1.264	1.280	1.250	1.240	1.218	1.249	−2.17
信息传输、软件和信息技术服务业	2.063	1.976	1.941	1.926	1.891	1.935	1.955	−6.20
金融业	2.675	2.606	2.556	2.331	2.349	2.063	2.430	−22.88
房地产业	1.457	1.469	1.442	1.422	1.443	1.465	1.450	0.55
租赁和商务服务业	1.726	1.703	1.656	1.605	1.584	1.595	1.645	−7.59
科学研究和技术服务业	1.788	1.733	1.773	1.765	1.856	1.993	1.818	11.47
水利、环境和公共设施管理业	1.156	1.158	1.169	1.191	1.272	1.336	1.214	15.57

（续表）

行业	2013年	2014年	2015年	2016年	2017年	2018年	相对差距均值	相对差距变动/%
居民服务、修理和其他服务业	1.398	1.370	1.349	1.328	1.316	1.348	1.352	−3.58
教育	1.648	1.680	1.798	1.886	1.928	1.998	1.823	21.24
卫生和社会工作	1.712	1.700	1.766	1.819	1.895	1.875	1.795	9.52
文化、体育和娱乐业	1.952	2.010	2.081	2.089	2.131	2.212	2.079	13.32

数据来源：《中国统计年鉴2019》。

专栏分析4：百年未有之大变局下的贫富差距

（一）收入差距扩大成为全球面对的重要议题

自古以来，财富的占有方式和分配方式就是社会稳定和经济发展的基础性平台。面对百年未有之大变局，各国矛盾冲突迭起，重要原因之一，是贫富差距扩大。

1.收入分配倒U曲线理论失效

诺贝尔经济学奖获得者库兹涅茨在1955年提出，随着经济增长，收入不平等呈先加剧后改善的态势。这一理论假设认为，在农业社会向工业社会转变过程中，由于劳动力迅速向高收入的生产部门流动，人均财富分配不平衡明显加剧，基尼系数曲线上扬。随着工业化和城镇化的发展，基尼系数曲线相对平缓。工业化完成之后，收入分配不平衡问题得到缓解，曲线下降。其后国内外学者还将倒U曲线扩展应用于环境、法治等方面。如果以“二战”之后至20世纪80年代的数据分析，收入分配倒U曲线似乎经得起历史检验，但自20世纪80年代以来，尤其是2008年国际金融危机之后，库兹涅茨曲线理论基本失效。

一些国外的研究资料表明，自20世纪80年代中期以来，美国和西欧收入前1%与收入后50%的成人的收入份额变动情况并不像库兹涅茨倒U曲线所预计的，随着人均GDP的增长，收入分配差距缩小，特别是2008年以后，富人越来越富，美国的情况尤为突出（见图25）。

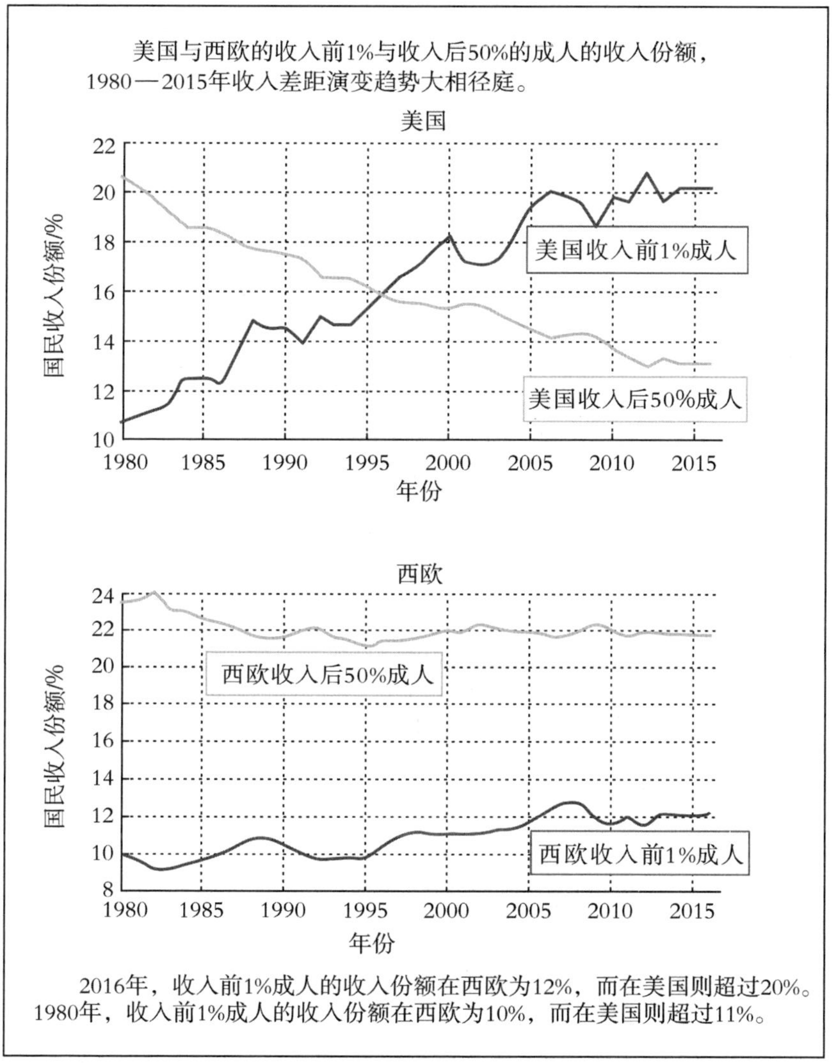

图25　美国与西欧收入差距变动情况

数据来源：《世界不平均报告2018》。

再看全球收入差距变动情况，如图26所示，富人的收入份额随着人均GDP增长反而上升。图27表明，收入前10%成人的收入份额在大部分国家呈现扩大趋势，尽管扩大幅度各有不同。

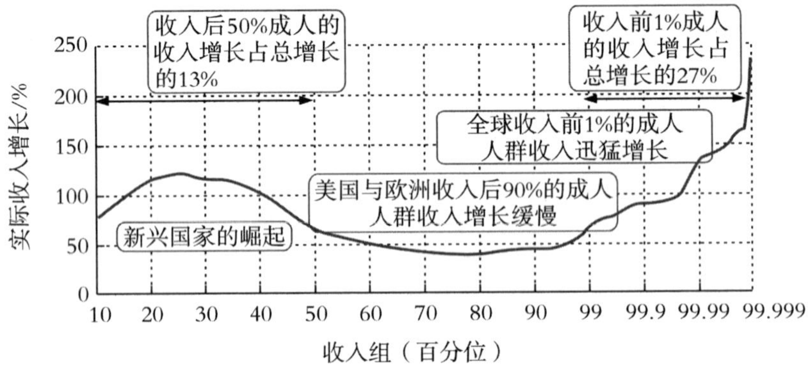

（a）1980—2016年全球收入增长分布曲线

横轴为全球成人按收入排序后划分的不同收入额，从0至99每一数据点代表该幅度的1%的成人，从99至99.9每一数据点代表该幅度的0.1%的成人，以此类推。纵轴为1980—2016年每个收入额的平均收入增长水平。例如，收入位于99与99.1之间（百分位）的成人（收入前1%成人人群中最落后的为10%人群）的总收入在1980—2016年增长了71%。收入前1%成人总收入则增长了27%。

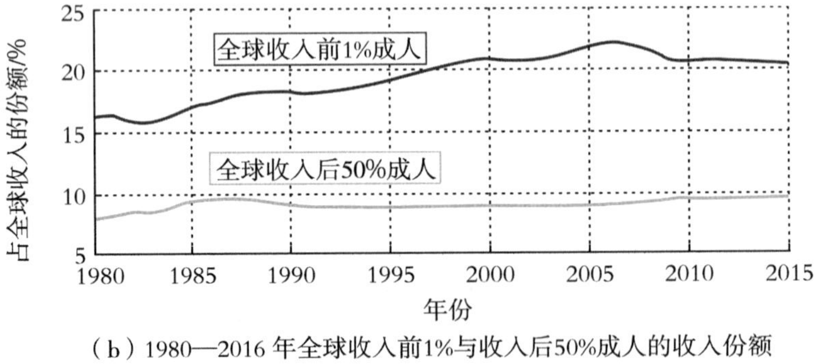

（b）1980—2016 年全球收入前1%与收入后50%成人的收入份额

2016年，全球收入前1%成人的收入份额为22%，而收入后50%成人的收入份额仅为10%。1980年，全球收入前1%成人的收入份额为16%，而收入后50%成人的收入份额为8%。

图26　全球收入差距变动情况

数据来源：《世界不平均报告2018》。

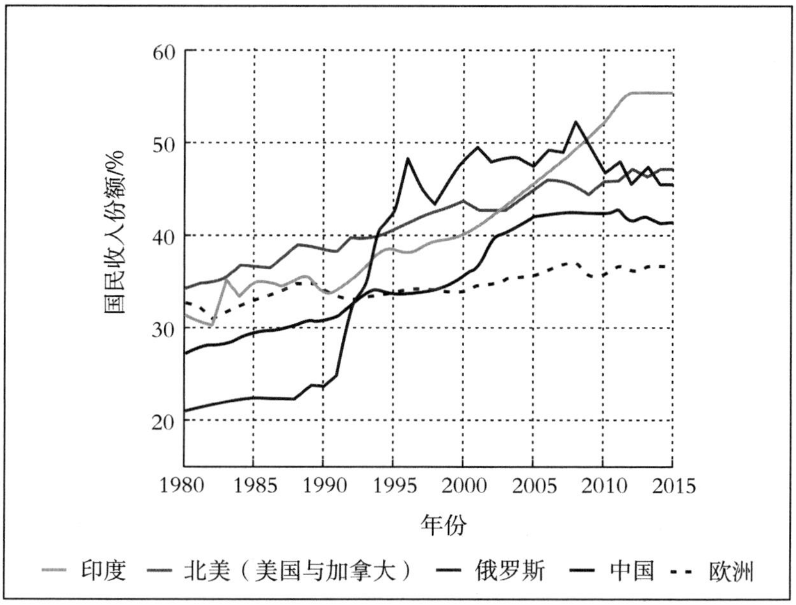

图27　世界各地区收入前10%成人的收入份额

数据来源：《世界不平均报告2018》。

2015年初，全球援助与发展组织乐施会（Oxfam）发布报告，认为不平等加剧问题已成为全球主要议题。最富有的1%人口占全球财富的比重从2009年的44%增长到2014年的48%。瑞信银行（Credit Suisse）发布的《2016年全球财富报告》显示，2016年全球成人拥有的平均财富为5万多美元，但近一半的成人只有2000多美元。全球处于贫困端的一半成年人口只占有全球财富的1%，而全球最富有的10%人口占据了全球89%的财富，其中前1%的富豪则占据了全球财富的50.8%。

在2019年出版的《资本与意识形态》一书中，法国著名经济学家托马斯·皮凯蒂描绘了前10%的高收入占比变动情况（见图28）。

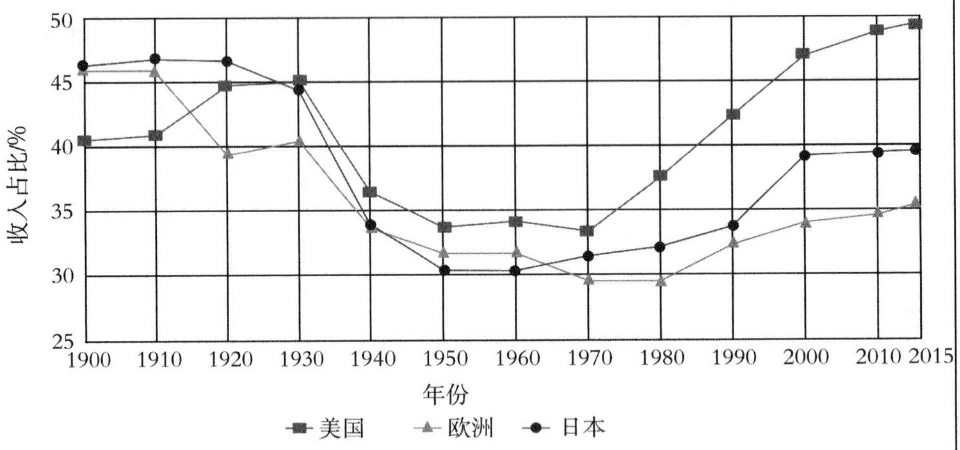

1900—1910年欧洲的前10%高收入占比高于美国，而在2000—2010年，美国的这一数据远远高过欧洲。

图28　欧洲、美国、日本前10%高收入占比（1900—2015年）

数据来源：《资本与意识形态》。

在20世纪30年代至80年代，欧洲、美国、日本前10%高收入占比曲线确实呈现倒U特征，而自20世纪80年代后则发生了逆转。

2．解释和应对收入分配差距扩大趋势尚需认真研究

对于收入分配倒U曲线已不符合现实的数据分析，一些国际组织和外国研究机构得出了大致相同的结论，但怎么解释收入分配差距持续扩大的原因呢？现在还没有权威的结论。笔者看到的大致有这样三类：

一是全球化导致资本流动率远大于劳动力流动率，致使资本的收益大大高于劳动报酬。例如美国抱怨国内的跨国公司大量到发展中国家投资，降低了对本国普通劳动力的需求，从而变相压低了普通劳动力的收入水平。据皮凯蒂提供的数据，1978—2015年，美国最富1%的收入增速为年均3%，而底层50%的收入增速为0。

二是互联网与产业发展日益深度融合，导致社会财富以前所未有的广度迅速集聚，上亿人瞬间可以在互联网上同时购买同一种商品。淘宝、京东、天猫等电商平台举办“双十一”等购物活动，有的平台一分钟成交额就达上千亿元，这是传统商业模式根本不能想象的。

三是劳资力量对比发生了逆转。库兹涅茨在1955年提出倒U曲线理论时，依

据的是前几十年的数据，而这恰恰是社会主义阵营崛起阶段，全球资本的力量被抑制。20世纪80年代后半期，世界社会主义运动步入低潮，冷战结束以后，苏联、东欧社会主义阵营垮台，全世界劳资力量对比发生了逆转，这是不是资本收益又大大超过劳动报酬的原因之一？

也可能是这三个方面的因素相互交织，造成了近30年来收入分配差距随着经济的增长不仅没有缩小反而在扩大的局面。

为缓解发达国家贫富差距的扩大问题，皮凯蒂提出了一些建议，如公司董事会应有一半席位由雇员组成、股份持有者不能持有超过公司10%的投票权、对最昂贵的房地产征收高至90%的税收，以及基于每个人对气候变化的影响征收个人碳排放税等。皮凯蒂曾写了享誉全球经济学界的《21世纪资本论》，需要说明的是，他的《21世纪资本论》与马克思的《资本论》根本不是一回事。他的那些建议，也没有被哪个国家采纳。但他以海量统计数据为基础归纳的收入分配差距变动曲线说明，百年未有之大变局下的收入分配格局相比库兹涅茨当年描述的倒U曲线发生了质的变化。

面对百年未有之大变局，如何解释和应对收入分配差距扩大趋势，并分析这一趋势对经济社会以及政治格局造成的深远影响，是一个亟待深入研究的大问题。

（二）把中国的收入分配格局调整好

1.改革开放以来收入分配制度改革取得巨大成就

计划经济时期，按劳分配制度在实施初期曾对调动职工积极性起到作用，但随后逐步演变成“职工吃企业的大锅饭，企业吃国家的大锅饭”，平均主义盛行。“文化大革命”时还把按劳分配批判为资产阶级法权，极大地挫伤了职工的积极性。改革开放40多年进程中，分配体制改革占有极其重要的地位。1978年农村实行家庭联产承包责任制，确立了国家、集体和农民三者之间的分配关系，调动了农民的生产积极性。企业改革从为按劳分配“正名”起步，1978年我国恢复奖金、计件工资制度，其后逐步深入价格、财税、产权制度以及企业领导体制的改革，焕发了企业和职工的活力。回顾40多年来收入分配制度改革的主要成功之处，是打破了“大锅饭”“铁饭碗”的平均主义分配模式，承认个体间的资源禀赋差异，允许一部分人先富起来，鼓励辛勤劳动、先进技术、企业家和管理者的才能参与分配，激发企业、职工以及各种生产要素的积极性，让一切创造财富的源泉充分涌流。1978—2018年，我国城乡居民实际收入的年均增长速度达到7.4%和7.3%，创造了人类有史以来极为强劲的收入增长奇迹。可以说，逐步建立与社会主义市场经济相适应的收入分配模式是我国经济社会战略得以顺利实施的关键环节，也是改革开放中取得成功的领域之一。

2.收入分配制度面临的挑战

应当看到，当前我国收入分配制度面临的问题还是非常大的，可以归纳为初次分配不平衡、再分配不充分。初次分配差距过大，包括城乡差距、区域差距、行业差距、群体差距。再分配的再调节作用过小，包括社保和税收。

第一，我国城乡居民收入差距近年来扩大的趋势被遏制，但仍在高位徘徊，2016年以来又有轻微回升。

我国的基尼系数在世界上居于高位（见图29），同时，城乡收入比总体呈上升趋势（见图30），城市内部和乡村内部的基尼系数还在增大。

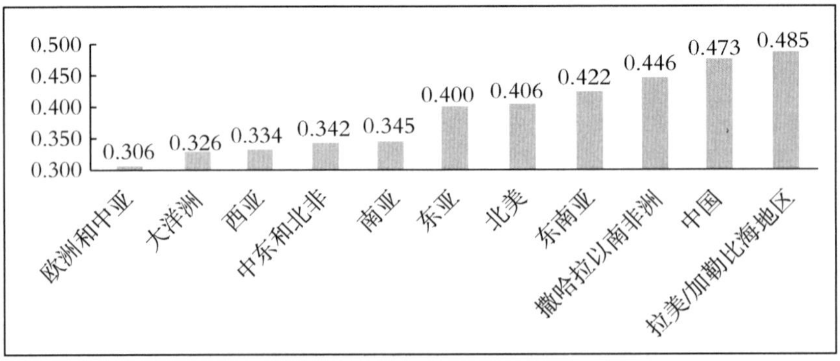

图29　按地理区域划分的基尼系数（2013年）

数据来源：《中国居民收入分配年度报告（2015）》。

其中，城乡居民收入差距过大是致使我国总体基尼系数过高的主要原因。国际劳工组织的数据显示，绝大多数国家的城乡收入比都小于1.6∶1，而美国、英国等西方发达国家的城乡收入比一般在1.5∶1左右，只有三个国家超过了2∶1，中国名列其中。近年来，我国城乡收入比有了缩小的情况，但在使差距缩小的措施中，还有很多措施没有成为长效机制，农村自身内生的发展能力还不高，很多农村出现了衰败的现象。我国城乡收入差距能否在“十四五”时期逐渐缩小到2∶1以内，现在还难下结论。我国的城乡收入差距还远没有走向良性循环状态。

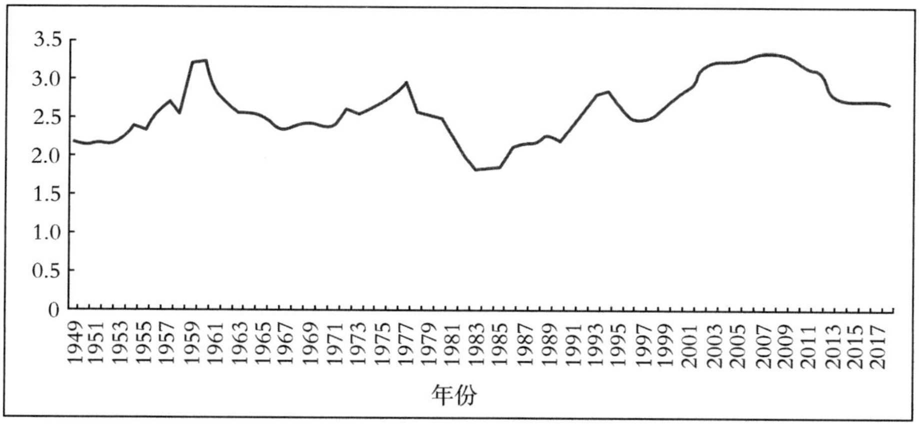

图30 1949—2017年我国城乡收入比

数据来源：1949—1956年的城乡居民收入数据来自消费数据，1957—1977年的数据来自《新中国六十年统计资料汇编》，1978—2018年的数据来自历年《中国统计年鉴》。

第二，在再分配平抑初次分配差距方面，政府发挥的作用还很不充分。先看社会保障制度对平抑初次分配差距的作用（见图31）。

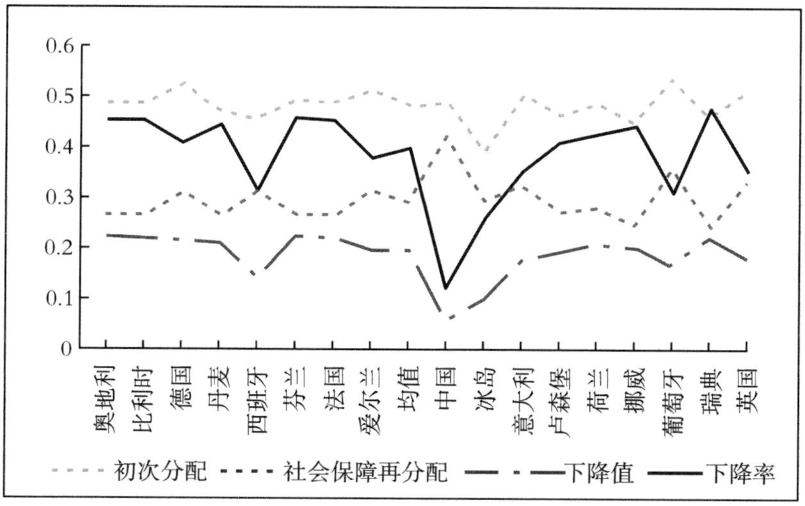

图31 社会保障对收入差距调节效应的国际比较（2013年）

数据来源：世界银行世界发展指标数据库、世界收入不平等数据库、世界概况数据库、经济合作与发展组织数据库。

据北京师范大学中国收入分配研究院2017年的一项研究，18个欧盟国家市场收入的基尼系数为0.443，但是，在社会保障的作用下，这些国家可支配收入的基尼系数降为0.290，远低于中国的0.469。从下降幅度来看，欧盟国家政府的社会保障政策使得基尼系数的平均值下降了40%，相比之下，中国仅下降了12.3%。

再看税收对平抑初次分配差距的作用。总体测算，我国税收对收入分配起逆向调节作用。主要原因是到2017年，我国间接税比重仍占60%左右，直接税比重为40%左右。由于间接税在消费者最终购买环节实现，因此其调节收入分配的作用往往显示了逆向调节的结果。此外，因为税率的设置，以及高收入人群的收入更多地来源于资本性收入与财产性收入，因此个人所得税对收入差距的调节作用很小。此外，对调节收入差距有积极作用的遗产税，虽然在“九五”计划时就被提到，但至今未能出台[1]。

3.进一步调整收入分配格局

党的十九届四中全会通过的《中共中央关于坚持和完善中国特色社会主义制度　推进国家治理体系和治理能力现代化若干重大问题的决定》把收入分配制度上升为社会主义基本经济制度，这是我国经济理论的一个重大发展。该决定提出要“坚持按劳分配为主体、多种分配方式并存。坚持多劳多得，着重保护劳动所得，增加劳动者特别是一线劳动者劳动报酬，提高劳动报酬在初次分配中的比重”。同时要“健全以税收、社会保障、转移支付等为主要手段的再分配调节机制，强化税收调节，完善直接税制度并逐步提高其比重”。从我国当前收入分配面临的实际问题看，对于该决定关于进一步调整收入分配格局的任务，还需要长期艰苦努力。

第一，应高度重视收入分配格局调整的重要性。有些人一直为中国国内的收入分配差距扩大作辩解，认为这没什么新鲜的，现在全世界的收入差距都在扩大，很正常。但我们改革的方向是建立社会主义市场经济，必须实现共享发展，共同富裕。当前，按照党的十九届四中全会精神深化收入分配制度改革具有重大意义。在经济方面，它是结构调整的主要举措；在社会方面，它是维护稳定的关

[1] 万海远、李实、孟凡强：《中国税收制度的收入分配效应》，社会科学文献出版社，2018。

键环节；在政治方面，它是坚定信仰的群众基础。

第二，破除三个收入分配理论运用的误区。我国收入分配差距高居世界前列，与长期以来收入分配有关理论运用的误区有关。

一是误用收入分配倒U曲线理论。库兹涅茨1955年提出随着经济增长，收入分配差距呈现倒U曲线时，认为这只是一种理论假设。但在我国之前单纯追求GDP高速增长的背景下，不少学者和官员有意无意地误用收入分配倒U曲线理论，把这一假设作为教条，片面强调让GDP增长到一定程度，例如达到1万多美元的高收入阶段，收入分配差距自然会缩小，基尼系数高于0.5也没什么关系，似乎收入分配差距变动与收入分配制度改革的关系不大，集中一切力量把GDP搞上去就是缩小贫富差距的最优战略选择。

二是误用低劳动力成本竞争理论。改革开放初期，我们缺乏技术，没有资金，实施低劳动力成本竞争势在必行。但长期实施低劳动力成本竞争，财富难以分配给普通劳动者，必然造成国内两极分化。21世纪初，中国的基尼系数已经接近0.5了，许多官员和经济理论界人士无视收入分配差距迅速扩大的趋势，还在坚持这一理论。如果有人呼吁把农民纳入社会保障制度、为普通职工涨工资、加强工会维护职工权益的职能、开展劳资集体谈判等，只要这些政策可能导致劳动力成本上升，他们就认为这是“自损国力”。似乎坚持低劳动力成本竞争一百年不变才是大道理、硬道理，劳动者合理分享经济发展成果是小道理、软道理。低劳动力成本竞争理论的运用没有与我国经济社会发展阶段与时俱进，陷入严重误区。

三是误用刘易斯拐点理论。刘易斯拐点理论是有普遍意义的，在农业富余劳动力未被转移完之前，对普通劳动力价格上涨确实有抑制作用。但在不同国家，这种抑制作用有多大，拐点两侧的变化曲率有多大，需要结合体制、机制、政策等具体研究。比如刘易斯拐点在日本、韩国出现的情况如何？北欧国家从农业国转为工业国为什么基尼系数一直不高？我们必须借鉴好的国际经验，结合中国的国情进行研究。如除了户籍制度之外，承包地和宅基地政策对城乡劳动力流动起了什么作用？我们不能单纯用一些数量分析掩盖具体的体制、机制、政策问题，把收入分配差距过大问题全部打包推给刘易斯拐点理论去解释。

第三，调整收入分配格局的重点是初次分配要适度向低收入者倾斜，再分配要加大平抑贫富差距的力度。

初次分配应规范分配秩序，缩小城乡差距、区域差距、行业差距，完善工资集体协商机制，适时调整最低工资标准。向低收入者倾斜应突出关注农民工。农民工数量近年来增速锐减，但总量还在增加，2019年的统计数据显示，2.8亿农民工占了4.2亿城镇就业总人数的近70%。这种双轨就业模式，在各国工业化过程中没有先例，对我国经济社会发展已经是弊大于利，应提到重大议事日程加以解决。

再分配应以基本公共服务均等化为方向，深化基本社会保障制度改革，较大幅度提高直接税，如提高个人所得税、财产税等的比重，发挥平抑初次分配差距的作用。需要注意的是，在社会保障最重要的项目之一——职工基本养老保险制度的设计上，一些同志仍坚持扩大个人账户的方案。扩大个人账户或实行全个人账户可能对职工有一定的激励作用，但小道理要服从大道理，即国家立法实施的二次分配项目不应当扩大初次分配的差距，在当前我国基尼系数高位徘徊的背景下尤其如此。再有，中国的亿万富翁与美国比肩，但作为“限高、扩中、提低”的重要税种遗产税，说了20多年仍未见落地，建议“十四五”时期研究出台。

（三）收入分配制度改革的基本经验

改革开放以来，党和政府始终将民生摆在经济社会发展的突出位置，坚持在发展中改善民生，我们从解决温饱到实现总体小康，正在迈向全面小康，创造了民生改善的伟大奇迹。40多年来，作为民生重要内容的收入分配制度建设也经历了跌宕起伏和波澜壮阔的历程，总结这一历程，最重要的三条经验必须始终坚持。

1.始终坚持全心全意为人民服务的宗旨

为中国人民谋幸福，为中华民族谋复兴，是中国共产党人的初心和使命，是高扬在共和国旗帜上的标语，是动员群众、依靠群众的原动力。在不同的经济社会发展阶段，我们的工作侧重点会有所不同，但任何时候、任何地方都绝不能因短期的或局部的政绩而偏离以至背离全心全意为人民服务的宗旨。事实证明，一旦偏离了这一宗旨，就会自觉或不自觉地陷入见木不见林甚至南辕北辙的境地。

2.坚持发挥市场配置资源的决定性作用，更好地发挥政府的作用

历史经验证明，选择社会主义市场经济的道路是完全正确的。市场发挥配置资源的决定性作用，初次分配要讲求效率，可以充分调动各生产要素的积极性，让一切创造财富的源泉充分涌流，为改善民生提供丰厚的物质基础。同时政府要为市场的公开、公正、公平竞争提供制度框架、法律保证和宏观调控，弥补市场失灵。再分配要讲求公平，政府应责无旁贷地肩负起公共服务职责，以基本公共服务均等化为方向，发挥更有效的作用，多谋民生之利，多解民生之忧，在发展中补齐民生短板，平抑初次分配差距，实现共同富裕。

3. 坚持扩大开放，借鉴国际经验，创新收入分配体系

总结各社会主义国家正反两方面的实践经验，我们确定了构建社会主义市场经济体制的目标。社会主义和市场经济有机结合，没有成熟模式可模仿，是世界文明史上前无古人的伟大探索。在这一探索过程中，我们必须立足中国实际，学习借鉴一切人类文明的优秀成果，其中就包括发达国家和发展中国家在收入分配领域的成就。回顾改革开放以来我国收入分配制度改革取得的进展，许多重大制度的突破是在国际组织专家和外国专家、学者的帮助下取得的。今天我们在民生和收入分配领域的成就也吸引了其他国家学习借鉴。这正体现了全球化过程中各国相互学习、求同存异的开放包容新格局。

专栏分析5：劳动收入份额变动与不同群体所占收入比重变化

（一）劳动收入份额变动情况

劳动收入份额和资本收入份额间的此消彼长关系是收入分配研究的核心问题之一，近些年，随着资本回报率在全球范围内普遍呈现出增长趋势，财富不断向少数资本所有者集中，造成资本持有者和劳动者获取收入的不平等，进而导致了不平等的加剧[1]。当前，以自动化、智能化为特征的新技术革命在全球范围内蓬勃兴起，几乎所有国家和地区都面临着新技术革命的冲击，很多人对劳动者收入份额表示担忧。因为上一轮科技革命造成了全球劳动收入份额普遍下降，导致主

[1] Thomas Piketty, "Capital in the Twenty-First Century: a Multidimensional Approach to the History of Capital and Social Classes," *The British Journal of Sociology*, No.4（2014）.

要经济体收入不平等程度显著提高，而新技术革命在很大程度上可以替代人类劳动而使劳动者处于更为不利的地位。在此背景下，党的十九届四中全会、五中全会分别强调“坚持多劳多得，着重保护劳动所得，增加劳动者特别是一线劳动者劳动报酬，提高劳动报酬在初次分配中的比重”“坚持按劳分配为主体、多种分配方式并存，提高劳动报酬在初次分配中的比重”。

1.数据及计算说明

国民收入分配的最初环节包括三类：劳动报酬、资本报酬和生产税净额，其中生产税净额是政府在初次分配环节取得的收入，这部分既包括劳动的贡献，也包括资本的贡献。本文采用戴天仕等人的方法[1]，将生产税净额由劳动和资本按比例分摊，劳动所得=劳动报酬+生产税净额×劳动报酬÷（劳动报酬+固定资产折旧+营业盈余），劳动收入份额=劳动所得÷收入法核算GDP（《中国统计年鉴》中按收入法核算GDP，所有数值按照GDP平减指数折算为以1978年为基期的实际值）。

2.1978—2016年我国总体劳动收入份额变动情况

如图32所示，近些年来，我国劳动收入份额整体呈下降趋势，2008年之后下降趋势开始逆转，但仍低于20世纪90年代初期。

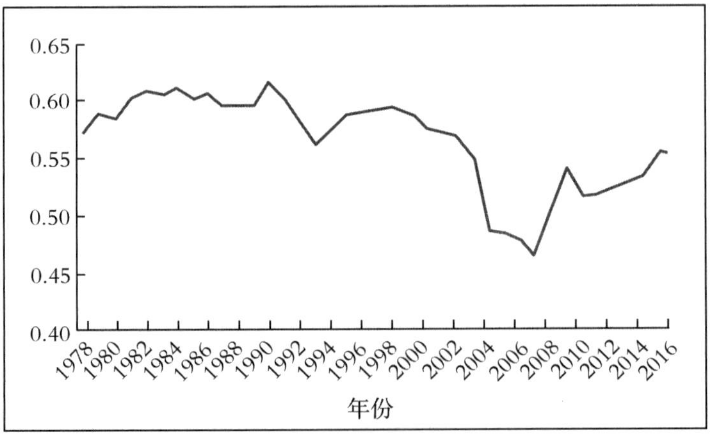

图32 1978—2016年中国总体劳动收入份额变动

数据来源：历年《中国统计年鉴》。

[1] 戴天仕、徐现祥：《中国的技术进步方向》，《世界经济》2010年第11期。

（二）不同群体所占收入比重变化

对于不同收入群体来说，劳动性收入都是最主要的收入来源，但是高收入群体相较于低收入群体拥有更多的资本性收入，所以劳动收入份额呈下降趋势对于以劳动性收入为主的中低收入群体是不利的。

如图33、图34、图35所示，改革开放以来不同收入群体收入差距的总体变动有以下几个特点：

第一，全国、城市、农村最高10%收入群体所占收入比重均呈上升趋势，平均增幅分别为1.17%、1.16%、1.47%，但是2008年之后这种增长趋势放缓，并且农村最高10%收入群体所占收入比重最低。

第二，全国、城市、农村中间50%收入群体所占收入比重略有下降，但下降幅度很小，平均下降幅度分别为0.22%、0.24%、0.34%，可以说，1978—2014年，中间50%收入群体所占收入比重相对稳定。

第三，全国、城市、农村最低40%收入群体所占收入比重呈下降趋势，平均下降幅度分别为1.88%、1.67%、1.01%，并且农村最低40%收入群体所占收入比重最高。

可见，无论是全国、城市还是农村，高收入群体与低收入群体所占收入比重差距总体呈扩大趋势，但2008年之后该趋势有所缓和，主要体现在：高收入群体所占收入比重略有下降、中间收入群体所占收入比重有小幅上升、低收入群体主要是农村低收入群体所占收入比重有小幅上升。

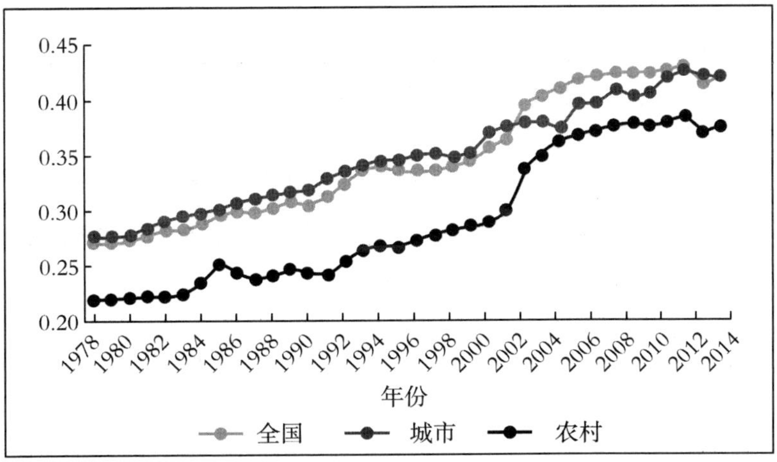

图33　1978—2014年中国最高10%收入群体所占收入比重

数据来源：世界收入不平等数据库。

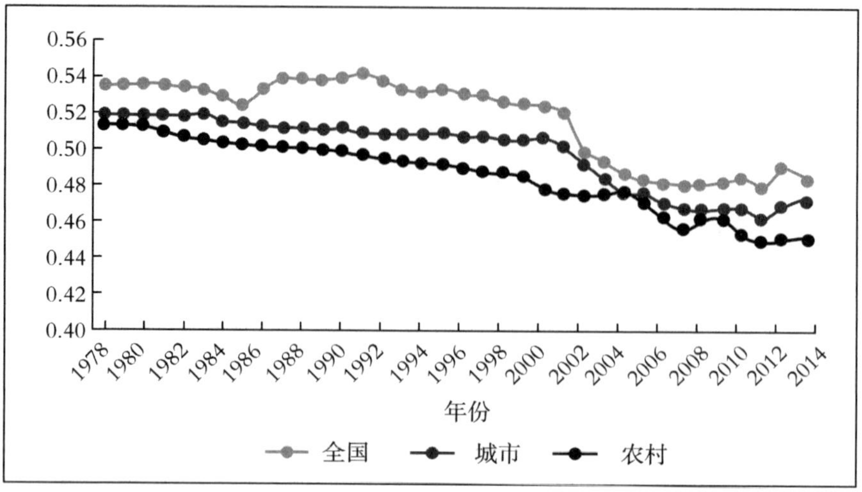

图34　1978—2014年中国中间50%收入群体所占收入比重

数据来源：世界收入不平等数据库。

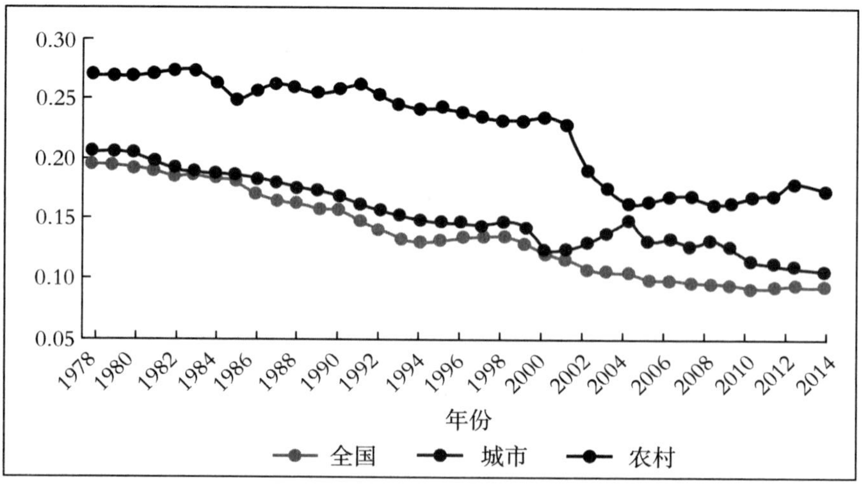

图35　1978—2014年中国最低40%收入群体所占收入比重

数据来源：世界收入不平等数据库。

从行业收入差距变化到不同群体所占收入比重变化的分析，可以得出以下结论：

（1）金融业等高端服务业、高技能行业（信息传输、软件技术）和科学研究等高技术行业平均工资增长速度更快，但行业整体平均工资的增长速度在下降。

（2）整体劳动收入份额呈下降趋势，不利于以工资性收入为主的劳动者（还需要进一步分析）。

（3）受教育程度高（高技能）的劳动者相对于中等受教育程度（中等技能）的劳动者，收入水平呈上升趋势；受教育程度低（低技能）的劳动者相对于中等受教育程度（中等技能）的劳动者，收入水平呈上升趋势。受教育程度不同（技能水平不同）的劳动者的收入水平有极化端倪。

（4）农村地区受教育程度远低于城市，教育在农村地区对提高收入水平的作用大于城市，尤其对提高低收入水平的作用更为显著。

（5）高收入群体所占收入比重上升，中间收入群体所占收入比重呈下降趋势，低收入群体所占收入比重下降，高收入群体、低收入群体所占收入比重差距呈扩大趋势。

第三节

宏观收入分配的影响及变化

一、宏观收入分配对经济社会的影响

（一）收入分配格局的基本内涵

收入分配格局主要体现为宏观分配格局和微观分配格局。其中，宏观分配格局，或者说国民收入分配格局[1]，指一个社会按照国民收入核算体系统计出来的总产出在政府、企业与居民三部门之间的比例分布。微观分配格局是部门内部的分配，特别是居民内部的分配。收入分配格局前承经济生产，后续社会消费，其合理程度会对投资消费比例、居民收入差距、区域协调统筹发展等有重要影响。

（二）收入分配格局变化对经济社会影响的理论分析

1. 相关研究文献综述

（1）收入分配格局变化对经济社会影响的主要观点。

正相关关系。Alesina等利用1960—1985年不同国家的样本数据，研究结果表明收入不平等和经济增长之间存在正相关关系[2]。Cagetti等模型从信贷约束、企业家初始财富决定投资规模角度也得出收入差距与经济增长之间存在正相关关系的结论，即收入差距扩大会促进经济增长[3]。周文兴运用非经典时间序列方法，对中国经济增长与城镇居民收入分配的相互关系进行了研究，指出经济增长与收入不平等

[1] 本研究中，涉及的宏观分配格局、宏观收入分配格局、国民收入分配格局等，其基本含义是一致的。

[2] Alberto Alesina，Dani Rodrik，“Distributive Politics and Economic Growth，” *The Quarterly Journal of Economics*，No.2（1994）.

[3] Marco Cagetti，Mariacristina De Nardi，“Entrepreneurship，Frictions，and Wealth，” *Journal of Political Economy*，No.5（2006）.

之间在长期呈正相关关系[1]。

负相关关系。Banerjee等模型从职业选择的角度[2]，Galor等的模型从人力资本投资的角度[3]，Mookherjee等的模型从金融发展外部性角度，分别得出了收入差距扩大会抑制经济增长的结论[4]。杨俊等使用1995—2000年和1998—2003年两个样本区间的数据，同时结合中国20个省份的截面数据与时序数据，分析认为我国20世纪90年代中后期以来，居民收入分配差距与经济增长之间的负相关关系较为显著[5]。

无明显关系。Deininger等用初始的收入不平等和其他变量作为解释变量来对经济增长进行解释，结果表明初始的收入不平等对经济增长的影响不大[6]。Alesina等以税收作为传导机制，认为经济增长与税收正相关，但税收与收入分配差距过大之间没有显著的相关性，表明收入分配差距对经济增长影响不大[7]。Panizza使用美国1940—1980年48个州的面板数据，利用混合普通最小二乘法、固定影响模型和高斯混合模型对收入分配不平等与经济增长之间的关系进行了估计，结果表明收入分配不平等与经济增长之间的正相关关系并不存在[8]。

促进与抑制交替性周期变化关系。Townsend等考虑常相对风险规避效用函数，认为当财富到达一定水平时，穷人可能更愿意投资高风险和高收益的技术，从而使收

[1] 周文兴：《中国城镇居民收入分配与经济增长关系实证分析》，《经济科学》2002年第1期。

[2] Abhijit V. Banerjee，Andrew F. Newman，“Occupational choice and the process of development，” *Journal of Political Economy*，No.12（1993）.

[3] Oded Galor，Joseph Zeira，“Income Distribution and Macroeconomics，” *Review of Economic Studies*，No.1（1993）.

[4] Dilip Mookherjee，Debraj Ray，“Persistent Inequality，” *Review of Economic Studies*，No.2（2003）.

[5] 杨俊、张宗益、李晓羽：《收入分配、人力资本与经济增长：来自中国的经验（1995-2003）》，《经济科学》2005年第5期。

[6] Klaus Deininger,Lyn Squire，“A New Data Set Measuring Income Inequality，” *World Bank Economic Review*，No.3（1996）.

[7] Alberto Alesina，Roberto Perotti，“Income Distribution，Political Instability，and Investment，” *European Economic Review*，No.6（1996）.

[8] Ugo Panizza，“Income Inequality and Economic Growth:Evidence from American Data，” *Journal of Economic Growth*，No.1（2002）.

入差距缩小。随着经济的进一步发展，收入差距又会出现新的扩大和缩小过程。这样，收入差距和经济增长之间的关系表现为促进与抑制交替的周期性变化[1]。

（2）主要研究成果：收入分配格局变化对经济社会的影响途径。

收入分配影响居民消费。这一领域研究成果较多，比如陈斌开基于生命周期框架的理论研究表明，收入水平越高，居民平均消费倾向和边际消费倾向越低；收入差距越大，居民消费需求越低[2]。方臻旻等基于凯恩斯的消费理论，利用基尼系数、边际消费倾向和平均消费倾向三个指标，通过建立线性回归模型分析当前全国水平上收入分配和居民消费之间的联系。实证研究结果表明，收入分配差距的扩大降低了居民平均消费倾向和边际消费倾向[3]。

收入分配影响物质资本投资。Kaldor认为富人的储蓄倾向高于穷人，收入差距越大，社会财富越向富人集中，资本积累就会越多，从而促进经济增长[4]。而Aghion等认为固定资产投资具有门槛效应，在借贷市场不完善的条件下，穷人无法获得从事较高生产率行业必要的初始投资资本，因此收入差距越大，其通过影响固定资产投资越会抑制经济增长[5]。汪同三等认为收入差距通过社会有效需求对资本积累和投资结构产生影响，城镇居民收入差距扩大会引发投资结构重化[6]。

收入分配影响人力资本积累。Galor等建立数理模型分析了收入分配和人力资本投资间的关系，并认为初始收入分配越均等，能够进行人力资本投资的个体越多，

[1] Robert M. Townsend，Kenichi Ueda，“Welfare Gains From Financial Liberalization，” *International Economic Review*，No.3（2010）.

[2] 陈斌开：《收入分配与中国居民消费——理论和基于中国的实证研究》，《南开经济研究》2012年第1期。

[3] 方臻旻、徐冰清：《我国居民收入分配差距对居民消费倾向影响的研究》，《江西财经大学学报》2014年第4期。

[4] Nicolas Kaldor，“Alternative theories of distribution”，*Review of Economic Studies*，No.2（1955）.

[5] Philippe Aghion，Patrick Bolton，“A Theory of Trickle-Down Growth and Development，” *The Review of Economic Studies*，No.2（1997）.

[6] 汪同三、蔡跃洲：《改革开放以来收入分配对资本积累及投资结构的影响》，《中国社会科学》2006年第1期。

也就越能促进经济增长，因此加大收入再分配力度有助于人力资本积累和经济增长[1]。Galor又对其数理模型进行了深化，并认为在工业化前期收入差距扩大有利于促进人力资本积累，在工业化后期或现代经济增长时期收入差距扩大不利于人力资本积累[2]。陈斌开等建立了包括厂商、消费者、政府和教育部门的理论模型，认为我国城市偏向的财政教育投入导致城乡收入差距扩大，进而使得城乡人力资本积累不均等程度加剧。[3]

收入分配影响财政政策。Alesina等[4]在Barro[5]等的研究基础上构建了内生性财政增长模型，认为收入差距越大，穷人越多，在民主体制下大多数选民会通过投票促使决策者提升税率，从而不利于投资，并阻碍经济增长。

收入分配影响政治稳定。在Alesina等[6]的研究基础上，Gradstein构建了社会政治不稳定模型，认为收入差距扩大会增加收入者对发展现状的不满，一方面要求政府进行社会变革从而导致政局不稳，另一方面犯罪、暴力和各种破坏性活动增加，两方面的因素从间接和直接层面导致社会政治不稳定和发展成本上升，从而不利于经济增长[7]。

收入分配影响经济效率。Chen构建数理模型，认为收入差距会通过影响资本

[1] Oded Galor，Joseph Zeira，"Income Distribution and Macroeconomics，" *Review of Economic Studies*，No.1（1993）.

[2] Oded Galor，"Inequality，Human Capital Formation and the Process of Development，" *Handbook of the Economics of Education*，2011.

[3] 陈斌开、张鹏飞、杨汝岱:《政府教育投入、人力资本投资与中国城乡收入差距》，《管理世界》2010年第1期。

[4] Alberto Alesina，Dani Rodrik，"Distributive Politics and Economic Growth，" *Quarterly JournalofEconomics*，No.4（1994）.

[5] Robert J. Barro,Jong-Wha Lee，"International Comparisons of Educational Attainment，" *North-Holland*，No.3（1993）.

[6] Alberto Alesina，Roberto Perotti，"Income Distribution，Political Instability，and Investment，" *European Economic Review*，No.6（1996）.

[7] Mark Gradstein，"Inequality，Democracy and the Protection of Property Rights，" *The Economic Journal*，No.516（2007）.

积累促进经济效率提升，但当收入差距超过适度值时又会抑制经济效率提升[1]。Yamamura等采用数据包络（DEA）分析方法进一步证明了Chen的结论[2]。王少国等通过构建二元经济下的两部门模型，研究了我国城乡收入差距影响经济效率的变化趋势，并测算了当前我国城市发展的最适度人口规模[3]。

2. 相关文献研究述评

当前国内外的研究成果普遍认为收入分配差距对经济社会具有重要影响。总体上看，收入分配影响经济社会的途径可以分为五种，分别为消费需求（短期促进增长而长期抑制增长）、财政政策（差距扩大会影响社会舆论偏好和再分配政策，进而影响经济增长）、信用约束（差距越大，越不利于穷人人力资本积累，进而抑制增长）、二元结构（城乡差距越大，资源越向城市聚集，短期促进增长而长期抑制增长）、资源有效集中（区域差距越大，资源越向增长极地区聚集）。这些领域的理论建构和实证分析已经相对比较成熟，同时得到的结论也大都同意以下观点：一是收入分配差距持续扩大不利于居民总体消费；二是收入分配差距持续扩大对物质资本积累具有一定促进作用，但是不利于人力资本投资积累；三是收入分配差距持续扩大不利于社会和谐稳定，影响民主政治稳定性。从收集到的研究文献来看，对未来收入分配差距变化趋势的预测研究成果仍然相对偏少。

3. 收入分配影响社会消费和物质资本积累、人力资本积累、中等收入者比重的理论分析

结合国内外研究成果，收入分配对经济社会影响的理论分析大都是从微观角度，也就是从影响居民部门的消费和投资决策进行分析的，我们借鉴这一研究思

[1] Been-Lon Chen, "An Inverted-U Relationship between Inequality and Long-run Growth," *Economics Letters*, No.2（2003）.

[2] Eiji Yamamura, Inyong Shin, "Effects of Income Inequality on Growth through Efficiency Improvement and Capital Accumulation," *International Economic Journal*, No.2（2009）.

[3] 王少国、王镇：《中国城乡收入差距适度水平的经济效率分析》，《南开经济研究》2009年第6期。

路，对收入分配影响社会消费和物质资本积累、人力资本积累及中等收入者比重进行简要分析。

（1）收入分配对社会消费和物质资本积累的影响。

居民的支出结构主要包括消费和储蓄，消费额度与居民的收入水平和消费倾向直接相关，一般情况是收入水平越高，消费倾向越高，居民的消费总量就越高。储蓄与消费相类似，在不考虑居民手中少量的留存现金的情况下，消费倾向越高，储蓄倾向则越低，居民的储蓄通过金融系统周转，大部分会转变为企业部门的投资。

因此从这一角度讲，收入分配影响社会消费和物质资本积累的作用机理，可以置于一个共同的分析框架内进行研究。我们假设居民收入为x_i，收入分布服从正态分布[1]，其收入函数形式简写为$\int_0^t f(x)\mathrm{d}x$，居民整体的统计期望收入为$E(x)$，以期望收入或者居民整体平均收入为界，将收入人群简单分为实际收入超过期望收入的高收入人群和实际收入低于期望收入的低收入人群两个部分，同时假定低收入人群的平均消费倾向为C_p，高收入人群的平均消费倾向为C_r，而且均稳定不变。由居民的消费倾向递减规律知$C_p>C_r$，对应的储蓄倾向$S_p<S_r$。那么当收入分配差距扩大后，如图36所示，居民收入分布密度函数由$f_1(x)$变化为$f_2(x)$，收入密度曲线变得更加平缓。社会整体消费倾向变化为：

$$\Delta C=C_p\int_0^{E(x)} f_2(x)\mathrm{d}x+C_r\int_{E(x)}^{+\infty} f_2(x)\mathrm{d}x-C_p\int_0^{E(x)} f_1(x)\mathrm{d}x-C_r\int_{E(x)}^{+\infty} f_1(x)\mathrm{d}x$$

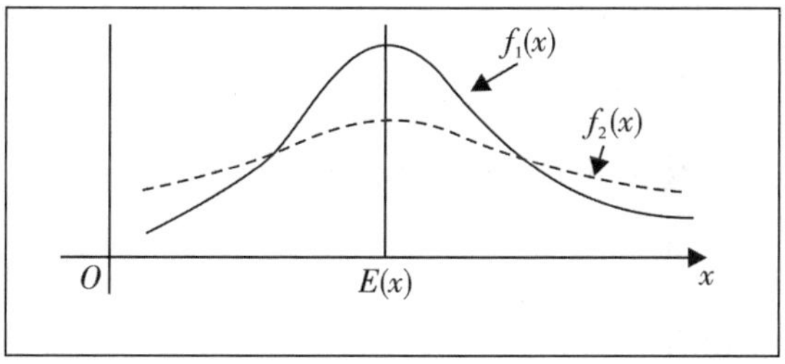

图36　收入分配差距扩大对社会消费和物质资本积累的影响

[1]　部分学者认为，以对数正态分布或高斯核密度拟合我国居民收入分布相对理想，实际上对居民收入取对数后所有分析与正态分布完全一致，这里作出的正态分布假设只是为了简化数理分析，特别是下文中收入差距影响人力资本积累的分析。

将该式合并可得$\Delta C=C_p\int_0^{E(x)}[f_2(x)-f_1(x)]dx+C_r\int_{E(x)}^{+\infty}[f_2(x)-f_1(x)]dx$。在居民总收入和总人口不变的条件下，平均收入不会变化，当居民收入差距扩大时，反映在居民收入分布函数上，相当于有一部分收入由低于期望收入的低收入群体转移到高于期望收入的高收入群体，这部分收入占社会总收入的比重在转移中不会变化，同样的道理，$\int_0^{E(x)}[f_2(x)-f_1(x)]dx$ 反映的低收入群体人口比重下降变化量和 $\int_{E(x)}^{+\infty}[f_2(x)-f_1(x)]dx$ 反映的高收入群体人口比重上升变化量，两者也是相同的，设该变化量为ΔP，$\Delta C=C_p(-\Delta P)+C_r\Delta P=(C_r-C_p)\Delta P<0$，同样地，社会总体储蓄率变化为$\Delta S=S_p(-\Delta P)+S_r\Delta P=(S_r-S_p)\Delta P>0$。即居民收入差距扩大，居民整体消费倾向下降，储蓄倾向上升。也就是说，当居民收入不变时，收入分配差距扩大对社会消费总量具有缩减作用，而对储蓄具有促增作用。因为储蓄率上升有利于物质资本积累，所以分配差距扩大将促增物质资本投资。

消费倾向下降会导致投资乘数下降，这对短期经济增长有负作用；储蓄倾向上升有利于资本形成和物质资本积累，这对短期经济增长有正作用。从表面看，收入差距通过影响物质资本对经济增长产生的综合作用是比较复杂的，但根据现代经济增长理论，收入差距扩大引发储蓄率上升虽然有助于收入总水平的上升，但对经济增长在长期内只有水平效应而无增长效应，经济增速最终收敛于由技术进步、人口增长和物质资本折旧所决定的稳态增速。在小型封闭经济体内这种收敛将很快实现，但对于大型开放经济体实际表现则非常复杂，不过我们能得出的结论是，工业化前期收入差距扩大引发物质资本积累增加，可以推动总收入水平上升，但资本边际报酬将下降，进入工业化后期即现代经济增长阶段，由于资本边际报酬已经小于人力资本，经济增长的主要动力让位于人力资本积累，此时收入差距对人力资本积累的作用机理显得更为重要。

（2）收入分配对人力资本积累的影响。

Galor建立了收入差距影响人力资本积累的模型[1]，我们根据其思想对其结论进行简化分析。如果坚持前文关于居民收入正态分布的假设，那么居民收入差距扩大意味着收入密度曲线峰值下移，期望值不变但方差变大（密度曲线上各点与期望值的距离变大，曲线变得扁平）。由于人力资本形成H需要成本投入，我们假设该成本为HC，而且在工业化前期HC_a大于该时期居民收入统计期望值$E(x_a)$，在工业化后期HC_b小于该时期居民收入统计期望值$E(x_b)$[2]，由于经济增长，收入水平上升，显然$E(x_b) > HC_b > HC_a > E(x_a)$。那么，在不考虑国家公共教育投入、收入再分配政策和借贷市场的前提条件下，只有收入水平超过HC的收入人群才能形成有效的人力资本积累，因此我们只要比较收入差距扩大对该人群比重变化的影响，就可以大致分析收入差距在工业化不同发展阶段对人力资本形成的影响作用。

图37显示了工业化前期$HC_a > E(x_a)$时收入差距扩大对人力资本积累的影响，用以下计算式表示：

$$\Delta H=\int_{HC_a}^{+\infty} f_2(x)dx-\int_{HC_a}^{+\infty} f_1(x)dx=[\frac{1}{2}-\int_{E(x_a)}^{HC_a} f_2(x)dx]-[\frac{1}{2}-\int_{E(x_a)}^{HC_a} f_1(x)dx]=\int_{E(x_a)}^{HC_a}[f_1(x)-f_2(x)]dx$$

显然$\int_{E(x_a)}^{HC_a}[f_1(x)-f_2(x)]dx$代表了图37中阴影部分A的面积，可知此时$\Delta H>0$，即工业化前期收入差距扩大有利于人力资本积累。

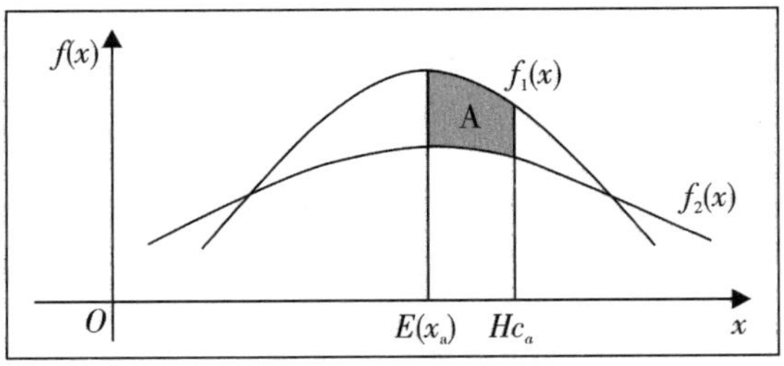

图37　收入差距影响人力资本积累

[1]　Oded Galor, "Inequality, Human Capital Formation and the Process of Development," *Handbook of the Economics of Education*, 2011.

[2]　本文作出的假设基于社会发展实际。儿童成长为合格的劳动力需要持续投入教育、抚养等成本，在生产力低下的情况下，例如工业化前期阶段，因为人力资本形成的成本高于大多数家庭的承受能力，所以劳动力的识字率和技能水平较低；在工业化后期阶段，情况正相反。

同样，在工业化后期$HC_b<E(x_b)$时，其影响为：

$$\Delta H=\int_{HC_b}^{+\infty} f_2(x)\mathrm{d}x-\int_{HC_b}^{+\infty} f_1(x)\mathrm{d}x=[\frac{1}{2}+\int_{HC_b}^{E(x_b)} f_2(x)\mathrm{d}x]-[\frac{1}{2}+\int_{HC_b}^{E(x_b)} f_1(x)\mathrm{d}x]=-\int_{HC_b}^{E(x_b)} [f_1(x)-f_2(x)]\mathrm{d}x$$

此时$-\int_{HC_b}^{E(x_b)} [f_1(x)-f_2(x)]\mathrm{d}x$相当于与阴影部分A相对称的左侧部分面积的负值，即$\Delta H<0$。也就是说，工业化后期即现代经济增长时期，收入差距扩大不利于人力资本积累。

综上所述，同样是收入差距扩大，在不同发展阶段对人力资本积累影响的作用方向是不同的，在人力资本形成门槛相对平均收入较高的工业化前期起促进作用，而在人力资本形成门槛相对平均收入较低的工业化后期起抑制作用。

（3）收入分配对中等收入者比重的影响。

依据前文关于居民收入分布的假定，当居民收入保持稳定时，居民收入差距扩大表现为收入分布函数的方差变大，如图38所示的居民收入分布密度函数由$f_1(x)$变化为$f_2(x)$，即收入密度曲线更加平缓。当划分标准为$[a，b]$（a和b是中等收入者实际划分标准的上下限）时，中等收入者占总人口的比重为$M=F(b)-F(a)=\int_a^b f(x)\mathrm{d}x$，中等收入者比重变化量$\Delta M=\int_a^b f_2(x)\mathrm{d}x-\int_a^b f_1(x)\mathrm{d}x=\int_a^b [f_2(x)-f_1(x)]\mathrm{d}x$，这一变化量相当于图38中阴影部分的面积。因为介于中等收入上下限的收入密度函数$f_2(x)<f_1(x)$，所以$\Delta M<0$。也就是说，当中等收入上下限区间在居民平均收入或期望收入水平的上下偏离幅度并不大时，居民收入差距扩大将导致中等收入者占总人群的比重下降，反之分配差距缩小将促使中等收入者比重提高。

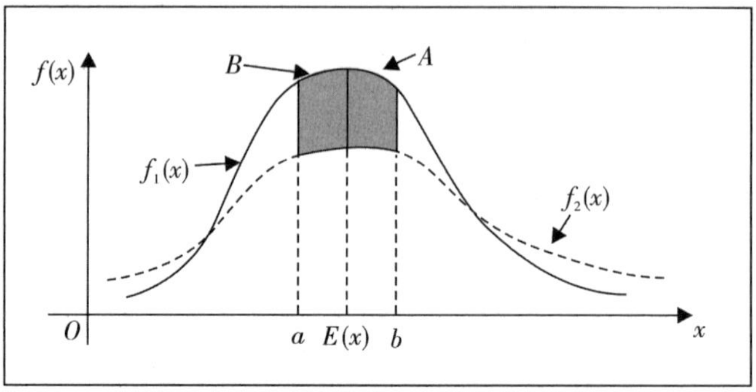

图38　收入分配影响中等收入者比重

李伟等对居民收入增长和分配差距扩大对中等收入者比重的影响进行了相对深入的研究，根据变化前后收入密度曲线的交点位置和中等收入者划分区间的关系，共归纳了五种可能的情形[1]。总体上看，本文所分析的中等收入者划分区间位于两个交点位置中间部分的情形是更符合大多数情况的最主要情形，得到的研究结论也完全一致。

4. 小结

综合前文的文献综述和模型分析，大体上可以得到以下基本结论：

一是分配差距扩大促减社会消费但促增物质资本积累。因为富人的边际消费倾向低，但边际储蓄倾向高，当分配差距扩大而且富人拥有了更多的社会财富后，会导致全社会的边际消费倾向下降而边际储蓄倾向上升。物质资本积累快于社会消费增加，意味着社会产品生产的阶段性过剩将出现。

二是分配差距扩大促减人力资本积累。人力资本的形成具有门槛效应，只有收入超过门槛的群体才能形成有效的人力资本投资，当分配差距扩大时，低于人力资本投资门槛的群体会增加，从而缩减全社会的人力资本投资。物质资本积累增加而人力资本积累相对滞后，将导致产业结构和就业结构呈现偏离状况，也就是会同时出现“用工荒”和“就业难”现象。

三是分配差距扩大一般会促减中等收入者比重。收入分配格局变化会影响低、中、高三类不同收入群体占总人口的比重。一般认为，分配差距扩大将导致收入呈现两极化倾向，从而缩减中等收入者比重；而分配差距缩小则会呈现平均化倾向，从而扩大中等收入者比重。中等收入群体在经济、社会和国家政治生活中发挥着重要的“稳定器”作用，中等收入者比重下降将不利于经济增长的可持续和社会的稳定和谐。

[1] 李伟、王少国：《收入增长和收入分配对中等收入者比重变化的影响》，《统计研究》2014年第3期。

二、我国宏观分配格局的变化及特征

现阶段对宏观分配格局的测算分析大体上有两条路径：一是运用统计年鉴中的资金流量表（实物交易）核算法，二是测算统计年鉴“收入法（分配法）核算国内生产总值”中的相关数据。我们在此运用这两种方法分别对我国三大部门的收入分配格局进行了测算，并对其变动趋势进行综合分析。

（一）初次分配格局变化

通过资金流量表测算分析得出结论：从总体收入规模增长来看，20世纪90年代至今，三大部门初次分配收入都有大幅提高，其中政府部门收入增速最快，住户部门收入增速最慢。近几年数据显示，住户部门收入增速快于三部门平均增速，而政府部门收入增速相对滞后。从分配结构看，我国国民收入初次分配格局在不同阶段呈现不同的变化趋势。总体分析，政府和企业部门收入比重上升，但住户部门收入比重下降。通过对1992—2000年、2000—2010年、2011年以来不同阶段进行比较，发现政府、企业和住户部门收入比重在不同阶段存在明显变化。相对来说，政府部门的收入比重变化较平稳，而企业和住户部门的收入比重变化波动性较强（见表34）。

总体来看，20世纪90年代我国国民收入初次分配格局相对平稳，但是进入21世纪以来发生了较大变化。21世纪以来的国民收入初次分配格局变化大体上可以分为两个不同阶段，以2010年为界，前一个阶段企业部门收入比重上升而住户部门收入比重下降；后一个阶段与之相反，企业部门收入比重下降而住户部门收入比重上升。总体上比较，20世纪90年代以来，政府和企业部门收入比重相对上升，住户部门收入比重相对下降，尽管近年来住户部门收入比重开始上升，但初次分配格局向资本要素、政府部门倾斜的趋势尚难说已根本扭转。

表34　资金流量表核算法测算的初次分配格局

年份	资金流量表初次分配收入/亿元				初次分配格局/%		
	总收入	政府	企业	住户	政府	企业	住户
1992	27208.2	2983.3	6411.3	17813.6	10.96	23.56	65.47
1993	35599.3	4037.0	9495.0	22067.3	11.34	26.67	61.99
1994	48548.2	5111.4	12229.1	31207.7	10.53	25.19	64.28
1995	60356.6	6006.5	15634.3	38715.8	9.95	25.90	64.15
1996	70779.6	8054.2	15403.9	47321.5	11.38	21.76	66.86
1997	78802.9	9209.3	18209.3	51384.3	11.69	23.11	65.21
1998	83817.6	10180.7	18485.6	55151.3	12.15	22.05	65.80
1999	89366.5	11242.4	19929.8	58194.3	12.58	22.30	65.12
2000	99066.1	12679.1	22067.8	64319.2	12.80	22.28	64.93
2001	109276.2	14212.8	25655.8	69407.6	13.01	23.48	63.52
2002	120480.4	17198.5	28470.7	74811.2	14.27	23.63	62.09
2003	136576.2	18794.6	34865.4	82916.2	13.76	25.53	60.71
2004	161415.5	22726.9	44286.2	94402.4	14.08	27.44	58.48
2005	185998.9	26516.7	51616.8	107865.4	14.26	27.75	57.99
2006	219028.0	31704.6	61264.8	126059.0	14.48	27.97	57.55
2007	270704.0	39105.7	76064.4	155533.9	14.45	28.10	57.46
2008	321229.6	45254.9	92899.9	183074.8	14.09	28.92	56.99
2009	347934.8	49222.7	97564.7	201147.4	14.15	28.04	57.81
2010	410354.2	61074.7	114853.3	234426.2	14.88	27.99	57.13
2011	483392.8	74461.1	128324.5	280607.2	15.40	26.55	58.05
2012	524328.9	85003.2	123413.1	315912.6	16.21	23.54	60.25
2013	588141.2	90255.5	148284.0	349601.7	15.35	25.21	59.44
2014	644380.1	99244.9	162643.7	382491.5	15.40	25.24	59.36
2015	686255.8	102490.0	168908.1	414857.7	14.93	24.61	60.45
2016	743408.3	104442.7	186401.9	452563.7	14.05	25.07	60.88
2017	831381.3	111450.7	213258.6	506672.0	13.41	25.65	60.94
2018	914327.2	116898.0	237982.7	559446.5	12.79	26.03	61.19

（续表）

年份	资金流量表初次分配收入/亿元				初次分配格局/%		
	总收入	政府	企业	住户	政府	企业	住户
2019	970101.2	123058.7	250559.4	596483.0	12.69	25.83	61.49
2020	1004054.7	126662.9	258023.8	619368.1	12.62	25.70	61.69
区间	各主体初次分配收入增长倍数/倍				分配格局的变化		
1992—2000年	2.64	3.25	2.44	2.61	1.83	−1.29	−0.55
2000—2010年	3.14	3.82	4.20	2.64	2.08	5.71	−7.80
2010—2020年	1.45	1.07	1.25	1.64	−2.27	−2.29	4.56
1992—2020年	35.90	41.46	39.25	33.77	1.65	2.13	−3.78

注：表中数值根据《中国统计年鉴2020》中的数据整理所得，统计部门根据第四次全国经济普查结果对三大部门1992—2018年的数据作了修订，前后数据可比。2019年和2020年的数据是根据统计公报中相关数据进行预测所得。各部门收入增长倍数为考察期数据和基期数据之比的倍数。

（二）再分配格局变化

我们以资金流量表为依据，对我国政府、企业和住户三大部门的再分配结构进行趋势性测算和分析。主要结论是：

总体来看，政府、企业和住户部门的可支配收入均大幅提高，其中政府部门增长最快，住户部门增长最慢。再分配格局中，2020年政府部门和企业部门可支配收入占比，与考察基期的1992年相比，分别上升了5.24个百分点和2.77个百分点，住户部门收入比重则下降了8.01个百分点。结合前文对初次分配格局的测算结果（同期初次分配中住户部门收入比重下降了3.78个百分点），说明经过国民收入再分配之后，住户部门在分配格局中的地位不仅没有强化，反而更加被削弱了。同时，经过国民收入再分配调整，政府部门在分配格局中的地位进一步强化了。因此可以判断，在我国宏观收入分配格局中存在向政府部门倾斜的趋势，而住户部门居于相对弱势的地位。

分阶段比较，三大部门在再分配格局中的收入比重变化存在明显不同。1992—2000年，再分配格局呈现住户部门的收入比重下降、政府部门的收入比重上升的特点；2000—2010年，政府和企业两个部门的收入比重上升，但是住户部门的收入比重下降；2010年以来，政府部门和企业部门收入比重有所下降，而住户部门收入比重得到提升（见表35）。不难看出，近几年来，住户部门在分配格局中的弱势地位开始得到缓解，但是否能从根本扭转，仍需进一步观察。

表35 资金流量表核算的国民收入再分配格局

年份	资金流量表可支配收入/亿元				国民收入再分配格局/%		
	总体	政府	企业	住户	政府	企业	住户
1992	27272.0	3515.2	5187.6	18569.2	12.89	19.02	68.09
1993	35666.8	4607.9	8142.9	22916.0	12.92	22.83	64.25
1994	48663.4	5755.3	10687.7	32220.4	11.83	21.96	66.21
1995	60476.4	7087.0	13525.7	39863.7	11.72	22.37	65.92
1996	70956.6	9401.3	12904.8	48650.5	13.25	18.19	68.56
1997	79229.3	10784.0	15050.9	53394.4	13.61	19.00	67.39
1998	84171.9	11448.8	16008.2	56714.9	13.60	19.02	67.38
1999	89775.7	12409.9	18614.9	58750.9	13.82	20.73	65.44
2000	99588.6	14428.1	20413.8	64746.7	14.49	20.50	65.01
2001	109979.0	17191.7	23115.2	69672.1	15.63	21.02	63.35
2002	121555.2	20541.9	26017.7	74995.6	16.90	21.40	61.70
2003	138020.6	23042.2	31994.4	82984.0	16.69	23.18	60.12
2004	163310.6	28244.5	40557.2	94508.9	17.29	24.83	57.87
2005	187953.9	34104.2	46679.0	107170.7	18.14	24.84	57.02
2006	221266.0	41379.1	54839.0	125047.9	18.70	24.78	56.51
2007	273525.3	54052.9	67207.1	152265.3	19.76	24.57	55.67
2008	324226.7	62975.1	81371.3	179880.3	19.42	25.10	55.48
2009	350097.5	66637.2	85972.0	197488.3	19.03	24.56	56.41
2010	413105.4	80976.7	102163.3	229965.4	19.60	24.73	55.67
2011	484987.4	99761.9	110295.3	274930.2	20.57	22.74	56.69
2012	537545.8	114900.4	114300.6	308344.8	21.37	21.26	57.36
2013	587601.5	124080.1	122765.5	340755.9	21.12	20.89	57.99
2014	644468.4	136341.2	135796.0	372331.2	21.16	21.07	57.77
2015	685462.0	143169.4	138922.4	403370.2	20.89	20.27	58.85
2016	742771.5	146768.3	154837.7	441165.5	19.76	20.85	59.39

（续表）

年份	资金流量表可支配收入/亿元				国民收入再分配格局/%		
	总体	政府	企业	住户	政府	企业	住户
2017	830577.7	162859.5	178541.3	489176.9	19.61	21.50	58.90
2018	914193.8	171265.6	199627.3	543300.9	18.73	21.84	59.43
2019	973616.4	178503.4	213576.7	581536.3	18.33	21.94	59.73
2020	1007693.0	182735.6	219540.3	605417.0	18.13	21.79	60.08
区 间	各部门收入增长倍数/倍				收入格局变化		
	总体	政府	企业	住户	政府	企业	住户
1992—2000年	2.65	3.10	2.94	2.49	1.60	1.48	−3.07
2000—2010年	3.15	4.61	4.00	2.55	5.11	4.23	−9.35
2010—2020年	1.44	1.26	1.15	1.63	−1.47	−2.94	4.41
1992—2020年	35.95	50.98	41.32	31.60	5.24	2.76	−8.01

注：表中数值由历年的《中国统计年鉴》资金流量表汇总所得。三大部门再分配格局按照本文介绍的方法进行归类。各部门收入增长倍数为考察期数据和基期数据之比的倍数。2019年和2020年的数据是根据统计公报得出的预估值。

（三）非规范收入的影响

即使基于中国最权威的统计数据对我国的国民收入分配格局进行了测算分析，我们仍感到，这难以全面、准确地反映我国宏观收入分配的真实状况。因为在三大分配主体中，都分别存在着难以在统计数据中反映，但绝对是收入分配因素的部分。其中最重要的是各分配主体都存在的非规范收入。基于此，我们尝试对宏观分配格局作进一步的分析，并力争对未来几年的情况进行前瞻性分析。

我们运用资金流量法估算了国民收入分配中政府、企业和住户三大部门的分配格局及其变动趋势。正如有学者认为，资金流量表是国民经济核算体系的重要组成部分，是当前最直接反映宏观分配中三大主体部门再分配格局的现实工具。但是因为编制资金流量表中的缺憾，“该方法并非全面、正确地衡量了国民收入分配”[1]。

[1] 许宪春：《准确理解中国的收入、消费和投资》，《中国社会科学》2013年第2期。

其中的原因：一是隐性经济始终存在，在每一轮新的经济普查结束后，统计部门都会根据普查结果对以往年份的数据进行再调整，也就是说，资金流量表中的数据更多体现的是可以监测的显性经济。受各种因素影响，社会各界高度关注的土地出让收入、所谓的“第二财政”问题、企业避税逃税问题、住户部门的灰色收入和个税的逃税问题等，在资金流量表中并没有体现出来。再有，企业和住户部门存在大量的税收流失，而这些流失的税收无疑对政府部门收入有重要影响。而一旦将三大部门中这些显性和隐性的收入进行估算后，现有资金流量表中的初次分配格局将发生变化，如果进一步地弥补逃税监管漏洞，强化征收效能，国民收入再分配格局也会发生一定程度上的变化。我们对考虑了各分配主体非规范收入的初次分配格局和再分配格局及可能的变化趋势进行了测算，结果如表36、表37所示。

三、宏观收入分配格局变化对经济社会的影响

（一）合理优化的收入分配格局会对经济社会发展产生积极影响

从初次分配和再分配角度分析国民收入分配格局问题，大体意味着国民收入创造出来之后，先是根据市场规则形成了政府、企业和住户之间的“初次分配”关系，然后经过政府调节等“再分配”，形成政府、企业和住户以“可支配收入”反映的分配关系。我们很难界定三大分配主体具体的分配或所得比例是多少就是合理的。毋庸讳言的是，减少和规范三大主体的非正常收入或隐性收入，就是使得国民收入分配格局不断优化的过程，这显然对经济社会发展是有积极影响的。“十四五”时期，我国的收入分配格局会不断趋向合理优化，从而对经济社会发展产生积极影响。

表36 考虑非规范收入后的国民收入初次分配格局

年份	资金流量表初次分配收入/亿元				未调整的初次分配格局/%			纳入政府收入的土地出让金/亿元	隐性收入规模/亿元		调整后的初次分配收入/亿元				调整后的初次分配格局/%		
	总收入	政府	企业	住户	政府	企业	住户		企业规模	住户规模	总收入	政府	企业	住户	政府	企业	住户
1992	27208.2	2983.3	6411.3	17813.6	10.96	23.56	65.47	168.9	788.7	2898.4	31064.2	3152.2	7200.0	20712.0	10.15	23.18	66.67
1993	35599.3	4037.0	9495.0	22067.3	11.34	26.67	61.99	179.9	1234.3	3507.2	40520.7	4216.9	10729.3	25574.5	10.41	26.48	63.11
1994	48548.2	5111.4	12229.1	31207.7	10.53	25.19	64.28	191.7	1427.8	4243.7	54411.4	5303.1	13656.9	35451.4	9.75	25.10	65.15
1995	60356.6	6006.5	15634.3	38715.8	9.95	25.90	64.15	204.2	1739.7	4819.8	67120.3	6210.7	17374.0	43535.6	9.25	25.88	64.86
1996	70779.6	8054.2	15403.9	47321.5	11.38	21.76	66.86	217.5	1721.5	5788.7	78507.3	8271.7	17125.4	53110.2	10.54	21.81	67.65
1997	78802.9	9209.3	18209.3	51384.3	11.69	23.11	65.21	231.7	2248.9	6761.6	88045.1	9441.0	20458.2	58145.9	10.72	23.24	66.04
1998	83817.6	10180.7	18485.6	55151.3	12.15	22.05	65.80	246.8	2382.9	7734.1	94181.4	10427.5	20868.5	62885.4	11.07	22.16	66.77
1999	89366.5	11242.4	19929.8	58194.3	12.58	22.30	65.12	250.0	2806.8	8954.4	101377.7	11492.4	22736.6	67148.7	11.34	22.43	66.24
2000	99066.1	12679.1	22067.8	64319.2	12.80	22.28	64.93	289.5	3391.5	10532.9	113280.0	12968.6	25459.3	74852.1	11.45	22.47	66.08
2001	109276.2	14212.8	25655.8	69407.6	13.01	23.48	63.52	630.0	4492.4	12519.2	126917.8	14842.8	30148.2	81926.8	11.69	23.75	64.55
2002	120480.4	17198.5	28470.7	74811.2	14.27	23.63	62.09	1174.9	5367.6	14397.0	141419.9	18373.4	33838.3	89208.2	12.99	23.93	63.08
2003	136576.2	18794.6	34865.4	82916.2	13.76	25.53	60.71	2635.5	6324.3	16209.7	161745.7	21430.1	41189.7	99125.9	13.25	25.47	61.29
2004	161415.5	22726.9	44286.2	94402.4	14.08	27.44	58.48	3117.2	8538.9	18817.9	191889.5	25844.1	52825.1	113220.3	13.47	27.53	59.00
2005	185998.9	26516.7	51616.8	107865.4	14.26	27.75	57.99	2860.4	10076.9	22433.9	221370.1	29377.1	61693.7	130299.3	13.27	27.87	58.86
2006	219028.0	31704.6	61264.4	126059.0	14.48	27.97	57.55	3926.9	12432.2	27201.1	262588.2	35631.5	73696.6	153260.1	13.57	28.07	58.37
2007	270704.0	39105.7	76064.4	155533.9	14.45	28.10	57.46	5939.1	16877.1	35582.4	329102.6	45044.8	92941.5	191116.3	13.69	28.24	58.07

（续表）

年份	资金流量表初次分配收入/亿元				未调整的初次分配格局/%			纳入政府收入的土地出让金/亿元	隐性收入规模/亿元		调整后的初次分配收入/亿元				调整后的初次分配格局/%		
	总收入	政府	企业	住户	政府	企业	住户		企业规模	住户规模	总收入	政府	企业	住户	政府	企业	住户
2008	321229.6	45254.9	92899.9	183074.8	14.09	28.92	56.99	4987.7	20668.1	41962.9	388848.3	50242.6	113568.0	225037.7	12.92	29.21	57.87
2009	347934.8	49222.7	97564.7	201147.4	14.15	28.04	57.81	8351.7	21616.3	46628.3	424531.1	57574.4	119181.0	247775.7	13.56	28.07	58.36
2010	410354.2	61074.7	114853.3	234426.2	14.88	27.99	57.13	13351.7	26487.9	57540.2	507734.0	74426.4	141341.2	291966.4	14.66	27.84	57.50
2011	483392.8	74461.1	128324.5	280607.2	15.40	26.55	58.05	15617.9	31199.4	71624.1	601834.2	90079.0	159523.9	352231.3	14.97	26.51	58.53
2012	524328.9	85003.2	123413.1	315912.6	16.21	23.54	60.25	13632.6	34050.7	82244.4	654256.6	98635.8	157463.8	398157.0	15.08	24.07	60.86
2013	588141.2	90255.5	148284.0	349601.7	15.35	25.21	59.44	18995.1	36130.8	90848.4	734115.5	109250.6	184414.8	440450.1	14.88	25.12	60.00
2014	644380.1	99244.9	162643.7	382491.5	15.40	25.24	59.36	16712.3	40105.3	97702.3	798900.0	115957.2	202749.0	480193.8	14.51	25.38	60.11
2015	686255.8	102490.0	168908.1	414857.7	14.93	24.61	60.45	12414.8	41618.5	105525.5	845814.6	114904.8	210526.6	520383.2	13.59	24.89	61.52
2016	743408.3	104442.7	186401.9	452563.7	14.05	25.07	60.88	18209.5	45455.0	116547.7	923620.5	122652.2	231856.9	569111.4	13.28	25.10	61.62
2017	831381.3	111450.7	213258.6	506672.0	13.41	25.65	60.94	14567.6	49217.4	128680.6	1023846.9	126018.3	262476.0	635352.6	12.31	25.64	62.06
2018	914327.2	116898.0	237982.7	559446.5	12.79	26.03	61.19	14567.6	53275.6	142077.3	1124247.7	131465.6	291258.3	701523.8	11.69	25.91	62.40
2019	970101.2	123058.7	250559.4	596483.0	12.69	25.83	61.49	14567.6	57651.1	156869.5	1199189.4	137626.3	308210.5	753352.5	11.48	25.70	62.82
2020	1004054.7	126662.9	258023.8	619368.1	12.62	25.70	61.69	14567.6	62366.4	173202.5	1254191.2	141230.5	320390.2	792570.6	11.26	25.55	63.19

注：2020年的数据为根据统计部门相关季度分析数据进行估算所得。

表37　考虑非规范收入后的国民收入再分配格局变化

年份	调整后的初次分配收入/亿元				资金流量表转移性收入/亿元			调整后的转移性收入/亿元			符合实际再分配格局/%			规范后再分配格局/%		
	总收入	政府	企业	住户	政府	企业	住户	政府	企业	住户	政府	企业	居民	政府	企业	居民
1992	31064.2	3152.2	7200.0	20712.0	926.7	−1520.3	657.3	1192.91	−1766.54	637.29	13.10	18.25	68.65	13.96	17.46	68.59
1993	40520.7	4216.9	10729.3	25574.5	845.3	−1529.6	751.8	1161.72	−1771.92	677.70	12.47	22.67	64.86	13.25	22.07	64.68
1994	54411.4	5303.1	13656.9	35451.4	839.5	−1673.0	948.8	1293.29	−1899.13	721.14	11.27	21.98	66.76	12.10	21.56	66.34
1995	67120.3	6210.7	17374.0	43535.6	799.3	−1946.3	1266.8	1417.05	−2188.57	891.32	10.43	22.94	66.63	11.34	22.58	66.07
1996	78507.3	8271.7	17125.4	53110.2	1111.4	−2429.9	1496.3	1946.78	−2726.51	957.53	11.92	18.68	69.40	12.99	18.30	68.71
1997	88045.1	9441.0	20458.2	58145.9	1048.4	−2682.3	2060.0	1995.22	−3034.12	1465.00	11.86	20.09	68.05	12.93	19.69	67.38
1998	94181.4	10427.5	20868.5	62885.4	573.0	−2412.0	2193.4	1678.37	−2747.51	1423.54	11.64	19.52	68.84	12.81	19.17	68.03
1999	101377.7	11492.4	22736.6	67148.7	1391.7	−2976.0	1993.6	3004.21	−3428.39	833.48	12.66	19.41	67.93	14.24	18.97	66.79
2000	113280.0	12968.6	25459.3	74852.1	1448.9	−1654.1	727.7	3150.23	−1923.10	−704.63	12.67	20.92	66.41	14.16	20.68	65.15
2001	126917.8	14842.8	30148.2	81926.8	2626.9	−2540.6	616.6	4755.90	−2996.06	−1056.94	13.69	21.63	64.68	15.36	21.28	63.37
2002	141419.9	18373.4	33838.3	89208.2	2906.0	−2453.0	621.8	5546.45	−2923.62	−1548.03	14.93	22.03	63.04	16.79	21.70	61.52
2003	161745.7	21430.1	41189.7	99125.9	3559.3	−2871.0	756.0	6725.34	−3423.18	−1857.86	15.31	23.48	61.21	17.25	23.14	59.60
2004	191889.5	25844.1	52825.1	113220.3	4604.9	−3728.9	1019.2	8706.77	−4468.45	−2343.12	15.71	25.34	58.95	17.83	24.95	57.22
2005	221370.1	29377.1	61693.7	130299.3	6499.8	−4937.9	393.1	11232.05	−5950.11	−3326.94	16.06	25.41	58.52	18.18	24.96	56.86
2006	262588.2	35631.5	73696.6	153260.1	8351.9	−6425.9	311.5	13856.87	−7793.57	−3825.80	16.61	25.40	57.99	18.69	24.89	56.43
2007	329102.6	45044.8	92941.5	191116.3	11925.2	−8857.4	−246.6	18383.02	−10882.80	−4679.02	17.16	25.33	57.50	19.11	24.72	56.17
2008	388848.3	50242.6	113568.0	225037.7	13994.9	−11528.6	530.9	21083.60	−14165.95	−3920.45	16.39	26.04	57.57	18.20	25.37	56.43

（续表）

年份	调整后的初次分配收入/亿元				资金流量表转移性收入/亿元			调整后的转移性收入/亿元			符合实际再分配格局/%			规范后再分配格局/%		
	总收入	政府	企业	住户	政府	企业	住户	政府	企业	住户	政府	企业	居民	政府	企业	居民
2009	424531.1	57574.4	119181.0	247775.7	12997.0	−11592.8	758.3	21439.73	−14256.27	−5020.96	16.54	25.21	58.25	18.52	24.59	56.89
2010	507734.0	74426.4	141341.2	291966.4	14189.5	−12692.6	1257.2	24400.15	−15760.64	−5885.41	17.36	25.20	57.44	19.36	24.60	56.04
2011	601834.2	90079.0	159523.9	352231.3	18136.3	−18042.9	1489.6	28921.96	−22597.30	−4741.66	17.93	23.45	58.62	19.72	22.69	57.59
2012	654256.6	98635.8	157463.8	398157.0	20325.2	−22045.2	1936.8	34383.38	−27738.09	−6428.49	18.18	20.69	61.13	20.32	19.82	59.85
2013	734115.5	109250.6	184414.8	440450.1	21631.0	−25524.3	3353.5	37671.92	−32079.14	−6132.58	17.84	21.66	60.50	20.03	20.77	59.21
2014	798900.0	115957.2	202749.0	480193.8	23307.9	−26856.4	3636.8	40462.33	−33628.31	−6745.72	17.43	22.01	60.56	19.58	21.17	59.26
2015	845814.6	114904.8	210526.6	520383.2	24819.1	−29054.1	4235.0	42534.40	−35037.23	−7497.16	16.52	21.46	62.03	18.61	20.75	60.64
2016	923620.5	122652.2	231856.9	569111.4	26428.3	−31359.8	4931.5	45755.86	−37894.52	−7861.35	16.14	21.71	62.15	18.23	21.00	60.77
2017	1023846.9	126018.3	262476.0	635352.6	28141.9	−33884.4	5742.6	49342.06	−40960.03	−8382.04	15.06	22.33	62.62	17.13	21.64	61.24
2018	1124247.7	131465.6	291258.3	701523.8	29966.5	−36653.6	6687.0	53220.62	−44312.58	−8908.04	14.36	22.65	62.99	16.43	21.97	61.61
2019	1199189.4	137626.3	308210.5	753352.5	31909.5	−39696.3	7786.9	57416.25	−47984.38	−9431.88	14.14	22.39	63.47	16.26	21.70	62.04
2020	1254191.2	141230.5	320390.2	792570.6	33978.4	−43046.0	9067.6	61955.85	−52011.89	−9943.96	13.97	22.11	63.92	16.20	21.40	62.40

注：根据本文方法对历年《中国统计年鉴》中的相关数据进行整理。其中符合实际再分配格局为不考虑非正常收入的再分配格局，规范后再分配格局为考虑非正常收入后的再分配格局。

（二）三大分配主体的收入分配变化对经济社会的影响

三大分配主体的收入增长和分配秩序的规范对未来一段时期收入分配格局变化具有重要影响，也必然给经济社会发展带来影响。研判当前和今后一段时期我国分配格局的变化需要着重考虑这两个方面的综合影响。前者影响越大，分配格局演化的内在规律性和趋势越强；后者影响越大，分配格局越能从目前状态向合理阶段过渡。

三大分配主体收入的变化，需要从正常收入和非正常收入两个渠道认识其对最终分配格局的影响，其对经济社会的影响也需要从这样的视角认识。

1.政府部门收入分配变化的影响

从政府部门看，最重要的是规范其收入。土地出让金等的增加或减少受诸多不确定因素影响，波动性很大。如果未来一段时期，这部分收入出现大起大落，必将扰乱真实的宏观分配关系，进而影响政府职能，尤其影响地方政府职能的发挥，影响经济发展和民生问题的解决。需注意的是，就政府部门的收入而言，即使是正常或正规的收入，如果占比过高，也会相对影响到企业投资和居民的消费，最终损害经济发展潜力以及经济社会的平稳。现阶段，我们需要规范政府的非正常收入和控制政府部门收入的总体占比。

根据我们的测算结果，如果不考虑非正常收入，未来一段时期政府部门的初次分配收入比重将略有上升，但再分配收入比重将下降；如果考虑非正常收入，未来一段时期政府部门的初次分配收入比重和再分配收入比重均将下降。政府部门收入比重的下降意味着政府部门公共服务支出的基础保障将有所弱化，在当前和今后一段时期地方政府将不得不更好地适应“量入而出”“过紧日子”的财政新常态。同时从政府部门自身来看，政府部门有必要进一步强化未来一段时期的收入分配秩序，巩固提升其在收入分配领域的宏观调节能力。

2.企业部门收入分配变化的影响

从企业部门看，其对政府部门开展供给侧结构性改革强化收入可持续增长能力的诉求应明显大于对规范分配秩序的诉求。如果不考虑非正常收入，未来一段时期企业部门的初次分配比重将下降，但再分配收入比重将略有上升，也就是企业部门最终利益份额将有所提升；如果考虑非正常收入，未来一段时期企业部门的初次分配和再分配收入比重均将下降，但是后者降幅小于前者，也就是说，强化非正常收入监管后，企业部门的利益份额是受损的。从短期政策调整分析，特别是在经济发展进入新常态背景下，进一步加大分配秩序规范力度，需要综合考虑企业部门的利益诉求。

3.住户部门收入分配变化的影响及劳动收入和资本收益的变动

从住户部门看，未来一段时期其收入比重将逐步上升，而且住户部门内部收入分配差距可能将持续下降，符合中等收入者标准的人口规模将快速提升。这是以人民为中心的发展思想和新发展理念在收入分配领域的具体体现，同时也是发挥收入分配制度改革的引领作用，扭转多年来住户部门收入比重下降趋势的主观选择。伴随城乡居民收入持续提升和分配差距进一步缩小，尽管与国际数据进行横向比较仍然处于相对较高水平，但是我国收入分配差距将有相对明显的改善，同时未来一段时期也是我国中等收入群体积极培育、中等收入者比重快速提升的发展时期，我国在21世纪中叶将大致形成橄榄型收入分配结构，这将大大促进我国经济社会平稳发展，促进我国迈过“中等收入陷阱”，建成现代化发达国家。

这里需要注意到的是劳动收入和资本收益的变动趋势问题。学界对劳动和资本及其关系的争议从来就没有停止过，从某种程度上说，劳动收入比重低于资本收益比重，表明社会财富的分配倾向于资本，有可能出现社会财富分配贫富两极分化的趋势。经典理论认为，各要素所有者根据对经济增长的边际贡献获得相应的收入，劳动报酬份额在国民收入分配中保持基本稳定，这曾被经济学家们誉为“卡尔多事实”——20世纪50年代，英国经济学家尼古拉斯·卡尔多（Nicholas Kaldor）总结了西方工业化国家在发展过程中初次收入分配格局变动的特征，认为劳动报酬收入占GDP份额具有长期的相对稳定性，而且认为这是经济发展过程中的重要特征——

并获得了广泛共识。显然，正如后来一些经济学家的观察，劳动和资本所得的比例已越来越不“恒定”，总体上呈现出在很多国家劳动所得比重有所下降，资本所得相对有所上升的态势。

我国一些学者的研究，较多认识和观察到初次分配中劳动地位明显偏低的问题。前文我们曾从劳动性收入和财产性收入角度分析了住户部门所得比重提高较慢的问题。结合目前经济社会中的新情况、新问题，需要对劳动所得和资本收益的关系有一个新的认识。就劳动所得的变化看，其无疑是与经济结构、产业结构的变化紧密相连的。从原理上讲，随着技术进步和资本有机构成的提高，劳动份额会有一个下降的过程，而且如果各产业劳动收入份额不再减少，随着产业结构继续由传统部门向更高产业层次转移，劳动报酬份额将继续降低。

CHAPTER 5

第五章

研究与思考

第一节

完善按要素分配政策制度研究

党的十九届五中全会审议通过的《中共中央关于制定国民经济和社会发展第十四个五年规划和二〇三五年远景目标的建议》（简称《建议》）将“人民生活更加美好，人的全面发展、全体人民共同富裕取得更为明显的实质性进展”作为到2035年基本实现社会主义现代化的远景目标之一。《建议》明确提出：“坚持按劳分配为主体、多种分配方式并存，提高劳动报酬在初次分配中的比重，完善工资制度，健全工资合理增长机制，着力提高低收入群体收入，扩大中等收入群体。完善按要素分配政策制度，健全各类生产要素由市场决定报酬的机制，探索通过土地、资本等要素使用权、收益权增加中低收入群体要素收入。多渠道增加城乡居民财产性收入。完善再分配机制，加大税收、社保、转移支付等调节力度和精准性，合理调节过高收入，取缔非法收入。发挥第三次分配作用，发展慈善事业，改善收入和财富分配格局。”未来一段时期，是我国向社会主义现代化强国迈进的关键时期，深化改革，促进收入分配公平合理，是经济社会持续稳定发展和现代化实现的重要支撑和保障。围绕《建议》中提到的“完善按要素分配政策制度”，我们以按要素分配为视角，在相关理论研究的基础上，进一步阐释相关精神，深入剖析按要素分配的内涵、现状及存在的深层次问题，并就完善相关的政策制度提出建议。

一、按要素分配的内涵及相关界定

（一）对按要素分配的讨论及内涵界定

按要素分配是新时代中国特色社会主义收入分配理论的重要内容。在理论和实践中，我国对按要素分配的认识也在不断深化。

多年来，各界对按要素分配的讨论一直没有停止，对按要素分配内涵的认识也存在着一定程度的差异。如周为民等认为，各种生产要素的价格由市场供求关系决定，要素所有者提供生产要素所获得的报酬（收入）由要素的市场价格决定，是为按要素分配[1]。余陶生认为按生产要素分配，就是按生产要素的"贡献"分配[2]。还有学者认为，按生产要素分配，就是按生产要素的数量和质量进行分配。按生产要素分配，从质的规定性上来说，是按生产要素的所有权分配；从量的规定性上来说，可以是按生产要素的数量和质量分配，也可以是按生产要素的贡献分配。在这两者当中，按生产要素的贡献分配是基本的，按生产要素的数量和质量分配是由按生产要素的贡献分配派生出来的[3]。总体上看，我国对按要素分配内涵的认识大体遵循两种理论：一是在马克思主义政治经济学背景下如何在新时代发展马克思的按劳分配理论；二是在西方经济学脉络下从威廉·配第到亚当·斯密，近期到托马斯·皮凯蒂探讨的在资本主义背景下按要素分配对收入差距拉大的作用。

新时代应赋予对按要素分配新的认识。我们认为，按要素分配是指在市场经济条件下，生产要素的使用者根据各种生产要素在生产经营过程中作出的贡献的大小，按照一定比例，对生产要素的所有者支付相应的报酬的一种分配方式。而这也是新时代中国特色社会主义收入分配应遵循的原则之一。

（二）按生产要素分配制度的演进

多年来，要素市场建设和运行中存在的市场化程度不足问题和某些公共服务领域存在的不对称市场化问题，破坏了"公平""共富"和"共享"的分配理念与按生产要素分配的实现机制。在要素市场建设中，劳动力市场存在地区、城乡分割问题，资本市场尚不健全，直接投资存在行业准入限制，企业家市场尚未建立健全。

[1] 周为民、陆宁：《按劳分配与按要素分配——从马克思的逻辑来看》，《中国社会科学》2002年第4期。

[2] 余陶生：《评物化劳动创造价值和按生产要素分配》，《武汉大学学报》（哲学社会科学版）1997年第2期。

[3] 杨欢进：《按生产要素分配:涵意、条件与作用》，《当代经济研究》1999年第4期。

在要素市场运行中，还存在资本报酬侵占劳动、技术和管理等要素报酬，农民在农村土地城镇化和非农化过程中难以通过土地获得财产性收入，金融结构高度集中导致资本收益不能公平实现等问题[1]。面对上述问题，中国在培育和发展要素市场的同时，遵循“鼓励参与—确立原则—健全制度—完善机制”的轨迹建立健全按生产要素分配制度，使得按生产要素分配的衡量标准逐步明确，参与分配的生产要素范围日益扩展。按生产要素分配制度的演进可以分为三个阶段：

一是从鼓励参与到确立原则。2000年，党的十五届五中全会提出“把按劳分配与按生产要素分配结合起来。鼓励资本、技术等生产要素参与分配”，但并未明确生产要素如何参与分配。2002年，党的十六大提出“确立劳动、资本、技术和管理等生产要素按贡献参与分配的原则”，将生产要素贡献作为收入分配的衡量标准，将参与收入分配的生产要素范围从资本和技术扩大到劳动、资本、技术和管理。这里的“劳动”不同于按劳分配的“劳动”，前者是非公有制经济中的“劳动”，后者是公有制经济中的“劳动”。

二是从确立原则到健全制度。从将生产要素按贡献参与分配确立为分配原则，到健全生产要素按贡献参与分配制度。在生产要素按贡献参与分配原则确立之后，逐步建立生产要素按贡献参与分配制度。2003年，党的十六届三中全会通过了《中共中央关于完善社会主义市场经济体制若干问题的决定》，提出“各种生产要素按贡献参与分配”，这是在完善社会主义市场经济体制的背景下对收入分配作出的制度性规定。2005年，党的十六届五中全会进一步提出“坚持各种生产要素按贡献参与分配”。针对生产要素按贡献参与分配制度不健全的问题，2007年，党的十七大报告提出“健全劳动、资本、技术、管理等生产要素按贡献参与分配的制度”。

三是从健全制度到完善机制。从健全生产要素按贡献参与分配制度到逐步完善按生产要素分配的体制机制，注重发挥要素市场的决定性作用。在生产要素按贡献参与分配制度逐步健全的基础上，进一步完善生产要素按贡献参与分配的体制机

[1] 王赞新：《论中国特色收入分配制度的现代化转型》，《湖湘论坛》2016年第6期。

制。2012年，党的十八大提出“完善劳动、资本、技术、管理等要素按贡献参与分配的初次分配机制”。2013年，党的十八届三中全会首次提出“健全资本、知识、技术、管理等由要素市场决定的报酬机制”，肯定了要素市场对各种生产要素报酬的决定性作用。同年，《关于深化收入分配制度改革若干意见的通知》提出“继续完善劳动、资本、技术、管理等要素按贡献参与分配的初次分配机制”“允许和鼓励品牌、创意等参与收入分配”。值得注意的是，这两份同一年的文件中，中共中央和国务院对参与分配的生产要素范围的规定略有出入，前者有“知识”无“劳动”，后者有“劳动”无“知识”。可见，当时我国对知识、劳动是否是参与分配的生产要素不太明确。2015年，《中共中央关于制定国民经济和社会发展第十三个五年规划的建议》提出“完善市场评价要素贡献并按贡献分配的机制”，将生产要素按贡献分配同市场评价结合起来，提升了按贡献分配在收入分配实践中的可操作性。2017年，党的十九大提出“完善按要素分配的体制机制，促进收入分配更合理、更有序”。2019年，党的十九届四中全会《中共中央关于坚持和完善中国特色社会主义制度　推进国家治理体系和治理能力现代化若干重大问题的决定》指出“健全劳动、资本、土地、知识、技术、管理、数据等生产要素由市场评价贡献、按贡献决定报酬的机制”。2020年，党的十九届五中全会明确提出“完善按要素分配政策制度”。

专栏分析6：关于按劳分配与按要素分配的区别

我们认为，按劳分配与按要素分配有以下几种区别：一是两种分配方式的产权主体不同。按劳分配的产权主体只能是公有制，而按要素分配方式则适用于包括公有制在内的多种产权主体。二是两种分配方式所处的地位不同。在社会主义市场经济条件下，按劳分配方式是主体，起主导作用，这一条要坚持不动摇。按要素分配只是与按劳分配并存的多种分配方式中的一种，它要与按劳分配相结合。三是两种分配方式所遵循的原则不同。按劳分配方式遵循的是公平优先的原则，按生产要素分配方式遵循的是效率优先的原则，一切要素都要通过市场来实现优化配置，市场决定分配，高效率必然获得高效益、高回报。四是两种分配方式的分配对象不同。按劳分配的对象只是个人收入分配，按生产要素分配的对象则既有个人收入分配（如当要素所有权属于公民个人时），又有国民收入分配（如当要素所有权属于国家和集体时）。此外，两种分配方式和性质以及各自反映的生产关系也不同。

（三）按要素分配的依据和意义

1. 按要素分配的依据

在社会主义初级阶段，按劳分配和按生产要素分配并存，不是一种任意的制度安排，它是由所有制与其经济利益实现形式之间的内在联系决定的。每一种所有制都有其经济利益的实现形式，公有制经济实行按劳分配，非公有制经济实行体现其所有制性质的其他分配形式。在市场经济条件下，非劳动要素的所有者必须凭借其生产要素的所有权索取一定的报酬，这是要素所有权的经济意义；报酬水平的变化会导致要素的流动，这是通过市场优化配置资源的方式。所以，只要是存在非劳动要素的所有权，这种权利就应该有其对应的经济利益形式，只要是在市场经济条件下，要素的所有者对其经济利益的关心就会成为优化配置资源的一种动力。从这个意义上讲，按生产要素分配的合理性根源于市场配置资源的内在要求。

在多种所有制并存的条件下，各类所有制企业都要在市场竞争中使用生产要素，要素的报酬水平成为决定生产要素流向的重要参数。所以，即使在公有制经济中，生产要素的使用也必须是有偿的，必须在其产品的成本项目中包含要素的成本。市场的竞争和交换关系将全社会的各种生产要素都包含在有偿使用、等价交换的经济关系中。无论在公有制经济还是在非公有制经济中，非劳动要素在其生产活动中均发挥了不可或缺的作用，既然参与了生产过程，并且是不可或缺的，就应获得一份收入。但生产要素在生产过程中的作用不是获得收入的理由，真正的理由是这种要素的所有权。

2. 按要素分配的意义

有利于促进生产要素市场的发育与完善。在社会主义市场经济条件下，要发挥市场机制对资源配置的基础性作用，关键是发展资本、劳动力、技术、信息等各种生产要素市场，只有这样才能促进生产要素平等地参与收入分配。

有利于进一步推动所有制结构的调整与完善。在社会再生产的四个环节中，生产决定分配，分配反过来又影响生产。所有制结构的调整、完善及生产要素市场的发展必然促进投资主体与分配方式的多元化。

有利于促进企业生产要素的优化配置。在市场经济条件下，生产要素按贡献参与分配的实质是分配关系的市场化，即各种要素的贡献率是通过市场竞争机制来决定的。

有利于推进共同富裕的实现。生产要素按贡献大小参与分配是以市场机制为基础，以追求效益为目标，因此必然促进资源的优化配置，激发不同生产要素所有者追求高效率的热情，极大地调动各方面的积极性，从而在更短的时间内创造出更多的财富，为实现共同富裕提供坚实的基础。

（四）按要素分配的形式

生产要素是指进行社会生产经营活动所必须具备的因素或条件，包括劳动力、土地、资本和技术等。生产要素的多样性决定了按要素分配形式的多样性。

按资本要素分配。改革开放以来，随着居民生活水平的提高，居民的收入已突破了过去单纯的所谓“消费基金”的范畴，形成了“消费基金”后的剩余资金。并且随着收入水平的日益提高，这种剩余资金也越来越多，它一部分用于购买房产，另一部分则主要转化成投资资金。居民私有房产和投资资金的出现，必然导致按资本要素分配形式的出现。对这种收入的性质，学术界的看法还不完全一致。一般来说，按资本要素分配主要包括以下具体形式：一是将资金用于银行储蓄，获取利息收入：二是将资金用于购买各种债券、股票等有价证券，获取利润、红利、股息以及有价证券买卖收入；三是将资金以独资、合资等形式从事实业投资以获取投资利润；四是将自有房产、车辆等出租获取租金收入。我们也可以从按居民个人资产分配的角度来理解。居民个人的资产有两种存在形式，即货币形式和实物形式。前者如存款、债券、股票等，后者指私有住宅和某些固定资产。前者的报酬形式有利息、股息或红利，后者的报酬形式是租金。居民个人在这种分配方式下的所得份额，不仅取决于其资产的规模，还取决于企业的经营状况和市场行情。

按劳动力要素分配，即劳动者依据自己的劳动力状况获取要素报酬。劳动力是一种重要的生产要素，劳动力要素参与收益分配，在市场经济国家已得到普遍的认同。按劳动力要素分配主要是按劳动力价值分配，而劳动力价值又是由生产与再生产这一劳动力的社会平均费用决定的，因而它有一个底线，即不能低到影响劳动力的生产与再生产。世界各国普遍的做法是对市场上劳动力价值货币表现的价格即工资进行最低立法保障。需要指出的是，我国在劳动报酬上也采用了工资这一形式，但这种作为按劳分配形式的工资与作为劳动力价格形式的工资是不同的。换句话说，按劳分配与按劳动力价值分配是不同的。按劳分配依据的是劳动量，即劳动力使用价值的发挥情况，多劳多得，少劳少得，不劳不得；而按劳动力价值分配的依据是劳动力价格，这种分配随劳动力供求状况上下波动。不仅如此，按劳分配的对象是作为产出的劳动成果，而按劳动力价值分配的对象是作为投入的劳动耗费。此外，进行分配的时间不同，按劳动力价值分配是在生产过程之前进行的，而按劳分配是在生产过程结束之后进行的。在按劳动力要素分配中还有一种情形是，随着资本概念从物质资本到人力资本扩展，劳动者还可根据其人力资本大小获得派息和分红。这是按劳动力要素分配的新发展，它表明劳动力要素不仅可从投入方面参与分配，而且可从产出（利润）方面参与分配。这也表明劳动力已从商品上升为资本形态。从投入方面参与分配，从一定意义上说，作为劳动力价格的工资是人力资本投资于生产活动的直接成本，人力资本的派息分红是人力资本的利润，是劳动者提高劳动能力、扩大再生产的基础，是一种发展工资，也是人力资本产权的主要组成部分。按劳动力价值分配主要存在于私营企业和外资企业，并与劳动力市场相联系。

在私营企业和外资企业的劳动者，他们将自己劳动力的支配使用权在一定时期内转让给企业，所得的工资实质上是劳动力的价值或价格。在中外合资和合作企业中，在一定程度上也是按劳动力价值分配。

按土地和其他自然资源分配。土地和其他自然资源是生产活动不可缺少的因素，资源的所有者凭借其所有权要求索取一定的回报。由于这些资源供给量的有限性，其价格会随着需求的增加而持续上升。土地的收益表现为地租，其形式有级差地租和绝对地租。

按技术要素分配，即技术要素所有者将自己所拥有的技术投入生产经营活动并据此取得报酬。在我国，按技术要素分配主要包括以专利权的形式获得专利收益和以技术入股的形式获取利润分红两个方面。在当今知识经济时代，大力提倡并鼓励按生产要素分配，对于我国发展高科技产业具有重要的意义。

按管理要素分配。管理是一项重要的生产要素，在生产经营活动中，主要表现为组织协调和指挥运筹才能；在分配形式上，主要包括承包制、年薪制、津贴制等。

按信息要素分配。在市场竞争中，谁拥有足够的信息，谁就能掌握生产经营的主动权，占据生产经营的优势。因此，信息要素所有者提供信息时是根据该信息对生产经营的贡献来获取回报的。

风险收入和机遇收入。风险收入是劳动者和经营者承担风险的报酬。任何进入市场的生产者和经营者都会面临风险，而规避和化解风险的能力与个人收入实现的程度、企业效益密切相关。这种与风险相关的决策成败要求从收入上得到实现，从而形成风险收入。机遇收入是对劳动者和经营者市场应变能力的报酬。市场瞬息万变，机会稍纵即逝，及时捕捉市场提供的机遇会产生可观的收益。这种捕捉市场机会的能力也要求有收入上的体现，于是形成机遇收入。但风险收入和机遇收入并不完全取决于决策劳动的强度，在很大程度上，还依赖于决策劳动与外部环境的变化巧遇。

（五）按要素分配的形成机制和实现途径

1. 按要素分配的形成机制

按要素分配是通过市场机制来实现的。在市场经济条件下，一种要素的报酬水平就是这种要素的均衡价格。而要素的均衡价格则是由该要素的需求和供给共同决定的。在这个意义上，按要素分配的机制就是要素配置的机制。要素的所有权是市场配置要素的基础。按要素分配必须首先明晰要素的所有权，然后才能确定所有权在经济利益上的实现形式。要素的所有者同时又是要素的供给者，要素的所有者如果是居民个人，那么要素的所有权在经济利益上的实现依赖于居民个人在若干有利可图的方案之间所作的选择。如果要素的所有者是集体，原则上要通过代理制执行这一选择过程。要素的需求者通常是使用这些要素的企业，在以竞争为基本特征的市场经济条件下，单个企业对要素的需求取决于该项要素的边际产出。但要素的报酬水平不仅与该要素的供求状况有关，而且还取决于与该要素有替代关系的要素的供给和需求的变化。要素的所有者接受市场评价形成的个人收入，一部分通过购买消费品实现个人消费，另一部分则通过储蓄或投资转化为资本要素。

2. 按要素分配的实现途径

把资本、技术、管理、数据等要素放到与劳动要素同等的地位。只有这样，一方面才可以充分配置生产所需要的各种生产要素资源，保证生产的顺利进行，达到规模经济；另一方面又可以调动各方面的积极性，最大限度地刺激生产要素所有者的投资热情、先进技术的推广应用和管理才能充分的发挥。

把劳动要素放在第一位，这是基于我国目前劳动力市场的实际情况所决定的。在我国市场经济条件下，劳动特别是简单劳动在与资本、技术和管理的竞争过程中，经常处于相对弱势的地位。因此，国家有责任运用法律的、经济的、政策的手段来充分保障劳动者的正当权益，这些手段包括运用《中华人民共和国劳动法》《中华人民共和国工会法》等法律、行政法规来保护劳动者的各种劳动权益，运用社会保障制度来保护社会低收入者等。这是在社会主义市场经济条件下，国家和政府的主要职责和根本任务之一。

把资本纳入生产要素，为保护资本市场投资者的权益提供更加明确的支撑。随着我国城乡居民收入水平的提高和收入构成的变化，居民的投资倾向不断增强，居民越来越多成为资本市场的重要参与者。资本市场的逐步规范和投资环境的改善，也将会推进居民要素收入的提升。

按技术要素分配能够充分调动广大科技工作者的创造性，使得科技人员的地位、作用、技术知识的价值得到社会的充分肯定，使得广大科技人员的收入与他们的劳动贡献相匹配，从而促进科技事业的大力发展，促进科技成果转化成为现实的生产力。

在社会主义市场经济条件下，企业家可以凭借其管理才能这一特殊的生产要素获得相应的报酬，这是我国市场经济发展的内在要求，也是产权制度改革的必然结果。西方经济学特别强调企业家才能对生产的核心作用，认为把劳动、资本、土地等生产要素合理配置起来，生产出最多、最好的产品的关键因素就是企业家才能。在我国经济体制改革的实践中，特别是股份制改造过程中，企业绩效的来源更多地依赖于企业领导人的管理能力及其能力的发挥程度。也就是说，企业领导人的决策能力、管理能力、市场开拓能力等是企业改革成功的核心。由于管理能力是一种特殊的人力资本，而这种人力资本只有通过激励，其巨大潜力才能被高度挖掘，其作用才能发挥，所以必须让各种层次的企业家都可以凭借管理能力得到相应的报酬。只有这样才能充分发挥企业家人力资本的作用，从而实现企业价值的最大化，进而为实现社会价值的最大化打下坚实的基础。

二、我国按要素分配的现状

摸清我国按要素分配的现状，是完善按要素分配政策制度的基础。我们结合国家统计局资金流量表等基础数据，对我国按照劳动、资本、土地、技术、数据等生产要素的贡献进行分配的基本情况展开分析。

（一）劳动力要素参与国民收入分配现状

劳动力所有者因提供劳动而获得劳动报酬，是劳动要素参与生产活动创造的价值在市场分配环节获得的收入，是国民收入在劳动力生产要素方面分配情况的直接体现。

1. 劳动报酬占比变化情况

我们利用国家统计局最新修订的中国资金流量表[1]的数据，对21世纪以来我国劳动力要素参与国民收入分配的状况进行考察。根据最新的统计口径，劳动者报酬是指劳动者从事生产活动应获得的全部报酬，既包括货币形式的报酬，也包括实物形式的报酬；主要包括工资、奖金、津贴和补贴，单位为其员工交纳的社会保险费、补充社会保险费和住房公积金、行政事业单位职工的离退休金、单位为其员工提供的其他各种形式的福利和报酬等。

整体来看，进入21世纪以来，劳动者报酬占国内生产总值的比重呈V形变化，国民收入分配结构中劳动者报酬份额长期偏低并持续下降的局面近年来出现了扭转，劳动者报酬份额止降回升，收入分配格局有所改善。劳动者报酬的较快增长，是国民收入分配格局中居民收入占比改善的重要因素。从居民初次分配收入的构成来看，劳动者报酬占居民收入的80%左右，是居民收入最主要的来源。2000—2018年，劳动者报酬从52242.9亿元增加到475562.8亿元，年均增长13.1%（见表38）。2000—2018年我国劳动者报酬占比的变化可划分为三个阶段：第一阶段是劳动者报酬占比显著下降阶段（2000—2008年），第二阶段是劳动者报酬占比快速提升阶段（2009—2015年），第三阶段是劳动者报酬占比相对稳定阶段（2016—2018年）。

[1] 2012年，国家统计局根据财政部提供的全口径财政收支详细资料、国家外汇管理局修订后的国际收支平衡表数据，以及部分交易项目编制方法的调整，系统修订了2000—2009年实物交易资金流量表。第四次全国经济普查后，国家统计局根据国民经济核算国际标准的变化，改进和完善资金流量表编制方法，编制了新的资金流量表（非金融交易部分）。

表38 劳动者报酬变动情况（2000—2018年）

年份	劳动者报酬/亿元	GDP/亿元	占GDP比重/%	年份	劳动者报酬/亿元	GDP/亿元	占GDP比重/%
2000	52242.9	99214.6	52.66	2010	190869.5	401512.8	47.54
2001	57529.8	109655.2	52.46	2011	222423.8	473104.0	47.01
2002	64501.5	120332.7	53.60	2012	256563.9	519470.1	49.39
2003	71735.7	135822.8	52.82	2013	298966.1	588018.8	50.84
2004	80950.7	159878.3	50.63	2014	328347.4	643974.0	50.99
2005	93148.0	184937.4	50.37	2015	357075.8	689052.1	51.82
2006	106369.0	216314.4	49.17	2016	386563.6	743585.5	51.99
2007	127918.9	265810.3	48.12	2017	424279.4	820754.3	51.69
2008	150511.7	314045.4	47.93	2018	475562.8	919281.1	51.73
2009	166957.9	340902.8	48.98				

数据来源：根据中国资金流量表（2000—2018年）相关数据整理计算。

（1）显著下降阶段。

2000—2008年，劳动者报酬在初次分配中占比总体上呈快速下降态势。劳动者报酬占GDP的比重从2000年的52.66%提高至2002年的53.60%，此后逐年下降，至2008年劳动者报酬所占份额减少至47.93%，比高点下降了5.67个百分点（见图39）。

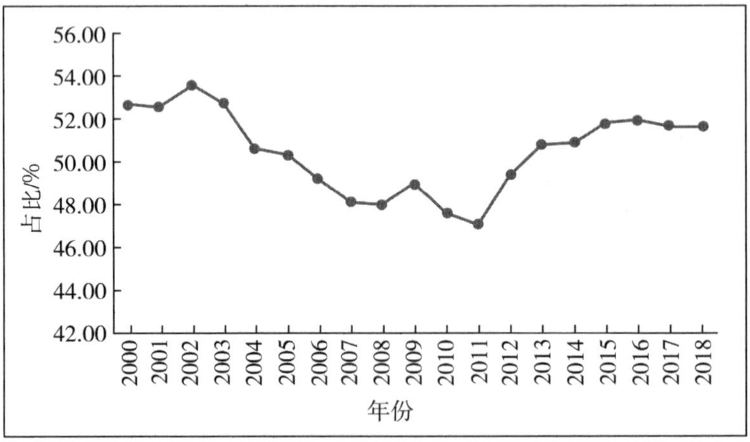

图39 劳动者报酬占GDP比重变化情况

数据来源：根据《中国统计年鉴2020》和中国资金流量表整理计算。

这一阶段劳动者报酬份额显著下降的原因有两方面。一方面，劳动者报酬的增长速度明显滞后于经济增速。劳动者报酬从2000年的52242.9亿元增加到2008年的150511.7亿元，年均增长14.1%；同期GDP由99214.6亿元增加到314045.4亿元，年均增长15.5%。2000—2008年，劳动者报酬年均增速慢于经济年均增速1.4个百分点，且这一时期除2002年劳动者报酬增速快于GDP增速以外，其他年份的劳动者报酬增速均慢于GDP增速。另一方面，劳动者报酬的增长也慢于劳动生产率的提高。以不变价测算，2000—2008年，劳动者报酬的实际增速低于全员劳动生产率的增速1.36个百分点。

（2）快速提升阶段。

2009年以来，劳动者报酬的增长速度有所提高，随着劳动者报酬的加快增长，劳动者报酬占GDP的比重也在低位有所提升。2009年，劳动者报酬占GDP的比重回升了1.05个百分点，由2008年的47.93%回升至48.98%。此后两年劳动者报酬占比出现了小幅回落，之后持续快速提升。2009—2015年，劳动者报酬从166957.9亿元增加至357075.8亿元，年均增长13.5%，比同期国内生产总值年均增速（12.4%）高出1.1个百分点。与此同时，较长一段时间以来劳动者报酬增长滞后于劳动生产率增长的情况也发生了转变，如图40所示，使用中国资金流量表相关数据进行测算，扣除物价影响因素，2012年以来，随着劳动生产率增长速度的放缓以及劳动者报酬增速的波动提升，单位从业人员劳动报酬实际增速连续四年超出全员劳动生产率增速。

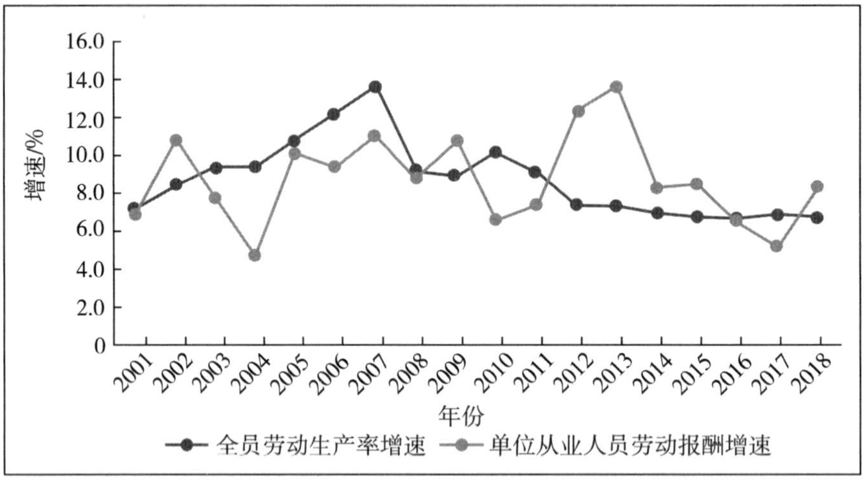

图40　劳动者报酬实际增速与劳动生产率增速

注：全员劳动生产率采用国内生产总值与全部就业人员的比值来表示。

数据来源：根据《中国统计年鉴2020》、中国资金流量表相关数据整理计算。

（3）相对稳定阶段。

进入“十三五”以来，我国初次分配结构中劳动者报酬所占份额相对稳定保持在52%左右。2016—2018年，劳动者报酬从386563.6亿元增长至475562.8亿元，年均增速比同期GDP低0.27个百分点，劳动者报酬增速与经济增长基本同步，劳动者报酬基本上保持与劳动生产率同步增长的态势。

2. 劳动者报酬分部门变化情况

从统计口径上来看，劳动者报酬是雇员经济部门劳动者报酬和自雇经济部门劳动者报酬的加总，其中，雇员经济部门是以公司化、组织化或产业化生产方式为特征的生产部门，具有明确的雇佣劳动关系，劳动和资本要素的贡献容易区分，雇员经济部门的劳动者报酬占比情况也是反映实际要素分配状况的关键指标[1]。具体来看，雇员经济部门包括非金融企业部门、金融机构部门和政府部门三大部门，表39显示了不同部门增加值中劳动者报酬所占份额的分布情况。整体来看，政府部门劳动者报酬所占份额较高，非金融企业部门要高于金融机构部门。2018年非金融

[1]　张车伟、赵文：《国民收入分配形势分析及建议》，《经济学动态》2020年第6期。

企业部门增加值中劳动者报酬占比43.4%，金融机构部门增加值中劳动者报酬占比26.6%，政府部门增加值中劳动者报酬占比88.6%。从变化情况来看，金融机构部门劳动者报酬的增长速度要快于非金融企业部门，2000—2017年，金融机构部门劳动者报酬年均增长16.3%，高于同期非金融企业部门年均增速2.7个百分点。受金融机构高管限薪等因素的影响，近年来金融机构部门劳动者报酬增速有所放缓，所占份额也呈现出下降趋势，2018年金融机构部门增加值中劳动者报酬占比比2000年降低了13.7个百分点（见表39）。

表39　分部门劳动者报酬占各部门增加值比重（%）

年份	非金融企业部门	金融机构部门	政府部门	年份	非金融企业部门	金融机构部门	政府部门
2000	45.2	40.3	82.4	2010	36.2	31.7	85.1
2001	43.1	41.2	88.4	2011	35.9	32.3	85.2
2002	42.5	44.2	85.3	2012	38.9	32.2	86.1
2003	42.1	40.1	88.4	2013	41.0	29.4	87.1
2004	38.2	39.2	88.2	2014	41.3	29.3	85.9
2005	38.1	38.7	84.6	2015	42.3	30.1	86.4
2006	37.5	29.3	83.6	2016	42.2	31.8	86.8
2007	36.6	25.6	84.9	2017	43.5	33.0	87.1
2008	36.1	29.1	80.5	2018	43.4	26.6	88.6
2009	37.4	27.9	82.8				

数据来源：根据中国资金流量表（2000—2018年）相关数据整理计算。

3. 劳动者报酬分行业变化情况[1]

从行业间劳动者报酬来看，不同行业工资差距呈先扩大后收敛趋势。19个行业人均工资的变异系数由2003年的31.7%增加至2008年的高点33.4%，此后呈回落趋势，2018年变异系数降至32.3%；城镇单位在岗职工工资最高的行业与最低的行业

[1]　数据来源：《中国统计年鉴》“按行业分城镇非私营单位就业人员平均工资”。

年平均工资之比由2003年的4.40：1扩大至2006年的4.59：1，之后差距趋于缩小，2018年二者之比缩小为4.05：1。

技术密集型行业和新兴行业劳动者报酬水平持续领先于传统行业和劳动密集型行业，且保持较高水平的增长速度。由于技术进步和产业结构调整升级，第三产业逐渐崛起，生产性和生活性服务业需求快速增长，技术性收入日渐成为居民收入的重要增长点。近年来，19个行业中信息传输、软件和信息技术服务业，金融业以及科学研究和技术服务业发展迅猛，其城镇就业人员年均工资水平持续保持在前三位，2018年这三个行业平均就业人员工资分别为14.8万元、13.0万元和12.3万元，为平均水平的1.79倍、1.58倍和1.5倍，同比增幅分别达10.9%、5.7%和14.4%。

4. 国外部门劳动者报酬变化情况

随着"走出去"战略的加快实施，企业海外投资活动的规模快速增长，吸收外资规模与对外投资规模差距逐渐缩小，高水平"引进来"与大规模"走出去"呈现并存局面。2013年，中国对外直接投资流量首次突破千亿美元大关，连续两年位列全球三大对外投资国。2014年，中国实际引进外资1196亿美元，对外直接投资规模超过吸收外资规模，从资本净引进国转变为资本净输出国。随着对外投资的大幅增加，我国来自国外的劳动要素收入逐渐超出向国外支付的劳动要素收入，来自国外的劳动要素净收入规模由负转正并快速增长（见表40）。

表40　国外部门劳动者报酬运用和来源情况

单位：亿元

年份	运用	来源	净收入	年份	运用	来源	净收入
2000	16.7	56.2	−39.5	2010	923.1	98.5	824.6
2001	24.6	70.5	−45.9	2011	1070.1	104.5	965.6
2002	55.8	78.7	−22.9	2012	1077.3	112.9	964.4
2003	106.2	92.7	13.5	2013	1102.0	106.2	995.8
2004	166.7	114.4	52.3	2014	1837.9	255.4	1582.5
2005	273.4	148.9	124.5	2015	2058.7	356.2	1702.5
2006	344.3	185.7	158.6	2016	1784.5	412.6	1371.9

（续表）

年份	运用	来源	净收入	年份	运用	来源	净收入
2007	519.6	189.6	330.0	2017	1467.6	456.2	1011.4
2008	634.5	190.0	444.5	2018	1192.8	657.4	535.4
2009	629.1	140.1	489.0				

数据来源：根据中国资金流量表（2000—2018年）相关数据整理计算。

（二）资本要素参与国民收入分配现状

根据国民经济核算基本原理，生产活动的最终成果，即增加值，是参与生产活动的不同生产要素在生产活动中创造的价值，要素的所有者也将获得相应的要素报酬。资本的所有者因提供资本而获得不同形式的收入，即资本报酬；自然资源所有者因出让自然资源使用权而获得地租；政府因国家管理需要对生产活动或生产要素征收生产税。因而资本报酬可以通过国内生产总值减去劳动者报酬、生产税净额[1]和地租之后的差额来表示。我们以此为基本思路测算2000年以来我国资本报酬的变动情况。

1. 资本报酬占比变化情况

整体来看，2000年以来我国资本报酬占国内生产总值的比重变化情况与劳动者报酬占国内生产总值的比重变化情况相反，尤其是在前两个阶段，国民收入分配结构中资本报酬份额先升后降（见图41）。

[1] 生产税净额是指生产税减生产补贴后的差额，其中生产税指政府对生产单位从事生产、销售和经营活动，以及因从事生产活动使用某些生产要素（如固定资产和土地等）所征收的各种税收、附加费和其他规费。

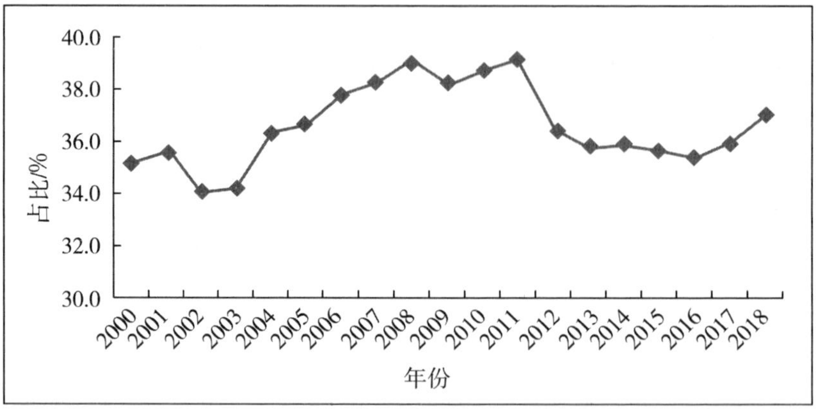

图41　资本报酬占国内生产总值的比重变化情况

数据来源：根据中国资金流量表（2000—2018年）相关数据整理计算。

资本报酬快速增加。如表41显示，2000—2008年，资本报酬在GDP中的份额显著提升，资本报酬占比呈快速上升态势，国民收入分配更多向资本倾斜，资本所有者收入的增加在很大程度上解释了同时期劳动者报酬份额的下降。资本报酬由2000年的34912.2亿元增加至2008年的122640.3亿元，占GDP的比重从35.19%提高至39.05%，提高了3.86个百分点，同期劳动者报酬所占份额降低了4.7个百分点。

资本报酬份额回落。2009年以来，资本报酬占比持续增长的态势发生了变化，与经济增长速度相比，资本报酬的增长速度有所放缓，占GDP的比重出现了明显的下降。如表41所示，2015年资本报酬占GDP的比重为35.64%，比2008年减少了3.41个百分点。这一阶段劳动者报酬占比的提高也更多地得益于资本报酬份额的减少，同时期劳动者报酬份额提高了3.9个百分点。

表41　资本报酬变动情况（2000—2018年）

年份	资本报酬/亿元	占GDP比重/%	年份	资本报酬/亿元	占GDP比重/%
2000	34912.2	35.19	2010	155542.0	38.74
2001	39064.4	35.62	2011	185333.9	39.17
2002	40958.9	34.04	2012	189629.0	36.50
2003	46444.7	34.20	2013	210388.4	35.78

（续表）

年份	资本报酬/亿元	占GDP比重/%	年份	资本报酬/亿元	占GDP比重/%
2004	58143.7	36.37	2014	231114.1	35.89
2005	67797.6	36.66	2015	245564.6	35.64
2006	81708.8	37.77	2016	263599.1	35.45
2007	101620.8	38.23	2017	294808.6	35.92
2008	122640.3	39.05	2018	340473.2	37.04
2009	130248.3	38.21			

数据来源：根据中国资金流量表（2000—2018年）相关数据整理计算。

2016年以来，资本报酬占GDP的比重略有回升，但生产税净额占比出现了明显下降，如图42所示，这一阶段劳动者报酬份额相对平稳主要得益于生产税净额的相对减少。

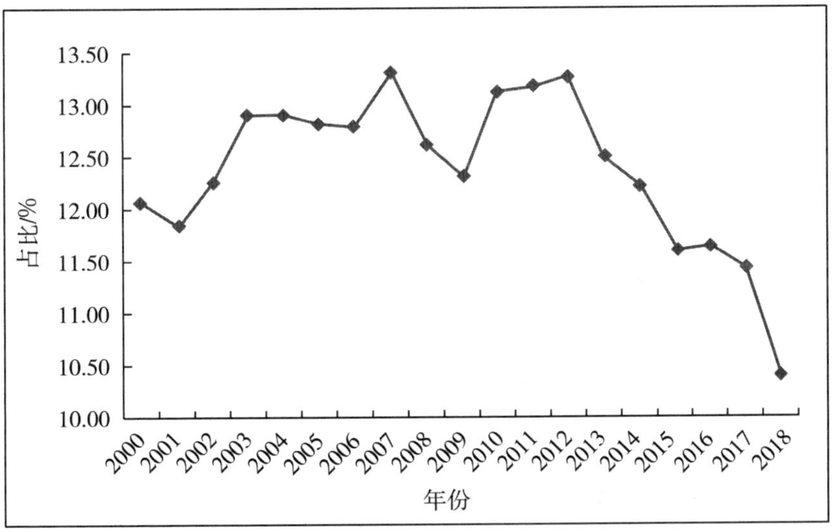

图42　生产税净额占国内生产总值的比重变化情况

数据来源：根据中国资金流量表（2000—2018年）相关数据整理计算。

2. 资本报酬分类型情况

根据资本所有者提供资本类型的不同，资本报酬又分为不同的类型，如借贷资本所有者获得利息收入，股权所有者获得红利或参与利润分配，等等。从资本报酬的结构构成来看，主要包括利息、红利、其他财产收入和其他盈余等。由表42中的数据计算可知，2018年，我国利息收入占资本报酬总额的34.9%，比2000年（30.1%）提高4.8个百分点；红利收入占资本报酬总额的5.0%，比2000年（3.4%）提高1.6个百分点；其他财产收入占资本报酬总额的1.6%，比2000年（0.3%）提高1.3个百分点；其他盈余占资本报酬总额的58.5%，比2000年（66.1%）降低7.6个百分点。

表42 资本报酬构成情况

（单位：亿元）

年份	利息	红利	其他财产收入	其他盈余	年份	利息	红利	其他财产收入	其他盈余
2000	10510	1201	111	23090	2010	56458	4475	2748	91861
2001	10090	1290	109	27575	2011	82430	4706	3212	94987
2002	10037	2236	116	28570	2012	103403	6425	4094	75707
2003	11558	2010	192	32685	2013	86992	8322	3305	111769
2004	13186	2752	193	42013	2014	99143	11165	3722	117084
2005	15452	4289	394	47663	2015	98983	15755	3428	127398
2006	24987	5591	1181	49951	2016	98214	16140	5164	144081
2007	31292	7862	2387	60080	2017	104610	17933	5472	166793
2008	43472	9709	2059	67401	2018	118813	17037	5545	199078
2009	41421	10028	2302	76497					

数据来源：根据中国资金流量表（2000—2018年）相关数据整理计算。

（三）土地要素参与国民收入分配现状

1. 国有土地使用权出让占比情况

在国民收入初次分配中，自然资源所有者因出让自然资源使用权而获得地租，这是衡量土地要素参与收入分配的重要指标。21世纪以来，随着国有土地使用权出让收入[1]规模的快速增加，地租收入规模和其在国内生产总值中的份额都呈显著上

[1] 土地使用权出让收入是指地方政府依法以招标、拍卖、挂牌和协议等出让方式配置国有土地使用权取得的全部土地价款，包括受让人支付的征地和拆迁补偿费用、土地前期开发费用和土地出让收益等。

升态势。如表43所示，地租收入由2000年的84.2亿元增加至2018年的7691.4亿元，增长了90倍，年均增速达28.5%。在份额上，地租收入占国内生产总值的比重由2000年的0.08%提高至2018年的0.84%。

表43　地租及其份额

年份	地租/亿元	地租占GDP比重/%	年份	地租/亿元	地租占GDP比重/%
2000	84.2	0.08	2010	2428.7	0.60
2001	92.8	0.08	2011	3075.5	0.65
2002	110.5	0.09	2012	4411.2	0.85
2003	126.2	0.09	2013	5127.9	0.87
2004	175.1	0.11	2014	5869.4	0.91
2005	306.1	0.17	2015	6743.0	0.98
2006	579.9	0.27	2016	6877.4	0.92
2007	965.7	0.36	2017	7822.0	0.95
2008	1337.1	0.43	2018	7691.4	0.84
2009	1733.8	0.51			

数据来源：根据中国资金流量表（2000—2018年）相关数据整理计算。

2. 农村集体土地收益分配情况

从当前农村集体土地征收出让过程中土地收益在不同主体间的分配情况来看，政府收益占大部分，集体经济组织收益其次，农民个人收益占比最少。工业化和城镇化进程中，随着农村征地规模的扩大和征地农民数量的快速增加，由于征地补偿不合理，农民难以从土地增值中获得合理的收益分配，因土地征收而引发的信访、群体性事件等逐渐增加，征地引发的社会不稳定因素日趋增多，社会矛盾和社会风险日渐加剧，影响了农民权益和社会和谐稳定发展。政府部门应收取土地征收环节缴纳的税费和土地增值收益，即耕地占用税、耕地开垦费、新增建设用地有偿使用费、征地管理费、农业重点开发建设资金和相关契税等，以及土地供应价格扣除征地补偿费、政府税费、土地开发成本之外的增值收益；对集体经济组织和农民个人，享有包括土地补偿费、安置补助费、青苗补偿费以及地上附着物补偿费等在内的征地补偿，其中，土地补偿费的70%、安置补助费支付给被征地农民，青苗补偿费和地上附着物补偿费支付给实际的所有权人，土地补偿费的30%支付给村集体。总体来看，征地收益的分配中，政府部门占60%～70%，集体经济组织占25%～30%，农民仅占5%～10%[1]。一方面，目前征地补偿费用难以保障农民的稳定生活和长远生计。尽管现行的《中华人民共和国土地管理法》第四十八条规定，“征收土地应当依法及时足额支付土地补偿费、安置补助费以及农村村民住宅、其他地上附着物和青苗等的补偿费用，并安排被征地农民的社会保障费用”。另一方面，当前的分配方式下，征地补偿费用中尚未涵盖从耕地转为建设用地进行第二、第三产业生产过程中增值部分的收益，农民集体和个人难以享受到土地的增值收益，无法分享到经济发展的成果。

（四）其他要素参与分配现状

除了劳动力、资本、土地等参与分配的生产要素之外，党的十六大报告进一步提出“确立劳动、资本、技术和管理等生产要素按贡献参与分配的原则，完善按劳分配为主体、多种分配方式并存的分配制度”，把“技术和管理”明确列为参与分配的生产要素。党的十九届四中全会进一步提出将“数据”作为生产要素按贡献参与分配。在现阶段的国民经济核算中，初次分配活动中的生产要素主要包括劳动力、资本、土地等数量型生产要素，对于反映高质量发展要求的知识、技术、管理等质量型生产要素和数字经济发展的数据生产要素[2]，尚待完善。2020年3月，《中共中央　国务院关于构建更加完善的要素市场化配置体制机制的意见》明确提出要“加快培育数据要素市场”，2020年5月，科技部等9部门印发《赋予科研人员职务科技成果所有权或长期使用权试点实施方案》，职务发明成果权益分享机制、数据要素收益分配机制等创新要素参与收益分配机制得到加快构建和完善。由于数据获得的限制，其他要素参与分配现状还有待进一步研究和挖掘。

[1] 陈志刚、张国林、彭志宏：《关于农地非农化中土地收益分配制度改革的思考》，《国土资源情报》2013年第6期。

[2] 陈启清：《健全和完善生产要素参与分配机制》，《经济日报》2020年3月5日第11版。

三、我国按要素分配存在的问题及原因

（一）劳动力市场存在多重制度性分割

劳动要素分配存在不少基础性体制性欠缺。当前，我国劳动力市场仍不够完善，以户籍、行业、区域和所有制性质等形成的体制障碍尚未消除，劳动力自由流动的制度成本依然较高，劳动力要素不能实现充分有效配置。与发达国家相比，我国劳动力市场分割现象严重，不仅存在“主要劳动力市场”和“次要劳动力市场”的分割，更存在着深度和广度巨大的、以户籍制度和劳动用工制度为代表的一系列制度性分割，包括城乡劳动力市场的分割、不同体制部门之间的分割等。而且，虽然部分明显带有歧视性的政策已经逐渐被取缔，但基于这些制度产生的各种利益集团仍在自觉和不自觉地维护着这些歧视性制度，导致劳动力市场分割的体制机制性因素依然大量存在，降低了市场评价劳动力要素贡献的公平性。

多重制度性分割直接体现为劳动者因身份不同而处于受歧视的状态，在就业岗位上被区别对待，进而因就业机会差异而被拉大工资收入差距。主要体现在：

一是劳动用工的“双轨制”现象。派遣工、农民工与所谓体制内的正式职工同工不同酬，绝大多数劳务派遣工、农民工的收入仅相当于正式职工的一半，甚至更少。实证研究表明，外来劳动力与城市本地劳动力之间的全部工资差异中，人力资本的个人禀赋差异可以解释其中的57%，而剩余的43%则属于不可解释的部分（通常可以认为是歧视因素）。国家统计局发布的数据显示，2019年农民工月均收入3962元，农民工集中就业的六大行业年平均工资收入普遍低于同行业的城镇非私营单位就业人员年平均工资。将农民工月均收入换算为年均收入，与城镇非私营单位就业人员年平均工资和城镇私营单位就业人员年平均工资进行比较（见表44），2019年，制造业农民工年平均收入47496元，而制造业城镇非私营单位就业人员年平均工资达到78147元，后者是前者的1.6倍，并且制造业城镇私营单位就业人员年平均工资也比制造业农民工年平均收入高出5362元。批发和零售业农民工年平均收入41664元，而批发和零售业城镇非私营单位就业人员年平均工资达到89047

元，后者是前者的2.1倍，并且批发和零售业城镇私营单位就业人员年平均工资也比制造业农民工年平均收入高出7058元。交通运输、仓储和邮政业农民工年平均收入56004元，而交通运输、仓储和邮政业城镇非私营单位就业人员年平均工资达到97050元，后者是前者的1.7倍。从行业年平均工资收入增速看，如图43所示，只有住宿和餐饮业及建筑业农民工年平均收入增速超过了城镇非私营单位就业人员年平均工资增速，分别高出0.2个百分点和0.1个百分点，其他四大行业的农民工年平均收入增速均低于城镇非私营单位就业人员年平均工资增速，其中增速差距最大的是居民服务、修理和其他服务业，农民工年平均收入增速比城镇非私营单位就业人员年平均工资增速低了4.6个百分点。

表44　2019年农民工、城镇非私营单位就业人员与城镇私营单位就业人员年平均工资水平及增速的比较

行业	农民工年平均收入		城镇非私营单位就业人员年平均工资		城镇私营单位就业人员年平均工资	
	水平/元	增速/%	水平/元	增速/%	水平/元	增速/%
制造业	47496	6.1	78147	8.4	52858	7.3
建筑业	54804	8.5	65580	8.4	54167	6.5
批发和零售业	41664	6.4	89047	10.5	48722	7.8
交通运输、仓储和邮政业	56004	7.4	97050	9.7	54006	6.8
住宿和餐饮业	39468	4.5	50346	4.3	42424	7.0
居民服务、修理和其他服务业	40044	4.2	60232	8.8	43926	7.0

数据来源：《2019年农民工监测调查报告》《2019年城镇非私营单位就业人员年平均工资90501元》《2019年城镇私营单位就业人员年平均工资53604元》，国家统计局网站。

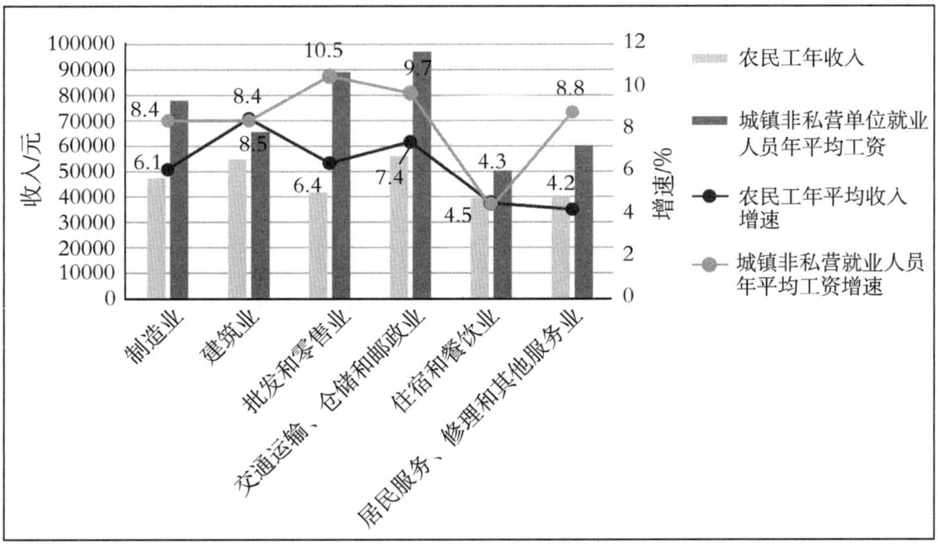

图43　2019年农民工与城镇非私营单位就业人员六行业年平均工资水平及增速的比较

数据来源：《2019年农民工监测调查报告》《2019年城镇非私营单位就业人员年平均工资90501元》，国家统计局网站。

二是劳动力市场在竞争性行业和垄断性行业的分割越来越凸显。竞争部门职工工资受到劳动力市场就业竞争的压力，处于一种缓慢增长的态势；从农民工就业的行为来看，农民工已分布于我国经济社会中的各个行业，其中绝大多数分布于制造业、建筑业、采矿业以及批发和零售业、住宿和餐饮业等竞争性行业中。而垄断部门（无论是自然垄断还是行政垄断）员工工资增长既不用承受市场竞争的压力，也不受到自身业绩的影响，只是取决于财政收入的增长，因此出现了与财政收入同步增长的态势。2019年，全国城镇非私营单位就业人员年平均工资为90501元，全国城镇私营单位就业人员年平均工资为53604元，前者是后者的近1.7倍。在城镇非私营单位中，平均工资最高的行业是信息传输、软件和信息技术服务业，为161352元；最低的是农、林、牧、渔业，为39340元，最高与最低之比为4.1∶1。

三是劳动力市场的体制性行业分割导致就业的结构性矛盾越来越突出。经典的劳动经济学理论对城市不同部门之间劳动力流动性的差异及流动障碍有三种主流解释。早期的“二元劳动力市场”理论将就业稳定性视为首要市场和次要市场之间的重要区别，但这一理论对流动性差异形成机制的分析不够深入。在信息不对称条件下的委托–代理理论中，经典的效率工资及其后续的扩展模型在基于员工监督成本阐释工资差距形成根源的同时，也暗含了信息不对称对劳动力流动的阻缓机制。随后发展起来的内部人–外部人模型则将员工替换成本作为引发劳动力流动障碍的主要原因。现实中，国有部门委托人约束（或出资人监管）不足，经理人为了分享劳动者剩余而主动降低员工解雇的概率。同时，国有部门劳动人事制度对员工生产率变化具有较大的弹性效应，国有企业劳动力配置机制具有更大的包容性，即在保障员工就业机会的同时也在一定程度上造成其内部的劳动力流动性低于非国有部门，劳动力跨所有制流动的渠道还不够畅通。

此外，在分割的劳动力市场中，体制内劳动力市场价格信息基本不受或者比较迟钝于体制外劳动力供给压力的影响。大学生经过多年的人力资本投资后，倾向于在教育回报高的主要劳动力市场而非次要劳动力市场就业，其就业目标市场往往是机关事业单位、垄断性国企等体制内劳动力市场，以及部分外企与大型民企等正规企业的体制外主要劳动力市场。由于不同劳动力市场工资决定机制的差异，高校毕业生供大于求的局面并不能压低机关事业单位、垄断性国企等的工资水平。同一水平线上的高校毕业生进入不同劳动力市场就业，其在工资收入和劳动权益保障甚至后续职业生涯的发展上出现巨大的差异。

劳动力价格受到体制性分割与行业分割的共同影响，同时，体制性分割向行业分割演化，行业分割的影响更加凸显。劳动者进入完全竞争的、工资水平受劳动力市场价格影响显著的开放行业，如制造、建筑、批发和零售、住宿和餐饮等行业，以及进入不完全竞争的、工资水平受劳动力市场价格影响不明显的垄断行业，如电力、金融、科技服务等行业及机关事业单位，其职业发展将会出现巨大的行业差异，这已越来越导致人们有强烈的社会不公平感。2019年，我国制造业、建筑业、住宿和餐饮业等开放行业的城镇非私营单位与城镇私营单位就业人员年平均工资之比在1.5∶1左右，而同年，电力、金融、科技服务等行业的城镇非私营单位与城镇私营单位就业人员年平均工资之比都接近或超过了2∶1。

（二）工资制度和工资价格形成机制还不健全

尽管劳动报酬份额持续提高，但是对工资，尤其是对劳动者真正拿到手的工薪收入的影响并未增大，劳动者工资水平依然偏低。在劳动报酬中扣减了社会保险费、住房公积金、个人所得税后的部分，是劳动者的可支配劳动报酬。它是可以用来消费和储蓄的劳动报酬，是普通劳动者最后能够获得的收入。2018年，可支配劳动报酬为232611.9亿元，占当年劳动报酬总额的比重为70%，与2008年的80%相比，下降了10个百分点。这表明，近年来劳动报酬份额有所提高，其中重要的原因是，社会保险费、住房公积金、企业年金、个人所得税等居民不可支配部分快速增加。与2008年相比，2018年劳动报酬总额占国内生产总值的比重提高7.6个百分点，可支配劳动报酬总额占国内生产总值的比重提高2.0个百分点。两者相差的5.6个百分点就是各类扣款占国内生产总值比重的提高幅度。

受市场化改革、国有企业改革以及事业单位改革进展的制约，劳动力的工资形成机制仍然难以充分、合理、有效地反映各类劳动者的贡献。主要表现如下：

一是工资集体协商制度在维护劳动者合理收入方面的作用仍然有限。当前，我国制造业劳动力的低成本优势仍十分显著，究其原因，工资集体协商机制还很不完善。我国的工资集体协商制度还没有覆盖到全行业、全区域，且层次性较低，对劳动者集体合同的建立还没有起到实质性作用。当前，企业工会尤其是公有制企业工会的独立性不强，代表性也不够，参与协商的主体不够成熟，协商的内容不够全面。同时，集体协商的程序不规范，集体合同的内容空洞。此外，我国对集体合同履约的监督力度不足，一些地方出台的劳动就业条例、意见、规定、政策及各类办法，大多是在供给侧结构性改革实施之前制定的，最近两年少有修改。

二是部分劳动者权益保障不到位、违法解除劳动合同、拖欠职工工资、同工不同酬、不缴或欠缴社会保险费、超时加班、不落实带薪年休假制度、不依法支付加班工资等现象普遍存在。2019年，我国外出农民工的月均收入为4427元，尽管与2009年的1417元相比，已经增长了2.12倍，但是，农民工与城镇就业人员月平均工资的差异依然较大。2019年，农民工的年平均工资为47544元，仅为城镇非私营单位就业人员年平均工资90501元的52.5%。近些年，农民工平均月收入的增幅明显低于社会平均水平，如图44所示，2015年以来，我国农民工平均月收入增幅与同年城镇非私营单位就业人员月平均工资增速的差距有所扩大，从2015年的2.9个百分点增长到2019年的3.3个百分点。如果再考虑到农民工在社会保险、工作时间、工作条件和工作强度等方面的不利条件，其就业待遇与城镇职工的差距就更明显了。

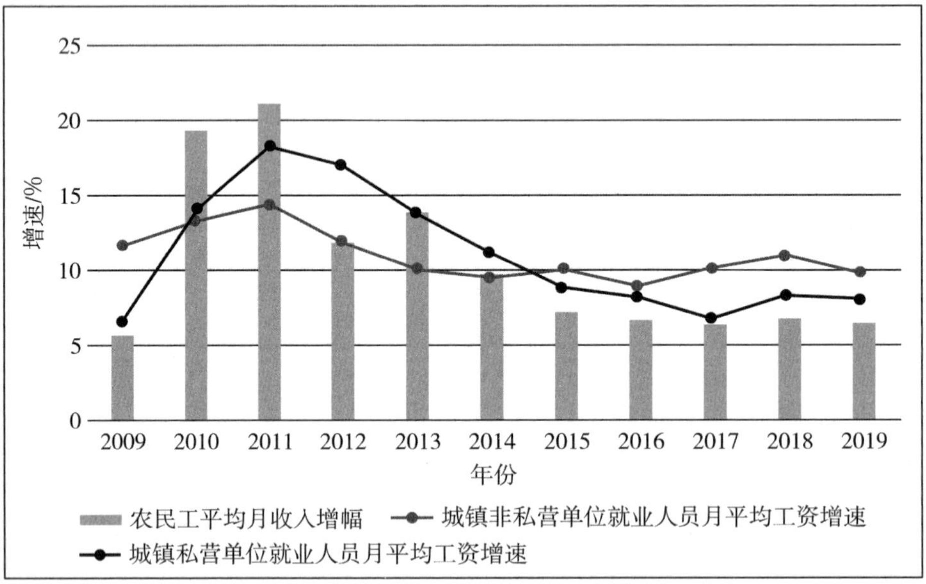

图44　2009年以来农民工平均月收入增幅与城镇单位就业人员月平均工资增速的比较

数据来源：国家统计局。

三是国企工资形成机制中，存在难以界定竞争性国企、难以合理地对劳动贡献定价等一系列操作性难题。国有部门与非国有部门劳动力素质水平存在较大差异。从受教育年限来看，国有部门劳动力在各个行业、各类职业的平均受教育年限均高于非国有部门。从职业和岗位看，非国有部门中非技术工人、非熟练工人等所占的比重较大，国有部门高级蓝领员工所占的比重在不断下降，从事专业技术和管理工作的白领员工所占的比重快速上升。但是，国有部门与非国有部门劳动回报存在差异。在薪酬管理上，国有部门的薪酬水平主要源自政府政策的统一调整，而不是对劳动力市场竞争的自发反映，非国有部门的薪酬调整则普遍建立在实际生产率提升和劳动力供求关系变化的基础上。在市场化工资决定机制下，高人力资本存量必然带来高收益，但是，国有部门高人力资本的报酬率低于非国有部门，而低人力资本的报酬率却显著高于非国有部门。在国有部门，工作年限在工资决定中起着显著作用，存在“论资排辈”因素，偏离了市场化的工资机制，这实际上对高学历者存在工资惩罚，对低学历者存在工资溢价，造成了劳动力资源浪费，降低了劳动力市场效率，还会形成劳动力的“逆向选择”，造成高素质劳动力流失，损害国有部门的竞争力。

四是财政供养人员收入水平较低，其劳动价值未能体现。近年来，尽管中央及地方各级人事部门和财政部门多方筹措经费，数次调薪，但机关事业单位工作人员的平均收入水平仍滞后于经济发展水平。即便在具备同样经验与知识储备的情况下，机关事业单位人员报酬也显著低于其他行业在职人员。同时，随着机关事业单位薪酬制度的不断规范、财经纪律的整肃，一些长期合理存在的仅存的“安慰”性质的福利、津贴、补贴也逐步被清理取消。在财政供养人员队伍高素质、高学历的大背景下，一方面社会综合生活成本水涨船高，另一方面受工作性质所限，财政供养人员收入上涨空间有限，劳动价值无法得到充分体现。长此以往将导致人才流失，在劳动力市场形成负面预期。

五是中小企业薪酬管理制度不规范。近年来，随着劳动力市场转变，市场环境正朝着有利于劳动者的方向变化。但是，一些行业和一些经济领域过高的资本回报率抬高了要素价格，使得中小企业在资本市场上处于较为不利的地位。中小企业承担了一部分本该由其他部门承担的风险，这就造成中小企业的淘汰率过高。中小企业具有“五六七八九”的典型特征，其中的“八”就是，中小企业创造了80%以上的城镇就业岗位。中小企业所承担的风险，就职于中小企业的普通劳动者也在承担，这造成了我国劳动者工资水平长期偏低的问题。

（三）土地、资本等要素的自由流动面临障碍

改革开放以来，我国土地、资本等要素改革取得积极进展，但尚未实现市场化机制全覆盖，仍不同程度地存在“双轨制”。农村土地长期被排斥在土地市场之外，土地市场化水平还不高。市场机制对城乡土地配置的作用发挥不充分，农村土地转化为工业和城市建设用地必须通过国家征用转化为国有土地后才能进入市场，一级市场由国家控制，二级市场农民很难进入，农民在土地交易中处于弱势地位。城乡土地二元分割特征依然突出，农村土地征收、集体经营性建设用地入市、宅基地流转改革需要加快，国有土地和农村集体土地同地不同权的情况还比较明显。国有土地使用结构不合理，主要用于保障经济社会的生产性需求和基础设施建设需求，城市的生活生态用地特别是住房用地的供应比重偏低。建设用地存量资源不足，现有存量土地使用效率较低。土地取得和保有环节征税过低，而流转环节契税、营业税、印花税等整体税率过高。

金融市场功能尚不健全，金融资源主要流向国有大中型企业，中小企业存在融资难、融资贵等问题。多层次资本市场体系仍过度依赖银行体系间接融资的融资结构，直接融资与间接融资不协调的状况未得到根本改变。金融市场体制机制仍不完善，服务实体经济的功能未得到充分发挥，支持和服务“三农”及中小微企业的能力仍有待进一步改善。金融机构市场化退出机制和金融要素市场定价机制不完善，市场化约束机制和违约风险承担机制不健全。金融市场基础设施、金融市场自律机制、相关法规体系仍有待完善，双向开放程度仍有待提高。

（四）知识、技术等要素的市场运行机制不完善

我国的知识和技术要素市场发育迟缓，突出表现为产权制度尚不健全，特别是体制内职务科技成果的产权界定不清晰。同时，我国缺乏全面设定技术市场各类主体在技术转移中的权利、义务和责任的法律法规。职务科技成果的使用、收益、处置政策，以及激发科研人员的创新创造动力与活力等亟待制度创新。技术市场多部门协同促进机制尚未定型。技术市场服务机构与技术创新的互动机制尚未真正形成，与其他要素市场，尤其是资本市场尚缺乏深层次互动。

知识、技术等要素的价格形成机制不完善。知识、技术等要素按贡献参与分配的制度依然不健全，科研技术人员人力资本和智力资本属性体现得仍然不够充分，促进人力资本积累的激励机制不完善，制约了中等收入群体的持续稳定扩大。当前，收入分配相关改革的大方向虽然得到广泛认同，但是在具体落实的“次决策”上却难以对具体的改革措施达成共识。《职务发明条例草案（送审稿）》第二十条规定：“单位未与发明人约定也未在其依法制定的规章制度中规定对职务发明人的奖励的，对获得发明专利权或者植物新品种权的职务发明，给予全体发明人的奖金总额最低不少于该单位在岗职工月平均工资的两倍；对获得其他知识产权的职务发明，给予全体发明人的奖金总额最低不少于该单位在岗职工的月平均工资。”从企业的角度看，由于不同产业、不同企业、不同职务发明的类型不同，不宜实行单一比例规定，这样的规定干预了企业的内部管理。在深化简政放权改革之际，《职务发明条例草案（送审稿）》的提出在一定程度上增加了政府部门收权的嫌疑。

（五）数据要素市场发育迟缓、运行还不规范

由于数据的产权界定规则尚未建立，我国的数据要素市场发育迟缓，与规范的数据要素市场尚有较大的差距。“数据孤岛”现象依然存在，政府的数据路径尚未完全打通，数据尚未完全得到商业化应用。平台企业数据资源的产权、使用、责任和义务等缺乏法律规范，大数据无法合理市场化。我国对数据要素交易的监管水平较弱，涉数据违法成本较低，个人数据隐私保护有待进一步加强。市场主体发育缓慢，引导和扶持政策有待健全。大数据市场运行不规范，亟待出台相关的法律制度，将数据要素纳入政府治理范围。

四、完善按要素分配政策制度的政策建议

（一）进一步完善劳动力市场

发挥市场机制在劳动力要素配置中的决定性作用，鼓励劳动力要素跨地区、跨行业、跨部门合理流动，健全工资价格形成机制，提高劳动报酬的初次分配比重。

一是促进劳动力自由流动。实行开放灵活的劳动力市场政策，降低劳动者务工的迁徙成本，推动劳动力的跨产业和跨地区转移。推动户籍制度改革，打破现有的户籍制度对劳动力在城市和农村之间、城市之间自由流动的限制，赋予不同户籍的劳动者平等的报酬和社会保障待遇，规范招人用人制度，消除就业歧视，提供更加公平的就业机会。推动超大、特大城市调整完善积分落户政策，探索推动在长三角、珠三角等城市群率先实现户籍准入年限同城化累计互认。放开放宽除个别超大城市外的城市落户限制，试行以经常居住地登记户口制度。建立城镇教育、就业创业、医疗卫生等基本公共服务与常住人口挂钩机制，推动公共资源按常住人口规模配置。建立统一的社会养老保险体系，彻底解决“双轨制”阻碍人才流动的养老金接续问题，确保劳动者的基本权益和合理诉求得以实现。

二是完善工资制度和工资价格形成机制。将劳动力要素市场改革和工资市场化改革结合起来。要充分发挥企业职工工会的集体协商机制和内部治理机制，不断完善各具特色的工资制度与工资增长机制，及时调整最低工资标准，着力提高低收入群体收入，扩大中等收入群体。不断提高劳动者技能、素质，增强劳动者工资协商意识，以适应新时代经济结构性转型、发展方式转轨等新变化对劳动力提出的新要求。完善对最低工资制度和企业工资协商制度的政府监管机制，加大《中华人民共和国劳动法》和《中华人民共和国劳动合同法》等的执行力度，消除不正当竞争行为和影响公平竞争的制约因素，真正地提高劳动者的工资性收入。

（二）促进资本配置更为合理

以打造规范、透明、开放、有活力、有韧性的资本市场为目标，以资本市场服务实体经济、促进贸易投资便利化为宗旨，健全资本市场基础性制度，有效防范和

化解金融风险。

一是加强多层次资本市场体系建设。健全资本要素市场定价机制，充分发挥资本要素市场风险识别和价格发现功能。加快培育市场化金融资产价格形成机制，优化市场基准利率和收益率曲线，健全市场化利率形成机制。持续推进国内多层次资本市场体系建设，大力发展货币市场、证券市场、保险市场、基金市场和期货市场，不断丰富债券市场品种体系，稳步发展国债期货、利率互换等利率衍生产品，兼顾场内市场和场外市场的协调发展。发展可转换债、可交换债等股债结合产品和并购重组债、可续期债券，为中小企业债务融资提供更多渠道和更便捷的服务。

二是更好地发挥市场对金融资源的配置作用。不断完善资本要素市场功能，提高直接融资比重，促进社会融资结构持续优化。积极引导资本要素市场和金融机构为实体经济提供多样化的金融产品和融资服务，更好地满足实体经济的融资需求。发挥资本要素市场在推动经济转型升级、供给侧结构性改革中的作用，扩大绿色债券、社会效益债券、项目收益债券及其他创新品种的发行规模，主动对接和服务“中国制造2025”、国企改革、脱贫攻坚、新旧动能转换等国家重大战略和重点领域，为国家重点领域和重点项目建设提供资金支持。丰富外汇市场交易产品，增加外汇期权产品类型，满足市场主体投融资交易需求。

三是加大资本要素市场双向开放力度。协同推进扩大金融业开放、完善汇率形成机制、减少资本管制“三位一体”的改革，放宽境外金融机构的市场准入限制，落实外资准入前国民待遇加负面清单制度，不断提升国内资本市场的影响力、吸引力和国际话语权，实现资本市场对外开放与资本项目开放进程和风险防范能力提升协同推进，支持有条件的中资金融机构“走出去”，提升国际竞争力。有序提高跨境资本和金融交易的可兑换程度，推动资本要素的全球布局和相关领域的国际合作。

四是防范化解各类市场风险，保障投资人收益。提高金融机构和资本要素市场服务实体经济和防御风险的能力，健全货币政策和宏观审慎政策“双支柱”调控框架，牢牢守住不发生系统性金融风险的底线。加强资本要素市场监管的协调与合作，有效防范资本市场跨市场、交叉性金融风险。持续加强金融监管部门依法监管能力建设和资本市场跨境监管的合作，提高监管效率和监管水平。

（三）推进土地要素市场化改革

推进土地要素参与收入分配的改革实践，涉及政府职能重新界定、市场主体利益关系整合和产业城乡区域用地结构调整，必须充分发挥市场配置资源的决定性作用，理顺所有者和代理人关系，在加强不动产统一登记和农村宅基地“房地一体”登记的同时，平衡资源利益分配，形成良好的社会预期。

一是提升国有土地使用效能。健全工业用地市场供应体系，采取长期租赁、先租后让、弹性年期供应、作价出资（入股）等多种方式，鼓励节约集约用地，提高土地利用效益，盘活存量建设用地，着力培育建设用地使用权转让、出租、抵押二级市场，大力推广城镇低效用地再开发试点经验。以市场交易价格为标准，探索建立工业与住宅用地合理比价机制，统一明确不同区域工业用地租金和地价标准，适度提高工业用地价格；分类开展地价动态监测，探索通过价格、租金管制及补贴等措施，鼓励工业企业盘活存量划拨用地。推进不同产业用地类型合理转换，增加混合产业用地供给，将两种以上相关联的产业用地归为一宗地进行出让，支持项目尽快落地。

二是推进农村土地制度改革。将集体经营性建设用地使用权与国有土地使用权的市场价格作为对集体土地征收补偿的市场价计算标准，统筹土地征收与集体经营性建设用地入市比重。逐步推进宅基地制度改革，探索宅基地有偿退出机制；加快建立健全集体建设用地资源资产产权制度，逐步实现各类市场主体按照市场规则和市场价格依法平等使用土地等自然资源；允许农村集体组织以出租、合作等方式盘活利用空闲农房及宅基地，优先发展农村新产业、新业态。

（四）完善知识要素价格形成机制

以创造和提升知识价值为主旨，科学评估知识要素价值，改革评价考核制度，构建长效激励机制，改进科研项目管理方式，进一步激发科研人员的积极性、主动性和创造性，在全社会形成知识创造价值、价值创造者得到合理回报的良性循环，推动形成体现知识价值的收入分配机制。

一是科学评估知识要素价值。知识要素的投入对产出贡献的大小，成为确定其收入分配份额的依据，这需要建立科学的评估体系与指标，为知识要素参与收入分配提供基本依据。参考社会平均工资水平及其他行业工资变化情况，根据职称、职务、岗位、级别等动态调整，建立科研人员基础工资稳步增长机制，突显知识价值。根据科研绩效团队目标任务完成情况，以及个人任务完成情况，以提升知识价值为导向，动态调整奖励性工资水平，核发与科研人员所创造知识价值相对等的科研绩效，不断提高奖励性工资标准。健全完善科技成果转化收益分配方案，根据科研人员的实际贡献，及时足额发放奖励，让知识贡献者、创造者、增值者共享转化收益。

二是建立更加重视知识创新质量的评价考核制度。改革科技评价制度，建立以科技创新质量、贡献、绩效为导向的分类评价体系，正确评价科技创新成果的科学价值、技术价值、经济价值、社会价值、文化价值。将收入分配与绩效考评结果紧密挂钩，既体现对科研劳动所创造的知识价值的承认、尊重和保护，也遵循科研管理的客观规律和学术规范。重视对科研人员的中长期目标考核，将目标管理融入科研管理全过程，在科研团队培育、科研项目立项与推荐申报、科研经费管理、科研绩效考评等方面，强化目标考核，实行目标管理责任制，建立健全科研绩效长效激励机制。

三是构建长效激励机制满足知识所有者的多重需求。坚持短期激励与长期激励相结合、精神激励与物质激励相结合，在完善科研人员绩效薪酬制度的基础上，重视科研机构履行科技成果转化长期激励的法人责任和主体地位。重视专利权、著作权等知识产权的保护与转化收益，发挥产权、股权、期权、分红等长效激励机制的作用，规范科研成果转化收益分享和内部激励制度，切实维护和保障科研人员的切身权益。在人才引进、职称评定、职务晋升等方面创造良好的政策环境，在科研启动费、住房津贴、家属随迁、子女入学等方面，为高层次科研人才排忧解难。允许科研人员依法依规适度兼职兼薪，允许教师通过多点教学获得合法教学收入，鼓励和支持其通过创新创业活动创造更多知识价值，服务于社会，营造良好的创新创业环境。

四是扩大科研机构、高校的收入分配自主权。大力推进科研机构、高校在收入分配领域的“放管服”，增加更具弹性、激励性、自主性、灵活性的收入分配政策，允许和鼓励科研机构、高校在政策法律框架内，自主制定和实施科研人员收入分配管理办法。贯彻落实科研机构、高校在岗位设置、科研人员聘用与职务升降、职称评定、绩效工资管理、科研项目经费管理等方面的自主权，为科研人员干事创业营造宽松、和谐、良好的政策环境。赋予科研机构、高校自主制定实施科技成果转化收益分配和奖励方案的权利，强化其科研成果管理的自主性。

五是进一步改进科研项目管理方式。根据科研项目的性质、层次和学科领域进行分类管理，创新科研项目经费监管机制，简化、规范财务报销流程，改进对劳务费、间接经费的管理方式，凸显业绩导向和增加知识价值导向，适度增加间接经费中的绩效支出。充分发挥非财政项目资金的功能，健全横向委托项目的经费管理制度，加强横向课题科研合同管理，加大政府向科研机构、高校购买公共科技服务的力度，健全横向课题考核体系，更好地激发科研人员通过承接横向课题服务创新驱动发展战略的热情。按照科研项目管理的层次，依法完善哲学社会科学研究领域的科研项目经费管理制度。在科研机构和高校中设置从事科技项目研发、科技成果推广和转化、科研社会服务、创新创业项目运营等工作的创新型岗位，完善人事聘任、绩效薪酬、职务升降等制度。

（五）探索建立技术成果转化收益共享机制

以加速技术转移和成果转化为根本任务，建立以企业为主体、产学研深度融合的技术创新体系，加快形成以市场为导向的技术价格体系，优化技术市场服务体系环境，为我国创新能力提升和迈入创新型国家前列提供有力支撑。

一是规范技术要素定价和产权保护。完善技术价格形成机制，明确技术要素价格管理的基本原则和具体办法，维护技术产品所有者和购买者双方正当权益。进一步加强知识产权保护，加强知识产权信息公共服务，严厉打击各类侵犯知识产权和制售假冒伪劣商品的行为，集中查办一批侵害民营企业知识产权的案件，营造公平竞争的市场环境。尽快开展职务科技成果所有权改革试点，允许高校、科研院所科研人员享有职务科技成果所有权（或部分所有权），从根本上消除职务科技成果国有资产属性带来的成果转化障碍。

二是完善技术要素市场供求机制。强化企业的创新主体地位，鼓励高校等创新主体与企业等市场主体对接，推进产学研深度融合，重点解决技术转移转化过程中所遇到的资金融通难、中间实验难、系统配套难、中介服务难等问题。加强中试熟化基地建设，政府对具有转化前景的实验室成果孵化以及中试熟化给予必要的引导性资金支持，并充分利用税收杠杆鼓励投资机构积极参与中间试验基地建设，以满足转化应用需求。研究制定符合国有技术类无形资产特点的管理办法，缩小《中华人民共和国促进科技成果转化法》与事业单位国有资产管理相关规定之间的鸿沟，简化国有技术类无形资产管理流程，使高校、科研院所科技成果的转化自主权落到实处。

三是探索成果转化收益共享新形式。国家和地方科技成果转化基金通过设立创业投资子基金、贷款风险补偿等方式，引导社会资本加大对技术转移早期项目和科技型中小微企业的投融资支持力度。盘活技术产权，开展知识产权证券化融资试点，鼓励商业银行开展知识产权质押贷款业务，促进技术流通和创业企业股权流动。探索开发与技术转移特点相适应的金融产品，发展政府与社会多方参与的成果转化融资通道，积极推进股权众筹、天使投资、创业投资等科技企业融资方式，调动技术成果持有者进入市场的积极性。

（六）科学评价管理要素贡献

由于管理要素自身的特点，其在生产中的贡献大小很难被量化，所以在制定具体的收益分配办法时，要结合实际，设计合理的量化办法，将管理要素的收入真正与管理者的绩效贡献挂钩，并在收益分配中充分体现。

一是建立健全市场评价管理要素价格的机制。重视市场价格机制的调节作用，探索人才市场薪酬信息统计、发布办法，用市场价格变化反映人才余缺，同时为人才培养、结构调整提供依据。建立兼顾长期发展和短期收益的管理者绩效考核体系，既考察管理者对公司上一年财务指标的贡献，又考察管理者对公司长期发展战略和创新方面的贡献，科学评价管理要素价值。加快建立指标合理、手段先进、操作性强的管理能力测评体系，逐步形成公开、公正的社会化评价机制。

二是探索多种收益分配方式组合运用。探索多种分配方式有机结合，灵活搭配。具体来说可考虑：年薪制与期权制有机结合；年薪制与股权制有机结合，即年薪制中的风险部分以股权方式兑现；股权制与期权制有机结合，鼓励经营者持有公司股权，持股来源可以是公司发行新股、增资扩股、原股东转让等，可一次性现金购买，也可以定价认购、分期付款等方式购买；年薪制、股权制与期权制有机结合，根据经营者实现绩效的情况，适当提高风险基金的比例，以股份和期权方式支付，即除了年薪之外，一部分高管收入折合成企业股份，另一部分则以期权方式支付。

三是探索新的收益分配形式。探索使用期股制，即管理层原有薪资不变，以议定价格向高级管理者转让部分虚拟股权，最终以虚拟股权所获得的红利来购买实际股权，管理者不需支付现金成本就可获得真实股权。考虑到管理者的不同层级，管理要素占个人收益的份额应有所区别，可探索按职务级别确定购买股权的优惠比例，级别越高，享有优惠越大，或者考虑将高层管理者薪酬的一部分以股票形式给付，股票可在持有一定年份或股票价格超过一定水平后出售变现。

四是加强对收益分配过程的监督。加强对国有企业、事业单位分配制度改革的管理指导、监督检查。建立健全内部分配约束监督机制，薪酬和股权分配方案必须经职工代表大会讨论通过，报主管部门和人事部门备案，并接受财政、审计等有关部门的监督。做好工资档案管理工作，管理人员在工作调动或离退休时，按档案记载的基本工资和津贴接转工资关系或计发离退休费。

（七）加快数据要素市场培育

以开放共享、有效利用、安全高效为原则，建立健全数据要素产权规则，健全数据要素市场体系和交易制度，以数据流带动技术流、资金流、人才流、物资流，加快形成高效公平的数据要素收益分配机制。

一是建立数据价格和交易体系。建立数据价格的定价机制，确保数据要素收入初次分配高效公平，让企业和个人有更多活力和更大空间去利用数据要素来发展经济、创造财富。进一步明确要素产权，分类、明确界定政务数据、公共数据、企业数据等各类数据在采集、存储、流通、开发、利用等各环节的所有权、使用权和收益权。健全交易规则体系，对数据来源、交易主体、使用目的、使用范围、使用时间、交易过程、平台安全保障等加以规范。明确数据要素收益分配原则，初次分配突出由市场按照效率原则进行分配，再分配则是由政府按照兼顾效率和公平、侧重公平的原则，通过税收、社会保障、转移支付等进行分配，避免收益分配差距过大，损害弱势群体的数据利益。

二是促进数据市场健康发展。加快推进新型信息基础设施建设，完善数据要素跨区域、跨部门、跨行业的交易流通“硬”基础。完善公平、开放、透明的数据要素市场规则，培育发展数据交易市场，加快健全统一开放、竞争有序的数据要素市场体系，打造数据要素交易流通“软”环境。健全数据清洗、数据挖掘、产权界定、价格评估、流转交易、担保、保险等配套服务体系。

三是加大对数据安全和隐私保护的监管力度。加强数据保护关键技术攻关，提升数据基础设施安全可控水平，突破存储设备、服务器、操作系统等核心技术限制，加快身份管理、防御APT攻击等关键技术研发。构建我国数据安全标准体系，积极研发通用和专用的数据安全标准，引导行业内第三方机构开展数据安全检测和评估，开展针对数据跨境流动的专项安全评估。加强数据要素市场反垄断和反不正当竞争执法，建立并完善信用体系、行业管理、安全管理等市场监管体系，提升监管效能，避免数据要素收益分配不公平和失衡。出台针对数据跨境流动、“长臂管辖”等热点问题的监管政策，制定通信、金融等重点行业的重要数据和用户信息的跨境流动监管政策，规范公民个人信息和重要数据的境内存储。确立数据保护的行业监管模式，建立覆盖备案、评估、举报、处罚等各个环节的数据保护行政监管机制。加强网络数据资源商业合作的安全管理，建立健全大规模用户信息泄露事件企业向行业主管部门报告和社会公告制度，健全完善用户隐私泄露举报机制，取缔非法收入。

第二节

新一轮科技和产业变革对就业、收入分配的影响及对策

《中共中央关于制定国民经济和社会发展第十四个五年规划和二〇三五年远景目标的建议》指出，“当今世界正经历百年未有之大变局，新一轮科技革命和产业变革深入发展”。习近平总书记多次强调指出：“进入21世纪以来，全球科技创新进入空前密集活跃的时期，新一轮科技革命和产业变革正在重构全球创新版图、重塑全球经济结构。”“科学技术从来没有像今天这样深刻影响着国家前途命运，从来没有像今天这样深刻影响着人民生活福祉。”在此精神指导下，我们就新一轮科技和产业变革对就业、收入分配的影响展开研究。这也是新发展阶段深化改革、促进收入分配公平合理的重要内容。

专栏分析7：新一轮科技和产业变革的发展趋势和表现特征

历次科技和产业变革的发展呈现出不同的特点。以蒸汽动力为主导的第一次科技革命始于18世纪中期的英国。飞梭和珍妮机的发明开启了纺织业技术革新。到19世纪40年代，德国、法国、美国三国也相继完成第一次科技革命。第一次科技革命成功转化为产业变革，对经济和产业结构转变产生了巨大影响，生产方式实现从手工作坊到大机器生产的转变，第二、第三产业迅速崛起，人类社会进入工业社会。第二次科技革命自19世纪70年代到20世纪初，以电气化革命为起点，以石油化工和汽车领域的科技为核心，开启了电气时代。第二次科技革命引发了一系列新型产业的出现和发展，电力、通信、石油、汽车和化学产业开始出现。这场科技革命使世界能源消费中心从煤炭为主逐步转向石油为主，石油产业成为世界规模最大、分布最广的产业。同时，被称为“工业中的工业”的汽车产业，带动了上游（包括钢铁、有色金属、橡胶、玻璃、石油）和下游（包括城市建

设、公路网建设、商业、汽车修理）等产业的兴起。第三次科技革命自20世纪40年代到20世纪70年代。此次革命以电子技术为主导，使社会生产力逐步实现了自动化。第三次科技革命引发了以电子、新材料、新能源、宇航等为代表的新一轮产业变革。轻工业以及宇航产业、电子信息为主的新兴第三产业改变了产业结构布局。此外，基因、生长激素等的发现还带动了医药产业的兴起以及基因农业的发展。第四次科技革命自20世纪70年代到21世纪初，量子电子学、信息论、分子生物学、海洋工程学、核子学、生态学以及太空科学在这一阶段得到迅猛发展。此次科技革命使得生产力进一步信息化。随着核心技术和响应配套技术的发展，第四次科技革命逐渐形成了以信息化为核心的高新技术产业群，其影响力波及三大产业，极大改变了当今产业结构布局，形成了信息技术产业群、生物技术产业群、纳米技术产业群等。第三产业逐渐成为主导产业，产业结构再一次升级。

随着新一轮科技革命和产业变革的兴起，世界各国也都在加快推进变革。新一轮科技革命和产业变革将是以绿色、低碳、健康为主题，由新一代信息技术、新能源、生物、纳米、新材料等领域的群体性科学技术突破和融合引发经济社会深刻变革的过程，它将引发农业、医疗、工业、能源等领域的深刻变革，为解决人类社会发展面临的资源环境、粮食安全、健康等问题提供强有力的手段。新一轮科技革命和产业变革呈现以下几个特征：一是科技发展呈现多点突破、交叉汇聚的趋势。二是新一代信息技术的快速发展与创新模式变革将推动科技本身的深刻变革。三是人类可持续发展的需求将催生相关领域的科技突破，并触发对科技风险的反思。四是物联网、服务业与制造业的结合，引发了生产方式和商业模式的变革，也不断孕育新的经济增长点。五是世界主要国家纷纷出台创新战略和政策，致力重点突破、构建体系、提高效率，抢占未来发展先机。

一、新一轮科技和产业变革对劳动就业的影响

（一）新一轮科技和产业变革对就业影响的发生机制

新一轮科技和产业变革的本质是技术进步。技术进步对劳动就业的影响具有两面性：一方面，技术进步提高了劳动生产率，使企业固定产出需要的劳动力大幅减少，即技术进步对就业的破坏效应。同时，伴随技术进步，还会发生组织、管理、文化、市场等的创新，通过提升产品商业价值和市场竞争力来产生经济效益，提升生产和经营的效率，改善企业的组织结构，从而进一步强化破坏效应。另一方面，技术进步使得生产成本大幅降低，新产品因价格优势或新特性而需求上升，而市场创新进一步提高和扩大产品的知名度和市场容量，需要更多劳动力进行产品生产，就会产生技术进步对就业的补偿效应。此外，技术进步还对就业结构产生影响，推动劳动力资源再配置。

1.技术进步对就业规模影响的发生机制

首先看技术进步的就业破坏机制。从学理上讲，主要包括机械化效应机制、管理效应机制、生命周期效应机制、波动效应机制、滞后效应机制等具体的发生机制，表现为就业规模的减小。

机械化效应主要反映先进生产工具的使用使得单位产量所需的劳动力减少，在生产规模不变的情况下，失业人数增加；管理效应则表明通过技术进步带来的管理环境、管理模式、管理理论等的创新使生产过程中的各要素更加合理，在生产规模不变的条件下，劳动力需求减少；生命周期效应表明技术进步使得利润回报期缩短，导致企业（尤其是劳动密集型企业）的运营风险加大，社会就业岗位减少；波动效应反映技术进步波动式推动经济社会发展使得就业率或失业率也会随经济增长的周期而出现高速波峰或低谷的反复；滞后效应反映了长期来看技术进步对就业具有积极的影响，但在短期内，技术进步对就业会呈现出硬性排斥和滞后效应。

再看技术进步的就业补偿机制。主要包括价格效应机制、收入效应机制、技术

乘数效应机制、时间效应机制、资本化效应机制、国际化效应机制等具体的发生机制，表现为就业规模的扩大。

价格效应表明，价格的变动带来需求变化进而影响到就业；收入效应表明收入的增加会对就业产生积极的影响；技术乘数效应表明技术进步总是带来新的产品和新兴产业的发展，会促进经济增长和增加就业；时间效应表明技术进步必然导致劳动者知识结构的变化，会使就业压力得到缓解；资本化效应表明技术进步提高了人力资本的实际应用价值，会间接使工作岗位增加，失业率下降；国际化效应表明技术进步促进经济国际化，会从国内外两方面扩大劳动力需求。

总体来看，技术进步的就业破坏机制与就业补偿机制共同作用，最终表现为技术进步对就业规模影响的总效应机制，如图45所示。

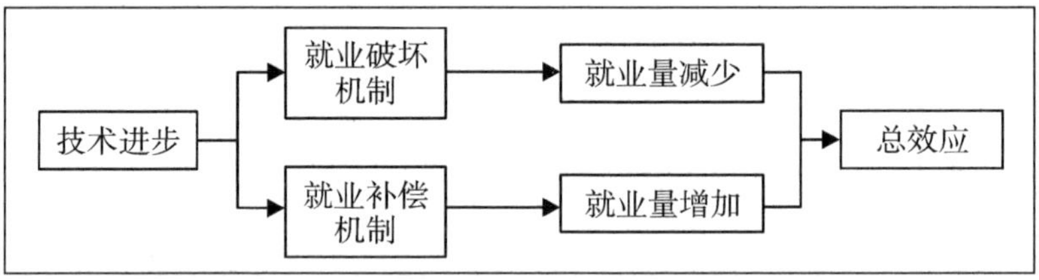

图45　技术进步对就业规模影响的总效应机制

2.技术进步对就业结构影响的发生机制

技术进步对就业结构的影响效应是由技术进步所产生的对劳动力资源的再配置效应引起的。主要包括如下两个方面：一是技术进步导致产业间、行业间劳动生产率水平出现差异，进而加速了劳动力流动；二是技术进步导致劳动力技能结构发生变化。

首先是技术进步的产业结构效应机制。技术进步对产业结构变动产生根本性影响。新技术的使用促使新的产业和产品兴起，采用旧有技术的产业和产品逐渐退出市场，继而产业结构发生变动。而产业结构的变动必然带来就业结构的变动。从世界各国就业结构变动的历史过程来看，就业结构主要有两种变动方式：一种是就业结构的递增式变动，这主要发生在最早进入工业化进程的资本主义国家，如英国等，其特点是劳动力在三大产业之间依次流动，顺次转移；另一种是就业结构的跳跃式变动，这主要发生在后起的资本主义国家，如美国等，其特点是劳动力较大幅度地直接流向第三产业，第二产业的就业比例变化不大。其次是技术进步的行业结构效应机制。技术进步通过行业结构变动影响就业结构变动。短期内，技术进步减少了传统行业对劳动力的需求，对就业产生负面影响；但从长期来看，技术进步会促进行业结构和就业结构的调整，推动经济发展，创造新的就业机会。最后是技术进步的劳动力素质结构效应机制。技能偏好型技术进步增加对高技能劳动力的雇佣，而技能退化型技术进步倾向于吸纳低技能劳动力，两者共同作用影响就业结构。技术进步的长期性倾向在于对高技能劳动力的需求增加，对低技能劳动力的需求减少，技能退化型工种岗位交替的可能性增大，最终导致低技能劳动力失业率较高。

综上分析：一方面，技术进步会使产业结构变化，进而带来就业结构的变动；另一方面，技术进步带来的行业结构变化和劳动力素质结构变化也会使就业岗位数量发生变化。总之，伴随着技术进步，生产方式发生了转变，传统就业模式也发生了改变并最终导致产业结构的变化。

总体来看，技术进步的产业结构效应机制、行业结构效应机制和劳动力素质结构效应机制共同作用，最终表现为技术进步对就业结构影响的总效应机制，如图46所示。

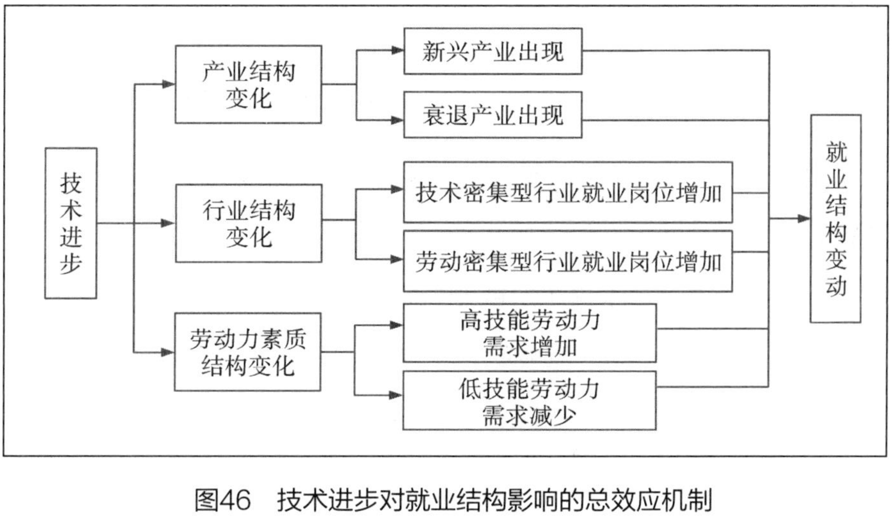

图46　技术进步对就业结构影响的总效应机制

3.小结：技术进步对劳动就业影响的综合发生机制

技术进步对劳动就业的影响主要体现在就业量与就业结构两方面。从就业量的角度来看，技术进步的就业破坏机制与就业补偿机制共同作用，最终表现为技术进步对就业影响的总效应：当技术进步的破坏效应大于补偿效应时，就业总量减少，失业率上升；当技术进步的破坏效应小于补偿效应时，就业总量增加，失业率下降。从就业结构的角度来看，技术进步导致产业结构、行业结构的变化，从而使产业间、行业间兴衰交替，影响产业间、行业间就业岗位数量变化，另外，由技术进步带来的劳动力素质结构的变化也会引起高低技能就业岗位数量的变化，最终导致就业结构的变动。

根据前面的描述，新一轮科技和产业变革（技术进步）对劳动就业影响的综合发生机制可用图47直观显示出来。

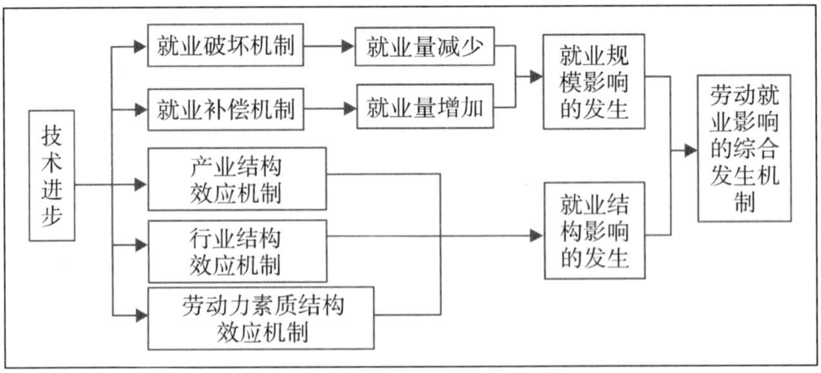

图47　技术进步对劳动就业影响的综合发生机制

（二）新一轮科技和产业变革对就业的影响分析

1.相关认识

在已有研究文献中，技术进步对就业的影响主要体现在以下几个层面：

在宏观层面，Di Pietro通过对欧洲的数据分析发现，技术快速进步，企业不愿意吸收新技术、招收新员工，导致劳动力市场上存在大量过度教育和未被充分利用的劳动人口，从而出现就业量下降[1]。O'Mahony等通过面板固定效应模型对美国的数据进行分析，发现技术进步对劳动力需求的不利影响正在减弱[2]。Malul通过模型分析发现技术进步主要对高龄就业人群产生不利影响[3]。Abbott等发现，近年来越南就业增速不及经济增速的原因在于技术进步[4]。

在中观层面，很多研究文献围绕各国制造业的数据展开。Brouwer等通过对荷兰的制造业数据分析发现，技术进步对就业有负面影响，而技术水平高的企业有更高的就业增长率[5]。Hollanders等发现，技术进步促使OECD（经济合作与发展组织）国家制造业的高技术人员就业率上升[6]。Hutchinson等发现，技术进步对欧洲的制造业就业产生了负面影响[7]。Hynninen等利用北欧国家海员行业的历史数据，发现技术进步导致了就业的两极化，即高技能工人的需求上升，中低技能工人的需求下降，无技能操作员的需求上升[8]。

在微观层面，Van Reenen认为，技术进步对英国企业用工量产生了有利影响[9]。Bauer等发现，技术进步没有对德国企业总体就业造成显著影响，但是会提高

[1] Giorgio Di Pietro，“Technological change，labor markets，and ‘low-skill，low-technology traps’，” *Technological Forecasting & Social Change*，No.9（2002）.

[2] Mary O'Mahony，Catherine Robinson，Michela Vecchi，“The impact of ICT on the demand for skilled labour: A cross-country comparison，” *Labour Economics*，No.6（2008）.

[3] Miki Malul，“Older workers' employment in dynamic technology changes，” *Journal of Socio-Economics*，No.5（2009）.

[4] Philip Abbott，Finn Tarp，Ce Wu，“Structural Transformation：Biased Technological Change and Employment in Vietnam，” *European Journal of Development Research*，No.1（2017）.

[5] Erik Brouwer，Alfred Kleinknecht，Jeroen O. N. Reijnen，“Employment growth and innovation at the firm level，” *Journal of Evolutionary Economics*，No.2（1993）.

[6] Hugo Hollanders，Bas ter Weel，“Technology，knowledge spillovers and changes in employment structure: evidence from six OECD countries，” *Labour Economics*，No.5（2002）.

[7] John Hutchinson，Damiaan Persyn，“Globalisation，Concentration and Footloose Firms: in Search of the Main Cause of the Declining Labour Share，” *Review of World Economics*，No.1（2012）.

[8] Sanna-Mari Hynninen，Jari Ojala，Jaakko Pehkonen，“Technological change and wage premiums: Historical evidence from linked employer - employee data，” *Labour Economics* 24（2002）.

[9] John Van Reenen，“Employment and Technological Innovation: Evidence from U.K. Manufacturing Firms，” *John Van Reenen*，No.2（1997）.

高层次人群的流失率[1]。Piva等发现，创新对意大利企业用工量产生了有利影响[2]。Dachs等将企业划分为本土企业与外资企业，通过对多国的数据分析发现，技术进步导致外资企业相比本土企业减少了更多的劳动力需求[3]。

此外，还有一些研究文献对技术进步的类型作了细分，尝试探究不同类型技术进步对就业的影响。Berman等证实，技能偏好型技术进步可以解释20世纪80年代发达国家低技能劳动力就业量的减少[4]。Claudio等发现，中性技术进步减少了美国就业量，而投资偏向的技术进步又增加了美国就业量[5]。Horbach等认为，绿色技术进步增加了德国企业就业量[6]。Harrison等认为，产生新产品或新市场的技术进步促进了欧洲就业量增长，而劳动节约型技术进步则导致欧洲就业量减少[7]。

综上所述，关于技术进步对就业影响的研究文献丰富，但是结论莫衷一是，积极影响和消极影响的观点皆有。研究方法也有很多，包括面板固定效应模型、局部均衡模型校准模拟分析、可计算的一般均衡（CGE）模型分析、普通最小二乘法（OLS）回归分析等。

---

[1] Thomas K Bauer, Stefan Bender, "Technological change, organizational change, and job turnover," *Labour Economics*, No.3 (2003).

[2] Mariacristina Piva, Marco Vivarelli, "Technological change and employment: some micro evidence from Italy," *Applied Economics Letters*, No.6 (2004).

[3] Bernhard Dachs, Bettina Peters, "Innovation, employment growth, and foreign ownership of firms," *Research Policy*, No.1 (2014).

[4] Eli Berman, John Bound, Stephen Machin, "Implications of Skill-Biased Technological Change: International Evidence," *The Quarterly Journal of Economics*, No.4 (1998).

[5] Michelacci Claudio, Lopez-Salido David, "Technology Shocks and Job Flows," *Narnia*, No.4 (2007).

[6] Jens Horbach, Klaus Rennings, "Environmental innovation and employment dynamics in different technology fields-an analysis based on the German Community Innovation Survey 2009," *Journal of Cleaner Production* 57 (2013).

[7] Rupert Harrison, Jordi Jaumandreu, Jacques Mairesse, Bettina Peters, "Does innovation stimulate employment? A firm-level analysis using comparable micro-data from four European countries," *International Journal of Industrial Organization* 35 (2014).

2.模型的建立和描述性统计分析

为消除变量之间的多重共线问题，我们使用面板固定效应的岭回归方法估计技术进步对就业的影响。根据柯布–道格拉斯生产函数，以利润最大化为条件，求出就业函数，并对就业函数两边取对数，得到如下计量模型：

$$\ln L_{it}=\beta_0+\beta_1\ln GDP_{it}+\beta_2\ln WAG_{it}+\beta_3 R_{it}+\beta_4 EDUY_{it}+\beta_5 TFP_{it}+\varepsilon_{it}$$

主要变量的定义如下：总体就业人员对数lnEMP和城镇就业人员对数lnEMPU是因变量，用于测量就业量（L）。其他为自变量，包括：国内生产总值对数lnGDP是测量总产出的变量；城镇单位从业人员平均工资对数lnWAG是测量工资的变量；利率*R*是一年期贷款利率；人均受教育年限EDUY是衡量人力资本水平的变量；全要素生产率变化TFP是用来测量技术进步的变量。此外，ε_{it}为不可观测因素的残差项。

总体就业人员对数lnEMP、城镇就业人员对数lnEMPU的数据来源于历年的《中国统计年鉴》，全要素生产率变化TFP是利用数据包络分析方法（DEA），通过DEAP2.1软件计算得出，人均受教育年限EDUY是根据中国历次人口普查数据插值计算得到的，其他变量的数据来自《新中国六十年统计资料汇编》以及2009—2017年的《中国统计年鉴》。数据范围覆盖2000—2016年我国除港澳台之外的31个省（自治区、直辖市）。全部变量的描述性统计分析如表45所示。

表45　变量名称与描述性统计

变量名称	定义与来源	均值	标准差	最大值	最小值
lnEMP	总体就业人员对数[a]	4.820	7.460	8.800	0.920
lnEMPU	城镇就业人员对数[a]	3.190	6.450	8.350	0.930
lnGDP	国内生产总值对数[b]	5.060	8.870	11.140	1.120
lnWAG	实际工资对数[c]	8.840	10.150	11.480	0.550
R	一年期贷款利率	4.980	5.830	7.030	0.550
EDUY	人均受教育年限	3.420	8.230	12.150	1.180
TFP	全要素生产率变化[d]	0.820	1.040	1.220	0.060

注：各变量的单位和计算方法如下。a：单位为万人，取对数；b：单位为亿元，采用国内生产总值折算指数折算为2010年的可比价格，再取对数；c：单位为元，根据实际工资指数折算为2010年的可比价格；d：根据DEAP 2.1软件计算得到。

3.实证研究的结果

研究结果表明，技术进步对全国总体就业和城镇就业都存在不利的影响，并且对城镇就业的不利影响大大大于对全国总体就业的不利影响。

从估计结果看，如表46所示，代表技术进步的全要素生产率与总体就业和城镇就业均存在非常显著的负相关关系。全要素生产率提高1%，全国就业人员减少0.341%，而城镇就业人员减少0.773%，城镇就业人员减少的幅度是全国就业人员减少幅度的2倍以上。

表46　面板固定效应的岭回归模型的估计结果

变量	总体就业	城镇就业
lnGDP	0.0270*** （18.83）	0.0690*** （28.53）
lnWAG	0.0810*** （16.65）	0.211*** （25.50）
R	−0.00400（−0.668）	−0.00500（−0.605）
EDUY	0.0200*** （9.060）	0.0590*** （15.90）
TFP	−0.341*** （−4.996）	−0.773*** （−6.688）
_cons	6.599*** （55.70）	4.026*** （20.09）
N	527	527
F	130.7	305.0
ll	584.6	323.9
R^2	0.993	0.982
adj-R^2	0.993	0.980

注：（1）***表示在1%水平上显著，**表示在5%水平上显著，*表示在10%水平上显著。
（2）小括号内为t值。

（三）趋势性分析

类似工业革命对农业就业的影响（在农业社会向工业社会的转变过程中，美国农业人口由40%降至4%），伴随着技术进步、资本价格下降和人力成本上升，新一轮科技和产业变革对一些传统就业岗位的冲击不可避免。互联网、大数据、云计算、物联网、移动互联网，以及机器人技术、3D打印、虚拟制造、人工智能等技术将呈现指数级的快速发展，以数字、网络、智能为基础的各项颠覆性技术创新的出现与应用，将对全要素生产率提升产生巨大的推动作用。有研究表明，目前美国47%的工作存在被机器人、虚拟制造和人工智能等替代的风险。但与此同时，各项颠覆性技术创新的发展也会创造更多新的就业岗位，带来就业质量的跃升。具体而言，预计劳动就业将呈现如下趋势性变化。

1.新一轮科技和产业变革对城镇就业岗位的替代规模可能超过2200万个

新一轮科技和产业变革提升劳动力资源对接需求和配置效率，促进全要素生产率的提高，使技术进步的就业破坏效应超过就业补偿效应，对现有的就业岗位产生替代作用。按照上述逻辑，以实证研究结果为依据，对新一轮科技和产业变革对就业岗位的替代规模进行估计。假设我国全要素生产率的增长率有0.5%、1%、3%、5%和7%五个可能情景，以2017年我国城镇就业规模4.25亿人、全国就业人员规模7.76亿人为基数，那么，城镇就业存在被替代风险的人员规模依次是164万人、328万人、985万人、1641万人和2298万人，全国就业存在被替代风险的人员规模依次是132万人、265万人、794万人、1324万人和1853万人。可见，在最不乐观的情况下，我国城镇就业将有2200万人存在失业风险，岗位替代率为5.4%，接近美国的6.1%。同时，按照我国的人口结构估算，不同年龄和学历特征的人群被替代的程度不同。其中，技术进步对于技能单一、年龄偏大、学习能力差的劳动者的冲击较大，这加剧了结构性失业问题。高校毕业生、农民工等群体的就业会面临更加严峻的环境。据此估算，也有超过1200万个劳动者面临失去现有就业岗位的风险。另外，不同地区和不同行业的替代情况不同。东部地区和第二产业中的劳动密集型行业可能受到更大影响。

总之，新一轮科技和产业变革使一定规模的就业岗位被替代，但是从长期看，全社会就业规模有望进一步扩大。新技术浪潮的冲击过后，经济增长与劳动力需求扩大将进入新一阶段的循环，表现为经济结构调整升级，生产规模扩大，劳动力素质提升，就业领域拓宽，以及新的就业岗位需求增加。以新一代信息技术为核心的科技创新引发产业创新，能够推动相关领域劳动力需求扩大。目前，我国在以互联网改造提升传统产业及发展新产业、新业态、新模式等方面已经取得一定的成效，通过互联网及新一代信息技术提升生产率，表现出了广阔的前景。根据通用电气公司（GE）的测算，工业互联网的应用能够帮助我国航空、电力、铁路、医疗、石油、天然气等行业实现生产率达1%的提升，到2030年能够带来累计3万亿美元的国内生产总值增量。另据麦肯锡全球研究院发布的报告，2013—2025年，互联网的应用将为我国国内生产总值带来0.3%～1%的增长率提升，在国内生产总值增长中的贡献度最高将达到22%[1]。根据国家统计局的数据测算，我国国内生产总值每增长1个百分点带动的城镇新增就业规模，2017年已经提高到196万人。而新一轮科技和产业变革有助于我国保持6%以上的经济增长速度，满足每年1100万左右的新增就业需求。

专栏分析8：战略性新兴产业的基层岗位劳动力需求正加速流失

产业创新发展带来低端岗位需求的下降，短期内增加困难人员的再就业难度。技术进步对就业最大的负面影响就是冲击低端岗位，因为技术进步带来的颠覆和自动化会让资本取代人工，从而导致工人失业。尤其是最新一轮工业革命的发展速度快于以往，不仅影响战略性新兴产业，它带来的技术替代效应更是成倍扩大，导致其他行业企业节约劳动力的速度快于以往，大大超过开辟劳动力新就业领域的速度，从而带来大范围的失业。比如，传统的制造业企业使用机器替代人工来提高岗位的工作效率，但是用工数量也会大幅缩水。据调研了解的情况，一些制造业集中的地区，企业积极探索利用资本、技术等要素替代劳动力。山东省某地级市扩大工业机器人应用，提供了较好的实践基础。目前，该市工业机器人智能制造的产业集群已逐步形成。同时，为推动机器人产业发展，该市还明确提出了智能制造的发展目标，并完善奖补政策，引导企业开展系统化、智能化改造。工业机器人应用总体缓解了用工缺口问题，但存在阶段性结构矛盾转移风

[1] 杜传忠、郭美晨：《第四次工业革命与要素生产率提升》，《广东社会科学》2017年第5期。

险。工业机器人应用极大减轻了企业用人留人压力，企业劳动生产率大大提升，一线员工使用需求减少，如某白色家电企业在冰柜生产线引进工业机器人后，用工数量减少50%，单台制造成本下降40%左右；同时，一线员工劳动强度有所减轻，就业的稳定性有所增强。

资料来源：《战略性新兴产业劳动力需求调研报告》（内部报告），2018年。

2.新一轮科技和产业变革推动产业的就业结构升级，创造更多更高质量的就业机会

新一轮科技和产业变革对传统就业岗位的影响呈现两个鲜明的特点。一是程序性工作受到的冲击最大。即可分解为特定步骤、遵循规定指令完成的工作将受到较大影响，而需要灵活性、创造性、人际交往或问题导向的非程序性工作受影响较小。有国外研究机构以机器人、虚拟制造和人工智能为例进行估算，认为程序性体力工作将有近40%被替代[1]。2016年，我国程序性体力劳动岗位占比达20.6%，首先被替代。与此同时，程序性脑力劳动岗位占比超过25%，其中将有1/4～1/3被替代。二是就业替代存在两极化特点。需要一定技能的程序性工作更可能被替代。这类工作的人力成本上升快，容易人工智能化，进行人工智能替代的收益最大。而低端的服务性工作和高端的创造性工作受影响不大。

遵循上述特点，预计城镇将有1.9亿就业人员面临转岗和再就业，农村地区私营和个体就业中大概有3500万人被替代。产业和行业的就业结构升级，具体表现为，劳动力从农林牧渔业向非农产业的转移，以及劳动力在行业间的就业结构调整，从生产效率低的部门向生产效率高的部门流动。在产业的就业量变化上，第一产业就业量减少，第三产业就业量增加，低技能、单一技能的岗位需求加速减少。在行业的就业量变化上，技术进步促进行业内优胜劣汰，从而促进行业间的劳动力

[1] 《人工智能和相关技术对中国就业的净影响》，https://www.pwccn.com/zh/consulting/publications/net-impact-of-ai-technologies-on-jobs-in-china.pdf。

资源再配置，行业内劳动力快速流动。在第三产业内部，批发和零售业、住宿和餐饮业、租赁和商务服务业、居民服务和其他服务业的就业量减少。同时，就业形式更加灵活和具有弹性，工作条件和工作规则有所变化。

以人工智能对就业的影响为例。目前，我国人工智能的发展尚处于起步阶段，通过分析历史经验，尤其是近十年技术进步对就业的影响显示，我国总体就业情况对技术进步有较好的承受力，除了程序性体力劳动者受到技术进步的冲击较大以外，技术进步对其他类型劳动者的就业均有正面影响。基于此，预计从总量看，人工智能发展拉动的大规模投资扩张会进一步将农村劳动力引向城镇，从而推动城镇就业的增加。根据估算，我国人工智能产业本身的市场规模在十年内将达到3000亿元，每年新增投资超过千亿元，同时每年带动上游产业、教育、法律等领域的衍生投资超过3000亿元，这都将促进就业增长。从结构看，人工智能发展将加速制造业就业占比下降和服务业就业占比上升的趋势，这是因为人工智能简化了生产端生产，但丰富了消费端的内容，有利于服务业扩展[1]。顺应这一趋势，在科学研究、教育、卫生与社保、信息服务、艺术娱乐等领域的就业岗位会增加。另外，虽然机器人会替代人力，但机器人产业必然会创造新的就业岗位，与之相关的软件、互联网、数据分析等方面的人才需求也会增加。据估算，德国“工业4.0”战略未来十年将带动就业人数提高6%，其中机械工程领域的雇佣需求将增长10%左右。

3. 新一轮科技和产业变革对劳动力市场的影响力需要10～20年的时间逐步释放

技术进步对我国劳动者的替代是一个长期过程，时间周期会长于发达国家。一方面，我国劳动力成本与发达国家相比仍有明显差距。在权衡技术成本与劳动力成本之后产生的技术替代，需要更长时间。另一方面，新一轮科技和产业变革的替代作用将首先缓解劳动力供给不足及劳动条件差、职业病危害大的问题。我国劳动年

[1] 《提高全要素生产率，中国经济的核心所在》，https://www.chinatimes.net.cn/article/58940.html。

龄人口规模从2011年后开始出现绝对数量的下降，很多地方出现了“用工荒”。技术进步弥补了劳动力不足，将有限的劳动力资源配置到更安全、质量更高的就业岗位上，不仅没有导致大规模的失业，反而能稳定劳动参与率，甚至带来劳动参与率的提升。此外，技术进步要实现大规模的应用和普及尚需要进一步的成熟。在德国等发达国家由“工业3.0”推进到“工业4.0”时，我国很多产业还处于“工业2.0”阶段，技术的更新换代和推广还有10～15年的窗口期，这段时间内我国就业替代的问题不会太大。

技术进步有助于提高劳动者的健康水平，扩大劳动力供给。技术进步促进了医学科学的发展、医药技术的提高和环境卫生条件的改善，从而减少了疾病带来的威胁和困扰。技术进步还改善了粮食和饮用水状况，提高了人们的生活水平。这些都有助于降低人口死亡率，从而增加劳动力供给，使得就业创造效应更可能转化为实际的就业规模扩大。此外，技术进步与劳动力平均受教育年限之间存在稳定的长期均衡关系，技术进步对劳动力素质的提高有显著的作用。

4. 新一轮科技和产业变革对新型劳动力需求的大幅度增加，需要通过教育有效应对

世界银行发布的《2018年世界发展报告：学习 实现教育的愿景》，深入探讨了人力资本在经济增长中的关键作用。报告强调，随着全球化、科技发展步伐的加快，各国都希望将经济增长模式向各产业科技生产前沿移动，以占据全球价值链上技术、价值更高的优势位置。然而这样的宏观经济变化对社会形态、劳动力结构都将产生深远的影响。教育系统作为劳动技能最大的供给方，必须作出相应的调整和准备。一方面，以技能偏向型技术进步为推动力的经济结构和生产方式意味着对高技能劳动力的需求将不断扩大——若不能及时高质量地满足该需求，则将大大制约经济的可持续发展。因此教育系统需要更高效、更高质地培养学生在未来社会中所需要的核心技能，以应对劳动力市场中人力资本需求的迅速变化。另一方面，人力资本回报率不断提高将导致高技能劳动力与低技能劳动力之间出现较大收入差距——对各国实现包容型经济增长提出了艰巨挑战，教育系统需要继续发挥社会公平调节器的作用。

新一轮科技和产业变革对新型劳动力需求的增加，实际直接影响到教育的发展。新一轮科技和产业变革会直接带来科技的快速发展和自动化生产模式的推广。就我国教育来说，与发达国家相比，我国的平均受教育年限、高等教育完成率差距在不断缩小，截至2016年底，我国学前教育毛入园率为77.4%，义务教育巩固率达93.4%，高中阶段教育毛入学率为87.5%，高等教育毛入学率达42.7%，教育的总体发展水平进入世界中上行列。公共教育投入占GDP比重始终保持在4%以上，逐步接近G20国家平均水平，教育与经济匹配度也有了较大提升。但我们必须看到，与快速而至的新一轮科技和产业变革相比，我国仍存在很大的学习缺口。这个缺口无疑会成为新一轮科技和产业变革中经济保持可持续增长的绊脚石。

我们需要认识到，同大多数国家一样，我国不仅校园内学习的缺口较大，劳动力市场中的技能缺口更大。近些年来我国城镇失业率不高而就业结构性矛盾不断突出加深就说明了这一点。

就发展趋势看，面对新一轮科技和产业变革，全球正在迈入科技变革加速的新时期，各国都希望将经济增长模式向科技生产前沿移动，以便占据全球价值链上的优势位置，这就使人力资本储备变得更加具有战略意义。

由世界银行发布的《2018年世界发展报告：学习 实现教育的愿景》强调要区分上学和学习为两个不同的概念——上学并不等于学习，学生即使在学校里也并不意味着他们在获取知识、有效学习。这实际也对我国教育如何应对新一轮科技和产业变革提出了思路和要求。首先要重视培养学生的基础技能。正如上述报告中提到的，我国所在的东亚及太平洋地区，不仅高中阶段教育普及度不高，而且低技能劳动力存量较大（约5.9亿人）。由此，我国未来教育的发展必须既要重视教育数量，也要更加重视教育质量，解决目前低技能劳动力存量过剩和高技能劳动力数量不足的问题。同时，面对新一轮快速变化的科技和产业变革，劳动者要能够不断学习，提升自身技能水平。在教育供给侧，则要建立起覆盖整个工龄阶段的终身学习制度，促使每个劳动者实现技能的持续提升。

二、新一轮科技和产业变革对收入分配及社会利益格局的影响

技术进步是经济持续增长和生活水平改善的主要动力。技术进步必然会提升总生产力，从而提高人均收入和消费水平。新一轮科技和产业变革必然带来收入分配的变化，进而影响和改变社会利益格局。

（一）对收入分配影响的实证分析

1. 数据及变量

我们通过定量分析的方法，对新一轮科技和产业变革对收入分配及社会利益格局的影响展开分析。

一般认为，互联网是上一次科技革命的代表，我国互联网的全面普及是从2000年前后开始的，基于此，我们选择2000年至今的数据作为研究样本。在研究中选取劳动收入占比和基尼系数分别表示劳动报酬占国内生产总值的比重和劳动者内部的收入分配。其中基尼系数采用国家统计局的测算结果，而劳动收入占比采用劳动报酬与当年地区生产总值的比重表示，从历年《中国统计年鉴》中可以得到2000—2016年的数据，两个变量分别定义为lp和gini。在技术进步方面，我们采用全要素生产率（TFP）表示，数据来源于世界大型企业联合会网站。

2. 单位根检验

检验变量是否稳定的过程称为单位根检验。平稳序列将围绕一个均值波动，并有向其靠拢的趋势，而非平稳过程则不具有这个性质。比较常用的单位根检验方法是DF检验法，由于它不能保证方程中的残差项是白噪声，所以Dickey和Fuller对DF检验法进行了扩充，形成ADF检验（Augmented Dickey-Fuller Test），这是目前普遍应用的单整检验方法。该检验法的基本原理是通过n次差分的办法将非平稳序列

转化为平稳序列，具体方法是估计回归方程式：

$$\Delta X_t=\alpha+\beta_t+\delta X_{t-1}+\sum_{t=1}^{m}\beta_i\Delta X_{t-1}+\mu_t$$

其中α_0为常数项，t为时间趋势项，k为滞后阶数（最优滞后项X_{t-k}代表滞后k期），μ_t为残差项。该检验的零假设H_0：$\alpha_2=0$；备择假设H_0：$\alpha_2\neq 0$。如果α_2的ADF值大于临界值则拒绝原假设H_0，接受H_1说明$\{X_t\}$是I（0），即它是平稳序列。否则存在单位根，即它是非平稳序列，需要进一步检验，直至确认它是d价单整，即I（d）序列。该模型加入k个滞后项是为了使残差项μ_t为白噪声。

通过ADF检验进行单位根检验，结果如表47所示。gini、lp、TFP三个变量在0阶检验时，它们的ADF统计量值均大于临界值，未通过平稳性检验。而当阶数变为1时，gini、lp、TFP三个变量的ADF统计量均小于临界值，通过了显著性检验，这表明各个变量均为同阶单整变量，符合协整检验条件。

表47　单位根检验结果表

变量	检验形式（c，t，q）	ADF统计量值	1%临界值	5%临界值	10%临界值	结论
gini	（0，0，0）	−0.1442	−2.7282	−1.9663	−1.6050	I（1）
	（0，0，1）	−2.0160	−2.7549	−1.9709	−1.6037	
lp	（0，0，0）	−0.2214	−2.7282	−1.9663	−1.6050	I（1）
	（0，0，1）	−2.5340	−2.7549	−1.9709	−1.6037	
TFP	（0，0，0）	−1.5334	−2.7549	−1.9709	−1.6037	I（1）
	（0，0，1）	−3.2961	−2.7549	−1.9709	−1.6037	

3. 协整检验

变量序列之间的协整关系是由Engle和Granger首先提出的。协整检验的基本内容是如果序列X_{1t}，X_{2t}，…，X_{kt}都是d阶单整，存在一个向量α=（α_1，α_2，…，α_k），使得$Z_t=\alpha X_1'\sim I(d-b)$，其中$b>0$，$X_t'=(X_{1t}, X_{2t}, \cdots, X_{kt})'$，则认为序列$X_{1t}$，$X_{2t}$，…，$X_{kt}$是（$d$，$b$）阶协整，记为$X_1'\sim CI(d-b)$，$\alpha$为协整向量。如果两个变量都是单整变量，只有当它们的单整阶数相同时才可能协整；两个以上变

量如果具有不同的单整阶数，则有可能经过线性组合构成低阶单整变量。满足协整的经济变量相互之间不能分离太远，一次冲击只能使它们短时间内偏离均衡位置，在长期内会自动恢复到均衡位置，所以协整的意义在于它揭示变量之间是否存在一种长期稳定的均衡关系。

分别对gini与TFP、lp与TFP进行E-G两步法协整检验估计出协整方程，再对方程残差项进行协整检验，结果如表48所示，各组残差项e均为平稳序列，即证明各组变量之间存在协整关系。换言之，技术进步、产业结构变化与收入分配之间存在长期的相互影响。

表48　E-G两步法协整检验结果

变量	检验形式（c，t，q）	ADF统计量值	1%临界值	5%临界值	10%临界值	结论
E_1	（0，0，0）	−2.8258	−2.7282	−1.9663	−1.6050	平稳
E_2	（0，0，0）	−2.6723	−2.7282	−1.9663	−1.6050	平稳

4. 脉冲响应函数

脉冲响应函数（GIRF）是指系统对某一变量的一个冲击或扰动所作出的反应。假定系统：

$$x_t=a_1x_{t-1}+a_2x_{t-2}+b_1y_{t-1}+b_2y_{t-2}\varepsilon_{1t}$$

$$y_t=c_1x_{t-1}+c_2x_{t-2}+d_1y_{t-1}+d_2y_{t-2}+\varepsilon_{1t}$$

从t=0开始活动，设$X_{-1}=X_{-2}=Z_{-1}=Z_{-2}=0$，于第0期设定扰动项$\varepsilon_{10}=1$，$\varepsilon_{20}=0$，其后它们均为0，假定扰动将在系统中不断传递，通过迭代计算可以得到X_0，X_1，X_2，X_3，…，成为由x的脉冲引起的x的响应函数，同样可以求得Z_0，Z_1，Z_2，Z_3，…，成为由z的脉冲引起的z的响应函数，当第0期的脉冲为$\varepsilon_{10}=0$，$\varepsilon_{20}=1$时，可以求得由脉冲引起的x和z的响应函数。以上的脉冲响应过程可以清晰地捕捉系统对特定冲击的效果。

分别建立gini变量对TFP变量、gini变量对moore变量、lp变量对TFP变量、lp变量对moore变量的冲击产生的响应函数，结果如图48和图49所示。图48为TFP变量对

gini变量进行冲击后gini变量的脉冲响应图，可以看到，在前两期，响应并不强烈，从第2期之后开始出现正向影响，而后逐渐趋于平缓。图49为lp变量对TFP变量进行冲击后lp变量的脉冲响应图，可以看到，lp变量整体呈现负向响应，尽管第2期到第4期有小幅的提升，但从第4期开始逐渐下降，大约在第6期负向响应达到最大，之后开始缓慢回落。

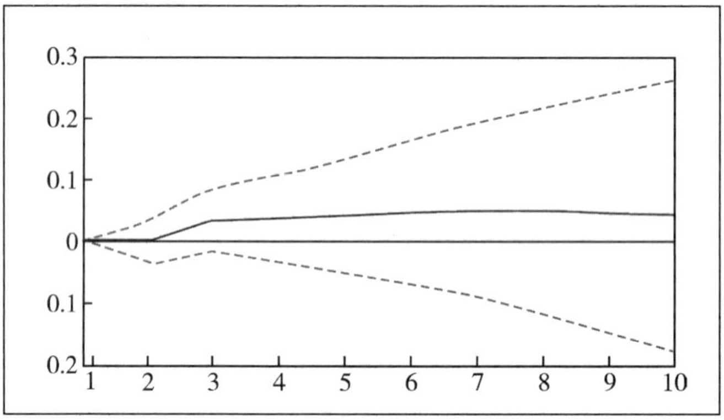

图48　gini变量对TFP变量冲击的响应

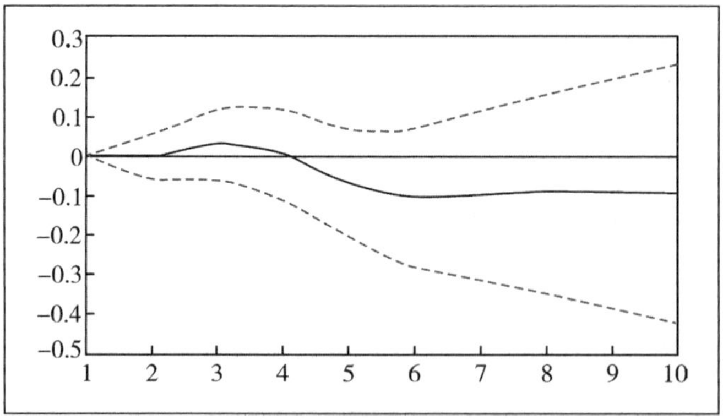

图49　lp变量对TFP变量冲击的响应

延续前文分析，新技术在具有巨大的前景的同时，也被视为一种威胁：可能破坏劳动力市场，并导致收入不平等。

总体而言，多年来技术进步对收入分配产生了影响，从短期来看，技术进步及产业结构变化在某特定时期或条件下有可能提高劳动收入占比甚至缩小收入分配差距。但从长期来看，技术进步会扩大收入分配差距，而面对未来科技的进一步变革，应当提前做好应对准备。

某种程度上，新技术发展正是通过对就业的破坏、转型和创造来影响人们的收入变化的。但不同的就业结构下的劳动者受到的影响是不同的。大多数分析表明，具有高度灵活性、创造力和强大的问题解决能力和人际关系技能的高技能劳动力将继续受益于人工智能等新技术。而中低技能劳动力将面临更有能力的机器和人工智能等新技术带来的压力。这可能加剧中等技术工作岗位数量的下降和收入不平等现象。

但新一轮技术和产业变革存在无限的可能。比如，未来的人工智能动力机器人可能越来越多地取代受过高等教育和熟练的专业人士，如医生、建筑师甚至程序员等。所以，不能忽视新技术对劳动力市场和收入不平等的影响，但也不能夸大对它们的影响（如有人认为技术将引起80%的失业率，这显然是不切实际的）。技术只是会取代某些任务而不是整个职业，而且新技术也会创造就业机会，并且要求工人具备新的技能。

过去的历史表明，技术创新提高了工人的生产力，创造了新的产品和市场，进一步在经济中创造了新的就业机会。那么这次，对于新一轮科技和产业变革而言，也不应有任何差别。因为创造或是破坏就业机会不仅取决于技术可行性，还受到经济、法律、监管或社会、政治等因素的制约。

（二）新一轮科技和产业变革对社会利益格局的影响

所谓利益格局，是指在一定社会和制度环境下形成的以经济效益为主要表现形式的社会利益形态。社会利益形态对社会及其成员的心理影响极为深刻。友善的社会利益形态是社会良性发展、社会和谐的稳定器，恶劣的社会利益形态则将是社会不稳定甚至动乱的重要根源。

新一轮科技和产业变革对就业和收入分配都会带来影响，进而影响到社会利益格局的变化。其影响机制如图50所示。

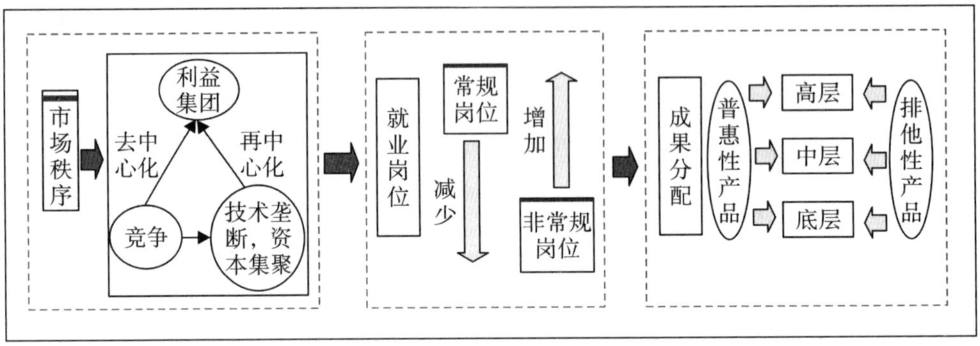

图50 新一轮科技和产业变革对社会利益格局的影响机制

通过进一步分析，新一轮科技和产业变革对社会利益格局的影响主要表现在：

1. 从市场层面看，新一轮科技和产业变革在去中心化的同时引发新的垄断等问题，进而会影响到相关利益格局

经济学理论表明，垄断一旦形成，社会总体效用就会受到损失，社会学视角下的中心化问题实际上也是市场或权力的垄断问题，科技进步会带来技术更新，进而促使利益重新分配，最终带来去中心化的效果。近两年兴起的区块链技术更是将去中心化理念发挥到了极致。然而，在现有条件下，这种去中心化很容易在资本力量的作用下再中心化，并直接影响到相关利益格局的变化。

法国经济学家皮凯蒂在《21世纪资本论》中指出，过去百年间资本价值的提升速度一直快于劳动价值的提升速度，近10年来资本在互联网背景下更是渗透到经济社会发展的各个领域。在“互联网+”背景下，很多互联网平台都经历过“烧钱”—融资—再“烧钱”的过程，而创新型企业的经营与推广总会与互联网平台产生密切联系，在有效监管尚未实现、相关法律法规滞后的情况下，资本逐利性使得企业会有明显的规模扩张冲动。资本领域竞争有独特的游戏规则，比起产品的销售收益，企业会投入更多精力扩张市场规模，只要用户数量不断增长，企业在资金流、广告、融资等方面的竞争力便会不断提升。对用户规模的强烈追求，使创新领域的很多竞争变为资本的竞争，各企业均会将击败竞争对手并最终获取垄断收益作为重要目标。这种竞争很容易成为再中心化的过程，这不仅会对企业所在领域本身产生影响，还会阻碍其他领域经济发展，甚至有可能影响政府决策，进一步冲击现有市场秩序。

2. 从就业层面看，新一轮科技和产业变革影响到劳动力市场的变化并直接带来利益格局的变化

从发展阶段看，人工智能和智能机器人等相关技术更多还处于触发期和期望膨胀期，距离最终的产业化和全面性应用拓展可能还有相当长的路要走，对就业的冲击还是局部现象而且相当有限。但从历史趋势看，科技革命最终会造成工作岗位的转移，基于熟悉化的程序并能够通过明确的规则和算法来描述的常规工作岗位会逐渐减少，而需要灵活性、创造力，涉及更加复杂问题的工作岗位将会增加。

从结构角度看，新技术的广泛应用会使得劳动力市场形成“工作极化”。根据世界银行2016年的分类标准，现实中的职业通常包括三种不同类型：高技能职业（大量使用非常规的交际和认知技能）、中等技能职业（大量使用常规的动手与认知技能）、低技能职业（大量使用常规的动手技能）。一方面，智能化和自动化新技术的广泛应用将会越来越多地替代常规任务，使得中等技能劳动者面临更大的被替代风险。另一方面，新技术会强化对非常规技能的需求，两者形成良好互补。毕竟，只有拥有更加良好的协调交互能力以及更具创造性和智慧的技能，才能在工作场所更有效率地执行智能化和自动化的工作任务。因而那些拥有非常规技能的劳动者，将从人工智能浪潮中获益更多。前文也论述过技术变革对就业结构的影响——如在未来，一些“体面”的白领岗位（比如翻译、保险、法律事务等）所遭受的人工智能冲击可能甚于蓝领岗位——这会使传统的利益格局遭到颠覆性变化。

3. 从成果分配层面看，新一轮科技和产业变革有可能会加剧社会福利分配差距并直接重塑利益格局

科技革命形成的创新型成果的分配过程，也是社会利益的分配过程。科技进步带来的很多产品都有很强的普惠属性，这些产品由全社会共享（例如互联网），会提高全社会的福利水平。但必须认识到，逐利是绝大多数企业开发产品的首要目标，未来新一轮科技和产业变革所产生的很多产品同样会是市场经济条件下的商品，拥有知识产权的企业必然会以从中获取巨额收益为目标。

在社会领域，这种市场化的成果分配方式有可能阻碍社会公平发展，例如在教育、医疗等公共服务领域，政府为保障社会公平，一直反对产业化，用事业的理念主导这些领域发展。随着经济发展，各类群体对公共服务的需求不断提升，在事业的外衣下出现了教育培训业等各类“影子产业”。各种科技类产品则更加有可能打破空间、监管障碍，使各类“影子产业”得到进一步发展壮大，这也意味着教育、医疗等事业的进一步产业化，意味着出价越高越能享受到更好的公共服务，意味着民生领域均衡发展将面临更大的障碍。此外，还应注意到，科技变革的收益与风险并存，市场竞争容易导致科技变革带来的收益更多地向高层集聚，而风险却更多地由其他阶层的用户承担，这些风险既包括产品本身的可靠性风险，也包括大数据智能时代下个人隐私泄露等风险。

第三节

橄榄型社会结构与扩大中等收入群体

一、橄榄型社会结构与“中等收入陷阱”

（一）橄榄型社会结构的含义与相关讨论

橄榄型社会结构即橄榄型社会阶层结构，又称纺锤型或鸡蛋型社会结构，是指以中等收入群体为主体，高收入群体和低收入群体比例都较小，两头小中间大的形如橄榄球的社会结构。它所表明的是，社会阶层结构中极富极穷的两极很小，而中间阶层相当庞大。

“橄榄型分配格局”或“橄榄型社会”是学术界关于中等收入群体占多数的分配格局或中产阶层为主的社会的一种形象描述。在国内外社会学界和经济学界，很多学者都习惯于用一些物品的形象来描述社会结构，如橄榄型、金字塔型、哑铃型、纺锤型、钻石型、洋葱型、倒丁字型等。这些描述基本上是讨论两种典型的社会结构，一种是收入差距较大、穷人占绝大多数的金字塔型，另一种是中等收入者占多数的橄榄型，其他都是这两种典型类型的变型。这种讨论背后的基本假设，是从传统社会向现代社会的转型，也是在收入分配方面从金字塔型向橄榄型的转变。

美国社会学家布劳认为，“一些社会结构是金字塔型，还有一些类似钻石型，前者社会的权力与财富形态分布都是底端有着最多的人口，越往上人口数量越少，后者从底端往上人口数量先是增加然后再减少”。布劳强调，收入不平等既是群体内部收入不平等的结果，也是群体之间收入不平等的结果。英国社会学家帕尔总结了一些发达国家20世纪70—80年代收入分配结构的不同发展趋势，认为英国的收入结构可能从金字塔型向洋葱型转变，生活舒适、拥有自己房产的中产阶层逐步扩大；而美国的收入结构可能会从金字塔型转变为哑铃型——穷人和富人都变多了，但中间群体越来越少。这是另一种形态的收入两极化，如1986年美国最富裕的5%家庭占有43%的家庭收入，最贫困的5%家庭仅拥有4.7%的家庭收入。

美国经济学家库兹涅茨在1955年美国经济学会的演讲中提出体现收入分配变化趋势的倒U曲线（即库兹涅茨曲线），该理论认为收入分配的长期变动轨迹是“先恶化，后改进”，收入差距“在前工业文明向工业文明过渡的经济增长早期阶段迅速扩大，尔后是短暂的稳定，然后在增长的后期阶段逐渐缩小”，处于发展早期阶段的发展中国家比处于发展后期阶段的发达国家有更高的收入差距水平。法国经济学家皮凯蒂在《21世纪资本论》中，通过研究西方社会300多年来收入分配的长期变动趋势，得出与库兹涅茨完全不同的结论。他认为资本的规律就是贫富差距扩大的规律，而库兹涅茨的倒U曲线，可能只不过是长周期中的一个偶然偏差，收入分配最终还是要回到长周期的差距上升的曲线上。皮凯蒂的观点引发了不小轰动，但也仍然存在争议。总体而言，这个问题目前仍在研究和探索中。

尽管关于收入分配领域的研究可谓百家争鸣，各有特色，但学术界普遍认为，现代社会或者工业化社会的阶层结构应是两头小中间大的橄榄型社会结构，它有庞大的社会中间阶层即中产阶层或中等收入群体。社会中间阶层通常被称为社会的稳定器，庞大的中产阶层具有对社会贫富分化较强的调节功能和对社会利益冲突较强的缓冲功能，它可以在社会高层与社会底层之间起到缓冲的作用，可以使激烈的社会矛盾和冲突得到缓解，有利于社会的稳定和可持续发展。在以中间阶层为主的社会中，社会主流意识更趋稳定，更不容易受极端思潮的冲击。因此，橄榄型社会结构是相对公正、合理、开放的现代化社会阶层结构模型。这种社会阶层结构形态是在经济社会发展中自然形成的，世界上不少发达国家都是这种结构。

（二）中等收入阶段与“中等收入陷阱”

1. 中等收入阶段

一个国家处于中等收入阶段，就可被称为中等收入国家，简单地说，是指经济发展已经度过低收入阶段，但还未达到高收入阶段，仍然处于发展中阶段的国家。

关于中等收入国家的划分，主要依据世界银行的划分标准，该标准会随着世界各国的经济发展水平而有所调整——2007年以前以人均国民生产总值（GNP）作为考察指标，2007年以后以人均国民总收入（GNI）作为考察指标。

中等收入国家又可分为中低收入国家和中高收入国家，按世界银行公布的数据，2015年的最新收入分组标准为：人均GNI低于1045美元为低收入国家，人均GNI在1045～4125美元之间为中低收入国家，人均GNI在4126～12735美元之间为中高收入国家，人均GNI高于12736美元为高收入国家。

各国所处的中等收入阶段方面，20世纪80年代至今，始终属于中高收入国家的主要是拉丁美洲的一些经济大国、部分中东国家和少数经济发展水平突出的非洲国家；而始终是中低收入国家的则主要是大部分非洲国家，也有少数亚洲国家和拉丁美洲国家。表49反映了20世纪80年代至今世界各国（地区）按世界银行标准划分的收入水平的变动情况，一些发展绩效良好的经济体自20世纪80年代以来从中低收入经济体行列升入中高收入经济体行列。同时，原中高收入经济体也有一部分成功进入了高收入经济体行列，这主要包括“亚洲四小龙”，部分南欧国家以及少数拉丁美洲国家。另外，自20世纪80年代以来，印度、巴基斯坦、斯里兰卡等南亚国家和越南、老挝等原本相对落后的东南亚国家也成功跨越了“低水平均衡陷阱”，成为中低收入国家。中国是进步最为明显的国家，在30多年的时间里从低收入国家跃升为中高收入国家，也是这一时期唯一实现这种突破的国家。

表49　20世纪80年代以来不同国家（地区）收入水平变动情况

收入水平变动情况	国家（地区）
自中低收入国家升为中高收入国家	安哥拉、博茨瓦纳、毛里求斯、黎巴嫩、土耳其、突尼斯、哥伦比亚、秘鲁、厄瓜多尔、哥斯达黎加、多米尼加、牙买加、纳米比亚、泰国
自中高收入国家降为中低收入国家	叙利亚、伊朗

（续表）

收入水平变动情况	国家（地区）
自中高收入国家（地区）升为高收入国家（地区）	葡萄牙、希腊、以色列、韩国、中国香港（地区）、新加坡、智利、乌拉圭、特立尼达和多巴哥
自低收入国家升为高收入国家	—
自低收入国家升为中低收入国家	越南、老挝、斯里兰卡、印度、巴基斯坦
自低收入国家升为中高收入国家	中国
自中等收入国家降为低收入国家	利比里亚、津巴布韦、刚果（金）、塞内加尔
自高收入国家降为中等收入国家	利比亚

2.“中等收入陷阱”

“中等收入陷阱”这一概念最早出现于世界银行发布的《东亚经济发展报告（2006）》，其含义主要是指一个经济体从中等收入阶段向高收入阶段迈进的过程中，既不能重复又难以摆脱以往由低收入阶段进入中等收入阶段的发展模式，很容易出现经济增长的停滞和徘徊，人均国民总收入难以突破1万美元的现象。出现这一现象的主要原因在于进入中等收入阶段之后，国家经济快速发展所造成的各种经济、社会、政治矛盾不断爆发，原有的发展模式无法适应新的形势，经济增长便出现了大幅波动或停滞。纵观半个多世纪的历史，成功跨越“中等收入陷阱”的国家实属少数，大多数国家长期在中等收入阶段徘徊，迟迟未能进入高收入国家行列。

3. 中等收入阶段与“中等收入陷阱”之间的关系

“中等收入陷阱”的提出，基于日本和“亚洲四小龙”的经济奇迹，这一概念可以说与中等收入阶段是完全绑定的。讨论“中等收入陷阱”，首先必须要有不同国家收入阶段的划分，这一概念存在的基础是相对于低收入国家和高收入国家，中等收入国家的增长更慢些。“中等收入陷阱”描述了一个经济体进入中等收入阶段之后，长期停留在中等收入水平或发生倒退的一种状态，其重点并非这种状态所持续的时间，而是这种状态最终是否发生了改变。一个经济体从中高收入阶段跨越到高收入阶段，实际上就是跨越了“中等收入陷阱”。

二、扩大中等收入群体的实证分析和战略安排

习近平总书记在党的十九大报告中指出：“扩大中等收入群体”，从2020年到2035年，“中等收入群体比例明显提高”。这是我国经济发展进入新时代的重要任务，也对扩大中等收入群体提出了目标要求。《中共中央关于制定国民经济和社会发展第十四个五年规划和二〇三五年远景目标的建议》提出，“坚持把实现好、维护好、发展好最广大人民根本利益作为发展的出发点和落脚点”“着力提高低收入群体收入，扩大中等收入群体”。扩大中等收入群体已成为新时代社会主义现代化建设的重要战略安排。

（一）对我国中等收入群体规模的预测分析

一个国家是否形成了橄榄型社会结构，在判断标准上学界仍存在不同看法。达成的相对共识是，橄榄型社会结构必定存在大量的中产阶层。有学者试图从收入中产、教育中产、职业中产、社会身份中产等角度寻找判断标准和依据，但数据的难以获得使得这个标准只具有主观判断的意义。我们以为，在现有分析条件下，以收入标准来划分更具有实质意义（事实上，现阶段教育、职业与收入有较强的关联性）。由此可以说，一个社会如果中等收入者占据了大多数，意味着大量的中产阶层的形成，也意味着橄榄型社会结构的形成（中央政府着力于扩大中等收入群体的目的，很大程度上也在于要形成橄榄型社会结构，跨越“中等收入陷阱”）。以下我们将以中等收入者的视角，对我国（是否形成）橄榄型社会结构进行实证分析和趋势判断。

我们对我国中等收入群体变化趋势进行了测算分析，具体思路是：

明确中等收入群体划分标准。首先，根据世界银行公布的世界人均GNI和人口数，计算该年度世界人均GNI的中位数。将世界各国的人均GNI，用各自国家的人口数作权重，从低到高进行排序，即给世界上每个人赋予本国的人均GNI，并将其由低到高进行排序，其中中间位置的人对应的人均GNI就是世界上所有国家（包括我国）人均GNI的中位数。结果如表50所示。其次，借鉴美国皮尤研究中心（Pew Research Center）将中位数的67%～200%、60%～225%等作为中等收入群体的上下限的做法，得出世界人均GNI的中位数。最后，结合我国典型的城乡二元经济结构现状，我们将中位数的75%～550% 作为我国中等收入群体的划分标准，然后再乘以世界银行公布的各年份的购买力平价（PPP）转换因子，将美元表示的上下限换算成用人民币衡量的上下限，由此得出2018年我国中等收入群体的划分标准为[3.5万，25万]。

表50　2013—2018年世界人均GNI的中位数

年份	分位数	人均GNI/美元	国家
2013	0.5	12260	中国
2014	0.5	12740	南非
2015	0.5	12870	南非
2016	0.5	12850	南非
2017	0.5	13060	南非
2018	0.5	12650	印度尼西亚

测算中等收入群体所占比重。现有研究表明，包括居民收入在内的社会经济规模指标的分布可以用对数正态分布函数来描述。采用对数正态分布函数方法对我国的全国、城镇、农村居民人均可支配收入分组数据进行拟合，再根据上述我国中等收入群体的划分标准[3.5万，25万]测算我国的全国、城镇、农村中等收入群体比重。结果见表51。

表51　2013—2018年我国中等收入群体比重测算（%）

年份	全国	城镇	农村
2013	14.77	26.13	1.50
2014	17.62	31.13	2.90
2015	20.30	35.94	3.61
2016	23.34	41.10	5.17
2017	26.47	46.10	6.40
2018	28.84	50.10	7.44

基尼系数变化情境下的分析。分析我国中等收入群体规模及其所占比重的变化，必须同步考虑基尼系数变化的情况。在上述测算基础上，我们考虑了基尼系数不变与基尼系数减小两种情境，对情境下我国中等收入群体规模及其所占比重的变化进行了测算分析。表52显示的是，2020年、2025年和2030年，居民人均可支配收入增长为6%，收入分布不变，分配格局良性发展，基尼系数由目前的0.47减小至0.45左右的理想状态下，我国中等收入群体规模及其在总人口中所占比重的变化情况。

表52　2020年、2025年、2030年中等收入群体规模及其在总人口中所占比重

项目	2020年	2025年	2030年
中等收入群体比重/%	34.06	48.30	62.15
全国人口总数/万人	143932.3774	145790.8248	146434.0150
中等收入群体规模/万人	49023.3677	70416.9684	91008.7403

我们通过估算居民不同分组的人均收入期望值和方差，对我国城镇、农村和全国整体低、中等 、高收入群体比重的变化进行预测分析。具体结论如表53所示。

表53　我国城镇、农村和全国整体低、中等、高收入群体比重预测（%）

年份	城镇			农村			全国		
	低收入群体比重	中等收入群体比重	高收入群体比重	低收入群体比重	中等收入群体比重	高收入群体比重	低收入群体比重	中等收入群体比重	高收入群体比重
2019	28.81	62.38	8.80	89.80	9.94	0.26	53.15	41.46	5.39
2020	24.81	64.28	10.91	87.81	11.83	0.36	49.32	43.88	6.80
2021	21.13	65.52	13.35	85.49	14.01	0.50	45.52	46.00	8.48
2022	17.79	66.06	16.15	82.83	16.49	0.68	41.79	47.77	10.44
2023	14.80	65.90	19.30	79.80	19.27	0.92	38.13	49.16	12.71
2024	12.17	65.03	22.81	76.39	22.36	1.25	34.58	50.13	15.29
2025	9.88	63.47	26.65	72.58	25.72	1.69	31.14	50.68	18.19
2026	7.93	61.29	30.78	68.40	29.32	2.27	27.82	50.77	21.40
2027	6.28	58.54	35.18	63.87	33.10	3.03	24.65	50.42	24.93
2028	4.92	55.30	39.79	59.03	36.96	4.01	21.64	49.63	28.73
2029	3.80	51.66	44.54	53.93	40.80	5.26	18.79	48.41	32.80
2030	2.90	47.73	49.38	48.66	44.49	6.84	16.12	46.79	37.08

基于上表的预测结果，我们有以下基本判断：

到2021年前后我国整体将初步呈现橄榄型分配结构。表53中的预测结果显示，到2021年，中等收入者比重将达到46.00%，基本上和低收入者比重持平，之后伴随中等收入者比重的上升趋势，不同收入群体将整体上呈现两头小中间大的橄榄型分配结构。为了加快实现这一进程，我们必须在注重居民收入总量增长的前提下，高度关注收入分配体制改革和完善，切实使经济发展成果由广大人民群众共享，使社会收入结构与经济发展水平相适应、相协调。

城镇居民收入将率先呈现橄榄型结构。随着市场经济日益完善和现代服务业兴起，更多的就业岗位不断被创造出来，这必将大力推动城镇居民收入增长，更多的城镇低收入者逐步加入中等收入者队伍中来。事实上，目前城镇中等收入者比重已经超过低收入者比重，城镇居民收入基本呈现出了橄榄型结构，同时城镇高收入者比重也将迈进快速提升的发展新阶段。按照表53中的预测，2030年将可能成为我国城镇首次实现以本书标准测算的高收入者比重超过中等收入者比重的时间节点。

农村居民收入只有到2031年左右才有可能呈现橄榄型结构。由于农村中等收入者比重的提升明显滞后于城镇中等收入者比重，表53的预测数据显示，只有到2030年农村居民收入分配结构才与2014年城镇居民收入分配结构和2020年全国整体居民收入分配结构比较接近。也就是说，与城镇相比，农村整体居民收入分配结构整整滞后16年，与全国整体平均水平相比，农村整体居民收入分配结构滞后10年。即使在2020年全面建成小康社会的背景下，农村居民中可能仍有超过80%的人口属于低收入群体。

（二）扩大中等收入群体的战略目标和阶段安排

根据本书的测算，目前我国中等收入群体比例在1/3左右。由于“十四五”期间，我国在全面建成小康社会后将继续着力减少相对贫困人口，大多数地区也将不断加快“脱低”步伐（事实上，“十四五”期间我国经济仍将保持较快增长速度，并极有可能跨入高收入国家行列，这将大大有利于中等收入群体规模的扩大），因此我国中等收入群体规模的扩大速度会不断加快，或者较其他时期更快。

由此，我国要实现中等收入群体倍增战略目标，可实施“两步走”战略安排：

第一步：从现在起到2025年，即到“十四五”期末，按绝对标准计算的中等收入群体规模提升至7亿人以上，占全部人口比例的50%以上，城乡居民收入稳步增长，收入差距趋向缩小，收入分配格局趋向合理。

第二步：从“十四五”期末到2030年，随着我国社会主义现代化建设不断推进，按绝对标准计算的中等收入群体规模提升至9亿人以上，占全部人口比例的60%以上，中等收入群体规模实现翻番，收入分配格局总体合理，中等收入群体倍增战略目标实现，橄榄型社会结构基本形成。

三、实现中等收入群体倍增战略目标的基本条件及路径

保持经济持续稳定增长，是夯实中等收入群体规模扩大的基础。保持经济稳步增长是不断扩大中等收入群体的基础。经济在一定时期内维持较快的增长速度，是收入持续增长的基础，也是扩大中等收入群体、形成橄榄型社会结构的基本保障。

稳步提高居民收入水平，实现居民收入与经济同步增长。党的十九大报告指出，“坚持在经济增长的同时实现居民收入同步增长、在劳动生产率提高的同时实现劳动报酬同步提高”。这对我国扩大中等收入群体具有重要战略意义。我们认为，同步的核心要义在于：居民收入增长不能明显低于经济增长，也不能明显高于经济增长；同理，劳动报酬提高不能明显低于劳动生产率提高，也不能明显高于劳动生产率提高。

保证就业稳定，推动劳动收入稳定增长。解决好就业问题，是扩大中等收入群体的重要基础。在相当长的时期内，稳定就业都应是经济社会发展的优先目标。要做到科学把握宏观调控的方向和力度，以稳增长促就业，以鼓励就业创业带动经济增长，实现经济增长和扩大就业的良性互动。

稳妥推进新型城镇化进程，做足中等收入群体增量。我国中等收入群体80%以上集中在城镇。在很大程度上，推进城镇化进程是扩大中等收入群体的重要途径。新型城镇化的推进，将使大量农业转移人口成为新增中等收入群体的后备军。在户籍制度改革和城乡基本公共服务均等化基本实现的条件下，这部分新增城镇户籍人口中的一部分将进入中等收入群体。

加快城乡人力资本积累，为扩大中等收入群体提供支撑。人力资本是经济社会发展最重要的资本。人力资本的提升和积累，意味着我国人口素质的不断提升，使得中高级要素不断聚集。高素质的人口，将为创新驱动注入新活力，为提升生产率提供新支撑，并为有效的资本积累打开空间，从而促进全要素生产率的平稳提升。这一过程，也必将伴随着就业空间的不断拓展和居民收入的加快提升（某种程度

上，也会对适龄劳动人口数量下降而带来的人口数量红利效应减弱产生一定的抵消作用）。这将大大促进中等收入群体规模的扩大。由此，实行促进生产率提高和教育公平的教育政策是尤为必要的。

优化收入分配结构，促进中等收入群体规模的扩大。我国现阶段的宏观收入分配格局中，存在政府部门对企业部门和居民部门收入比重的挤压效应。主体性分配向政府部门倾斜，居民整体收入比重下降，这也成为培育中等收入群体的约束性障碍。只有优化收入分配结构，才能促进中等收入群体规模的不断扩大。

瞄准重点群体精准施策，培育中等收入群体。如新生代农民工群体：本研究的测算显示，2018年，我国外来务工的新生代农民工规模近1.2亿人。假定2018年农民工总量不变，截止到2035年，老一代外来务工的农民工将完全被新生代外来务工的农民工替换，由此，2025—2035年外来务工的新生代农民工新增规模大致为1.1188亿人。这部分人将是新增中等收入群体的重要力量。再如目前收入水平接近但尚未达到中等收入水平的工薪劳动者，包括集中于制造业、工程建筑、道路运输等传统行业的工薪劳动者，掌握一定技能的技术工人、服务业从业人员以及基层公务员，新经济下共享经济平台的相关从业者等，对这些中等收入群体的后备军，要实施合理有效的分配政策，保证其收入稳步提高。

CHAPTER 6

第六章

比较与借鉴

第一节

收入分配国际比较研究

一、收入分配相关理论研究比较

（一）古典主义的收入分配理论

早在200多年前，古典经济学家就认为分配理论是经济理论的核心，并对收入分配进行研究且形成了较为系统的概念。

亚当·斯密（Adam Smith）是古典经济学理论的建立者，他在威廉·配第（William Petty）的劳动价值论和重农主义的基础上，先从分工理论论及交换，又从交换中引出货币的起源和作用，进而研究商品价值，再从商品价值的构成和来源谈到收入分配。斯密第一次划分了“三个阶级”（工人阶级、资本家阶级和地主阶级）与“三种收入”（劳动收入、资本收益和地租收入），他认为收入的分配是由工人的劳动工资、资本家的资本利润和地主的土地地租三者决定的，这样斯密从劳动决定价值转向了三种收入决定价值。斯密还注意到，在各种不同的职业中，劳动工资“因业务有难易、有污洁、有尊卑而不同”，也“因业务学习有难易或学费有多寡而不同”，“因业务安定与否而不同”，“又按照成功希望的大小各有等差”，即收入分配的差距必然存在。

由于《国富论》的理论基础和核心——价值理论的两重性，其收入分配思想也必有含混之处，但斯密并没有放弃劳动价值论或将两种价值理论混同。然而让·巴蒂斯特·萨伊（Jean-Baptiste Say）则完全背离了劳动价值论，全部继承了“斯密教条”，以斯密的生产三要素和效用价值论为基础，提出“三位一体公式”，即劳动—工资、资本—利息、土地—地租。对此，虽以批判之声居多，马克思更称萨伊的理论为“庸俗经济学”，但萨伊作为斯密经济理论在法国的最初传播者，后人也不能忽视其理论中的闪光之处，且他对经济学日后的发展也产生了深远影响，始于20世纪70年代的供给学派就是以他的学说为基础建立起来的。

英国古典经济学的完成者大卫·李嘉图（David Ricardo）是彻底的劳动价值论者，他与斯密的区别之一在于他将分配问题作为研究的中心，对于三个阶级的收入，他更注重考察各种收入的决定因素及其数量比例关系如何确定，他说社会产品是在地主、资本家和工人之间分配的，因而财富的增长主要取决于财富在这三个阶级之间的比例关系，“确立支配这种分配的法则，乃是政治经济学的主要问题”。可见，李嘉图的收入分配理论基本上是围绕功能性收入分配展开的，主要由地租理论、工资理论和利润理论构成。地租理论在李嘉图的研究中占有重要地位，他研究了地租的性质和产生、变动趋势及其后果。级差地租以土地收益递减规律为基础，他将地租看成是土地的级差收益，遵循边际原则。这是他在地租理论上的贡献，但他由于受到历史和阶级的限制而否定绝对地租的存在，这又是其理论的局限。李嘉图的工资理论虽仍没有明确区分劳动与劳动力这两个概念，但他提出劳动的价值取决于生产工人最低限度生活资料所耗费的劳动量，还提出了实际工资与名义工资概念，否定了斯密关于实际工资会随国民财富增长而提高的错误观点。李嘉图的工资理论中对相对工资的分析被认为是他的又一重大贡献。利润理论在李嘉图的收入分配理论中居于中心地位，他通过利润来说明地租和利息这两种剩余价值的特殊形式。利润就是产品价值减去工资后的余额，即所谓剩余价值原则。李嘉图着力分析了工资与利润的对立理论，他从劳动价值论出发，说明工人通过劳动创造的价值，在工人和资本家之间分配，工人获得工资，资本家得到利润，工资的增加或减少只会引起利润的减少或增加，而不影响商品的价值，指出“工资上升，利润就会成比例地降低”。

让·沙尔·列奥纳尔·西蒙·德·西斯蒙第（Jean-Charles Léonarde Simonde de Sismondi）是法国古典经济学的完成者，他认为分配是政治经济学和经济政策的基石，并由原来的“自由放任”“自由竞争”的拥护者变成了毫不妥协的反对者，自由竞争和自由追逐个人利益被他视为一切罪恶和祸害的根源。特别地，西斯蒙第从产品是由收入购买的公式出发，认为要使人们有足够的收入购买他们所需要的物品，收入要大致拉平，因为贫富收入两极化会引起消费不足，所以出现经济过剩，最后导致财富增速下降。这是关于收入分配差距会产生严重后果的早期论断之一。

（二）新古典主义的收入分配理论

19世纪70年代，古典经济学被边际主义学说取代。由于自然科学的发展和影响，数量分析特别是边际增量分析、统计方法和均衡概念等逐渐应用到经济研究上来，并从边际效应递减原理出发，形成了以均衡价值论为中心的微观经济理论体系，西方经济学的这次重大变革被称为边际革命，其理论被称为新古典经济理论。新古典经济学中的分配理论也是在边际效用论的基础上构建起来的，试图解决如何确定各生产要素生产中所作出贡献的具体份额的问题。

约翰·贝茨·克拉克（John Bates Clark）在1899出版的《财富的分配》一书中，以边际生产力为核心研究收入分配，认为边际生产力决定生产要素之间的收入分配，并以静态经济研究为基础提出了工资和利息分配理论，以动态经济研究为基础提出了利润决定理论。克拉克首先对传统经济学的三分法（将经济学分为生产、分配和消费三部分）和四分法（将经济学分为生产、分配、交换和消费四部分）提出异议，认为应将经济理论划分为一般经济规律、静态社会经济和动态社会经济三部分，即经济学不能对生产、交换和分配分别进行研究。克拉克将社会总收入分为工资、利息和利润三部分，而地租只是资本利息的一种特殊形式。为最终说明“社会收入的分配受到一个自然规律的支配”，克拉克在静态社会中，即假定人口、资本、生产方法、产业组织形式和消费者倾向不变，且没有干扰势力，说明了完全竞争条件下工资和利息的自然标准分别是劳动和资本的边际生产力。他又把资本家和企业家分开，认为前者是资本的所有者，得到的是利息，后者是企业的领导者，得到的是工资加利润。在静态经济中，企业家作为劳动者的收入是工资；而在动态经济中，企业家利用各种动态因素的变动，对生产进行不断改进，最终社会生产力提高和社会财富增长的动力即是利润。对此，克拉克的表述是：“我们把这种纯粹的调和工作称为企业家的职能，把他们所得的报酬，称为利润。这种职能本身，既不包含劳动，也不包含拥有资本，其职能完全在于建立和维持各个生产因素间的有效联系，并使它们发挥作用。” 克拉克认为静态收入分配理论是动态收入分配理论的前提和基础。静态收入分配理论主要用于判断收入分配是否公平，着眼于社会是否给予每个人应得的部分，而动态收入分配理论则从分析每个人应得的部分是否随着经济增长而增加的角度着手，并由此判断社会制度是否合理。总体来说，克拉克虽然区分了功能性收入分配和规模性收入分配，但仍是侧重于研究功能性收入分配，而不关心是谁得到了这些收入。

阿尔弗雷德·马歇尔（Alfred Marshall）是英国剑桥学派的创始人和代表人物，因其主要代表作——1890年出版的《经济学原理》而被称为新古典主义经济学的建立者。马歇尔以局部均衡理论为核心研究收入分配，用各生产要素的均衡价格来证明分配的基础，用以确定工资、利息、利润和地租等一系列分配变量的大小。具体来说，对于各生产要素，马歇尔认为：工资和利息分别是劳动与资本的供需价格相等时的均衡价格，劳动的需求价格取决于劳动的边际生产力，劳动的供给价格则由培养、训练和保持有效劳动的成本决定；利息的需求价格决定于资本的边际生产力，利息的供给价格则取决于资本家的“等待”；因土地没有生产费用，故土地是没有供给价格的，所以地租仅会受到土地的需求影响，并且由土地的边际生产力决定；利润是企业家才有的报酬。马歇尔的经济学说在20世纪30年代凯恩斯革命之前在西方一直居于正统地位，他的许多基本理论对当代西方经济学仍有很大影响，其中就包括收入分配理论。

（三）凯恩斯主义的收入分配理论

西方世界1929—1933年的经济大萧条，对传统经济学理论提出了前所未有的挑战，正是在这一背景下，当代最有影响的英国经济学家约翰·梅纳德·凯恩斯（John Maynard Keynes）于1936年出版了具有划时代意义的《就业、利息和货币通论》，引发了经济学史上的凯恩斯革命，也开启了宏观经济学理论的大门。虽然凯恩斯并没有对收入分配问题进行过专门研究，但他对收入分配是否合理和收入分配水平决定方面的问题却也十分关注。《就业、利息和货币通论》中就业论是核心，有效需求论是基础，利息论和货币论是论证决定收入和就业的有效需求理论的。他的收入分配理论也是从需求出发进行研究的，以有效需求理论为基础，认为有效需求由消费需求和投资需求构成，消费中遵循边际消费倾向递减规律，投资中遵循资本边际效率递减规律，故有效需求不足是常态。利息不像传统理论中认为的由储蓄和投资决定，而是由货币的供求决定。工资则是由劳动力的供求决定，凯恩斯将工资分为货币工资和实际工资，提出了货币工资刚性理论。凯恩斯不仅认为分配不公是产生有效需求不足问题的原因，还提出了解决这一问题的两个办法：一是提高富人的个人所得税税率；二是消灭食利者阶层。

凯恩斯开创的宏观经济学理论及其继任者对其理论的发展和丰富，极大地缓解了当时西方国家的经济矛盾，凯恩斯主义经济理论对经济学的发展产生了巨大影响。

以美国著名经济学家保罗·萨缪尔森（Paul A. Samuelson）为代表的新古典综合学派是后凯恩斯主流经济学派，萨缪尔森在1948 年出版的《经济学》在此后的半个世纪都被奉为西方最流行的经典教科书。萨缪尔森将凯恩斯理论和新古典主义经济学理论加以综合，微观经济学中的收入分配理论主要继承了马歇尔的分配理论，但在宏观经济学中又继承了凯恩斯的观点，并特别指出收入不平等等问题不能在混合经济中解决，必须将微观经济学与宏观经济学结合起来，这是新古典综合学派的主要贡献之一。

（四）福利经济学的收入分配理论

福利经济是一个古老的话题，边际效用论者都隐约有收入的均等化可以增加总效用的思想，然而把它系统地整理为一门学说的是英国剑桥学派的阿瑟·塞西尔·庇古（Arthur Cecil Pigou），他在1920年出版的《福利经济学》成为福利经济学的奠基之作，而庇古本人也因此被称为福利经济学之父。庇古认为："在很大程度上，影响经济福利的是：第一，国民收入的大小；第二，国民收入在社会成员中的分配情况。”在国民收入的分配方面，庇古认为国民收入分配越均等化，社会经济福利越大。庇古的福利经济学以基数效用论为基础，从生产和分配角度论证经济福利的增加，他提出了“收入均等化”论断，认为把国民收入的一部分从富人转移到穷人，即收入均等化，若没有国民收入的减少，则将增加社会福利，这一过程可以通过向富人征税和给穷人补贴的方法实现，但要适当，且要避免在这过程中造成国民懒惰和浪费的现象。

意大利经济学家维尔弗雷多·帕累托（Vilfredo Pareto）是洛桑学派的主要代表人物之一，他的主要贡献是对瓦尔拉一般均衡理论的发展，认为边际效用无法衡量而只能用序数加以比较，并且对收入分配问题也提出了自己独到的见解。帕累托通过对一些国家收入分配统计资料的分析，绘出国民收入分配曲线，直观显示出不平等的收入分配状况。新福利经济学正是以帕累托最优状态和序数效用论为基础的，但后者将研究的重心转到了生产与交换的最优条件上，尽量回避收入分配，特别是反对将富人的收入转移一部分给穷人的主张。

尼古拉斯·卡尔多（Nicholas Kaldor）、约翰·希克斯（John R. Hicks）等人所代表的新福利经济学受到了艾布拉姆·柏格森（Abram Bergson）、萨缪尔森等人的批判，并形成了福利经济学的社会福利函数论派。社会福利函数论者认为，要达到最优状态，除了交换和生产的最优条件，还必须满足福利在个人之间进行合理分配这一条件，但合理的收入分配绝不等于收入分配的均等化，并提出社会福利函数。但肯尼斯·约瑟夫·阿罗（Kenneth J. Arrow）于1951年出版的《社会选择与个人价值》一书中却得到关于社会福利的“不可能定理”，认为社会福利函数必须在已知社会所有成员的个人偏好次序的情况下，通过一定程序把各种各样的个人偏好次序归纳成为单一的社会偏好次序，才能从社会偏好次序中确定最优社会位置。但是资本主义社会中有多少人就有多少福利函数，而要从所有个人偏好次序推导出社会偏好次序，必须满足一系列必要条件，企图在任何情况下从个人偏好次序达到社会偏好次序，是不可能的。对这一难题取得突破性成果的是印度经济学家阿马蒂亚·森（Amartya Sen），他通过放宽“不可能定理”的条件和彻底推翻序数效用论解决了“阿罗难题”，引领现代福利经济学走向了新的希望。森还提出了新的不平等指数来度量收入分配的平等程度，以及由收入分配的不平等导致的社会福利的损失，开了福利经济学进行实证分析的先河，森本人由于作出了突出贡献而获得1998年的诺贝尔经济学奖。

收入分配始终是社会经济生活中的焦点问题，从对西方主要经济学收入分配理论的梳理中可以看出，各流派在对国民收入分配的方式问题上存在较大差异，但实质上，直到福利经济学出现之前，其争论核心还是来源于对价值的不同判断，是国民收入如何在各生产要素间分配以及分配份额，即功能性收入分配的问题。然而，后来的研究更多地集中在对经济发展过程中收入分配结果以及变化趋势的探讨上。因此，规模性收入分配在当今收入分配理论中的重要地位被凸显出来。

二、收入分配发展状况的国际比较

（一）初次分配格局的国际比较

为了进一步判定我国当前的初次分配格局的特征，有必要将其与世界上其他国家进行同口径对比。这里引用要素收入法测算结果，对世界上代表性国家的国内生产总值数据进行整理，具体思路与前文相同，即生产税净额（税减产品补贴）归政府部门所有，固定资产折旧、营业盈余和混合收入归企业部门所有，劳动者报酬归住户部门所有。按照这一思路，我们对国家统计局出版的《国际统计年鉴》中的相关数据（该数据主要来自世界银行数据库）进行整理。表54列出了我国和世界上部分代表性国家的三大主体部门收入占该国要素收入法测算的国内生产总值的比重。以2014的年数据为例，我国初次分配格局是：政府部门的收入比重为15.64%，企业部门的收入比重为37.86%，住户部门的收入比重为46.51%。发展中国家比如墨西哥2013年政府部门、企业部门和住户部门的收入比重分别为4.56%、68.00%和

27.45%。发达国家比如美国2013年政府部门、企业部门和住户部门的收入比重分别为6.49%、41.37%和52.14%。又如，金砖国家中的俄罗斯，其住户部门收入比重2013年为51.87%，高于我国当前水平，其他国家的数据不再列举。更进一步分析，我们对《国际统计年鉴》原始数据进行汇总，同时把俄罗斯、波兰、南非和墨西哥等转型国家和发展中国家作为一类，把美国、日本等发达国家作为一类，以国内生产总值做加权平均求取这两类国家的三大主体部门收入分别占要素收入法测算的国内生产总值的比重，得到政府部门、企业部门和住户部门的分配格局，转型国家和发展中国家的分配格局为13.10（政府部门）：44.57（企业部门）：42.33（住户部门），发达国家的分配格局为8.82（政府部门）：40.77（企业部门）：50.40（住户部门）。表54显示，我国2013年的初次分配格局为15.75（政府部门）：38.16（企业部门）：46.09（住户部门）。可以发现，在初次分配格局中，从政府部门收入比重对比来看，我国不仅高于大部分发达国家平均水平，而且也高于部分转型国家和发展中国家平均水平；从企业部门收入比重对比来看，我国不仅低于发达国家平均水平，而且低于转型国家和部分发展中国家平均水平；从住户部门收入比重对比来看，我国高于部分转型国家和发展中国家平均水平，但是低于发达国家平均水平。综上对比可以得出结论，我国初次分配格局中存在明显的“一高一低一适中”特点，即政府部门所得比重比较高，企业部门所得比重比较低，住户部门所得比重比较适中。

表54　我国和世界上部分国家初次分配格局比较（%）

国家	中国															
年份	1992	1994	1996	1998	2000	2002	2003	2004	2006	2008	2009	2010	2011	2012	2013	2014
政府部门	15.53	14.90	14.29	13.70	13.13	13.94	13.62	13.74	14.53	14.73	14.58	14.99	15.38	15.63	15.75	15.64
企业部门	19.06	19.23	19.40	19.56	19.72	21.57	22.28	25.12	24.74	26.61	24.73	24.51	23.95	22.73	38.16	37.86
住户部门	65.41	65.87	66.32	66.74	67.15	64.49	64.09	61.14	60.73	58.66	60.69	60.50	60.67	61.65	46.09	46.51

（续表）

国家	俄罗斯		日本		韩国		南非		墨西哥		美国		加拿大		法国	
年份	2010	2013	2010	2013	2010	2013	2010	2013	2010	2013	2010	2013	2010	2013	2010	2013
政府部门	17.75	18.90	7.64	7.97	10.58	9.93	10.57	11.98	4.72	4.56	6.71	6.49	10.24	10.02	12.50	13.29
企业部门	32.59	29.23	41.74	40.42	47.04	46.04	44.06	41.44	67.69	68.00	39.85	41.37	39.31	39.64	35.45	33.92
住户部门	49.66	51.87	50.62	51.61	42.38	44.03	45.37	46.58	27.58	27.45	53.43	52.14	50.45	50.34	52.05	52.79
国家	德国		意大利		荷兰		波兰		西班牙		英国		澳大利亚		新西兰	
年份	2010	2013	2010	2013	2010	2013	2010	2013	2010	2013	2010	2013	2010	2013	2010	2013
政府部门	9.59	9.87	12.32	13.27	9.83	10.33	12.17	11.20	8.65	9.78	11.53	12.36	9.67	10.09	12.39	12.85
企业部门	40.65	39.17	47.68	47.02	41.01	40.10	50.20	51.72	41.25	43.27	36.05	37.10	42.95	42.31	43.57	43.58
住户部门	49.76	50.96	40.00	39.72	49.16	49.57	37.63	37.08	50.10	46.94	52.42	50.54	47.37	47.60	44.05	43.58

注：表中数据按要素收入法测算的国内生产总值构成，税减产品补贴归政府部门所得，营业盈余和混合收入等归企业部门所得，劳动报酬归住户部门所得。数据来源于《中国统计年鉴2015年》和《国际统计年鉴2015年》。

通过以上我国与世界上部分国家初次分配格局的对比，可以得出以下几个结论：

政府部门所得在初次分配格局中的份额较大，而且在动态演变中出现了向政府部门倾斜的现象，这反映了我国政府部门干预经济的程度较高。相对于企业部门和住户部门而言，政府在市场上的地位不仅是市场秩序的维护者、公共产品的提供者，更表现为强势的市场参与者和利益竞争者。从分配格局上看，政府部门对经济的强势干预对企业部门的影响要大于对住户部门的影响。政府部门所得对企业部门所得的挤压，使得企业持续扩大投资的动力不足，使国内投资出现政府主导倾向并受政府政治周期的影响，经济发展波动幅度会增大，最终会影响经济增长效率。政府部门所得对住户部门所得的挤压表现在，一方面政府财政收入快速增长挤压了居民收入的增长空间，另一方面政府的转移支付和社会保障支出相对滞后，居民不得不更多地考虑医疗、养老和教育等支出，这两方面导致居民消费倾向下降，储蓄倾向上升，从而影响了国内居民消费。国内消费需求不足使得我国经济增长对国外需求的依赖性增强，为我国经济可持续发展埋下隐患。

企业部门所得在初次分配格局中的份额偏低，税负较重和发展环境变化是主要因素。税负较重表现在税制结构和税率两方面，以制造业为例，企业不仅承担着高额的增值税，而且还承担着城建税、教育费附加、地方教育附加等已经不符合时代潮流的多种附加税。据工信部发布的全国企业负担调查评价报告，被调查企业毛利率达到19%，说明企业控制成本的能力较强，具备一定的获利能力，但平均利润率只有5.1%，扣除所得税之后净利润更少，说明企业税负还比较重[1]。发展环境变化包括内外部的发展环境变化。2008年以来受国内外错综复杂的发展形势影响，我国企业部门所得出现了下降趋势，这一点尽管与表54中列举的世界上代表性国家的情况基本保持一致——大部分国家的企业部门收入比重最近几年都出现了不同程度的减弱，但是从国内外发展环境分析，也有深刻原因：从内部环境分析，社会主义市场经济体制改革进入深水区，改革难度加大，力度趋缓，改革红利效应减弱，特别是生产要素成本大幅上升，劳动密集型中小企业经营困难；从国际市场分析，出口形势不容乐观，发达国家“再工业化”进程加快，对我国出口导向型经济的冲击影响深远。持续推动深化市场化方向改革进程，进一步推进供给侧结构性改革和结构性减税，约束某些政府部门的非规范收入并使之透明、公开、公正，积极推进“费改税”改革，提高企业抗风险、增业绩的能力和水平，仍然是当前和今后一段时期努力的方向。

住户部门所得在初次分配格局中的份额比较适中，这与我国近年来加大民生改善力度紧密相关。一段时期以来，住户部门的分配份额曾持续下降，由于企业部门的投资倾向要高于住户部门的投资倾向，而其消费倾向低于住户部门的消费倾向，所以住户部门的分配份额下降对国内投资和消费结构产生重要影响，使得我国经济

[1] 《超七成企业缴税额超利润，降低企业税负需推实招》，http://finance.people.com.cn/n/2013/0925/c1004-23024808.html。

发展方式更加依赖投资需求而不是消费需求。伴随全面建成小康社会，特别是共享发展理念成为全国人民的思想共识，全国各地政府纷纷加大了民生改善力度，居民社会保障适度普惠的覆盖面大幅扩大，稳定了居民收入和消费预期，居民的收入来源更加多元，收入增速基本上快于GDP增速，同时国内人口红利的下降，从业人员工资水平的上升，也有力促进了住户部门在初次分配格局中的份额提升。

（二）居民收入差距的国际比较

根据《国际统计年鉴》和世界银行数据库中的相关数据，我们整理汇总了世界上部分低收入国家、中等偏下收入国家、中等偏上收入国家和高收入国家的基尼系数，如表55所示。

表55　世界上部分国家居民收入差距比较

类别	国家	年份	基尼系数	类别	国家	年份	基尼系数
高收入国家	美国	2011	0.477	中等偏上收入国家	俄罗斯	2010	0.423
	日本	2004	0.308		巴西	2010	0.509
	德国	2011	0.293		南非	2009	0.631
	法国	2011	0.308		墨西哥	2010	0.472
	英国	2011	0.341		土耳其	2010	0.400
	意大利	2011	0.319		伊朗	2005	0.383
	加拿大	2011	0.328		阿根廷	2010	0.445
	澳大利亚	1994	0.352		委内瑞拉	2006	0.448
	葡萄牙	2011	0.342		泰国	2010	0.394
	波兰	2011	0.327		马来西亚	2009	0.462
	韩国	1998	0.316	中等偏下收入国家	斯里兰卡	2010	0.364
	西班牙	2011	0.339		印度	2010	0.339
	新西兰	1997	0.362		埃及	2008	0.308
	希腊	2011	0.336		巴基斯坦	2008	0.300
低收入国家	孟加拉国	2010	0.321		印度尼西亚	2011	0.381
	柬埔寨	2009	0.360		菲律宾	2009	0.430
	尼日利亚	2011	0.397		越南	2008	0.356
	老挝	2008	0.367		蒙古国	2008	0.365

注：以世界银行数据库2014年的数据为基础，同时吸纳了《金砖国家联合统计手册（2013）》和OECD统计数据库中的相关数据。

对表55中的数据进行比较分析，不难看出：高收入国家中，除了美国基尼系数较高外，其他国家如日本、英国等和欧盟国家的基尼系数大都低于0.35，即发达国家的收入差距相对较低。与之对应，低收入国家和中等收入国家的基尼系数大都较高，如金砖国家中，南非的收入差距最大，其次为巴西，中国的收入差距居中，俄罗斯和印度的收入差距较小。包括墨西哥、阿根廷等在内的部分拉美国家的基尼系数均超过了0.4的国际警戒线。在学界有所谓“中等收入陷阱”一说，即国际上只有日本、韩国等少数几个国家从原来的中等收入国家行列真正跨进了高收入国家行列，而相当一部分中等收入国家都陷入了经济增速放缓、居民收入差距急剧扩大、社会政局不稳的发展陷阱。作为发展中的大国，我国经济在保持了30多年高速增长并成功迈进中高收入国家行列的同时，居民收入差距也在逐步扩大，按照国家统计局公布的数据，2016年我国的基尼系数为0.465，根据表55判断，我国明显处于世界各国中收入差距较大的国家行列，而且收入差距水平与拉美国家比较接近。Chotikapanich等比较了20世纪90年代世界上代表性国家的收入分配差距，认为中国等新兴发展中国家的收入差距已经居于世界较高水平。如何进一步缩小收入分配差距，避免陷入所谓“中等收入陷阱”，在21世纪中期迈进发达国家行列，是当前中国政府高度重视的实际问题[1]。李实认为，影响收入分配差距的主要因素还是在于国家所执行的经济政策和分配政策如何协调效率与公平[2]。杨春学认为，政策越是偏向效率或政策倾向是“亲资本”或“市场精英”时，收入差距越大，越是偏向公平或政策倾向是“亲劳动”时，收入差距往往越小[3]。根据世界银行数据库的相关数据整理，OECD国家的基尼系数在20世纪80年代为0.293，到2000年左右进一步提

[1] Duangkamon Chotikapanich, William E. Griffiths, D. S. Prasada Rao, Vicar Valencia, “Global Income Distributions and Inequality, 1993 and 2000: Incorporating Country-Level Inequality Modeled with Beta Distribution,” *Review of Economics and Statistics*, No.1 (2012).

[2] 李实：《理性判断我国收入差距的变化趋势》，《探索与争鸣》2012年第8期。

[3] 杨春学：《如何压缩贫富差距？——美国百年历史的经验与教训》，《经济学动态》2013年第8期。

升到0.320。也就是说，自20世纪80年代以来，居民收入差距扩大已经成为世界上大部分国家共同面临的问题。法国经济学家皮凯蒂在其专著《21世纪资本论》中认为资本回报率和劳动回报率的差异是收入分配差距扩大的根源，并预言在21世纪发达国家的资本回报率将持续高于经济增长率，收入分配差距仍将持续恶化。皮凯蒂的预测结论引起了国际学界的普遍关注。

（三）世界主要国家收入分配发展变化趋势

1. 非帕累托改进式的贫富差距不断扩大

贫富差距的不断拉大成为西方资本主义国家乃至全球面临的共同问题，这种差距的拉大甚至出现在最上层的那1%的人内部——其中0.1%的人得到的钱比其他人都多。在金融危机爆发前一年的美国，社会最上层0.1%家庭所拥有的收入是社会底层90%家庭平均收入的220倍；财富分配甚至比收入分配更为不平等，最富有的1%的人拥有的财富超过国家财富的1/3。

很多经济学理论认为，如果富人变得更富有，同时处于社会中层和社会底层的人也过得很好，特别是上层群体的努力对其他群体的成功起促进作用的话，那么问题就并不严重，甚至还应当肯定上层群体的成功及他们的贡献。但从全球的实际情况来看，收入差距拉大并非此种类型。同样以美国的情况来说，上层1%群体攫取了比国民总收入的65%还要多的财富，而当上层1%群体的收入高得惊人时，大多数美国人的境遇实际上变得更差了。

在金融危机爆发前的30年里，美国中产阶级的收入几乎没有变化。实际上，一个典型美国全职男工的收入在过去1/3个世纪里是停滞不前的。金融危机加剧了这样的不平等，其表现形式不仅是更高的失业率、失去的家园和停滞不前的工资。虽然富人在股市的损失更为惨重，但他们的平均恢复速度却很快，自经济衰退以来美国所谓的“复苏”的收益绝大部分都进入了最富有的美国人的口袋：与2009年相比，2010年美国所创造的额外收入中的93%都为最上层1%的美国人所得。穷人和中产阶级的财富大部分都集中在住房上。随着平均房价从2006年第二季度到2011年底下降了超过1/3，那些背着大笔抵押贷款的美国人看着自己的财富基本上消失殆尽。在社会顶层，企业CEO能够非常成功地维持他们的高工资：除了在2008年略有下降，到2010年，CEO的年薪与普通工人的年薪比例又回到了金融危机爆发前的比例——243：1。

尽管美国一直是一个资本主义国家，但当前这种高度的不平等却是个新话题。大约30年前，最上层1%群体只得到了全国收入的12%。虽然那种程度的不平等也不应该被接受，但是从那以后，美国的贫富差距变得愈加惊人，以至于到了2007年，最上层1%群体的平均税后收入达到了130万美元，而最底层20%群体的平均税后收入却只有17800美元，最上层1%群体一周的收入都比最底层20%群体全年的收入多出40%，最上层0.1%群体一天半的收入几乎相当于最底层90%群体一年的收入，最富有20%群体的税后总收入超过最底层80%群体的总收入。

2. 资本升值速度明显快于劳动创造价值速度

美国经济学家库兹涅茨在1955年美国经济学会的演讲中提出体现收入分配变化趋势的倒U曲线，又称库兹涅茨曲线。该理论认为收入分配的长期变动轨迹是“先恶化，后改进”，收入差距“在前工业文明向工业文明过渡的经济增长早期阶段迅速扩大，尔后是短暂的稳定，然后在增长的后期阶段逐渐缩小”，处于发展早期阶段的发展中国家比处于发展后期阶段的发达国家有更高程度的收入不平等。

法国经济学家皮凯蒂在《21世纪资本论》中通过研究西方社会300多年来收入分配的长期变动趋势，得出与库兹涅茨完全不同的结论。《21世纪资本论》对自18世纪工业革命至今的财富分配数据进行分析，认为不加制约的资本主义导致了财富不平等的加剧，自由市场经济并不能完全解决财富分配不平等的问题。

皮凯蒂将世界经济分成两个基本要素：资本和劳动力，两者都被用于生产并分享产出的收益。资本与劳动力的区别在于：资本可买入、卖出、拥有，而且从理论上讲可无限累积；劳动力是个人能力的使用，可获得酬劳，但不能被别人所拥有。皮凯蒂认为，由于资本回报率总是倾向于高于经济增长率，所以贫富差距是资本主义的固有现象，发达国家的贫富差距将会继续扩大。

皮凯蒂在《21世纪资本论》中对过去300年来的工资财富作了详尽探究，并列出多国的大量收入分配数据，旨在证明最近几十年来，不平等现象已经扩大，很快会变得更加严重。在可以观察到的300年左右的数据中，投资回报率平均维持在每年4%～5%，而GDP平均每年增长1%～2%。5%的投资回报率意味着每14年财富就能翻番，而2%的经济增长率意味着财富翻番要35年。在100年的时间里，有资本的人的财富翻了七番，是开始的128倍，而整体经济规模只会比100年前大8倍。虽然有资本和没有资本的人都变得更加富有，但是贫富差距变得非常大。

3. 代际传递不断加强，阶层固化日趋严重

随着总体不平等一直在加剧，工资的不平等也一直在加剧。同样以美国为例，在过去的30年里，低工资人群（底层90%群体）的工资只涨了大约15%，而上层1%群体的工资却涨了差不多150%，最上层0.1%群体的工资涨了300%还要多。

在金融危机爆发前的2007年，大约有57%的资本收入为上层1%群体所获得。同样不足为奇的是，上层1%群体得到了从1979年以来资本收入增长部分中更大的一份，大约有87.5%，而底层95%群体仅得到了增长部分的不足3%。

收入、财富差距的不断拉大加剧了社会阶层的固化，处于社会底层的人们极有可能一直待在底层，而处于社会上层的人们也极有可能一直待在上层。如果机会充分平等的话，最底层20%群体中将只有20%的人的孩子会继续留在那儿。从世界各国的情况看，鲜有国家实现这样的机会平等，在社会福利水平较高的丹麦继续留在底层的人有25%，基本上做到了这一点，但也并未达到。因阶级划分而背负恶名的英国做得稍微差一点（30%），也就是说其社会底层的人还有70%的机会向社会上层移动。然而，在美国向上移动的可能性明显小得多（出生在底层的孩子只有58%能够脱离这个群体），并且只能向上移动一点，最底层20%群体中有将近2/3的人的孩子留在了最底层40%群体，这比机会充分平等时的情况高出了50%。同样，如果机会充分平等的话，底层20%群体的人就能最后进入上层20%群体，丹麦（14%）

和英国（12%）要强于美国（8%），但是目前还没有哪个国家实现这一目标。同样的道理，在很多国家一旦一个人挤入了社会上层，他就更有可能一直留在那里。

三、收入分配政策的国际比较

（一）世界主要国家收入分配政策的演进

1. 个人直接税的变革

（1）个人所得税的变革。

20世纪上半叶个人所得税征收的主要目的是筹措战争经费，“二战”之后才逐渐成熟，之后发展中国家也开始纷纷效仿。

课税对象方面，国外个人所得税的征收范围在总趋势上是扩大的，特别是从20世纪80年代开始，不少国家将附加福利与资本利得纳入了征税范围。征收内容方面，为使个人所得税的税基更加整洁，几十年来不少国家开始逐步调整并削减规范扣除项目。税率方面，从19世纪末开始，各国逐步将比例税率转变为累进税率。从20世纪80年代开始，发达国家的个人所得税普遍呈现最高边际税率下降、税率档次减少的趋势，不少发展中国家也逐步降低税率水平，简化税率结构。

（2）个人经常财产税的变革。

包含在经常财产税中的个人经常财产税是可以追溯到农具税和牲畜税的古老税种，随着城市化的演进，很多国家开始对房产及土地征收房产税或不动产税。随着资本快速积累和财产形式的不断丰富，在经常财产税方面出现了由个别财产税往一般财产税发展的趋势，计税依据则由从量计征转变为从价计征。

2. 社会保障政策的演进

（1）社会保障的演进。

19世纪80年代，德国出台了三部保险法，西欧和北欧各国也先后建立了以强制型社会保险为主体的社会保障体系，美国在1935年颁布了《社会保障法案》，对国家层面的社会保障法律制度进行了系统性设计。“二战”之后，各国对社会保障的重视程度日益提高，社会保障发展呈现三个特征：一是社会保障范围逐步扩大至全体社会成员；二是社会保障项目延伸至养老、医疗、失业、残疾、贫困等各个领域；三是社会保障财政支出快速增长，政府成为供给主体。

（2）养老保障的演进。

在“二战”结束以前，世界上建立养老保险制度的国家已经超过30个，覆盖人群以产业工人为主。战争结束之后，发达国家养老保险的覆盖范围逐渐延伸至全体国民，保障的待遇水平也不断提高。随着人口老龄化的不断加剧，发达国家从20世纪70年代后相继开始对养老保险进行改革，措施主要包括提高缴费率和缴费基数、降低给付水平、严格给付条件、延长退休年龄，一些国家还从现收现付制转向基金积累制，还有一些国家开始积极发展职业年金和商业养老保险。绝大多数发展中国家的养老保险制度是在“二战”之后才建立的，之后虽然水平有差异，但改革方向与发达国家接近。

（3）医疗保障的演进。

世界第一个强制性的医疗保险法案是德国1883年颁布的《疾病社会保险法》，到19世纪20年代，社会医疗保险制度已在大部分欧洲国家建立，随后推广到各个国家。“二战”之后社会医疗保险制度在各个国家得到快速推行与发展，其中国际劳工组织通过的《医疗建议书》和《社会保障最低标准公约》推动全球医疗保障制度趋于完善。社会医疗保险的范围与社会养老保险比较一致，都是从产业工人逐步扩展至全民。随着经济发展和环境变化，很多国家从20世纪70年代开始对医疗保险制度进行改革，主要举措包括提高缴费标准、降低补偿水平、实行私营化改革等。

（4）失业保障的演进。

英国在1911年最先建立了强制性失业保险制度，之后，欧洲各国纷纷效法，强制性失业保险制度成为世界失业保障制度的主流。20世纪30年代大危机后，强制性失业保险制度在发达国家普遍建立。至于发展中国家，强制性失业保险制度的建立时间较晚，多在20世纪50—60年代甚至更晚。20世纪80年代以前的失业保障，强调为失业者提供收入、生活保障；从20世纪80年代开始，各国修订失业保险法规以赋予失业保障一定的促进就业功能。进入20世纪90年代，改革的定位更加明确，那就是建设就业导向型的失业保障体系。

（5）最低生活保障的演进。

尽管很多国家并无中国政策语境下的“最低生活保障”，但以保障贫困群体最基本生活为目标的社会救助制度体系是客观存在的。英国最早建立了针对贫民的社会救助制度，之后法国、瑞士等国也陆续实行了贫民救助计划。进入20世纪，西方各国对社会救助的重视程度日益加深，明确了政府在保障贫困者基本生活方面的主体地位。从20世纪末期开始，“福利陷阱”等问题引发了很多关注与讨论，西方国家纷纷对社会救助制度进行改革，主要措施包括调整资助标准、优化救助权责、通过教育及医疗手段提升脱贫能力等。

（二）代表性发达国家收入分配政策现状

1. 美国

（1）美国个人直接税制度。

美国个人所得税的征缴需遵从立法部门通过的税收法律（包括美国的宪法、国内税收法等）、司法判决（最高法院、税务法院等）和执行部门（例如财政部和国内收入署）发布的公告。

美国对绝大部分的个人所得实行综合课税。联邦个人所得税的计算公式为$Y_{TAX}=[Y_{AGI}-Y_{PE}-Y_{MAX(SD,\ ID)}]\times R-Y_{TC}$。其中，AGI为调整后总所得；PE为个人宽免，它既包括为纳税人本人进行的扣除，也包括为纳税人配偶及符合条件的被抚养人进行的扣除；SD为标准扣除，ID为分项扣除，纳税人只能选择标准扣除和分项扣除中数额高者扣除；*R*为税率，当前美国实行的是7级超额累进税率；TC为税收抵免，主要类型有儿童及被抚养人税收抵免、老年人和残疾人税收抵免、劳动所得税收抵免等。美国纳入课税范围的不动产包括住宅用地、住房、农场、农庄等，动产主要包括机动车、游艇等。

（2）美国社会保障制度。

《社会保障法》是美国的社会保障法律总纲，美国的社会保障法律体系拥有4项养老保险类法律、3项医疗保险类法律、4项失业保险类法律、3项社会福利类法律等具体法律。美国社会保障政策的运行主体是多元的，除政府外，个人、企业和社会组织均是社会保障金的提供者，除由联邦政府负责全国性的社会保障项目外，各州与地方政府还会自主推动很多地方性项目建设。

美国的社会养老保险主要是指老年、遗属和残障保险（OASDI）中的老年保险项目，为现收现付模式；补充保障收入计划（SSI）为主体的养老救助也发挥着重要的养老保障作用。美国的医疗保障体系中私人医疗保险处于主体地位，公共医疗保障的主要目标是为老年人、残疾人及低收入者等弱势群体提供基本医疗服务。美国的社会救助项目主要包括补充保障收入计划（SSI）、贫困家庭临时援助计划（TANF）和各类非现金救助项目，项目内容主要包括为未参加社会保险的65岁以上的贫困老人和残疾人发放救济金，向退伍军人发放补助，为有未成年子女的单亲家庭提供补助，为特定人群提供食品券、公共医疗保健、教育津贴和公共住房补贴。

2. 日本

（1）日本个人直接税制度。

日本个人所得税将应纳税所得分为利息所得、红利所得、财产租赁所得、经营所得、工薪所得、退职所得、山林所得、财产转让所得、偶然所得和其他所得十大类。为促进分配的合理化，对利息所得、山林所得、部分红利所得、部分财产转让所得实行分离课税，对其他所得实行综合课税。日本实行差别税率，例如对利息所得实行15%的比例税率，对红利所得根据具体情况实行20%或者35%的比例税率，对财产转让所得实行4档超额累进税率，对综合所得实行超额累进税率，目前采用5%～15%的7档超额累进税率。源泉扣缴在日本个人所得税收入中占比超过80%，这也是日本个人所得税制度的一个重要特征，此种方式可以很好地保障税收效率。

日本个人所得税纳税人中约有58%纳税人的边际税率为5%，超过80%纳税人的边际税率不超过10%，仅有5%高收入者的边际税率高于20%。

（2）日本社会保障制度。

随着人口老龄化、少子化等问题的出现，日本多年来不断推动社会保障制度的改革。为增加社会保障资金，安倍政府曾积极推动社会保障与税制一体化改革，将消费税由5%提升到10%，并将增加的财源投入社会保障中。养老保障方面，日本从2000年开始正式实施《护理保险法》，成为第二个建立护理保险制度的国家。日本的护理保险制度构建了以使用者为本的护理服务体系，减轻了家庭护理负担，缓解了财政压力，同时还引入了合理的竞争机制。医疗保障方面，日本政府多年来致力于建立综合护理体系，不断强化介护服务，使病患从发病到住院、康复、出院的整个过程变得更为顺畅，同时还注重病患的参与支持。就业保障方面，2014年日本的国库负担比率从1/3提升至1/2，从2015年开始，日本对工薪阶层年金和公务员年金实施统一化管理，并将年金的领取年龄延长至67～68岁。同时，为应对少子化问题并消除女性歧视，日本政府提出了“在2020年之前将处于领导地位的女性的比例提升到30%”的目标，并不断加长育儿休假的时间，提升育儿休假的工资标准。

3. 德国

（1）德国个人直接税制度。

德国个人所得税是一种共享税，联邦与州政府各收42.5%，地方政府收15%。在德国的个人所得税税制中，对工薪所得征收工薪所得税，对资本投资所得征收资本收益税。

综合累进税制是德国所得税的一大特点，通过对个人收入的全部来源收税，使个人收入处于同一水平的纳税人缴纳相等的税额。同时它又注意在综合总收入的基础上，给予各种项目收入扣除额，综合总收入与收入扣除额形成了征税基数，这样可以使经济负担能力不同的纳税人根据纳税能力的强弱缴纳不同的税款，保证了征税的公平、公正。德国个人的综合总收入可分为盈利型收入和结余型收入两大类，盈利型收入包括农林业、工商业和自由职业的盈利收入，结余型收入包括工资薪金、资本盈利、租金收入和其他收入。

（2）德国社会保障制度。

德国是最早建立和实施社会保障制度的国家，目前已经形成了完善的社会保障体系。养老保险方面，德国全国已经有包括工人、职员、公务员、农民及自由职业者在内的80%的公民参加了社会养老保险，德国的社会养老保险主要包括法定义务保险、企业补充保险和私人保险三种形式。法定义务保险的主要内容是由从业人员和雇主同时按照收入的18.6%进行交付，65岁的职工开始按照退休前工资的70%领取养老金。企业补充保险主要是企业根据经营状况缴纳，职工在退休后领取的退休金相当于退休前净收入的85%。医疗保险方面，德国医疗保险包括法定医疗保险及私人医疗保险，其中法定医疗保险规定所有职工、农业从事者、退休者乃至待业人员都必须参加这一险种。私人医疗保险参保人员不及10%，只起到辅助作用。德国医疗保险服务包括报销看病、住院医药费及生育补助、家庭补助等，医疗保险标准根据收入的高低有所不同。失业保险方面，德国失业保险是一种强制性的义务保险，保险费率为职工毛工资收入的6.5%，政府也为失业保险基金提供一定的补贴。社会救助方面，德国通过社会救济对那些不能维持最低生活、有特殊困难的人给予救助，不论是德国人还是外国人都可要求提供社会救济。德国社会救助分为日常补助和特殊补助两种，主要来源是税收。

（三）代表性发展中国家收入分配政策现状

1. 巴西

（1）巴西个人直接税制度。

巴西对公民受雇所得、生产经营所得、专业服务所得与大部分投资所得实行综合课税，采用4级累进税率，另外，对资本利得按15%的单一比例税率征税，对利息所得按4级累退税率[1]征税。计算年综合所得时，经营性支出一般不能被扣除，只

[1] 此处的“累退”是从贷款时间长度的角度定义的。

有某些非经营性支出可以被扣除。

城市不动产税按照应税土地、建筑物的评估价值计征，农村土地税按照裸地价值计征，不动产转让税按照转让不动产的价值计征。

（2）巴西社会保障制度。

巴西是西半球较早建立社会保障制度的国家之一。1988年巴西宪法规定，巴西全体国民均享有社会保障权利，巴西宪法还将社会保障的范围界定为养老、医疗与救助三方面，这三者构成了巴西社会保障体系的“三大支柱”。当前，巴西社会保障涉及全体国民，覆盖面广泛，而且项目比较齐全。巴西的社会保障资金由个人、企业、政府共同承担，主要来源包括社会保险费、一般预算收入等。另外，政府还设立了一些专项基金作为补充资金来源。其中，社会保险费由雇主和雇员分担。

巴西的养老保障体系由社会养老保险、补充养老金、养老救助金等构成。其中，社会养老保险体系包括公务员养老金体系、私营部门社会养老保险体系、自主从业者社会养老保险体系。巴西现行的医疗保障体系由全民免费医疗（又称“统一医疗制度”）、私人医疗保险、医疗救助构成，全民免费医疗居于主体地位。目前，全民免费医疗覆盖了巴西约90%的人口，其基本运作形式是由政府开办的公立医院和卫生所向巴西公民提供免费的基本医疗服务。巴西法律规定了公民获得失业保险金的基本条件。巴西最低生活保障体现在社会救助制度中，巴西政府重点针对三类贫困人群实施收入援助：一是特困居民，即人均月收入不足30美元的贫困家庭；二是贫困老年人或失能老年人；三是有残疾人的贫困家庭。对于不在上述范围内的低收入者，政府通常不给予收入援助，而主要由家庭成员负担或由慈善机构帮助。

2. 印度

（1）印度个人直接税制度。

印度的个人所得税采用综合课税模式，纳入课税范围的所得包括工薪所得、经营或职业所得、财产所得、资本利得和其他所得。对上述所得加总再进行本年度和先前年度亏损调整后得到所得总额。从所得总额中减去允许扣除的项目，余额就是应纳税所得额，允许扣除的项目包括个人宽免、经营性支出扣除、非经营性支出扣除三种类型。印度个人所得税实行超额累进税率，免征额和税率级距要根据每年的财政法案进行必要调整后确定。

印度现行的个人经常财产税制度，以财产净值税的方式征收，名为“财富税”或“富裕税”，是印度在1957—1958财政年度正式开征的。财富税的计税依据是纳税人应税财产总额减去负债后的余额。财富税采用累进税率，根据纳税人财产净值的不同适合使用不同税率。财富税设有免征额，只有当财产净值超过免征额时，才需要纳税。

（2）印度社会保障制度。

自独立以来，印度建立了以养老保障与医疗保障为主的社会保障体系。印度社会保障的覆盖面较小，能够享受较好社会保障的主要是城市正规部门的从业人员及其家属，许多社会保障法律仅适用于正规部门的从业人员而对非正规部门的从业人员无效。此外，印度各邦之间、城乡之间、部门间的社会保障待遇差距也较为明显。

印度的养老保障体系主要由养老救助计划、社会养老保险、私人养老金计划等构成。社会养老保险包括公务员养老金体系、公共企业养老金体系、私营部门雇员养老保障计划、银行与保险公司养老金计划等，其中私营部门雇员养老保障计划的覆盖率相对而言最高。印度医疗保障体系的碎片化特征较明显，针对不同群体实行差异化的医疗保障制度。总体而言，目前印度的医疗保障由以下几部分组成：财政支持的全民免费医疗体系、各级政府发起的社会医疗保险体系、各类非政府组织发起的医疗保险计划、私人医疗保险等。全民免费医疗服务的范围主要是公共卫生与基本医疗服务，公立医院是提供全民免费医疗服务的主体。印度的失业保险主要面向雇员50名以上且已建立3年以上或雇员22～49名且已建立5年以上的企业的职工。印度采用多种方式为低收入群体提供直接或间接的收入补助，主要包括：向贫困家庭发放优惠卡，持这些卡就能够在平价商店以很低的价格购买到粮食、布匹、煤油等生活必需品，价差由财政补贴；对65岁以上生活贫困的老人给予现金与实物补助，受助老人每月可从政府那里领取到一定金额的老年津贴与免费粮食。

3. 俄罗斯

（1）俄罗斯个人直接税制度。

2000年，俄罗斯对《联邦税法典》进行了较大修订，对个人所得税实行单一比例税率，主体税率是13%。另外，还设置了35%和30%两档补充税率。俄罗斯现行的个人所得税属于综合课税模式，对劳动所得与其他各种应税所得实行综合计征。个人所得税的纳税扣除有两种类型：一是统一扣除，即针对全体或部分纳税人规定一个统一标准的扣除定额；二是专项扣除，包括社会类、财产类与职业技能类三类扣除，采取定额扣除和定率扣除相结合的办法。

在俄罗斯的经常财产税体系中，专门设有个人财产税税目，其征税对象为个人所有的房屋及其他建筑物、交通运输工具（汽车、摩托车等除外）。对房屋及其他建筑物采用比例税率，对交通运输工具采用定额税率。

（2）俄罗斯社会保障制度。

20多年来，俄罗斯的社会保障从原来政府大包大揽的国家保障型逐步往政府与社会共同分担的模式转变，建立起以养老保障为重点，覆盖养老、医疗、失业、住房等诸多领域的社会保障体系，社会保障资金由国家、企业与个人共同负担，社会保障制度设计兼顾效率与公平。

俄罗斯的养老保障体系主要由四部分构成：养老救助金、强制性养老保险、补充养老保险、公务员和军人养老金。强制性养老保险是俄罗斯养老保障体系的主体内容，其资金来源主要是雇主向国家养老基金的缴费。强制性养老保险金分为基础养老金、个人名义账户养老金、个人积累账户养老金三部分。基础养老金实行定额给付，个人名义账户养老金与个人积累账户养老金均根据缴费确定。俄罗斯的公共医疗保障依靠医疗保险费、财政拨款等途径筹集资金。从1993年起，俄罗斯实行强制医疗保险制度，这是俄罗斯公共医疗保障的支柱。政府规定了强制医疗保险提供免费医疗服务的条件。俄罗斯的失业服务项目的保障资金主要通过社会保障基金支付，雇主缴费与国家财政拨款是社会保障基金的两大资金来源。1997年10月，俄罗斯国家杜马通过的《俄罗斯联邦最低生活保障法》为计算最低生活费提供了法律依据。

四、应对收入分配问题的国际经验及启示

一段时期以来，中国经济增速放缓，经济结构深度调整，也从以下路径影响收入分配格局，进而影响既得利益格局的调整，甚至影响经济发展和社会稳定。一是国民收入分配比例在政府、企业、住户三者间发生变动；二是经济增速放缓、去产能、降成本可能导致资本收益的增长率高于劳动收入的增长率，加剧财富集中，而经济结构调整带来的制造业升级换代可能导致机器替代劳动，带来失业和贫困，同时，服务业领域可能出现高技能劳动力和低技能劳动力的分化，三者叠加的后果是劳动力要素所有者同资本、技术等生产要素所有者的贫富分化加剧；三是在经济发展降速、经济结构调整期间，新型城镇化、劳动力流动导致城乡、行业间收入分配格局发生变动。为此，分析典型国家在经济增速逐年下降或者经济结构深度调整的新常态下面临的收入分配问题，或者虽然不像中国一样处于新常态但也出现的共同的收入分配问题，从典型国家破解共同问题的做法中汲取经验教训，并提出富有针对性与操作性的政策建议，对中国改善收入分配，维护社会稳定，进而促进经济发展，达到中等发达国家水平具有重大的现实意义。

（一）当前阶段国际上共同面临的收入分配问题

收入分配与经济增长的共存关系可以分为四类：一是经济高速增长，收入差距扩大趋势放缓。如日本（20世纪50—60年代）、韩国（1980—1995年）、新加坡（1960—1986年）。二是经济高速增长，收入差距扩大。如新加坡（1990年至今）、巴西（1968—1974年）。三是经济低速增长，收入差距扩大趋势放缓。如日本（21世纪以来）。四是经济低速增长，收入差距扩大。如巴西（1975—2004

年）、智利（2011年至今）。在经济由高速增长转向中高速增长或者经济结构深度调整的状态下，多数典型国家面临居民收入增长乏力，劳动报酬增长缓慢，城乡、行业、个人收入差距扩大等问题。巴西（1968—1974年）等拉美国家在经济快速增长的情况下也出现了收入分配恶化的问题，成为“有增长而无发展”的典型。

1. 居民收入增长乏力

从国民收入分配格局看，典型国家普遍急于“赶超”，追求“国富”，在国民收入分配中过分向政府倾斜，企业、居民在国民收入中所占份额较低，企业、居民收入增速慢于GDP增速与财政收入增速。这样“国富民穷”的结果是此消彼长、唇亡齿寒，企业积累过少、投资不足，居民收入过低、消费低迷，进而影响经济增长。日本在“二战”后，就面临经济快速发展，但经济社会发展不平衡和不可持续的突出问题，重要表现就是居民收入较低、内需不足、产能过剩。

在中国，GDP增速快于城镇居民人均可支配收入增速与农村居民人均可支配收入增速、财政收入增速快于国有单位工资总额增速与城镇集体单位工资总额增速的问题早已有之，我国经济发展进入新常态以后，情况更加不容乐观。同时，企业在国民收入中所占份额下降，居民所占份额先升后降，这都促使我们考虑当前经济增长及其增速的可持续性，以典型国家为前车之鉴，从中汲取经验教训。

2. 劳动报酬增长缓慢

从功能性收入分配看，典型国家劳动报酬和资本收益占国内生产总值的比重变化在经济新常态下主要受两种因素影响：一是随着经济增速放缓，失业率升高，劳资关系紧张，平均工资与工资总额双降，导致劳动报酬所占份额下降。如日本在“二战”初期的情形。二是随着产业结构调整和升级，劳动密集型产业在国民经济中所占比重下降，劳动者数量减少，造成劳动报酬所占份额下降。如“二战”后日本产业结构高级化和技术进步带来了失业问题，导致劳动者数量与劳动报酬所占份额双降。在20世纪60年代工业化的推动下，新加坡的经济结构（包括产业结构、技术结构和企业结构）发生深刻变革，由60年代的劳动密集型产业转向70年代的资本和技术密集型产业，再转向80年代的高技术和高增值产业。经济结构变革引起职业结构变动，促使技术与管理阶层明显扩大，进而使技术与管理报酬所占份额增加，劳动报酬所占份额相对减少。由于劳动报酬是初次分配结果是否公平的直接体现，劳动报酬所占份额下降，表明这些国家在相应阶段面临初次分配不公平的问题。

中国目前在劳动报酬方面也面临三个问题：劳动者的报酬远远低于其贡献，劳动报酬在初次分配中的比重过低，劳动报酬增长缓慢。而随着产业结构转型升级，资本和技术密集型产业取代劳动密集型产业，还将出现财富向资本集中、机器替代劳动等问题，导致劳动报酬在国民收入分配中所占比重进一步降低。

3. 城乡收入差距较大

从城乡收入差距看，典型国家在经济新常态下尚未完成城市化，城乡二元经济结构仍然存在，城乡收入差距仍然存在，甚至有扩大的趋势。日本在20世纪60年代以前，就存在相当突出的双重经济结构问题，农产品价格低廉减少了农民收入，拉大了城乡收入差距[1]。韩国自20世纪60年代起，工业化和城市化进程加快，工农业发展严重失调，城乡差距扩大，农民收入占城乡居民收入的比重从1962年的71%下降到1970年的61%[2]。同时，农村人口大量向城市无序迁移，导致农村劳动力老龄化和弱质化，部分农村地区农业濒临崩溃，城乡差距和工农差距进一步加剧。巴西由于过度城市化，并不存在明显的城乡收入差距问题，但在城市内部，原先的农民失地又失业，住在城市贫民区，既将城乡收入差距内化为城市内部收入差距，又使城市成为社会矛盾的集中地和社会稳定的风险点。

中国经济发展在进入新常态后，农村居民人均可支配收入增速快于城镇居民人均可支配收入增速，城乡居民名义收入比继续下降，但如果加上房产增值等收入，城镇居民人均可支配收入其实高得多，增速也快得多，城乡居民收入差距实际上还是拉大了。

---

[1] 周长城、何芸：《日本“国民收入倍增计划”对中国收入分配改革的启示》，《学习月刊》2011年第5期。

[2] 张红宇：《平抑城乡居民收入差距的国际经验及启示》，《世界农业》2004年第4期。

4. 行业收入差距扩大

从行业收入差距看，作为新常态重要特征的经济结构深度调整，势必影响到各行业的劳动生产率和经济效益，进而影响到这些行业工人的工资，导致行业收入差距扩大。日本在“二战”后面临的双重经济结构问题，将日本经济分裂为以资本、技术实力雄厚的大企业为主的外向型经济部门和以资本、技术实力弱小的中小企业为主的内向型经济部门。这对日本不同行业的就业和工资水平造成巨大影响：外向型经济部门工人多为长期雇工，工资较高；农业、粮食加工、服装制造、医疗服务和建筑业等内向型经济部门工人多为临时工，收入较低，且不稳定。进入20世纪90年代后，新加坡便开始了工业化引起经济结构变革、经济结构变革引起产业结构调整的进程。技术密集型和高附加值产业迅速兴起，导致国内劳动力市场分流。新兴部门对普通劳动力的新增需求有限，但对高技能劳动力需求较大，使其薪资进一步提高；低端制造业和服务业对国内劳动力的新增需求较多，但生产率低下，在没有最低工资制的情况下必然导致低技能劳动力的工资水平降低。两个结果相叠加，进一步拉大了行业收入差距[1]。

2012年以后，中国通过调节过高收入，使石油、电力等垄断行业的收入有所降低，但在去产能、降成本的煤炭、钢铁等行业，开工不足，工作量减少，然而由于这些行业内多数是国有企业，不敢轻易裁员，只好降薪保就业，总体上扩大了行业收入差距。

5. 个人收入差距增大

从个人收入差距看，典型国家的产业结构转型升级无一例外地拉大了国内高技能劳动力与低技能劳动力的收入差距。进入21世纪以来，产业结构转型升级和全球化程度提高，扩大了新加坡的个人收入差距。一方面，技术密集型产业需要更多的高技能劳动力，另一方面，经济全球化为新加坡带来大量高新技术，有助于培育更多的高技能劳动力。部分工人通过学习和培训，掌握了新技术，成为高技能劳

[1] 熊琦：《新加坡收入分配的变化及其启示》，《亚太经济》2014年第3期。

动力，受雇能力与工资都得以提高；大量低技能劳动力在劳动力市场上的竞争力则相对降低，工资进一步被压低。这就造成在劳动力市场中处在工资收入分布两端的群体人口数越来越多，工资差异越来越大。经济高速增长与产业结构升级是巴西在1968—1974年的两大时代背景。GDP年均增长率高达11.2%，经济总量跃居世界第8位，为巴西创造了“经济奇迹”。但产业结构升级带来并保持了熟练工人的技能溢价优势，导致个人收入差距扩大，社会动荡，最终导致了“经济奇迹”的幻灭，使巴西陷入长期的低增长和衰退。

伴随着产业结构进一步升级，中国的服务业也可能出现高技能劳动力和低技能劳动力的分化，他们的技能差距及其带来的收入差距将逐步显现并扩大，低收入人群与低技能劳动力失业致贫与返贫的可能性增大。因此也需要借鉴典型国家调节高技能劳动力与低技能劳动力收入差距的经验，深化收入分配制度改革。

（二）一些国家应对收入分配问题的主要做法

面对经济增速放缓或者经济结构深度调整带来的收入分配问题，典型国家坚持经济与社会协调、效率与公平兼顾的基本原则，采取保障充分就业、调整产业结构、发起“新村运动”等政策，改善了收入分配状况，维护了社会稳定，恢复了经济增长。

1. 促进居民收入增长

针对居民收入增长乏力的问题，日本、韩国、新加坡通过实施“国民收入倍增计划”，提高企业、居民在国民收入分配中的份额等举措，较好地实现了从“强国”到“富民”的转变。

日本在20世纪50—60年代居民收入的高速增长，主要归功于国民经济持续高速增长的背景与“国民收入倍增计划”的实施。主要做法包括：一是发展壮大中小企业，保障国民充分就业，这是居民收入增长的源泉。二是在国民收入分配中格外重视家庭。日本厚生劳动省的调查统计结果显示，1976—1997年的21年间，日本家庭收入占国民收入的比重一直保持在75%左右的水平。这些措施同时提高了日本居民收入的绝对数额及其占国民收入分配的份额，促进了居民消费，带动了经济增长[1]，实现了“国民收入提高—国内需求扩大—经济发展方式转型—社会保障制度发展—全民生活水平提高”的良性循环。

韩国为了提高居民收入在国民收入初次分配中的份额，在征收个人所得税方面采取免征、低税率、所得扣除等措施，将个人所得税免征点定为年收入1500万韩元以下的家庭（以四口之家为标准）和年收入482万韩元以下的个体营业者[2]。

20世纪60年代，新加坡在促进居民收入增长方面的主要做法：一是把解决失业问题作为工业化的初始目标，保障居民收入稳定增长；二是实行以稳定通货和物价为中心的经济政策，保障居民实际收入不被缩水；三是建立劳、资、政三方谈判机制，保障名义工资随国民收入增长而增长。进入21世纪以后，新加坡主要通过实施企业减税政策，提高了企业在国民收入分配中的份额，同时取得了激励企业投资与增加就业的效果，从另一个角度提高了居民收入。例如，对内外资企业以属地原则征税，即实行统一的企业所得税政策。根据政府免税计划，2005—2009年成立的新公司，不论是外资企业还是内资企业，均可享受 3 年的免征所得税待遇。2013年，新加坡实施包括加薪补贴计划、生产力及创新优惠计划奖励、公司税回扣在内的“过渡时期三年援助配套”[3]，推动了企业创新与转型，提高了生产力，进一步提高了国民收入及其在企业、居民部门分配的绝对数额。

总体而言，典型国家应对居民收入增长乏力的指导思想是从“强国”转向“富民”，优化政府、企业与居民的分配关系。具体经验可以归结为：发展壮大中小企业，保障充分就业；通过实施企业减税政策、提高个人所得税免征点并降低低收入阶层所得税得率等举措，在初次分配中提高企业、居民收入所占比例。

[1] 王婉郦：《居民收入分配差距测度与缘由解析——基于日本经验与启示》，《经济问题探索》2016年第7期。

[2] 陈范红：《韩国跨越“中等收入陷阱”的收入分配政策》，《经济研究导刊》2011年第32期。

[3] 熊琦：《新加坡收入分配的变化及其启示》，《亚太经济》2014年第3期。

2. 提高劳动报酬增速

针对劳动报酬增长缓慢、财富向资本集中、机器替代劳动等问题，日本、韩国、新加坡、巴西、智利等典型国家采取调整就业和工资政策、加强税收调节、完善社会保障体系等做法，达到了劳动者实际工资与劳动报酬在国民收入分配中所占份额双提高的效果。

日本的主要做法，一是实施“国民收入倍增计划”，使劳动报酬占GDP比重（劳动报酬率）大幅提高。日本劳动报酬率自20世纪70年代中期至21世纪初一直保持在55%的高位，在20世纪60—70年代更是提高了近4个百分点，在工业化基本完成后又提高了近10个百分点。二是借助终身雇佣制、年功序列工资制以及企业内工会等“三大神器”保障劳动者利益，提高劳动者在劳资对话中的话语权[1]，同时由人事部门设定的工资标准决定总裁酬劳，使同等规模企业的高级管理人才的收入大致只有其他西方发达国家经理人收入的一半，取得了提高劳动报酬份额与缩小劳资收入差距的双重功效。三是运用税收手段调节收入分配。主要采取以阶梯累进制所得税、法人税为核心税种的直接税，所得税大于生产税，阶梯累进制税种对收入分配差距的调节作用在经济增速加快时更为明显，而固定资产税、住民税、收入税及遗产税、赠与税等其他税种也对收入分配起到了很强的调节作用[2]。实际上，这些被作为调节对象的过高收入者多数就是资本所有者。四是健全社会保障体系，保障失业、年老、妇幼、残障等弱势群体的基本生活水平[3]。主要措施是社会保障金负担向高收入阶层倾斜，社会保障金支付只针对无法维持正常生活水平的低收入阶层。

[1] 刘宗平：《破解当前我国收入分配改革困境的若干设想——以日本“国民收入倍增计划”为借鉴》，《福建行政学院学报》2011年第4期。

[2] 孙敬水、黄秋虹：《日本调节收入分配差距的基本经验及启示》，《国际经贸探索》2013年第4期。

[3] 周长城、何芸：《日本“国民收入倍增计划”对中国收入分配改革的启示》，《学习月刊》2011年第5期。

韩国的主要做法，一是建立健全劳、资、政三方谈判机制，提高劳动所有者的实际工资水平。二是对个人所得、年金储蓄与住房征税，调节资本所有者的较高收入。韩国实行了边际税率75%以上的累进个人所得税，将年金储蓄起征点定为每人每年240万韩元（以实际存入的金额为准），将购买住宅资金的起征点定为1000万韩元，并在住宅的流转、保有、继承各环节建立起完整的税收调节体制。

20世纪90年代后，新加坡面对产业结构升级导致劳动力市场紧缩进而影响工资增长、降低劳动报酬所占比重的问题，主要采取了以下做法：一是建立劳、资、政三方参与工资谈判机制，提高劳动者话语权进而提高劳动报酬在国民收入分配中所占比重。二是推行就业奖励计划和就业入息补助计划而不是最低工资制。因为前者能够帮助低薪及低技能工人提高收入和技能，后者不但没有这种效果，还会加重雇主负担，导致他们不愿增聘工人，进一步用机器替代工人。三是对企业推出加薪补贴计划，在未来三年内分担企业支付员工加薪的40%，上限为月薪4000新加坡元[1]。四是实行个人累进所得税制与累进房地产税和汽车税，以调节资本、技术、管理等要素所有者的收入，使高档住宅业主与豪华汽车车主支付更多税款，同时减轻低薪和中等收入家庭的税负。五是实行以中央公积金制为核心，涵盖养老、住房、医疗等多方面的社会福利政策，为中低收入阶层的生活提供社会保障。

20世纪90年代后期以来，为应对机器替代劳动导致失业和贫困的问题，巴西采取的主要做法包括：一是确立事前预防的雇佣保险制度，努力实现社会充分就业；二是加强社会扶贫工作，采取改善低收入阶层生活的救济措施，如“家庭救助计划”和“零饥饿计划”；三是建立减轻家庭负担的老人护理保险制度，保障老人的晚年生活[2]。巴西通过这些做法改善了收入分配状况，恢复了经济增长。

智利为解决失业和贫困问题，把反贫困、反社会不公和反社会排斥作为实现经

[1] 熊琦：《新加坡收入分配的变化及其启示》，《亚太经济》2014年第3期。

[2] 王婉郦：《居民收入分配差距测度与缘由解析——基于日本经验与启示》，《经济问题探索》2016年第7期。

济社会发展的重要目标，主要采取了以下做法：一是实施救助型现金转移计划，如减贫效果最为直接的包括伤残、工伤、失业补贴等社会保险或福利计划在内的社会保护项目。该计划始于1990年“民主联盟”政府执政后，进入21世纪以来，实施力度进一步加大。二是在2002年发起“智利团结计划”。针对赤贫家庭提供医疗保障、儿童照料、教育及住房等方面的救济型现金收入支持。2010年9月，智利总统皮涅拉宣布创建“道德家庭收入”计划，进一步提高和扩大了“智利团结计划”的补贴标准和覆盖面[1]。三是2006年巴切莱特政府执政后推出社会救助养老金。在2008年社会养老金体系改革中，智利政府为非正规就业人员、产妇、青年人等参保群体提供参保资助，鼓励他们加入缴费型养老金计划。

典型国家应对劳动报酬增长缓慢等问题的经验可以总结为：借助工会组织提高劳动者在劳资谈判中的话语权，对企业推行就业奖励计划、就业入息补助计划和加薪补贴计划，鼓励企业提高劳动者实际工资，从而提高劳动报酬在初次分配中的比重；征收法人税与累进的所得税、财产税，调节资本、技术、管理等要素所有者的收入，在就业、养老、医疗、住房等领域实施社会保障制度，通过社会救助等制度实施功能性分配，提高劳动者转移性收入，从而提高劳动报酬在再分配中的比重。

3. 促进农民增产增收

针对城乡收入差距较大的问题，日本、韩国主要实施了促进农业增产、农民增收的一系列举措。

20世纪50—60年代，日本在缩小城乡收入差距方面的主要做法：一是改革农村土地制度。日本制定了《土地征用法》（1951年）、《农地法》（1952年）、《农业基本法》（1961年）等法律，赋予农民土地财产权，促进了以土地买卖和租赁为主要形式的土地流转，推进了农村土地规模经营，促进了农村剩余劳动力向城市非工业部门流动，推动了城市化和工业化进程，使农民能够分享城市化土地增值收益，从农业收入、兼业收入与地租收入三个方面促进农民增收。二是利用农业产业

[1] 房连泉：《智利的收入分配与社会政策》，《拉丁美洲研究》2012年第4期。

化与工业化、城市化的成果，促进农民就业，包括：以奶牛等特种产业带动模式，促进农业产业化；在城市重点发展以轻工业为主的劳动密集型产业，为进入城市的农村剩余劳动力提供更多的非农就业岗位；大力发展农村工业，制定《农村地区引入工业促进法》（1971年），鼓励城市工业向农村转移[1]，为农民提供了大量的非农就业岗位[2]。三是促进农民社会保障从传统的土地保障向现代社会保障制度转变，包括：通过新的《国民健康保险法》（1959年）、《国民养老金法》（1959年），建立起城乡统筹的养老、医疗保障制度；1970年创设农业人养老金制度，由政府补贴2/3以上的农民年金计划基金。到1975年，日本农业户收入达341.1万日元，超过工业户收入289.7万日元的水平[3]。

韩国自1970年起，开展了长达40多年的“新村运动”，取得了消除城乡收入差距的效果。“新村运动”从基础设施建设起步，以教育和培训为核心，以生活环境、生产物质、增收项目、绿化荒山、保健福利、精神启蒙等为主要投资方向。主要做法包括：一是鼓励发展农业和以农产品加工为主的农村工业。对粮食生产实行高额补贴，保护国内农产品价格，对进口农产品实行配额制度以及高额关税；开发和推广粮食丰产品种；倡导经济爱国主义，号召国民消费本国农产品。二是通过分散工业、新建教育文化设施等措施，合理有序地转移农村剩余劳动人口。韩国《农林统计年报》显示，韩国农村人口占全国人口的比例从1970年的44.7%下降到1980年的28.4%，1990年下降到18%，2005年进一步下降到6%。三是鼓励农民在非农部门兼业，依靠兼业收入提高总收入。20世纪90年代初，韩国农村居民人均收入已经占到城市居民人均收入的95%，基本消除了城乡收入差距[4]。

巴西在1968—1974年之所以收入差距悬殊，根本原因是土地集中。土地集中

[1] 王环、白云：《借鉴日本经验 发展我国县域经济》，《宏观经济管理》2010年第6期。

[2] 李学清、刘雨：《中日土地制度、非农兼业和城乡收入均衡的比较与启示》，《经济问题》2012年第4期。

[3] 王迎：《分享增长的国际经验比较研究》，硕士学位论文，东北财经大学，2006。

[4] 陈范红：《韩国跨越“中等收入陷阱”的收入分配政策》，《经济研究导刊》2011年第32期。

提高了农业机械化水平，导致大量的失地、失业农民出现，失地、失业农民大量流入城市，在非正规部门就业，甚至从事犯罪活动[1]。巴西为缩小城乡收入差距，于1974年开始对70岁以上的农村劳动者发放农村补助，在1988年宪法中扩大了农村补助覆盖面，同时提高了补助水平。1994—2011年，巴西农村退休金计划的受益人数从527.8万人增加到846.1万人，人均金额从140美元增加到290美元。这些政策在帮助农村贫困家庭脱贫的同时，将巴西基尼系数从1980年的0.56缩小到2000年的0.53[2]。

典型国家缩小城乡收入差距的经验和教训可以总结为：扶持和发展农业生产，提高农民的农业收入；发展农村工业，加强对农民的教育培训，为农民创造非农就业机会，提高农民的非农业收入；完善农民社会保障体系，提高农民的转移性收入；保障农民的土地权益和土地增值收益，提高农民的财产性收入。

4. 调整行业工资政策

典型国家针对行业企业发展不均衡带来的行业收入差距问题，通过改善产业结构、调整工资政策等举措，使行业收入差距扩大趋势放缓。

“二战”后，日本针对双重经济结构带来的不同行业收入差距问题，在实施“国民收入倍增计划”时，强调以重化工业为中心改善产业结构，提高产业附加值，支持发展先进装备制造业，鼓励劳动密集型产业产品多样化[3]。这些举措有力地调节了行业收入差距，使得日本不同职业劳动力工资水平差距扩大趋势放缓。

新加坡针对产业结构调整导致行业收入差距扩大的问题，主要调整了工资政策，包括带有行业保护倾向的就业奖励计划、就业入息补助计划和对企业的加薪补贴计划。

典型国家缩小行业收入差距的经验可以总结为：改善产业结构，重点扶持收入较低行业；调整工资政策，重点扶持工资较低行业。

[1] 周红利、和荣：《巴西收入分配研究》，《全国商情（经济理论研究）》2010年第17期。

[2] 费尔南多·奥古斯都·阿德奥达托·韦洛索、莉亚·瓦尔斯·佩雷拉、郑秉文主编《跨越中等收入陷阱：巴西的经验教训》，经济管理出版社，2013。

[3] 马远之：《中等收入陷阱的挑战与镜鉴》，广东人民出版社，2015。

5. 强化教育培训政策

韩国、新加坡、智利等典型国家针对产业结构调整带来的高技能劳动力和低技能劳动力的分化问题，早就试图通过教育培训政策弥补个人收入差距。

韩国针对受教育程度差别带来的能力差异与收入差距，在1974 年推行“教育平均化”政策，提出“公共教育正常化”“减少私教育费（补习班费用在韩国被称作‘私教育费’）”等口号，统一教科书，废除小学升初中、初中升高中考试，提倡学生就近入学，严格执行“三不政策”（不允许高校自主举行入学考试、自主招生；不允许高中学校按高考成绩划分重点、非重点学校；不允许私人捐款入学）。韩国在20世纪80年代普及高中教育，90年代普及大学教育，2007年大学入学率达到82.8%。韩国保持较高的教育投入，20世纪90年代教育预算占政府总体预算的比例基本在20%以上[1]。

新加坡高度重视教育发展和人力资源开发对收入分配和经济效率的协调作用[2]。一是增加教育支出。自1965年新加坡独立以来，新加坡政府的教育支出在多数年份占到国民收入的3%～4%。政府对初等教育实行免费，对高等教育给予补贴，使适龄儿童入学率和初中入学率分别为90%和50%以上。二是重视中等教育阶段的职业和技术教育。1966—1975年，新加坡没受过教育的劳动人口比例大幅度下降，达到中等教育水平的劳动人口比例从16%提高到35%[3]。三是提倡终身学习，推行就业培训计划、技能发展基金等，通过多种途径加强各类人才的培养，提高劳动者技能，增加再训练、再就业机会[4]。

智利也加大了社会支出项目中的教育支出力度。2010年，智利教育支出占到了整个社会支出的25%左右。1990—2006年，智利社会支出上升了2.5倍，其中教育支

---

[1] 陈范红：《韩国跨越“中等收入陷阱”的收入分配政策》，《经济研究导刊》2011年第32期。

[2] 王勤：《新加坡的经济发展与收入分配》，《南洋问题研究》1989年第1期。

[3] 巴诺齐・劳、拉马克里希南、廖少廉：《新加坡的经济结构变化与收入分配》，《南洋资料译丛》1986年第3期。

[4] 熊琦：《新加坡收入分配的变化及其启示》，《亚太经济》2014年第3期。

出上升了3.7倍。通过实施教育等针对弱势群体的社会项目，智利有效促进了人力资本积累，从而为低收入群体参与经济活动提供了机会[1]。

典型国家调节个人收入差距的主要经验是，重视教育与培训，加强中、高年龄劳动力的职业训练[2]，提升总体人力资本水平，既有利于缩小个人收入差距，又为经济发展创造了新动力。

（三）一些国家以税收与社会保障调节收入分配的经验做法

1. 税收方面的经验做法

（1）收入形成环节充分发挥个人所得税在收入再分配中的调节作用。

个人所得税税制方面，现行个人所得税课税模式基本上分为三类：以美国、加拿大等发达国家为代表的综合所得税税制；以日本、韩国为代表的分类综合所得税税制；中国等发展中国家实行的分类所得税税制。综合所得税税制能够覆盖所有个人收入，体现纳税人的实际负担水平，并且不断缩小其税基，还能体现量能课税原则，提高税收的合理性和公平性。分类综合所得税税制是按纳税人的各项收入先征收一定比例的分类所得税，实行源泉征收和预定征收，然后再综合纳税人全年的各项所得额，如达到一定征税标准，再以统一的累进税率征收综合所得税，对源泉征收或预定征收的部分予以扣除。

征税方面，发达国家常以家庭为纳税单位。发达国家的纳税申报主体呈多元化，但比较多的是以家庭为纳税申报主体。就个人所得税而言，个人收入差距最终要体现在家庭收入差距上，以家庭取代个人作为个税的基本计征单位，能更加客观真实地反映个人的生活状况。一般来说，发达国家征税前往往对纳税人的家庭负担进行十分精确的计算，不仅会区分单身或已婚、已婚未育或已婚已育、子女多少、是否赡养老人、家庭收入整体来源等基本情况，更会对孩子的教育费用、医疗支出等进行精确的计算。

[1] 房连泉：《智利的收入分配与社会政策》，《拉丁美洲研究》2012年第4期。

[2] 马远之：《中等收入陷阱的挑战与镜鉴》，广东人民出版社，2015。

为缓解通货膨胀造成的税收不公平问题，大多数发达国家都采用税收指数化措施。在发达国家，个人所得税的指数化主要包括免税额和纳税档次的指数化调整：一方面，向上调整免税额，避免因通货膨胀而使其实际价值贬损，使不应当承担纳税义务的人被纳入征税范围；另一方面，调整纳税档次，以防止通货膨胀将纳税人推入更高的纳税档次，承担比实际更高的税额。

（2）收入消费环节削弱高收入者的支付能力。

发达国家十分注重消费税在收入消费环节的特殊调节功能。其中，对奢侈品课税是消费税特殊调节功能的基础和支撑所在，发达国家对奢侈品征收的消费税一般都占税收总收入的10%以上，而且消费税收入占GDP的比重一般都在3%以上，远远高于发展中国家水平。为了弥补2008年金融危机引起的财政收入减少，从2008年开始，多数国家相继提高了酒、烟、燃油的消费税税率，我国台湾地区也于2011年6月1日起正式开征“特种货物及劳务税”，收入范围涉及不动产、交通、保育、家具等方面，最高税率达15%。充分发挥消费税对高收入者支付特殊消费品和消费环节的收入调节作用以充实财政收入。

（3）收入积累环节限制财富向少数富有者过度集中。

在个人收入积累环节，通过对占有的财产及其产生的收益征收财产税，限制财富向少数富有者过度集中，抑制个人财富过快集聚，缓解收入差距拉大问题。发达国家根据计税依据的不同，将财产税分为一般财产税和净财产税。

一般财产税的征收方式为全额征收，对纳税人年度内所有财产征税，税率较低，且多数国家实行比例税率，税率一般在1%～3%，税收征管较容易。具有代表性的国家包括美国、英国、加拿大、瑞典等，年税收收入占全部财政收入的10%～12%。

净财产税的征收方式为差额征收，对纳税人的全部财产总产值减去负债后的净值征税。由于净财产税不是对某一特定财产课税，而是对纳税人的一般财产价值（包括不动产和动产、有形财产和无形财产）课税，同时由于它不是对全部财产的总产值课税，而是对能够反映纳税人的实际富裕程度的财产净值征税，因此它通常被认为是符合负担能力原则的一种较好的财产税。征收净财产税的国家有德国、法国、芬兰、瑞典、丹麦、意大利，一般采用0.5%或1%的比例税率，少数采用0.5%～3%的累进税率。

（4）收入转移环节防止财富代际引发新的起点不公。

发达国家税收调节收入转移环节的基本趋向是防止财富代际引发新的起点不公。这主要表现为遗产税的设计，国际上遗产税对居民收入分配的调节作用主要有以下三个特点:

一是两种税制并存。遗产税的税制模式一般有两种：一种是总遗产税制。这种税制只对被继承人的遗产总额征税，而不管遗产的继承情况和遗产以何种方式分配，在遗产处理上采取“先税后分”的方式，即先缴税再分配税后遗产。英国、美国、新加坡均采用这种课税模式。另一种是分遗产税制，这种税制根据继承人与被继承人之间的亲疏关系以及继承财产的多少分别进行课税，课税对象是纳税人获得的遗产，在遗产处理上采取“先分后税”的方式，即先分配遗产再征税。韩国、日本、德国、法国等采用这种课税模式。

二是多采用超额累进税率。美国的遗产税税率采用18%～55%的16级超额累进税率，日本的遗产税税率为10%～70%，德国的遗产税税率为3%～70%。但也有国家采用比例税率，如1988年3月15日后，英国的遗产税税率为：遗产在11万英镑及其以下的部分，税率为0；遗产在11万英镑以上的部分，税率为40%。

三是起征点一般较高。遗产税和赠与税主要针对富人阶层，因此起征点较高。据美国国内收入署（IRS）统计，美国遗产税的起征点从2001年的67.5万美元逐年提高到2009年的350万美元，但每年只有不足2%的人死后要缴纳遗产税，这表明遗产税的主要征收对象为富人。2010年美国暂停一年征收，随后在2011年重新开征遗产税，仍延续对中产阶层减税、富人阶层纳税的调节政策，起征点提高到个人500万美元，夫妻1000万美元。

2. 社会保障方面的经验做法

（1）加大社会保险统筹力度。

提高社会保险的统筹层次，有助于增强其收入再分配的功能。综观全球，许多社会保险制度较成熟的高收入国家，其社会保险体系均具有较高的统筹层次，有不少国家还实现了全国范围内的统筹。

（2）扩大社会保障覆盖范围。

发达国家社会保障体系发展之初的主要对象是产业工人，而后扩大至全民。

（3）不断拓宽社会保障项目。

非缴费型社会保障在许多国家受到了高度重视。非缴费型养老保障从20世纪下半叶起在全球范围内获得了快速发展，截至2012年，全球范围内已有99个国家和地区建立了非缴费型养老保障制度，遍布高收入经济合作与发展组织（OECD）国家和亚非拉发展中国家。至于非缴费型医疗保障，也同样呈现良好的发展势头。例如，实行商业医疗保险模式的代表国家美国，拥有医疗救助计划和州儿童健康保险计划两大非缴费型医保项目，前者面向满足一定条件的低收入者，而后者针对收入较低但又不符合医疗救助计划条件的有子女家庭；新加坡的储蓄型医疗保障体系中，也设立了非缴费型的具有医疗救助性质的医疗基金，它主要服务于依靠医疗储蓄和健保双全计划资金无法支付医疗费用的低收入患者。

（4）优化给付方式。

许多国家在发放社会救助金时，采取了家计调查基础上的补差式给付办法，从而保证救助资源更多流向贫困程度较高的人口。

一些国家的第一支柱养老金采用了定额给付方式。例如，英国的国家基本养老金按统一标准定额发放，尽管退休者获得基本养老金的实际金额会受缴费年限的影响，但与退休前的收入与缴费水平完全无关，替代率大约为平均工资的17%。

一些国家通过制度设计建立了第一支柱养老金最低给付保障机制：法国最低养

老金保障机制相对简单，按有关规定，参保者只要符合年龄与缴费条件，就可以领取不低于既定标准的基本养老金。德国法定养老金的最低给付机制略复杂——法定养老金由个人收入分值、养老金现值和养老金种类调节因子三者的乘积决定，其中个人收入分值是参保者每年工作收入与当年全体参保者平均工作收入的比值，反映参保者的相对收入水平。为了保障低收入参保者退休后的法定养老金收入，德国规定参保超过35年的低收入者，可认定其年收入至少为平均收入的75%，即个人收入分值至少按0.75计算，这样就为低收入者提供了底线水平的法定养老金保障。日本的国民年金也实行定额给付方式，其替代率接近平均工资的16%。

许多国家为了防止患者尤其是大病与长期慢性病患者医疗费用负担过重，制定了自付封顶线的政策，超过封顶线部分就由医保基金或财政负担。在某些国家，这种政策还体现出向中低收入群体倾斜的特点，即收入越低的患者，个人自付上限也越低，这有利于避免与缓解因病致贫现象，并促成高收入患者向低收入患者的资金转移。

（5）提升政策精准度。

美国医疗照顾计划的处方药保险中，专门针对低收入患者确定了较低的起付线与自付比例或标准。日本在后期高龄者医疗保险制度中规定医疗费用的个人负担比例，一般人是10%，而高收入者为30%。

英国、德国等发达国家特别重视社区医疗服务体系建设，形成了覆盖全国城市与农村地区、具有完善功能的社区卫生服务网络，由此极大地提高了卫生服务的可及性。印度建立了比较完善的农村三级医疗体系，引导医疗资源往农村地区配置。此外，印度还推出了大规模的全国农村健康计划，旨在解决城乡间医疗卫生发展的不平衡问题，提高和增加农民获得良好医疗服务的可能性和途径。

许多国家尤其是发达国家在低保政策上采取了救助申请与资格审查相结合的制度，通过对申请人进行家计调查（主要是收入与财产方面的审查）来确定申请人的受助资格，从而将有限的低保资源分配到穷人手中。

（四）启示与建议

一些国家针对收入分配问题，在教育、就业、工资、税收与社会保障等领域采取了一系列对策措施，既有成功经验又有失败教训。我国在经济增速放缓、经济结构调整的形势下，同样面临居民收入增长乏力，劳动报酬增长缓慢，城乡、行业、个人收入差距扩大等问题，这时应当积极总结典型国家的成功经验，深化收入分配体制改革，重点整顿和规范初次分配秩序[1]，加大再分配调节力度，实现经济社会发展的良性循环。

1. 实施充分就业与税收调节政策

典型国家促进居民收入增长的经验启示我们，要通过实施“国民收入倍增计划”与就业、减税政策，优化政府、企业与居民部门之间的分配关系。

为此，我们提出以下建议：一是将低收入群体或农村地区作为倍增的首要对象，实施多层次、分梯度的倍增计划。实施多层次、分梯度倍增计划的对象首先是低收入群体，使其收入明显提高；其次是中等收入群体，使其收入有所提高，提高中产阶层比重；最后是高收入群体，保持其相对较小的倍增份额。实施多层次、分梯度倍增计划的地区首先是农村地区，城市反哺农村；其次是低收入地区，由发达地区带动落后地区发展。只有始终将低收入群体或农村地区作为首要的倍增对象，才能真正缩小收入差距，为实现共同富裕的目标夯实基础。二是将提高居民收入占国民收入的比重纳入国家未来一段时间的收入分配专项规划和国民经济年度计划中，通过发展中小企业，保障充分就业，同时在初次分配中将更多的利益向居民倾斜[2]。三是建立健全国有企业经营利润和国有股权转让收入上缴制度[3]，降低企业所得税税率，减轻社会保障缴费负担。

---

[1] 刘宗平：《破解当前我国收入分配改革困境的若干设想——以日本“国民收入倍增计划”为借鉴》，《福建行政学院学报》2011年第4期。

[2] 周长城、何芸：《日本“国民收入倍增计划”对中国收入分配改革的启示》，《学习月刊》，2011年第5期。

[3] 刘宗平：《破解当前我国收入分配改革困境的若干设想——以日本“国民收入倍增计划”为借鉴》，《福建行政学院学报》2011年第4期。

完善现有税收制度。一要建立双主体税制结构。从我国税收制度发展的客观要求来看，建立以增值税和个人所得税为双主体的税收制度应当成为我国税制改革的基本战略目标。在生产销售环节选择以流转额为课税对象的增值税、在分配环节选择以所得额为课税对象的个人所得税为主体税种，一方面兼顾效率和公平，另一方面不仅能保证财政收入有稳定、可靠的来源，而且能够广泛发挥税收的调节作用，更好地促进居民收入公平分配。二要完善和重建相关税种。具体包括调整个人所得税、社会保险费改税、消费税扩围、推广房产税和开征遗产税等。在个人所得税调整方面，应将工资薪金所得、经营所得、劳务报酬所得、生产经营所得、财产租赁所得等经常性所得合并在一起，按照统一的超额累进税率纳入综合项目征税。同时还应对课税范围采取反列举法，凡是没有明确免税的所得一律纳入课税范围，列入其他所得，按比例课税。此外，还要探索以家庭为纳税单位的纳税制度的可行性。

2. 坚持按劳分配为主加强再分配调节

典型国家提高劳动报酬的经验为我国带来如下启示：初次分配不仅注重经济效率，而且注重分配公平；坚持按劳分配为主，强化对非劳动性所得的二次调整[1]；发挥市场在初次分配中的决定性作用，学习日本最大限度地运用市场价格机制，谋求参加市场活动的机会均等[2]。

为此，我们提出以下建议：一是将提高劳动报酬比重纳入政府规划和年度计划中，研究按劳分配的具体计算办法，依靠市场机制真正实现按劳分配。二是调整企业与劳动者的分配关系。提高工人的组织化程度与工会的独立性，总结部分地区借鉴新加坡劳、资、政三方谈判机制的经验，由政府、企业、工人进行工资集体谈判[3]。建立工资支付保障制度，在机器替代劳动的进程中，加大对低工资行业特别是劳动密集型中小企业的减税和补贴力度，鼓励企业雇用工人，扶持企业发展并使其

[1] 崔成、牛建国：《日本国民收入分配格局及反垄断措施》，《中国经贸导刊》2011年第5期。

[2] 孙敬水、黄秋虹：《日本调节收入分配差距的基本经验及启示》，《国际经贸探索》2013年第4期。

[3] 熊琦：《新加坡收入分配的变化及其启示》，《亚太经济》2014年第3期。

有能力给员工加工资。继续加大劳动法律法规执行力度，积极推进劳动合同法和劳动法的实施，保护劳动者的合法权益。三是推进税制结构从间接税为主转向直接税为主。建立健全严谨准确的居民收入统计制度与切实可行的收入监测制度，推行单位和个人双向申报综合考察的制度，加大对高收入者个人所得税的征收监管力度，对偷税、漏税、瞒报等行为加大处罚力度[1]。适时开征遗产税、赠与税、房产税等税种，调整由资本、财产等要素产生的收入差距。四是完善社会保障制度。针对机器替代劳动造成的劳动者失业进而整个家庭失去收入来源等问题，完善失业、养老、医疗等社会保障制度，将全部就业人员特别是非正规部门就业人员纳入社会保险范围，提高社会保险待遇与社会救助标准，强化基本住房保障，更好地保障低收入者与贫困人群的基本生活。

3. 多管齐下提高农民收入

典型国家促进农民增产增收的经验为我国带来的启示主要是，提高农民收入的关键在于就业、社会保障和土地政策。

为此，我们提出以下建议：一是进一步加大财政向“三农”的转移支付力度，通过农产品价格补贴和保险政策，提高农民的农业收入。二是大力发展农村工业，实现农村一、二、三产业协调联动发展，促进农民就地就业，提高农民的非农业收入。三是在新型城镇化进程中，依靠市场机制，建立城乡统一的劳动力市场，为农民提供公平的转移就业机会。四是完善农村社会保障体系。借鉴日本经验，逐步建立城乡统一的社会保障体系，统一城乡居民医疗保险，扩大农村社会保障覆盖面。提高农村基本养老补贴水平，提升农村社会救助标准和水平。五是赋予农民土地财产权。借鉴日本保障农民获得土地增值收益的经验，汲取巴西由土地集中造成收入差距悬殊的教训，明确农民的土地财产权，实现城乡土地同地同价，使农民成为城镇化进程的受益者，共享城镇化成果。

[1] 常兴华、李伟：《从国际视角看我国的国民收入分配格局》，《中国经贸导刊》2009年第21期。

4. 建立行业工资比例调控机制

典型国家调整行业工资政策的经验为我国带来的启示主要是，在初次分配环节和再分配环节都要加强行业工资调整，建立行业工资比例调控机制。

为此，我们提出以下建议：一是加快垄断行业收入分配制度改革。鼓励多种所有制经济发展，促进行业竞争，鼓励民间资本参与垄断行业经营。控制垄断行业利润，使其将过多的收益上缴国家。提高垄断行业收入分配透明度，加强政府监管和社会监督。对垄断行业征收资源占用税[1]，调节垄断行业过高收入。二是借鉴日本经验，调整行业结构和行业内部的企业规模结构，提高中低端行业工资收入。三是建立相对合理的行业工资比例调控机制，确保各行业工资水平差距合理[2]。借鉴新加坡经验，通过加薪补贴计划等政策，鼓励中低端行业为工人加薪。

5. 完善教育与培训政策

典型国家调节个人收入差距的经验为我国带来的启示主要是，重视教育与培训，提升总体人力资本水平，既能够缩小个人收入差距，又能够提高全要素生产率进而提高经济发展水平。

为此，我们提出以下建议：一是完善公共教育服务，提高总体人力资本水平。在义务教育免学费的基础上，根据经济发展水平与财政实力，推行学前教育与高中教育免学费。重视职业教育，打通职业教育与学历教育的通道。二是完善基本就业服务。政府应加强对劳动者的职业培训，并鼓励企业加强对员工的培训。完善执业资格证书制度与职称评定制度，以更高的待遇激励劳动者主动提高自身技能。三是加大对低技能劳动者的转移支付力度，通过免费教育培训使更多的低技能劳动者成为高技能劳动者，从而缩小两者之间的收入差距。

---

[1] 刘宗平：《破解当前我国收入分配改革困境的若干设想——以日本“国民收入倍增计划”为借鉴》，《福建行政学院学报》2011年第4期。

[2] 熊琦：《新加坡收入分配的变化及其启示》，《亚太经济》2014年第3期。

五、跨越“中等收入陷阱”的国际经验借鉴

在中等收入阶段，不少国家面临技术创新能力不足造成的产业升级乏力、有效需求不足导致的经济增长缓慢、贫富差距过大引发的社会矛盾凸显等问题。日本、韩国等东亚国家主动调整收入分配政策，形成了中等收入者占主流的橄榄型社会结构，提升了人力资本素质，扩大了有效需求，创造了稳定的社会环境，顺利进入高收入阶段。阿根廷等拉美国家忽视调整收入分配政策甚至实施错误的收入分配政策，导致贫富分化、贫困人口增加、社会问题恶化、社会矛盾激化，引起社会动荡、经济停滞，落入了“中等收入陷阱”；智利则不断调整收入分配政策，改善收入分配格局，使经济取得较快发展，迈入高收入国家行列。

（一）东亚国家形成橄榄型社会结构、跨越“中等收入陷阱”的经验

日本、韩国等东亚国家在中等收入阶段通过调整收入分配政策，形成了橄榄型社会结构，进而通过形成较高质量的人力资本要素和较大的国内需求以及相对稳定的社会环境，成功跨越了“中等收入陷阱”。对两国做法进行比较研究，能够为我国提供经验借鉴。

1.日本的做法

1973—1985年，日本同我国目前一样处于中等收入阶段。20世纪60—70年代，日本以注重培育和扩大社会的中等收入群体为核心，实施“国民收入倍增计划”，于20世纪80年代初期形成了“一亿国民皆中流”的橄榄型社会结构。日本的主要做法包括：

（1）提高居民收入水平。

针对居民收入较低、有效需求不足的问题，日本在初次分配阶段，主要从四个方面提高居民收入水平。一是提高劳动生产率，在促进经济增长的基础上，增加了居民收入，进而扩大了有效需求。二是实施“国民收入倍增计划”，强化实施最低工资制度，提高劳动报酬占GDP的比重。三是实行提高劳动生产率与教育均等化水

平的教育政策。这提升了居民的人力资本素质，促进了居民就业能力与收入水平的提高。四是实施积极的就业促进政策。建立严格的就业预算保障制度，加大财政投入，采取多元化政策体系，对促进就业的相关事业给予税收优惠，保障了居民充分就业和收入来源稳定。

（2）调节居民收入差距。

针对中等收入阶段普遍存在的居民、城乡、地区、行业、企业收入差距较大的问题，日本实行一系列财政税收政策，努力实现提低、扩中、调高。一是缩小居民收入差距。实施教育机会均等政策；针对高收入者，征收个人所得税、社会保障税、固定资产税、住民税、收入税、遗产税、赠与税、奢侈品税等；实行个人、企业、社会共同负担，以政府负担为主的社会保障制度，全面实行国民健康保险制度和国民养老金制度等。二是消除城乡收入差距。实施农地改革和“农村振兴运动”，综合建设农村基础设施，改善农村生活环境，促进农业发展，提高农民收入水平，缩小城乡差距以及农村内部收入差距。除直接增加农民收入和对农民的补贴外，还大力推进城市化进程，促进低收入者不断向中等收入阶层流动。三是缩小地区收入差距。对山区和一部分人口过疏地区实行扶持政策等。四是缩小行业收入差距。通过颁布《反垄断法》和制定相关制度等，消除行业垄断。五是缩小企业收入差距。在“国民收入倍增计划”中缩小企业规模差距，培育中间企业，促进小企业组织化，缩小不同企业间的收入分配差距。在企业内部采取终身雇佣制、年功序列工资制、企业工会制以及限制分红的股利分配制度，有效调节了收入差距。

2.韩国的做法

1987—1995年，韩国处于中等收入阶段。韩国在经济快速增长的同时，打造了一个庞大的中等收入阶层，利用他们的需求来发展服务业和知识经济，以进入高收入国家行列。如此成就得益于韩国“增长第一，分配第二”的发展战略及在收入分配方面采取的一系列措施。

（1）促进居民稳定就业。

稳定的就业能够为居民收入提高提供有力保障。为此，韩国将促进就业作为减少绝对贫困、提高居民收入的重要途径，通过经济高速增长为居民带来持续性强的工作，同时重视保护劳动者工作，不允许解雇正在雇用的人员，规定严格的解雇程序。

（2）缩小生产、就业异质性带来的收入差距。

同我国现阶段一样，韩国在中等收入阶段同样存在城乡二元经济结构问题，工业部门和农业部门的生产异质性、工人和农民的就业异质性带来较大的城乡收入差距。为此，韩国政府大力支持农业发展，着力提高农民收入，促进农民向中等收入阶层流动。一是对农产品实施高额补贴、进口配额和高额关税，加强对农业的支持保护。二是在1970年启动“新村运动”，对农民开展教育培训，增强和提高农民的自主意识和职业技能。三是促进农民在非农部门大量兼业，通过分散工业、新建教育文化设施、疏散政府等措施，合理有序地转移农村剩余劳动人口。到20世纪90年代初，韩国农村居民人均收入占到城市居民人均收入的95%，城乡收入差距基本消失。

（3）完善税收制度和社会保障制度。

针对不同群体的收入差距问题，韩国通过完善税收制度、健全社会保障制度等举措，促进了收入分配的大体公平，形成了稳定的中等收入阶层。一是不断完善税收制度。韩国先后7次提高个人所得税免征额，相应提高对高收入者的个人所得税税率，以及对财产、金融资产和继承、赠与行为的税率等。二是发挥社会保障政策的再分配效应。从1986年开始，韩国发布了最低工资制度、国民年金制度、全民医疗保险等三大社会福利政策，陆续制定了《国民养老金法》和《国民医疗保险法》。到1995年，韩国逐步形成了雇佣保险、年金保险、健康保险和产灾保险等四大社会保险。

3.主要经验

（1）处理好经济与社会、市场与政府的关系。

只有在促进经济持续增长的同时，主动推进社会发展，才能跨越“中等收入陷阱”。韩国采取了与经济增长相适应的社会政策，为经济增长提供了充足的动力和稳定的环境，从而进入高收入国家行列。而要摆脱工业化、城市化发展和贫富差距扩大之间的“魔咒”，不能仅靠市场经济的自然走向，还必须发挥政府在分配领域的作用。

（2）处理好增长与分配、效率与公平的关系。

进入中等收入阶段后，更需要兼顾效率与公平。日本在初次分配阶段，就自觉运用市场价格机制，追求参加市场活动的机会均等，强化教育机会均等，缩小城乡收入差距，促进劳动力流动，促进收入分配公平。这些政策取得了良好的实施效果——日本劳动报酬率高达55%。在调节收入分配差距的同时，也要强调效率。过高的边际税率会挫伤人们劳动的积极性，影响市场效率；过宽过高的社会福利容易导致“大锅饭”“养懒汉”现象。日本为此采取了降低累进所得税的最高边际税率、削减社会福利开支、监控义务教育资金等措施，较好地调节了收入分配差距。

（3）把中等收入者作为跨越“中等收入陷阱”的重要动力。

日本、韩国的经验表明，中等收入者是它们迈入高收入国家行列的重要动力。进入中等收入阶段之前长期依靠投资拉动的经济增长方式，在进入中等收入阶段之后难以为继。必须依靠增加社会消费和投资，扩大国内需求，为经济增长提供更大的动力。而中等收入者是扩大内需的主要力量与稳定社会的中坚群体。日本、韩国的中等收入者具有较强的消费能力，较高的社会流动性又调动了他们进行人力资本投资和创业创新的积极性，从而为两国向高收入国家迈进提供了强大的动力。

（4）充分发挥教育、就业在社会结构形成中的作用。

提高就业数量和就业质量是提高居民收入的重要基础。日本经验表明，提高就业水平、通过提高教育水平促进劳动者向上流动是形成橄榄型社会结构的重要途径。日本通过整合并合理分配教育资源，提升了劳动者的素质，从而促进他们向上流动，获得更好的职位与薪酬，促进了以中等收入者为主的社会结构的形成。

（5）充分发挥税收、社会保障在社会结构形成中的作用。

通过税收使高收入者多纳税，减轻低收入者的纳税负担，有利于中等收入阶层的形成。而合理的完善的社会保障制度有助于资源的优化配置和劳动力的合理流动，为低收入者通过向上流动进入中等收入阶层提供可能性，同时能够为社会成员提供可靠的安全网，有利于社会稳定。

（二）智利、阿根廷等拉美国家跨越或落入“中等收入陷阱”的经验教训

20世纪80年代，拉美地区人均GDP达到3000美元以后，部分国家没有及时调整先增长后分配的战略，没有形成橄榄型社会结构，出现了严重的贫富分化，影响了人力资本素质的提升、有效需求的形成和稳定社会环境的创造，这些国家的经济出现30多年的停滞徘徊，落入“中等收入陷阱”或称“拉美陷阱”。阿根廷就是这些国家中的典型代表。而智利却经过不断探索与调整，壮大了中等收入阶层，成功实现经济、社会和政治的转型，走出了“中等收入陷阱”。两国的教训与经验值得我们反思和借鉴。

1.智利的做法

在20世纪70—80年代的军政府时期，智利未形成橄榄型社会结构，落入“中等收入陷阱”。在1990年以来的文人政府时期，智利调整收入分配政策，形成橄榄型社会结构，进入高收入国家行列。

（1）军政府时期未形成橄榄型社会结构，落入“中等收入陷阱”。

在20世纪70—80年代军政府执政时期，智利经历了高增长的“经济奇迹”，但高增长并未自动改善收入分配状况。这一时期智利的收入分配状况严重恶化，基尼系数居高不下。这主要是因为政府在市场化和私有化的改革方针下实行了不利于收入分配改善的社会政策。一是实行了不利于低收入者的劳动法规和就业政策。二是实行了不利于收入分配调节的财税政策。三是实行了累退性的社会保障政策。国家对社会保险的财政补贴以及用于社会救助的转移支付力度不足，不能弥补社会保障私有化带来的收入差距。

（2）文人政府时期形成橄榄型社会结构，成功跨越“中等收入陷阱”。

1990年以来的文人政府时期，智利进入经济社会转型发展阶段。这一时期的政

府提出了“平等性增长”和“对改革进行再改革”的重要方针，将减少贫困和改善收入分配作为改革的重要目标，降低了贫困人口比重，提高了中产阶级比重，保持了政治、经济、社会稳定，智利于2010年进入高收入国家行列。主要做法包括：一是促进充分就业。二是完善社会保障。智利建立了包括医疗保险、失业保险、工伤保险、社会救助和住房政策等在内的社会保险制度，建立起政府和私人共同管理社会保障的“智利模式”——公私互补、相对完善的医保体系，以及政府向中低收入群体提供住房贷款补贴的制度。三是扩大社会支出，尽最大可能发挥减贫效果。

2.阿根廷的做法

20世纪70年代至今，阿根廷长期挣扎徘徊于中等收入阶段，政权更迭频繁，经济危机多发，改革几经反复。激进的改革没有使阿根廷的社会结构由金字塔型向橄榄型转变，反而带来失业、贫困化和收入分配失衡等问题，并成为阿根廷落入“中等收入陷阱”的重要原因。

（1）实行公用事业私有化改革。

20世纪80年代，经济增长放缓导致阿根廷居民收入下降和失业率上升。这一时期的激进改革使这一状况雪上加霜。公用事业私有化改革后，公用事业部门员工减少大约75%，裁员人数超过15万人，城市失业率从1989年的7.6%升至1995年的17.4%。劳动者在失去收入来源后，经济地位急剧下降，很多人从中等收入者沦为“新穷人”。

（2）推行社会保障私有化改革。

几十年来，阿根廷的社会保障制度几经改革，但再分配效果均不理想。在1955—1976年的政治动荡期，政府不仅未将针对低收入群体、失业群体和其他弱势群体的社会救助项目作为福利政策的重点内容，反而将其进一步削弱。从1980年开始，阿根廷政府决定免除养老保险和住房基金的雇主缴费部分，提高雇员缴费率，并通过新税种为养老金融资。但雇员缴费负担因此加重，可支配收入进一步减少。1989年，梅内姆政府开展了养老保险制度的部分私有化改革，将工人福利推向市场，到20世纪90年代末，阿根廷出现了正规部门就业群体难以维持传统福利和灵活就业弱势群体面临新的社会风险并存的局面。削减社会公共开支将重负转嫁给工薪阶层，同时大量削减了医疗、教育和其他服务，这导致阿根廷的社会贫困率居高不下，两极分化现象突出。

3.经验教训

（1）橄榄型社会结构能够为经济增长提供动力和环境。

拉美国家在中等收入阶段的收入分配政策及其实施效果表明，能否形成橄榄型社会结构，并为经济增长提供较好的内部动力和外部环境，决定了这些国家能否跨越“中等收入陷阱”。智利在军政府时期没有形成橄榄型社会结构，落入“中等收入陷阱”的教训，以及在文人政府时期形成橄榄型社会结构，并走出“中等收入陷阱”的经验，都说明了这一点。

（2）橄榄型社会结构的形成需要经济增长与收入分配政策的配合。

拉美国家橄榄型社会结构形成与否的经验教训表明，经济增长缓慢不利于居民收入增加和中等收入阶层壮大，但经济增长并不必然带来居民收入提高和收入分配状况改善，只有在经济增长的环境下，让经济政策与收入分配政策紧密配合，才能形成橄榄型社会结构。

（三）主要启示

社会结构同时构成经济增长的内部动力和外部环境。对处于中等收入阶段的东亚国家和拉美国家的研究表明，拥有稳定的社会环境，并形成“较高的经济增长—较好的收入分配—中等收入者占主体的社会结构—较高的人力资本素质和较多的有效需求—较高的全要素生产率和较大的内需动力—较高的经济增长”的良性循环，是跨越“中等收入陷阱”的关键。

当前，我国收入分配差距明显扩大，社会矛盾明显增多，收入分配政策不能很好地发挥收入调节作用，这都影响着人力资本素质提升、消费需求扩大乃至部分地区社会稳定。形成以收入分配改善和社会结构转型促进要素投入结构和需求结构调整的体制机制，已成为我国转变经济发展方式、促进经济社会协调发展，进而顺利进入高收入阶段的关键。结合代表性中等收入国家的经验教训和我们的现实国情，我国应当配合经济增长同步调整收入分配政策，通过完善产业政策、教育政策和就业政策，提高居民收入在国民收入分配中的比重和劳动报酬在初次分配中的比重，通过完善税收和社会保障政策，在再分配阶段实现调高、扩中、提低，形成中等收入者为主体的橄榄型社会结构。

CHAPTER 7

第七章

政策与举措

第一节

深化收入分配制度改革、促进收入分配公平合理的战略目标取向和政策建议

一、深化收入分配制度改革、促进收入分配公平合理的战略目标取向

党的十九届五中全会提出，改善人民生活品质，提高社会建设水平。坚持把实现好、维护好、发展好最广大人民根本利益作为发展的出发点和落脚点，尽力而为、量力而行，健全基本公共服务体系，完善共建共治共享的社会治理制度，扎实推动共同富裕，不断增强人民群众的获得感、幸福感、安全感，促进人的全面发展和社会全面进步。要提高人民收入水平，强化就业优先政策，建设高质量教育体系，健全多层次社会保障体系。“十四五”时期要实现民生福祉达到新水平。实现更加充分更高质量就业，居民收入增长和经济增长基本同步，分配结构明显改善，基本公共服务均等化水平明显提高，全民受教育程度不断提升，多层次社会保障体系更加健全，卫生健康体系更加完善，脱贫攻坚成果巩固拓展，乡村振兴战略全面推进。这就需要以新时代中国特色社会主义分配理论为指导，全面贯彻党的十九届五中全会的改革精神，深化收入分配制度改革，切实缩小收入分配差距，在更高水平上实现社会公平。

“十四五”时期及未来一段时期，深化收入分配制度改革、促进收入分配公平合理的战略目标取向如下。

（一）完善初次分配制度和再分配调节机制，收入分配制度改革取得实质性进展

各项改革举措的推进，要使得初次分配和再分配制度体系都以公平和高效可持续运转为前提，初次分配更加注重效率，形成有效激励，再分配更加注重公平，

形成合理分配结果。完善初次分配制度，主要就是完善劳动、资本、技术、管理等要素按贡献参与分配的中国特色社会主义分配制度。总体思路是要着力清除市场壁垒，加快形成企业自主经营、公平竞争和要素自由流动、平等交换的现代市场体系，保障要素参与分配机会的公平性和市场评价的有效性，提高资源配置效率。不断完善再分配调节机制，在公平和高效可持续运转前提下，通过改革完善税收、社会保障和转移支付三大类措施，修正初次分配结果，将收入和财富分配差距缩小到合理水平。初次分配方面，通过综合运用多项改革举措，包括在户籍、社保、农村土地等方面加快突破，降低阻碍劳动力流动的制度性成本；建立健全科学的工资制度；健全多层次、多渠道的财产性收入通道；完善技术成果评价、转移、转化和分配的市场化机制；等等。再分配方面，强化预分配保障起点平等，深入推进有利于调节收入差距的税收制度改革等。

（二）分配结构明显改善，中等收入群体不断扩大

习近平总书记在党的十九大报告中指出："扩大中等收入群体"，到2035年，"中等收入群体比例明显提高"。这是我国进入新时代经济社会发展的重要任务。经过相关测算分析，我们认为，到"十四五"期末，按绝对标准计算的中等收入群体人口数量将提升至7亿人以上，比例占全部人口的50%左右；城乡居民收入稳步增长，收入差距趋向缩小，分配结构明显改善。到2035年，随着我国社会主义现代化建设不断推进，按绝对标准计算的中等收入群体人口数量将提升至10亿人以上，比例占全部人口的70%以上，收入分配结构总体合理，橄榄型社会结构基本形成。

（三）促进公平正义，推动实现共同富裕

从某种程度上说，现代意义上的公平指的是一种合理的社会状态，它包括社会成员之间的权利公平、机会公平、过程公平和结果公平。促进公平正义，也是收入分配制度改革的应有之义。公平合理的收入分配制度，要使得每个公民都能普遍地参与社会发展并分享由此带来的成果，而参与经济社会发展各项活动的过程应公开透明，不允许某些人通过对过程的控制而谋取不当利益；更要在分配上兼顾全体公

民的利益，防止悬殊的两极分化，促进共同富裕的实现。公平正义是古往今来人们衡量理想社会的标准之一，也是人类社会发展进步的重要价值取向。当前，我国正处在迈向社会主义现代化的新阶段，公平正义在这个进程中处于十分关键的基础地位。要通过收入分配制度改革的推进，促进收入公平合理分配，促进公平正义，推动实现共同富裕。

二、深化收入分配制度改革、促进收入分配公平合理的政策建议

党的十九届五中全会提出："中等收入群体显著扩大，基本公共服务实现均等化，城乡区域发展差距和居民生活水平差距显著缩小……人民生活更加美好，人的全面发展、全体人民共同富裕取得更为明显的实质性进展。"这为我国继续深化收入分配制度改革，促进收入分配公平合理指明了前进方向。实现以上分配目标，就需要在贯彻落实中国特色社会主义收入分配原则、保持效率与公平的内在统一的基础上寻找抓手，完善有利于促进收入公平合理分配的宏观和微观体制机制。

（一）贯彻落实社会主义公平观，实现分配效率与公平的内在统一

就公平观本身来说，目前我国对它的认识仍较为复杂。社会分配公平问题带有明显的价值判断，不同的公平观对分配格局的性质的结论也不相同。国内学术界对于公平的界定呈现出多样化的特点。因此，把握公平的含义成为正确理解效率与公平关系的关键。从效率与公平本身的关系而言，无法得出效率与公平对立的逻辑结论。公平的核心内容是规则的公正平等。但是，在现实生活中，由于社会成员的资源禀赋条件存在差异，即便是在社会制度规则公正平等的条件下，也可能会导致人们在待遇上的差别扩大，而由于社会成员待遇的差别过大，便很难说这个社会是公平的。因此，应根据我国目前的现实发展状况，充分利用社会主义制度的优越性，打造新的社会主义公平观。在新公平观的指导下，以初次分配为突破口，同时加大对再分配的调整力度，以更快地促进社会公平，实现分配效率与公平的内在统一，早日实现共同富裕。

（二）贯彻按劳分配为主体，确保按劳分配与按生产要素分配相结合的公平

1. 切实贯彻按劳分配为主体，促进劳动报酬增长

按劳分配的社会主义性质表现为消灭了对劳动者的剥削。按劳分配为主体更多的是要关注劳动报酬在初次分配中所占比重呈下降趋势的问题。首先，在初次分配阶段要根据社会主义要求处理好效率与公平的关系，不能忽视劳动复杂程度不高的劳动者在企业效率提高中的贡献。其次，根据马克思经济学原理，社会主义社会之所以实行按劳分配，原因在于劳动是谋生的手段。作为谋生手段，劳动报酬的增长不只是体现劳动者的劳动贡献，还应包含体现谋生要求的内容。谋生范围就是必要劳动范围，必要劳动范围有历史的和道德的因素。随着社会进步、文化发展，劳动者的必要劳动范围也扩大，相应的劳动报酬也有增长趋势。从社会主义公平观考虑，劳动收入差距主要由分配主体各自拥有的技术等要素的差异导致。因此通过教育公平等途径缩小各个分配主体所拥有的要素的差异，坚持机会公平，分配结果的差距也可缩小[1]。

2. 按劳分配与按生产要素分配相结合，确保各类要素分配公平

（1）分配时适当向劳动要素倾斜，逐步扭转重资本、轻劳动的分配局面。

对于国有企业的收入分配，必须强调公有制的主体地位与按劳分配为主的分配方式，不使公有制带来贫富差距扩大问题。不论是按劳分配还是按生产要素分配，都需要均衡利益关系，在巩固国有经济主导地位的同时，加大政府宏观调控力度，均衡企业内部利益关系。充分发挥社会主义市场经济在优化生产资源、调动劳动者积极性方面的优势，不断丰富社会成员的收入来源，拓宽收入渠道，缩小收入差距。

（2）完善多种生产要素按贡献参与分配的制度。

要加快改革户籍制度，消除劳动市场分割现象，加快统一的劳动市场建设。从法律与制度层面加强对劳动者权益的保护，企业不得随意裁员，应切实保障职工

---

[1] 洪银兴：《十八大以来需要进一步研究的几个政治经济学重大理论问题》，《南京大学学报（哲学·人文科学·社会科学）》2016年第2期。

合法权益；企业应提供相关培训，提高劳动者综合素质。要加快推进要素市场化改革，健全要素市场的报酬决定机制。进一步开放市场，让市场来决定生产要素价格，发挥市场在调节各种生产要素流动中的导向作用。要以有序、公平、公正竞争为前提，建立各种生产要素价值与价格基本吻合的运行传导机制。政府适度对要素市场进行干预，以维护要素市场的稳定性与相应利益主体的根本利益。

（3）切实保护各生产要素所有者的要素产权。

加强对劳动力产权的保护，使劳动者能够按照自己在生产过程中提供的劳动数量和质量获得合理分配。同时，切实保护土地产权，特别是农村土地产权。

（4）鼓励企业进行技术创新。

技术创新能够提高我国经济发展效率与质量，改善我国目前过于依赖劳动、资本、土地等生产要素投入的状况。

（三）健全市场调节机制，维护市场公平竞争环境

1. 完善劳动、资本、技术、管理、数字等要素按贡献参与分配，初次分配兼顾公平

强化就业优先政策。扩大就业创业规模，创造平等就业环境，提升劳动者获取收入的能力，实现更高质量的就业。深化工资制度改革，完善企业、机关事业单位工资决定和增长机制。推动各种所有制经济依法平等使用生产要素、公平参与市场竞争、受到法律同等保护。就居民的初次分配而言，主要包括工资性收入、经营性收入和财产性收入，这些类型的收入的多少除了与居民自身的要素禀赋相关外，还受劳动市场、资本市场等要素市场的影响。在现有体制机制的制约下，目前各要素市场普遍面临资源配置效率不高的问题。例如，劳动市场中的身份和性别歧视、劳动中介队伍不够壮大、信息不完全等问题依然突出，资本市场中的定价机制不完善、产品和服务种类相对缺乏等问题还未有效解决，影响教育培训、医疗卫生、文化和体育产业发展的体制性因素依然存在，与高端制造业和服务业紧密相关的知识产权交易平台还不健全，这些问题不仅是相关产业健康发展的制约因素，而且对居民初次收入分配效率提升产生了抑制作用。积极推动这些领域初次分配的“再市场化”改革进程，进一步消除影响市场效率的深层次体制性结构性问题，进一步提升要素市场资源配置能力，不仅能够促进居民初次收入分配效率提升，还能优化居民收入结构，提升初次分配的公平性。

2. 完善政府再分配调节机制，提高促公平能力

政府的再分配调节，无外乎收和支两种机制、两条渠道。目前看，政府收支调节的科学性、有效性还有较大提升空间。以政府职能改革为切入点，取消不合理的行政事业性收费，提高非税收入透明度。加快健全以税收、社会保障、转移支付为主要手段的再分配调节机制。健全公共财政体系，完善转移支付制度，调整优化财政支出结构和规模，大力推进基本公共服务均等化。加大税收调节力度，以税负公平为基点，通过税制改革，更科学地设置税种、税率，改革个人所得税，完善财产税，弱化物质财富自我积累机制，减轻中低收入者和小型微型企业税负，形成有利于结构优化、社会公平的税收制度。将新开征的居民财产类、消费类税收和更多的财力用于改善民生事业，建立在教育、就业、社会保障、扶贫开发和保障性住房等方面财政投入占当地政府财政的比重只增不减的刚性制度；全面建成覆盖城乡居民的社会保障体系。强化对社会困难群体的救助和帮扶，建立城乡居民最低生活保障标准与物价上涨相挂钩的联动机制，大力发展社会慈善事业，积极促进社会自发的三次分配。

3. 营造公平的市场竞争环境，规范分配秩序

营造公平的市场竞争环境，给予各市场主体参与市场竞争的平等地位，真正让市场在资源配置中发挥决定性作用，促进全社会收入分配秩序的合理与公平。一是限制行业垄断，管理和调控垄断行业的收入水平。对于容易形成垄断的行业，应放宽市场准入，降低市场进入壁垒。二是利用国有资本运营平台，加强国有资本运营管理。通过国有资本运营平台切实管住资本，对垄断行业的垄断定价进行管制。三是加强市场监管，加快建设全国统一市场。要废止妨碍公平竞争、设置行政壁垒、排斥外地产品和服务的各种分割市场的规定。同时，加大反对不正当竞争行为的力度，严厉查处各种仿冒、欺诈行为，保护企业合法权益，促进企业在更大范围、更广领域和更高层次上参与竞争。积极创造各类市场主体平等使用生产要素的环境，促进商品和生产要素在全国市场自由流动。

（四）加快人力资本形成和结构升级，稳步提高劳动报酬比重

1. 发挥政府主导部门的基础性作用，强化人力资本投资积累

深化收入分配制度改革、促进收入分配公平合理的重点在于不断提高劳动者收入水平，而实现这一目标的基础在于人力资本的高质量积累。只有这样，才能不断提高劳动生产率，提高产业创新能力和水平，为提高劳动报酬提供坚实保障。我国总体的人力资本包括了教育、卫生和研发总经费等。政府部门和国有经济组织在内的政府主导部门投入形成的人力资本是人力资本投入和存量的主体。尽管我国当前在一定程度上存在人力资本配置不合理导致的效率损失，但总体上政府主导部门对人力资本形成发挥了至关重要的基础性作用。

要进一步发挥政府主导部门在人力资本形成中的基础性作用，需要政府财政持续加大对科技研发、教育培训、文化事业和产业、公共卫生体育的投入力度，引导更多的国有经济由偏重物质资本投资转向逐步加大人力资本投资，或者将更多的国有经济收益通过转移支付和税收调节等措施向有助于人力资本形成的部门倾斜，以政府主导部门的公益性或准公益性投入引导全社会进一步加大人力资本投资。同时，要深入推进教育、医疗卫生、科技研发部门中的国有组织管理体制机制改革，促进资源合理布局，加大区域统筹力度，进一步提升国有部门在促进全社会人力资本形成中的效率。

2. 破解制约因素，激发人力资本积累的市场活力

目前，我国包括非国有经济和居民个体在内的非政府主导部门的人力资本投资相对不足。要以各级政府强有力的政策支持为先导，进一步破解发展制约因素，激发人力资本投资市场活力，吸引社会优质资本进入有利于人力资本积累的公共服务领域，同时要切实注意纠正教育卫生投入的城市偏向，保障城乡居民具有公平机会获得人力资本积累，全面促进人力资本积累。

进一步加快人力资本形成领域的市场化改革进程，激发非政府主导部门或者说市场自发的投资活力。促进居民收入多元化并完善税收体系，增加居民人力资本投资。在优先保障政策覆盖面的前提下逐步提升社会保障水平，弱化城乡居民抑制消费的不稳定预期，积极促进居民购买式的人力资本投资。持续加大中、高素质人力资本投入，促进人力资本结构优化升级。在推进供给侧结构性改革、促进产业结构转型升级的过程中，高度重视人力资本结构的升级进程。比如，在尽量扩大高等教育规模的同时，注重建立与国际接轨的科研能力认证体系，培育科研精英层人力资本。建立职业教育与普通教育、职业教育内部各层次间的衔接机制，使学习者能根据自己的意愿和社会需求，打通终身学习的途径和成长道路。借鉴发达国家经验，建立熟练工人职级晋升的激励系统。进一步深化人事制度和薪酬体系改革，切实促进职务和职级之间、不同岗位之间工资差异的合理化。以此推进、引导、激励人力资本积累质量的提升。

3. 促进教育公平，使人力资本投资更多惠及中低收入居民

加强教育经费支出绩效评估，确保教育支出的资金使用效率。目前，我国教育经费支出占GDP的比重已经达到4%。合理评估教育经费支出的使用绩效对于提高资金使用效率、促进教育公平意义重大。需要参考教育支出本身的特点，结合绩效评价环节和绩效评价指标设置规则，构建教育支出整体的评价体系。从主管部门层面、支出部门层面和项目层面进行定性和定量指标设置。同时增强教育支出绩效评价结果的时效性，加强教育支出绩效评价工作的监管。引导社会树立正确的教育观念，摒弃“学而优则仕”的教育观念。加强职业技能教育培训，发挥财政资金对职业教育的引导作用，吸引更多社会资本办学；加强对下岗工人、农村剩余劳动力的职业技能培训，为他们再就业创造更多有利条件。继续开展多种形式的成人教育，保障更多人得到自身所需要的教育。扩大接受高等教育人群的范围，提高劳动力综合素质。

（五）规范政府、企业收入，形成合理的国民收入分配格局

1. 加强制度设计，规范政府部门收入

取缔非法、非规范收入，是促进我国形成合理国民收入分配格局的重要一环。严防政府公权力运用过程中的腐败滋生，严禁非法收入，严控非规范收入。公共政策应有利于缩小收入差距，促进社会公平。政府部门在促进形成合理的国民收入分配格局中应提供良好的制度环境，切实发挥政策引导作用，做好收入分配的监管者。进一步构建和完善监督和制约权力的有效制度体系：一是科学设计相关制度，使制度间相互衔接配套；二是制度制定应明确具体，不留任何模糊空间或漏洞，对于需要大力提倡的制度规定应将其确定为硬性规定，对于需要运用自由裁量权的规定要制定具体标准，尽量规范各种情形中的权力运用要求，缩小自由裁量空间；三是运用信息技术加强对权力行使限制和权力监督的全面渗透式管理；四是建立问责体系，保持制度执行的评估反馈机制的畅通，使每项工作、每个环节有章可循，依靠制度的执行、反馈、完善的实施机制，提高制度的刚性约束力，充分发挥政府部门的审计治理功能。

2. 与现代企业制度相适应，健全国有企业薪酬分配体系

进一步探索适应现代企业管理的经营者激励约束机制。企业薪酬管理应坚持内部平衡、外部平衡、发展平衡和自我平衡原则，构建全面报酬架构。实行以岗定薪制度，根据管理资产规模、营业收入、对企业贡献度和员工人数以及工作复杂程度确定薪酬。同时，按照绩效确定薪酬，定期对员工绩效进行考核，薪酬确定既要考核组织绩效又要考核个人绩效，组织绩效分为经营单位绩效和职能部门绩效。对于国有企业，应加强对其高管的薪酬管理。对金融、电信、石化、烟草等收入过高行业的国有及国有控股企业，应严格控制其工资水平和工资总额，缩小这些行业与非垄断行业的工资差距。全面考虑企业当期业绩和未来发展，建立完善按照经营绩效、经营风险和经营责任综合确定员工薪资的制度，可以对由行政任命的国有企业高管实行限薪、薪酬延期支付与追索扣回制度，规定高管薪酬增幅不高于职工平均工资的增幅，从而缩小国有企业内部的分配差距。

（六）健全城乡融合发展体制机制，缩小城乡居民收入差距

1. 实施乡村振兴战略，加快提高农民收入

城乡收入差距是居民总体收入差距的主要影响因素，虽然最近几年城乡收入差距呈缩小趋势，但依然较大。“十四五”期间，要扎实推动共同富裕，健全城乡融合发展机制，到2035年，实现“城乡区域发展差距显著缩小”。加快提高农民收入，是缩小城乡收入差距的必由之路。党的十九届五中全会强调“优先发展农业农村，全面推进乡村振兴”“加快农业农村现代化”。增加农民收入要坚定不移抓好乡村产业发展，因地制宜发展乡村特色产业；不断壮大村集体经济，推动农村发展、农业增效、农民增收；支持农村创新创业，加强农村就业服务和职业技能培训，以促进农村劳动力多渠道转移就业和增收。

2. 消除城乡一体化制度障碍，推进城乡融合发展

加快落实户籍制度改革，进一步放宽落户条件，推进农业转移人口市民化。加快完善城乡发展一体化体制机制，促进公共资源在城乡之间均衡配置、生产要素在城乡之间平等交换和自由流动，促进城乡规划、基础设施、基本公共服务等领域的城乡一体化建设，健全农民合理分享土地增值收益的相关制度，建立健全农业转移人口就地市民化机制，统筹推进区域性和全国性的户籍制度改革。加快推进农村土地制度改革，落实“三权分置”改革相关措施，确保农民土地入市权益。创新融资方式，提高农村公共服务水平。培养农民掌握现代化技能，提高农民整体素质。除通过创造教育机会公平提高农民受教育程度外，还应通过成人教育、职业教育、技能教育等方式使农民掌握现代化生产技能，提高农民整体素质。同时，应加强对农民的就业培训与创业培训，增强农民自身就业和创业能力，引导农民自主择业、就业，或在当地创业。夯实农民持续增收的基础。

（七）发挥慈善事业三次分配作用，促进分配公平

1. 完善相关慈善捐赠法律法规，实施慈善捐赠优惠政策

党的十九届四中全会、党的十九届五中全会均提出要重视发挥第三次分配作用，发展慈善等公益事业。党中央首次明确以第三次分配为收入分配制度体系的重要组成，确立慈善等公益事业在我国经济和社会发展中的重要地位。第三次分配是建立在志愿基础上，以募集、捐助和资助等慈善公益方式对社会资源和社会财富进行的分配，这是关系经济社会发展和国家治理的重要制度安排，这种分配方式有助于缩小贫富差距，更好地实现社会公平正义，提升国家凝聚力。探索再分配基础上的第三次分配，对于缩小收入差距、实现社会公平意义重大。

完善现有的《中华人民共和国公益事业捐赠法》，贯彻落实《社会团体登记管理条例》《基金会管理条例》及财政部、民政部等相关部门制定的规章制度。推动慈善事业法尽快出台，消除社会慈善捐赠过程中存在的“诺而不捐”“多说少捐”等现象，运用社会诚信平台管理社会慈善事业，将慈善捐赠记入捐赠人诚信档案。对于企业通过国家认可的慈善机构捐赠的货币、实物，都应同等按照适用扣除比例予以税前扣除，同时提高捐赠扣除比例。对于个人捐赠应提高扣除比例，同时适当放宽捐赠要求，不是只有通过国家认可的慈善机构进行捐赠才可以享受税收优惠，一般形式的捐赠只要有据可查也应享受同等优惠政策。另外，对于慈善捐赠除了实行税收优惠政策外，还应该给予产业政策、财政政策、信贷政策等方面的优惠。

2. 创新慈善组织形式，吸引社会资本建设慈善机构

慈善事业更多是社会性救济事业，需要鼓励公众参与，过于浓厚的行政色彩不利于带动全社会力量。鼓励社会资本从事社会慈善事业。探索慈善事业与金融市场对接机制，发挥金融市场融通资金、引导收入分配的功能，成立类似慈善信托、公益慈善基金会等社会团体，充分发挥信托等形式的灵活性优势，构建社会保障、社会救助与社会慈善良性互动的体制机制。

3. 加强慈善事业信息披露制度建设与监督，促进第三次分配健康发展

慈善事业具有自愿性、无偿性的特征，更多影响的是企业声誉与形象，在财务中体现为商誉。降低慈善事业准入门槛，倡导多种形式的慈善组织，必须加强慈善组织运营的风险管理，特别是防范非法集资的发生。这就需要建立慈善事业信息披露制度和监督体系。具体来说，实行慈善捐赠全过程的信息披露，包括接受慈善资金数额、捐赠人、资金使用方向、使用计划、资金使用效果评估等信息。建立对慈善组织的第三方评估制度，对慈善组织开展定期与不定期相结合的评估，并及时将评估结果向社会公众公布。建立内部监督与社会监督相结合的监督体系，慈善组织内部应有独立的监察部门，防止内部贪腐发生，同时应畅通投诉渠道，以便社会公众及时发现、及时投诉慈善组织的违法行为。

专栏分析9：基本公共服务均等化是再分配的重点

现在讲基本公共服务、社会保障，主要是讲要加大政府投入。这是很重要的。相关数据表明，投入我国社保、医疗、教育三项基本公共服务的公共财政支出占GDP的比重低于世界平均水平，这说明我们在进一步加大基本公共服务投入方面还有很大的空间。但这里更重要的是基本公共服务均等化问题。以基本社会保障为例，社会保障曾长期作为国有企业的配套措施，覆盖面当然主要考虑国有企业职工，尽管文件上也提到要广覆盖，但实际工作重点还是放在国有企业上。自2003年科学发展观提出以来，统筹经济与社会发展，统筹城乡发展，特别是“以人为本”观念的树立，使社会保障突破了国有企业改革配套措施的局限，我国开始从全体人民充分享受国家基本福利的角度建设社会保障体系，社会保障覆盖面近年来有了很大的拓宽。从政策设计的角度看，社会保障已基本达到全覆盖。现实问题是由于过去社会保障长期侧重于国有企业职工，并被作为国有企业重要的改革配套措施，我国对农村和城市其他社会群体的社会保障考虑不够，造成不同群体间基本社会保障十分不平衡的问题。需要看到，长期积累的城乡之间、城市不同人群之间基本社会保障不均等的问题十分严重，突出表现在城市与农村之间，农民工与城市职工之间，企业职工与机关事业单位职工之间，一般职工与党政干部之间，在这几对关系中都存在着社会保障逆向转移的问题。

对于研究社会保障的人来说，这是一个很重大的问题——初次分配有差距，国家应该通过再分配缩小差距。比如英国，将英国1994—1995年全部家庭的年收入进行五等分，年均初始收入最高收入组和最低收入组相差19.8倍，而通过税收和福利转移，两组最终实际收入差距缩小到3.7倍。又如加拿大，1997年，加拿大通过税收和各种社会保障福利转移，使收入最高的20%的家庭和收入最低的20%的家庭之间的收入差距从初始的21∶1缩小到5∶1。反观我国，目前在许多方面，社会保障转移反而扩大了初次分配的差距。我国城乡居民收入差距原本为3.33倍，社会保障的实施使这一差距扩大到了5～6倍。党政干部与其他社会群体的初次分配差距也因为社会保障和其他福利待遇而进一步扩大。如果说现阶段大家关注的是“有没有社会保障”——城市居民过去没有医疗保障，现在有了很高兴；农村居民过去没有养老保障，没有医疗保险，也没有新型农村合作医疗（简称“新农合”），现在有了新农合、新农保，也很高兴，但下一步很快就会转移到“为什么都有保障，基本保障的水平不一样”的问题上。尤其是原来工资就高的群体，经过基本社会保障转移后收入为什么会更高？因此，下一阶段我国社会保障体系建设或社会保障制度改革面临的挑战就是实现从广覆盖到均等化的转变。

基本社会保障均等化是一个很复杂的问题，不可能一蹴而就。一是基本社会保障包含多个项目，有的实行普遍关联原则，如最低生活保障，有的实行就业关联原则，如职工基本养老保险；二是目前各基本社会保障项目的统筹层次都较低，多数是市级统筹，城镇职工基本养老保险原定于1999年实现省级统筹，但至今也没能落实，同时不同地区经济社会发展水平差异过大也致使基本社会保障不均等；三是尽管我国经济未来仍可保持较高速度的发展，但城乡二元结构将长期存在，至少20年内不能消除，我们可以统筹规划城乡社会保障体系建设，却不可一步统一所有城乡基本社会保障项目。因此，实现基本社会保障均等化，要针对不同项目，兼顾不同地区，统筹城乡规划，逐步推进。

推进基本社会保障均等化，逐步扭转社会保障的逆向转移，使不同群体间初次分配的差距经过基本社会保障再分配有所缩小，建议考虑如下问题：

第一，对于实行普遍关联原则的基本社会保障项目，先在统筹区域内实现均等化，再逐步向全国统筹过渡。在这一方面，农村新型社会养老保险试点应得到充分肯定。中央确定的农村基础养老金标准为每人每月55元，各地再根据自己的财力适当提高基础养老金标准，这对实现基本社会保障均等化具有一定的示范作用。

第二，对于实行就业关联原则的基本社会保障项目，使其待遇标准与职工就业期间的工资相关联，不宜设定绝对均等的标准，如每人每月55元，但可以设定相对均等的标准，如一定就业年限职工的养老金替代率为60%，至少相同就业年限的职工不能因为他们所在行业或部门的不同而替代率差别过大。

第三，将基本社会保障的事权适时适当集中到中央政府，由中央统一平衡区域间的基本社会保障水平，建立基本社会保障经费保障机制，相应调整中央与地方的财力分配关系，加大中央对贫困地区的基本社会保障投入，逐步缩小地区间的基本社会保障待遇差距，这对区域协调发展也具有重要意义。

第四，在加快城镇化的过程中统筹规划城乡基本社会保障制度的衔接。对于实行普遍关联原则的基本社会保障项目可以加快统一制度、统一管理的步伐，如最低生活保障、城镇居民基本医疗保险与新型农村合作医疗保险等，但待遇水平还要根据城乡居民收入差距逐步衔接。对于实行就业关联原则的基本社会保障项目，如职工基本养老保险、职工基本医疗保险、失业保险等，因城镇的社会化就业方式与以农村家庭为主要经营单位的劳动方式差别很大，不宜过早提出统一制度。

以上分析说明，实现基本社会保障均等化，不仅有待于社会保障制度自身的完善，还有待于区域协调发展和城乡协调发展进程的推进，以我国目前的社会经济发展水平看，即便付出艰苦的努力也需假以时日。但有些问题是应当也可以立即研究解决的，如企业退休人员与机关事业单位退休人员的基本养老保险待遇水平差距过大，这一问题在十几年前就被提出，却一直得不到解决，近年来，尽管企业退休人员的养老金连续提高，但也难以消除两种制度造成的差异。从基本公共服务均等化的思路出发，考虑我国实际情况，应尽早统一城镇职工基本养老保险，不应再在企业职工与机关事业单位职工之间分别设计基本养老保险制度，至于不同群体之间的特殊性，则可以通过企业年金或其他补充保险来体现。又如城镇职工基本医疗保险，在1998年制度设计阶段，该项目是覆盖全体城镇职工的，当然也包括机关事业单位职工，可是至今党政机关干部和相当多的全额拨款事业单位职工仍然没有参加基本医疗保险，对于这一群体仍然实行被国务院文件明确规定要改革的公费医疗。这两个例子说明，真正实现基本社会保障均等化必然要对现有利益格局进行调整，必然要触动既得利益，难度不可低估。

关于农民工的社会保障也存在争论。对于跨乡流动，有宅基地、承包地，拥有不同于城镇职工的特点的农民工群体，一些人主张让他们加入城镇职工社会保障体系，然而也有人正式提出建议，要求建立农民工社会保障体系。对于后者的建议，笔者坚决反对。笔者认为，围绕农民工群体展开的，不应是单独建立社会保障的问题，而是农民工市民化的问题，我们不能将农民工又划分为一个独立的社会群体。农民工跟城镇职工干一样的活，应当享有同等的社会保障待遇。尽管确实有很多实际的问题，比如需要考虑宅基地、承包地等因素，这些问题讨论起来是很复杂的。但总的发展方向是：不能制定一套单独的农民工社会保障制度，解决农民工问题的根本出路是让他们尽快融入城市，否则，基本社会保障体系不仅没有走向逐步统一，反而割裂、碎片化了。

总体来看，再分配方面，政府加大民生投入，包括对基本社会保障的投入是必要的。但更重要的是向基本公共服务均等化方向改革，完善基本社会保障制度，积极稳妥地解决城乡之间、地区之间、不同社会群体之间的基本社会保障逆向转移的问题。

后　　记

党的十九届五中全会在提到2035年基本实现社会主义现代化远景目标时，提出“人民生活更加美好，人的全面发展、全体人民共同富裕取得更为明显的实质性进展”。促进收入分配公平合理是实现共同富裕的重要内容。本书以习近平新时代中国特色社会主义思想为指导，贯彻学习党的十九大及党的十九届二中、三中、四中、五中全会精神，紧紧围绕《中共中央关于坚持和完善中国特色社会主义制度推进国家治理体系和治理能力现代化若干重大问题的决定》《中共中央关于制定国民经济和社会发展第十四个五年规划和二〇三五年远景目标的建议》，对我国深化收入分配制度改革、促进收入分配公平合理及相关的一些热点难点问题，进行了积极的思考和探索。

感谢广东经济出版社的支持。特别向周伊凌和孙媛两位编辑致谢，她们工作认真、业务水平高，为本书贡献了很多心血和智慧，值得我们学习。

收入分配问题博大精深，需要探索的问题很多。本书也仅是就一部分问题进行了思考。如果能为广大读者认识相关问题提供一些参考，我们也感到十分欣慰。由于水平和时间问题，本书存在诸多不足，敬请读者谅解！

本书由宋晓梧统领思路，常兴华统筹全稿。各章节作者见附表。

附表　本书各部分内容执笔人

排序	内容	执笔人
绪论	以深化收入分配改革促进国内经济循环	宋晓梧
第一章 第一节	中国特色社会主义分配制度的理论创新	常兴华　王少国
第二章 第一节	收入分配制度改革历程与中国特色方式	宋晓梧　万海远
专栏分析 1～2	收入分配政策调整与演进等	宋晓梧　万海远
第二章 第二节	收入分配改革的成就及主要经验	宋晓梧　王少国
第二章 第三节	收入分配研究综述	王少国　常兴华
第三章 第一节	收入分配公平合理的判断标准	常兴华　杨永恒　王　阳
第四章 第一节	城乡居民收入增长及结构变化	匡国静　赵玉双
第四章 第二节	收入差距发展变化及相关分析	匡国静　赵玉双　李　伟
专栏分析 3～5	农民工群体收入分配状况等	宋晓梧　匡国静
第四章 第三节	宏观收入分配的影响及变化	常兴华　李　伟
第五章 第一节	完善按要素分配政策制度研究	常兴华　魏义方　王明姬 王　阳　范宪伟　赵玉峰
第五章 第二节	新一轮科技和产业变革对就业、收入分配的影响及对策	常兴华　王　阳　田　帆 范宪伟　赵玉双
专栏分析 6～8	关于按劳分配与按要素分配的区别等	常兴华　范宪伟　赵玉峰
第五章 第三节	橄榄型社会结构与扩大中等收入群体	常兴华　李　伟

（续表）

排序	内容	执笔人
第六章 第一节	收入分配国际比较研究	田　帆　孔伟艳
第七章 第一节	深化收入分配制度改革、促进收入分配公平合理的战略目标取向和政策建议	常兴华　王少国
专栏分析9	基本公共服务均等化是再分配的重点	宋晓梧